行政学

新版

曽我謙悟［著］

目　次

第2章 日本における政治と行政の実態 47

第3章 政治と行政の関係を規定する要因 76

第4章 政治と行政の関係の帰結 99

第Ⅱ部　行政組織

◆ 図表一覧

* 本文中の図表は，各図表の下に出典を明記したもの以外は，すべて筆者が作成したものである。
* 本文中における日本の省庁名は，原則として，説明されている当時の名称の略記を用いる。
　例）通商産業省　→通産省
　　　国土交通省　→国交省
* 本文中における日本の法令名については，原則として，通称で表記する。
　例）容器包装に係る分別収集及び再商品化の促進等に関する法律
　　　→容器包装リサイクル法

序章　読み始める前のガイダンス

序章では，この本がめざすところを明らかにしておこう。委任と分業という視点から現代社会を理解していく体系的な理論を提示すること。それを使って具体的に現代日本の行政の実態を説明すること。その特徴を国際比較データにもとづきながら明らかにすること。これらが本書の目標である。その目標に向けて，どのようなテーマが，どのような構成で述べられていくのかについても，本章で説明をしておこう。

1　行政学という学問

行政学の特徴

人間もその社会も決して完璧ではないし，抱える問題は数知れない。それでも，客観的にデータを見れば，私たちの状態は徐々に改善している。世界全体で，寿命は延び，健康状態は改善し，教育も向上している（ロスリングほか 2019；ピンカー 2019）。そして，人類が成し遂げた，この2世紀にわたる進歩の多くの部分は，行政の活動の成果である。医学や科学技術の進歩があろうとも，水道を整備し衛生状態を改善することや，規制を設けて家や職場の安全を高めることは，行政の活動なくしてはありえないからである。

行政学とは，このように現代社会を支える重要な部分である行政の活動やしくみを明らかにしていく学問である。そしてこの学問は，重要な対象を扱うだけではなく，（あまり知られていないが）学問としても実は面白い。

行政学という学問の面白さは，何よりもその幅広さにある。それは対象である行政の幅広さに起因する。ごみの収集や住民票の発行といった私たちの生活にかかわる身近なところから，環境変動を予測し排出物規制を行うなど高度に専門性を要する作業まで，介護サービスや生活保護など困窮している人々を支える業務から軍隊による戦争の遂行まで，地元の自治体から霞が関の中央省庁，さらには国際連合などの国際機関まで，行政の活動の対象や内容，それを担う主体は種々様々である。ひとつの学問を通じて，これほど多くの問題を扱うというのもめずらしい。

しかしこの特徴は同時に，行政学という学問の弱点でもある。第1に，さまざまな問題が扱われるが，その相互の関係が見えにくい。つまり体系性に乏しい。第2に，それぞれの問題を扱う別の学問分野が存在し，行政学ならではの見方や手法，すなわち学問の核となる部分が何なのか判然としない。

本書がめざすところ

そこで本書では，思い切って出発点を見直すことにした。これまで行政学ではどのような議論がなされてきたのかを紹介することから出発するのではなく，まず，具体的にどのような現実を理解したいのかというところから出発することとした。つまり，本書の出発点は，現代日本の行政の実態である。その実態を理解するためには，他国との比較と過去との比較，つまり国際比較と時系列比較という2つの作業が必要となる。比較なくして「日本の」「現在の」行政の特徴をとらえることはできないからである。その上で，行政にかかわる多様な実態のどこをどのように切り出し，それをどのように組み合わせて全体像を描くかを考える。つまり，そこでは理論化の試みがなされる。

鍵になるのは，委任と分業という概念である。他の人に自分の役割を委ねること（委任），そして他の人とそれぞれ異なる役割を担い合うこと（分業），これらに本書は徹底して注目していく。委任をする側とされる側の関係は，本人・代理人関係として理解できる。また，分業は統合と対になる。したがって，本人・代理人関係を通じた委任のあり方，および現代の政府をめぐる分業と統合の方法を明らかにするのが，本書の目標であるとも言い換えられる。政治と行政の間で，役所の省庁間で，政府と民間の間で，国と地方あるいは国と国際機関の間で，どのように委任と分業がなされているのか，それはなぜなのかといった問いを通じて，現代社会を理解すること，それが行政学という学問だと筆者は考えている。読了後，この世の中が委任と分業の網の目として見えるようになれば，あるいは，この社会の問題点が，その網の目の綻（ほころ）びとして見えるようになれば，本書の試みは成功したことになる。

もう一度まとめれば，本書の目標は，現代日本の行政を理解するために必要なデータと理論枠組みを読者に提供することである。つまり本書は，社会科学の手法を用いながら，現代の日本の行政を体系的に理解するための本である。

ここまでのところで，いつの，どこの，何について，どのように論じようとするのかは，概ね示されたであろう。残るのは，「なぜ」という問いである。なぜ現代日本の行政について論じようとするのだろうか。なぜ読者のあなたたちは，それを学ばなければならないのだろうか。

2 行政学の誕生と発展

近代の学問としての行政学

そこでまず，行政学がいつ，いかなる背景の下に誕生したのかを振り返ってみよう。それは，行政学がいかなる学問なのか，どのような課題に取り組んでいる学問なのかを理解するうえで役立つからである。

国家官僚制についての学問だと行政学をとらえるならば，その歴史は古い。農耕の開始に伴い，収穫物の分配と管理を行うために，文字と国家機構が誕生する。逆に，国家が存続するために，人々を土地に縛り付け余剰生産物を生み出させてきたという面もあるが，ともあれ，あらゆる国家は，測量，記録，徴税を行う官僚制を伴う。それゆえ，たとえば江戸時代の徳川幕府を官僚機構ととらえ，そこに現在につながる特徴を見出すことも可能である（水谷 2004）。また，ヨーロッパの王制下において官僚機構をいかに動かすかを考察した学問，とりわけ17世紀ドイツに生まれた官房学に行政学の源流を見出すこともある。

しかし，収奪する存在としての国家は脆くもある。人々が国家の存在を正統なものとして受け入れない限り，国家は存続しがたい。そこで，国家の存在が人々の共通利益となることを示すことに正統性が求められていく。外敵に対して人々の生命や安全を守ることは，その最たるものである。宗教や王という権威によらずに，人々が抱える公共問題を解決していくがゆえに，人々はこれを受け入れたという社会契約説が，こうして成立する。

社会契約説は歴史的事実とは異なるフィクションだが，自律した個人からなる社会と政治の存在を両立させる巧妙な理論である。しかし，このフィクションは現実世界と衝突する。共通利益とは何か。具体的にどのように決めるのか。本当に国家は共通利益を実現できているのか。これらの問いに答えることが，近代の政治学に課せられた課題である。その中で行政学は，行政機構に注目し，統治の具体的な活動を明らかにしていく。それにより，主に上で述べた最後の問い，国家は共通利益を実現できているのかという問いに答えようとする。これが行政学の出発点だった。

つまり，行政学は，近代社会の中に国家を位置づけていく試みの一部であった。近代社会とは，伝統の解体と自律した個人による社会の形成という，ある種のフィクションを構成原理とする社会である。すると，伝統に代わる新しい「枠」としての制度をどのように理解するのか，その中で個人はどのような存在なのかという問題が生まれる。この問いを考えるところから社会学が誕生した。それと同時に，制度をつくり，動かす側を見るものとして，行政学が生まれたのである。

4つの契機

19世紀の政治，経済，社会の変化のうち，行政学を生み出した契機を4つにまとめて整理してみよう。

第1は，代表民主制の確立である。18世紀から19世紀にかけて，市民革命を経て代表民主制が成立していく。このことは，王政に仕える存在としての官僚機構に，そのあり方を変化させることを迫る。選挙を通じた代表の選出を基盤とすることに正統性の原理が置かれたことで，官僚機構はそれとの矛盾を抱える。

矛盾をさらに複雑にするのは，法の支配との関係である。代表民主制は為政者を被為政者と同一化することにより，統治の抑制を図ろうとするが，そもそも誰が担い手であろうが，統治を抑制するために外から枠づける試みが法の支配である。王政を対象として始まる点で，法の支配は代表民主制に先行する。そして法の支配は，官僚機構のあり方を人に従う組織からルールに従う組織へ変えるという側面ももつ（フクヤマ 2018）。これと代表民主制の論理は時として衝突する。これらの矛盾をいかに解きほぐすかが，行政学の主要課題のひとつである。

第2は，組織編制の原理としての官僚制の成立である。組織がルールによって規定される存在となるとき，その担い手も，身分制などによらず，ルールをつくり運用できる能力のある人々へと転換される。こうした新たな担い手とそれらを管理していく原理を備えた組織を官僚制と呼ぶ。この意味での官僚制は，行政機構に限られない。民間企業もまた，同様の性質を備えていく。組織のあり方としての官僚制を解明し，その問題や改善策を考えていくことは，行政学の第2の課題となる。

第3は，移動・通信の拡大である。身分制が解体し移動の自由が与えられたことに，鉄道をはじめとする技術の進展が加わったことで，人々の生活圏が拡大するとともに，都市への集住が加速する。都市は格差問題や衛生問題といった新たな公共問題の発生源となる。また，郵便をはじめとする通信も異なる地に住む人々を結び付ける。これらは国内にとどまらない。移動と通信の拡大は，地域から国際レベルにまでわたるさまざまな地理的範囲で人々の共通利益を成り立たせていく。それらを行政はどのように実現していくのか。各レベルの利益に衝突が生じる場合はどのように調整するのか。マルチレベルにわたる公共利益実現のための制度形成が行政学の3つ目の課題となる。

第4は，経済発展である。18 世紀まで，技術進歩による所得の増大は，人口増大によって相殺され，結局1人当たりの所得は伸びない「マルサスの罠」と呼ばれる状態が続いた。しかし，19 世紀には，生産活動に関する知識の増大と投資が相まって生産性が急激に上昇した。これに人口増大が重なることで，それまでにない経済成長が始まった。経済市場は，政府による所有権制度の確立やそれを支える司法システムなど，政府が機能することなくしては成り立ちえない。同時に経済活動の拡大は，市場では解決できない問題を生み出す。いかなる問題に対して政策的に取り組むのか，政府の責任領域はどこまで広がるのかという問題が生まれてくる。行政学の第4の課題は，政府は民間部門といかなる関係を切り結ぶのかを考えることである。

実践志向と学際性

こうした4つの課題を出発点としたことから，行政学は，実践志向と学際性という2つの特徴を抱えるようになった。

第1に，行政学とはそもそもが，取り組むべき課題から出発する学問であり，その意味で実践志向の強い，実務に根差そうとする性格の強い学問である。たとえば，地域衰退といった状況を前に行政は何をすべきかといった問いを考えることが，学問の中心部分を形成している。裏を返せば，現実の問題に関与し，その解決に資するものとして学問を意義づける傾向が強い。

第2の特徴は，学際性の強さである。4つの課題のそれぞれが，行政組織と他のものとの関係を考えるがゆえに，その他のものを研究する隣接分野が存在している。すなわち，政治については政治学が，民間組織については経営学が，政策を通じた民間部門との関係については政治経済学や公共政策学が，組織や都市については社会学が，それぞれに深く研究を蓄積してきた。

これらの2つの特徴は緊張関係を孕（はら）む。実務を志向するのか，あるいは科学を志向するのか。また，学際的な広がりを重視するのか，それとも行政学固有の領域を見出そうとするのか。こういった2つの軸の上で常に両方向に引き裂かれる傾向を，行政学は宿命的に抱えることになった。

この緊張関係をどのように解きほぐそうとするのかによって，行政学という学問のあり方は大きく異なったものとなる。ひとつは，実務を志向し，拡散を許容する方向である。実務上問題となる課題を個別に追究していけば，どうしても議論は拡散し，そこに体系をもたせることは難しくなる。現在のアメリカの行政学あるいは公共政策学がとっている方向は，こちらである。これに対して，学術的に科学的な分析を進めるならば，議論の対象は限定されていく。隣接する学問分野のいずれかに依拠し，学問的意義のある研究課題を追究するという方向である。日本の行政学は，主に政治学に依拠しつつ，こちらの道を歩んできた。

このどちらも不十分であると考えるならば，緊張関係に耐えながら議論の拡散を防ぐことに挑戦しなければならない。できるだけ多くの問題群を扱い，さまざまな学問分野の議論を吸収しつつ，体系的な理論構築とデータにもとづく主張の裏づけを行うことである。これまでの行政学においても，こうした試みは皆無ではなかった。学問にとって体系化は常にひとつの目標であり，行政学も繰り返しそれに挑戦してきた。本書もまた，そうした試みのひとつである。

体系化の試みとその挫折

こうした観点から振り返ると，20世紀冒頭に誕生した時点の行政学は，分業の徹底という視点から，先に述べた4つの課題に一貫した説明を与える試みだった。政治と行政の分業をまず確立する。行政機構内部でも分業にもとづく業務体系を構築する。政府と民間部門が果たすべき役割，さらに中央政府と地方政府それぞれの役割も明確化する。こうして，誰が何をやるのかを明確化することで，専門化による効率化と責任の明確化を追求しようとした。

分業の可能性に依拠することで，初期の行政学は一貫性をもった理論を構築した。しかし分業の徹底は，やはりある種のフィクションであった。政治と行政の役割を明確に区分することはできず，それは他の点についても同じである。こうしてフィクションがフィクションであることを暴かれて以降，行政学は一貫性を失いながら，行政組織や活動の実態を描写し，問題点を改善する試みを続けていく。たとえば，分業しつつ統合を果たすのが理想像だが，それが成立しないことからセクショナリズム（縦割り行政）が生じる。これをいかに解消するかという課題に，行政学は取り組んできたのである。

1980 年代半ばに登場し，それ以降の行政学の中心となった NPM（New Public Management，新しい公共経営や新しい公共管理とも呼ばれる）は，異なる出発点から，もう一度，一貫性を再構成しようとする試みである。初期の行政学が政治と行政の分業から出発したのに対し，NPM は政府と民間部門の関係から出発する。肥大化した政府の役割を見直したうえで，公私二分論とは異なる形態で公共サービスの提供を行っていく。民間部門との協働やサービスの受け手の選択を拡大するために，政府の業務を細分化，明確化していく。さらに，こうした動きに対応できるように，中央・地方関係の見直しや，政治と行政の関係の見直しが求められる。

かつての行政学が政治と行政の分業を出発点とし，それゆえその非現実性によって崩れたように，NPM もその出発点となる政府と民間部門の関係の見直しが鍵となる。それには非営利団体（NPO）などのサードセクターと呼ばれる部門を含んだ形で政府の役割を再定義しなければならない。これらの多様な部門間の関係をいかに統合していくかは，ガバナンスという概念でとらえられる。現在の行政学は，ガバナンスを出発点として，NPM が提示する分業と統合の体系がどこまで成り立つのか，これもまた綻（ほころ）びを抱えた理論なのかを考えている。こうした行政学の現在の姿も，本書では伝えていきたい。

3 本書の特徴と構成

書かれていることと書かれていないこと

本書の骨格となるのは，日本の行政の実態である。しかし，日本の行政の実態を描くといっても，そのすべてを描くことは当然できない。そこで，次の2つの基準から視点を定めた。ひとつは，学生や人々の関心の対象となっていることや，マスメディアで取り上げられる話題に関して，国際比較の視点からできるだけ客観的な説明を提供していくということである。官邸主導や「ブラック霞が関」といった問題は，その一例である。

もうひとつは，逆に，マスメディアなどであまり取り上げられていないが，行政について考えるうえで広く学生や市民が知っておくべきことという基準である。現在の日本において，公務員になろうという人であればぜひとも理解しておいてほしいこと，あるいは現代日本の行政について興味をもつ人に知っておいてほしいこと，それらをできるだけ論理的に，かつ実態についてのデータにもとづきながら紐解(ひもと)いていく。

関連する書物との関係

本書は，これまでの行政学とは異なる視点から，従来あまり取り上げられていない多くの論点を取り上げている。その裏返しに，過去の行政学の議論については，簡略化した形での紹介にとどめているところも多い。そうした議論に関心がある場合は，これまでの代表的な教科書，すなわち西尾（2001）と村松（2001）を参照してほしい。あるいは，分量を抑えた最近の教科書としては，伊藤・出雲・手塚（2016）や森田（2022）がある。

さらに，本書と補完的な関係にあるものとして，次の4種の教科書を挙げておきたい。第1は，真渕（2020）である。大部の行政学の教科書として，同書には豊富な例示や本書で扱えなかった話題が盛り込まれている。第2は，秋吉・伊藤・北山（2020）である。公共政策学の立場から書かれた同書には，政策形成の技法など本書で扱えなかった側面についての記述が多く含まれている。第3は，地方自治に関する教科書である。本書は地方政府にかかわる記述を簡略化しているが，このテーマは従来の行政学が強く関心を寄せてきたところであり，近年はそれだけに特化した教科書（稲継 2011；北村・青木・平野 2017；礒崎・金井・伊藤 2020；入江・京 2020；北山・稲継編 2021）も増えている。第4は，著者の特色が明確に盛り込まれた教科書として，実証研究志向の強い原田（2022）と抽象度の高い金井（2020）が挙げられる。

これら以外の行政学に関する多くの教科書（たとえば，今村ほか 2009；西尾編 2012；村上・佐藤編 2016；風間編 2018；武智 2021）を執筆時には参照しており，その他，内外の研究書や論文の知見も盛り込んでいる。巻末に参考文献一覧を掲げるとともに，読書ガイドを掲載したので，更なる学習のために活用してほしい。

4つのパート

本書は4部構成をとる。第Ⅰ部では，政治と行政の関係を考える。代表民主制の下で，政治家と官僚の間にはいかなる関係が成立するのかを，ここでは扱う。第Ⅱ部では，行政組織内部に注目する。現代の官僚制組織の特徴を理解することが，ここでの課題である。第Ⅲ部では，国民国家における行政に加えて，地域レベル，さらに国際レベルの行政はどのような特徴をもつのか，それら相互の関係はいかなるものなのかを明らかにする。行政の多層性が，ここでのテーマである。最後の第Ⅳ部では，政府部門と民間部門の関係を中心としつつ，さらにNPOなどサードセクターをも含んだ三者の間に，どのような関係があるのかを考える。すなわちガバナンスのあり方である。これら

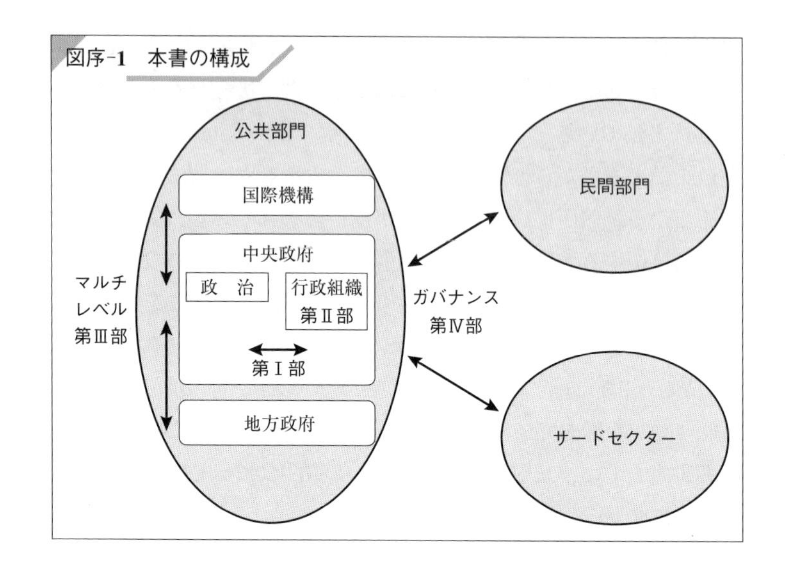

4つの部の関係を概念図で示したものが，**図序-1**である。

これら各部は，それぞれ行政学誕生の契機となった4つの契機に源流をもつ。代表民主制の成立が第Ⅰ部の政治と行政の関係，近代組織の成立が第Ⅱ部の行政組織，移動・通信の拡大は第Ⅲ部のマルチレベルの行政，そして市場への関与の増大は第Ⅳ部のガバナンスの様態の源流となっている。

この4部構成は，行政学の基本的な視点として，どこの国の行政を考える際にも適用できる。そしてこの順序は，政治と行政から説き起こす点で，伝統的な行政学の視点にも沿っている。NPMの視点は，ちょうどその逆となる。NPMとはガバナンスの様態を見直すところを出発点とする。まずは基本的な考え方を身につけるために，第Ⅰ部から順に読んでみてほしいが，2回目は第Ⅳ部から読むと，NPMの考え方がよりよく理解できるだろう。そうした読み方ができるように本書は構成されている。

行政の基本要素としては，制度，管理，政策を掲げることが多い。

それとの関係でいえば，制度の要素は，中央と地方の関係や，政治と行政の関係を中心とする。第Ⅰ部と第Ⅲ部が制度を中心的に扱う。管理は行政組織内部の機能であるので，第Ⅱ部が扱うこととなる。政策とは，政府が社会・経済に働きかけることなので，第Ⅳ部で主に扱われる。

行政の全体をとらえる視点としては，もうひとつ，政策を軸として，その流れに沿って行政の活動をとらえるという視点もある。政策課題を認識し，それに取り組む案をつくること，案を正式に決定し，それを実施すること，その実施が政策の対象者に届き，何らかの効果を生むことといった一連の政策のライフサイクルを見ていく視点である。この視点に沿って本書の構成を理解することも可能である。政策案の形成から決定についての部分では，主に政治との関係が中心になるので，第Ⅰ部が対応する。政策の実施に際しては行政組織内部での管理が主な課題となる。これは第Ⅱ部の対象である。政策案の形成から実施までが，地域から国際にまたがるさまざまな層で重層的に行われることをとらえようとするのが，第Ⅲ部である。そして政策の対象は社会や経済であるから，政策の効果に関する部分は，第Ⅳ部が扱う。

各部の冒頭には，それぞれの部において，委任と分業がどのような形でその部において表れるのかを示しておいた。これらを通読することで，本書が全体として，どのような問題をどのようにとらえようとしているのかが，よりよく理解できるであろう。

各部の構成

4つの部はいずれも4つの章から構成される。いずれの部においても，4つの章それぞれの役割は共通しており，まず，最初の章において，その部のテーマを理解するうえで基本となる概念を説明し，その実態をとらえるための基軸を設定し，それを用いて日本の行政を他国との比較の中に位置づける。第2の章では，日本の行政の実態を，近代化が行政に与えた影響を見るために，明治以来の歴史を簡単に振り返りながら，戦後に重点を置いて記述していく。2000 年代以降の変化についてもフォローするよう留意している。第 3 の章は，国際比較，時系列比較を通じて明らかになった違いについて，その原因を説明する。どのような要因が現在の日本の行政の特徴を生み出したのか。これまでの研究成果を紹介しながら，この問いを検討していく。どの部においても，利益（Interest），アイディア（Idea），制度（Institution）という 3 つの「I」に注目していく。第 4 の章は，そうした違いがもたらす帰結について考える。たとえば，政治と行政の関係の違いが私たちの社会や経済に，結局のところ，どういう違いをもたらすのかという問いを考えるのである。

別の言い方をするならば，最初の章が，行政の重要な 4 つの要素を記述していくための概念や基準の設定を行っている。それにもとづく国際比較と，第 2 の章における時系列比較によって，日本の行政の実態が把握される。第 3 の章は，そういった実態を説明されるべき対象（従属変数，あるいは被説明変数）として，それを説明する要因（独立変数，あるいは説明変数）は何かを明らかにする。第 4 の章は逆に，行政の実態を独立変数として，それがもたらす効果や帰結を従属変数としてとらえるという構成になっている。

各章の初めにはその章の要約を掲げている。そして各章の最後には，理解度を確かめるとともに，読者自身の手で理解を深めてもらうために，演習問題を掲げてある。じっくり取り組めば力がつくことをお約束する。それでは，いよいよ本論に入っていこう。

第Ⅰ部

政治と行政

◎第Ⅰ部の概要◎

政治家と官僚の関係を，本人と代理人の関係としてとらえること。それにより両者の関係は，どちらかが勝ってどちらかが負けるという単純なものではないことを理解すること。これらが，第Ⅰ部の課題である。両者はともに勝者となることもあれば，逆に，ともに敗者となることもある。それは，政治家が政策形成を自分で行う代わりに，官僚に委任するという関係にあるからである。うまく委任ができれば，政治家はそこで浮いた時間とエネルギーをより有効に使えるのである。

本人・代理人関係にもさまざまなものがあるが，政治家と官僚の関係の特徴は，本人となる政治家が一体とは限らないことである。行政のトップとなる政治家，つまり首相や大統領に権力が集中するよう，他の政治家が委任を行えば，官僚はその行政のトップ一人を本人とすることになる。しかし，そうでない場合も多い。政治制度のあり方が，この点を左右する。そして，複数の本人に仕えなければならないことは，代理人としての官僚の行動を大きく変える。

政治家からの委任が，うまくいかないこともある。ここでも単純に，代理人をコントロールできなかったということだけが失敗の形態ではないので，その全体像をよく理解してほしい。そうした失敗を防ぐために，どのように責任を問う体制を用意すればよいのかを考えよう。そして，政治と行政の関係がうまくいかなければ，私たちの社会や経済にどのような問題が生じるのかを最後に考えていこう。

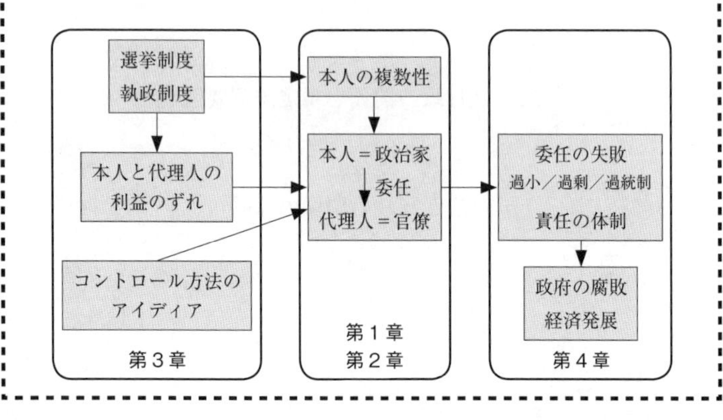

第1章　政治と行政の関係

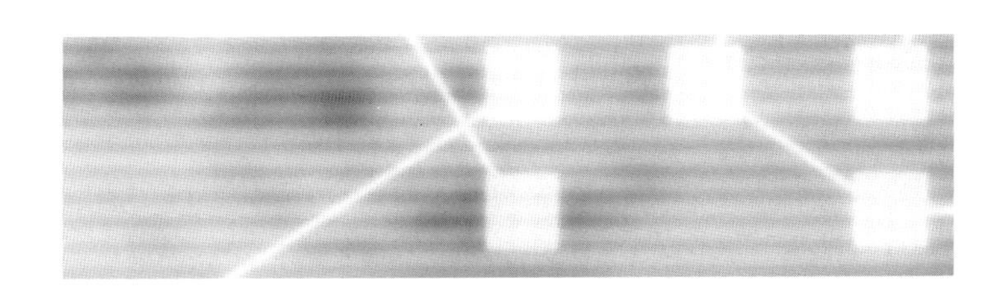

第1章では，本人・代理人関係，すなわち知識や情報をもつ者への委任を軸にして，現代の民主制をとらえる視点を説明する。①本人はどのように代理人をコントロールするのか。その難しさは何か。②一人の本人に仕える場合と複数の本人に仕える場合とでは，代理人の行動はどのように変化するのか。これら2点を理解することが，政治家と官僚の関係を見る際のポイントだということを理解してほしい。

1　本人・代理人関係としての政治と行政の関係

政治と行政の意味

現代民主制は，主権をもつ国民が，その主権をまずは政治家に，次に官僚に委ねていくしくみである。政治家と官僚の関係は，現代民主制の根幹をなす権限委譲の重要な一部分である。政治と行政の関係といってもいろいろな意味があり，立法権限を政治，法を執行する権限を行政と呼ぶこともあれば，統治行為のうちの決定を政治，実施を行政と呼ぶこともある。しかし政治学・行政学では，これを政治家と官僚の関係としてとらえる。つまり，政治と行政を担い手の観点からとらえる。民主制か非民主制か，誰が統治するのかという問題が，政治学の基本的な関心だからである。このため，政治と行政の関係を，政官関係と呼ぶときもある。

次に，政治家と官僚を具体的な人，つまりバイデンや岸田文雄（きしだふみお），あるいは小池百合子（こいけゆりこ）といった人たちではなく，政治家と官僚という「役割」としてとらえよう。政治家という役割は，有権者が選挙によって選び出すことによって初めて，それを担うことが許される。これに対して官僚あるいは行政官とは，政治家が任命することによって，それを担うことが許される役割である。このように，具体的な人ではなく，あくまで「しくみ」や「役割」としてとらえることによって，個別の現象を超えて，私たちの社会において政治と行政がいかなる意味をもつのかを，より広く深く理解することができる。

政治家と官僚の主たる活動は，政策を形成することである。ここでいう政策の形成とは，政策の内容を決めていくことである。それは，いわゆる政策の決定の段階だけではなく，実施の段階でも行われる。たとえば，法律や予算といった政策の決定と，法律にもとづく許認可や道路建設事業といった政策実施を分けることはできるが，後者の段階は機械的な作業で判断の余地がないわけではない。むしろ実施の段階においてこそ，政策の実質的な中身が決まることも多い。そこで，これらを全体として，政策の形成として扱う。

本人・代理人関係と近代社会

現代民主制が，国民がもつ主権を政治家，さらには官僚に委ねていくしくみであるということは，言い換えれば，現代民主制は，本人・代理人（PA：プリンシパル・エージェント）関係の連鎖としてとらえられるということである（図 **1-1**）。本人・代理人関係とは，本人がもつ権限を代理人に委ねることで成立する関係である。私たち国民は主権者であり，私たちが直接に政治を担う，すなわち政策

図 1-1　本人・代理人関係としての現代民主制

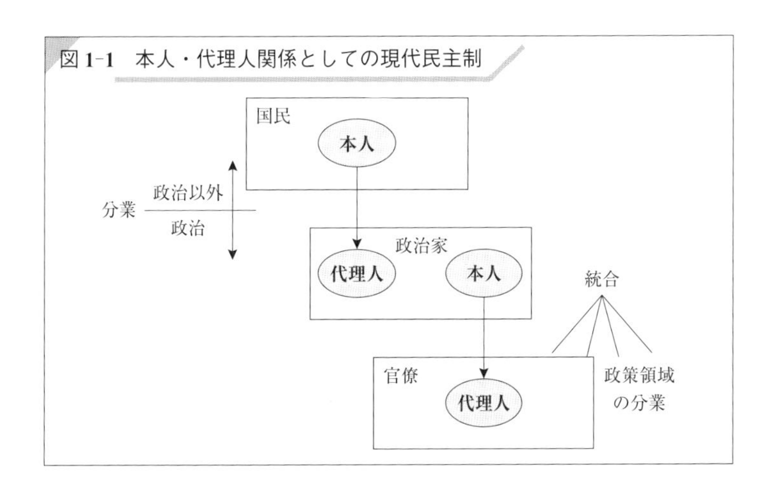

形成を行ってよい。しかし，時間やエネルギーの限界，そして能力の制限があるために，代理人に政策の決定とその実行を委ねている。そして，私たちが代理人として選出した政治家もまた，すべての政策決定を行い，実施するには，人手の面でも能力の面でも限界があるために，代理人としての官僚を用いる。つまり，政治家とは，有権者という本人から見ると代理人であると同時に，本人として官僚という代理人を統制する存在でもある。官僚に対する政治家の統制，すなわち民主的統制とは，この二重の本人・代理人関係を通じて，最終的に私たち国民が望む政策を手に入れるための手段である。

別の視点から見れば，現代民主制においては，私たちと政治家および官僚との間に，政治をめぐる分業が成立する。古代ギリシャ時代の市民は，政治から離れることを許されなかった。奴隷に経済活動を担わせることで，全市民が政治にかかわることを可能にするとともに義務にもした。しかし古代ギリシャ時代の市民とは異なり，近代における市民は政治に常にかかわることを要請されない。私たちにとって政治は余興であり，選挙以外にかかわる余裕は限られる。

こうしてまず，政治を日常的に行う者とそうでない者との分業が，国民と政治家・官僚の間に成立する。次に，政治を日常的に担う者の中での分業が行われる。行政とは，その分業を体現するものである。行政機構においては，安全保障，福祉など政策領域ごとに異なる人々が異なる政策形成を担う。それらのバランスをとり，全体としての方向を定める統合機能を果たすことが，政治の役目である。

つまり，政治家が有権者に対する代理人であると同時に，行政に対する本人であるという二重の役割それぞれを貫徹することによって，政治における分業が完全なものになる。政治家が有権者の代理人として十分に信頼される存在となれば，有権者は政治から離れることができる。行政という代理人を本人として十分に生かせば，自分自身で行う以上の政策を実施できる。これが現代民主制の基本構造であり，それは政治の世界において，近代社会の特徴としての分業を成立させるということなのである。もちろん，現実はここからの乖離を含んでいるが，そのずれの程度を理解するためにも，基本構造がいかなるものかをまず理解してもらいたい。

民主的統制と政治主導

現代民主制における第一の問いは，行政という代理人が本人である政治家，さらには人々の意向に反していないか，つまり民主的統制が実現されているのかという問いである。そしてこの問いは，政策形成において影響力をもつのは誰かという問いに転換されてきた。影響力が強いのは政治家なのか官僚なのか，政党優位と官僚優位のどちらが実態なのかという問いを通じて，民主的統制の存否を考えるのである。政治主導か官僚主導かという問いも，同じような問題関心に立つ。

しかし，こうした言葉や概念は曖昧である。影響力が強いとは，どのような状態なのだろうか。政治家の命令に官僚が従っているということだろうか。政治家と官僚の影響力はゼロサムの関係（一方が強くなれば，他方が弱くなる関係）だろうか。あるいは政治家が政

表 1-1　政治と行政の関係の 4 類型

		行動：統制	
		実施	実施しない
意図：政策選好	合致	過剰統制	PA 関係の理想型
	相違	PA 関係の常態	PA 関係の破綻

策形成の上でさまざまな役割を果たすことが，政治主導の意味なのだろうか。こうした点を明らかにしないままに政官関係のあり方を論じ，それを変えようとすることは，意味がないどころか有害ですらある。政治と行政の関係が何に規定され，何をもたらすのかを十分に理解せず，官僚主導は悪であり，政治主導が善であるという善悪二元論を振り回してはならない。

政治と行政の関係を整理するために，両者の意図と政治家の行動といった 2 つの次元を分けて考えてみよう。意図とは，どのような政策を実現したいと考えているのかということである。政策選好とも呼ばれる。そして，ここでの行動とは，政治家が官僚への統制・コントロールを試みることを意味する。まず，政治家と官僚の意図（政策選好）について考えると，両者が同じような政策を好む場合と，両者の好む政策が食い違っている場合の 2 つがある。次に行動については，政治家がコントロールを試みるか否かの 2 つを考える。この意図と行動の 2 つを組み合わせることで，政治と行政の最も単純な関係を記述する 4 つのパターンができあがる（表 1-1）。

この単純な表を眺めるだけでも，政治家による統制の実施をもって政治主導とするのは素朴すぎることがわかるだろう。政治家が官僚に対する統制を実施することは，両者の政策選好が乖離している場合には必要である。しかし，政策選好が合致しているときに統制をかけることは，過剰な統制である。そうした統制は単に無駄なだけでなく，官僚の動機や意欲を低下させ，政治家が本来果たすべき他の役割に割く時間とエネルギーを奪うという意味で損失を生む。逆に，統制が実施されていないのは両者の関係がうまくいっているからだと推測するのも早合点である。目につきやすい，政治家の行動レベルだけを見て，政官関係を論じてはならないのである。

本人・代理人関係とは何か

政治と行政の関係を見るために，本人・代理人関係についてさらに詳しく考えよう。

まず，本人・代理人関係においては，本人は自分自身でも行いうる何らかの行為を，他者である代理人に委ねて実施してもらう。ここで，本人でもできることを，時間やエネルギーの節約のために他者にやってもらうのであれば，それは業務の購入にすぎない。そうではなく，代理人が本人にはない知識や技能をもっているがゆえに，本人自身が実施するよりも代理人がその業務を上手に実施しうるところに，本人・代理人関係の特徴はある。

しかし同時にそのことが，本人・代理人関係の難しさでもある。代理人がもつ知識や技能の優位性を，代理人が悪用する可能性がある。モニタリング（監視）の困難性という問題は，他者に委任を行う際には必ず発生するものだが，本人・代理人関係においては，その問題がより大きなものになりやすいのである。本人よりも情報面で勝る代理人が，本人の利益にならない行動をとることを，エージェンシー・スラックの発生という。

現在の私たちの生活は，さまざまな代理人を用いることで成り立っている。旅行を思い立ち，旅行代理店に行って計画を立ててもらう。家を建てるときに大工に依頼する。法律問題が発生し弁護士を雇う。これらいずれにおいても，代理人は私たちがもたない技能や知識をもっている。では，その代理人は私たちのためにもてる力をすべて発揮してくれるだろうか。そうではないとして，私たちに何ができるだろうか。

ここには情報の非対称性という大きな問題が存在する。代理人が技能や知識をもつからこそ，それを生かしたいのだが，それが代理人をコントロールする難しさも生んでいる。この困難を乗り越えて，いかにして代理人の技能や知識を自分のために使っていけるのか。それが，本人・代理人関係の肝要である。

本人・代理人関係としての政官関係

人々から選出されたことをもって正統性に勝る政治家は，政策を形成する本来の主体である。これに対して，専門特化することで政策に関するさまざまな知識を保有することが，行政機構の特質である。政治家は官僚に政策形成を委ねることで，官僚がもつ情報や知識を生かそうとする。したがって，政官関係を見るときに重要なのは，政治家が望む政策効果が実現しているのかという観点と，官僚がもつ技能や知識が政策に反映されているのかという観点の双方である。両者の間には往々にしてトレードオフの関係が存在し，それをどの程度両立できているかが問われる（曽我 2005：第2章）。

官僚に政策形成を委ねると，エージェンシー・スラックが発生しうる。その原因は情報の非対称性である。具体的には，次の2種類の非対称性が存在する。

第1は，「隠された情報」である。官僚がどのような政策選好をもっているのか，また政策形成に関するどのような知識や技能をもっているのかが，政治家にはわからないことである。官僚は自己の組織存続などの観点から，政治家とは異なる政策を実現させたいと考えていることがある。また，官僚が備える知識や技能の程度は政治家よりも一般的に高いとはいえ，実際には官僚の中でも差がある。こうした官僚しか知らない選好や能力は，ゲーム理論の用語を用いるならば，政治家にとっての不完備情報である。このように「隠された情報」があるために，不適切な代理人を選択してしまうことを，逆選抜と呼ぶ。

第2は，「隠された行動」である。これは，官僚がどのような行動をとっているのかが政治家には観察できないということである。政策実施の際に，どのような基準にもとづき，どのような決定を下しているのかを政治家が知ることは難しい。このような「隠された行動」が存在するとき，ゲーム理論では，その官僚の行動は政治家にとって不完全情報であると呼ぶ。行動を観察されないことを利用して，代理人が自己利益を追求する行動をとることを，モラル・ハザードの発生と呼ぶ。

官僚の政策形成活動

政治家からの委任を受け，官僚がどのように政策形成を進めるのか，もう少し詳しく見ておく。政策とは政府が社会・経済に働きかけることであるから（詳しくは第Ⅳ部参照），政府による働きかけとしての政策と，それが社会や経済に与える効果とを分けて考える。政治家にとって重要なのは，後者の政策の効果である。政治家が選挙で選出される存在であり，有権者の支持を必要とすることからも，政治家の関心事は社会や経済のあり方である。たとえば環境政策を考える際に，政治家にとって大事なのは，それが経済活動にどの程度の負担をかけ，人々の健康をどの程度守るのかということである。他方で，官僚もまた，めざす社会や経済のあり方をもつが，それは政治家と同じとは限らない。これらは図**1-2**において，政策効果を示す上の直線において政治家の望む効果，官庁A, Bの望む効果が離れていることで示されている。政策選好とは，このようにとらえられる。

次に，社会や経済のあり方を直接決めることはできず，政府はあくまで政策で働きかけができるだけである。しかし，政策が社会や経済をどのように変えるかは容易にはわからない。したがって，政策の形成を行うには，政策活動の選択肢がどのような政策産出を生み，さらにそれが社会や経済にどのような効果を生むのかについての知識や情報が必要となる（☞第16章）。政策の具体的内容として，

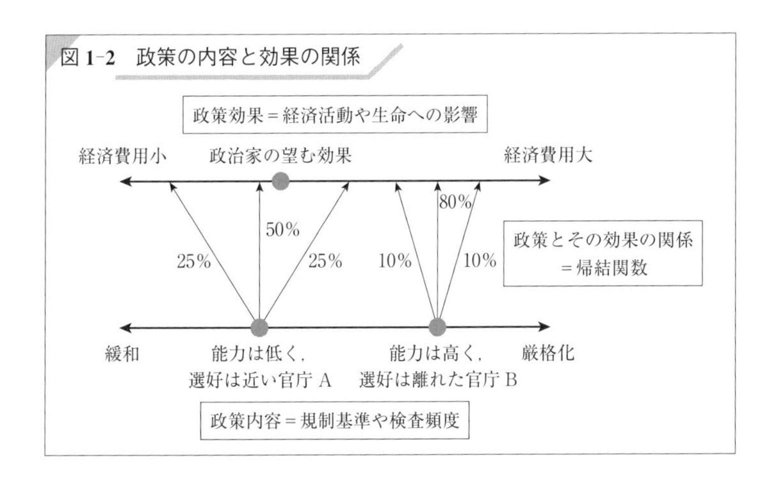

どういった環境基準の規制をかければよいのか。たとえば工場から排出される煤煙に含まれる二酸化窒素は，0.04ppm 以下とすべきか 0.1ppm 以下とすべきかは，企業の対応にかかるコストや二酸化窒素濃度が健康に及ぼす影響の理解なくして決められない。

ここで官僚に期待される役割とは，狙った政策効果を実現するように政策内容の詳細を詰めることである。しかし，政策内容と政策効果の関係を理解することは簡単なことではない。そこには一定のノイズが入り，不確定な要素が含まれる。したがって，図 **1-2** にあるように，特定の政策内容を定めたとしても，そこから生じる政策効果は一点には定まらない。狙っていた以外の結果が一定の確率で生じる。こうしたぶれがどの程度起こりうるかを把握し，そうしたぶれを小さくするにはどのような政策とすべきかを考えることが，官僚の能力を意味する。

具体的には，この能力は 2 つの理解・知識から成り立っている。ひとつは，政策手段の選択肢としてどのようなものがあるのかについての理解である。つまり，どのような施策を実施すれば，政策課題を解決できるのかについての知識である。もうひとつは，施策の具体的な内容をどうするのかについての理解である。たとえば規制の基準設定が，人々の生命や経済的活動にどのような影響を与えるのかについての知識である。あるいは，規制の実施に際して，どの程度の頻度で立ち入り検査を行えば，どの程度の遵守状況を確保でき，その結果として，大気の状態をどれほど改善できるのかを知っていることである。

証拠にもとづく政策形成（EBPM: Evidence-Based Policy Making）とは，科学的知見を生かすことで政策内容と効果のぶれを少なくする試みである。これまで官僚がもつ強みは，2つの知識のうち後者の執務を通じて得られる知識であった。これに対して前者の知識を強化しようとするのが，EBPMである。社会科学の発展に伴い因果効果の推定精度が高まったことや，統計データ，とりわけビッグ・データが拡充してきたことが，この動きの背景にある。

2 政治家による官僚のコントロール

事前コントロールと事後コントロール

ここまで，本人・代理人関係を用いて政治家と官僚の関係をとらえ，その作動メカニズムを見てきた。では，官僚に政策形成を委任しつつ，政治家が望む結果を得るためには，政治家はどのようにコントロールをかければよいのだろうか。コントロールの手法は，大きく2つに分けられる。事前コントロールと事後コントロールである。これは，官僚が政策決定や実施を行うことに対して，時間的に先行するのか否かを基準とする。事前コントロールの目標は，能力があり政策選好も近い官僚を代理人として選び出し，リソース（資源）を付与することである。つまり不完備情報から発生する逆選抜の問題に対処しつつ，委任の程度を決定するということである。

これに対して事後コントロールがめざすのは，政策実施において，官僚が怠けたり，逸脱行動をとったりすることを抑止することにある。これは，不完全情報から発生するモラル・ハザードへの対処といえる。

コントロールをかける際には，情報の非対称性のすべてを解消しなくてもよい。官僚が能力に優れており，政策選好も同じならば，政治家は官僚の行動を観察する必要はない。逆に，官僚の能力や政策選好がわからずとも，官僚が実施している政策の帰結が明白ならば，それでも官僚が好き勝手をすることは防げる。したがって，必要十分なコントロールをかけることが重要になる。コントロールは，あくまでもエージェンシー・スラックを解消するための手段である。それを自己目的化することは，過剰なコントロールを生みやすい。

選抜方式

事前コントロールは，まず，不完備情報をできるだけ減らすためのコントロールと，それでも残る不完備情報に対処するためのコントロールとに分けられる。前者は，官僚の選抜において，できるだけ能力が高く政策選好が一致する者を選び出すスクリーニングである。では，どのような基準にもとづき選抜を行えばよいのか。

選抜における問題は，高い能力と政策選好の一致を両立させることが難しいことである。能力の高い，つまり技能や知識を取得した専門家は，政治家が望む政策とは異なる政策を好む可能性が高くなる。政治家が一般有権者の意向を重視するのに対し，専門家としての官僚は，その専門において重視される価値に重きを置くからである。そこで，能力と選好のどちらを重視するかに応じて，異なる選抜方式をとることになる。政策選好を近づけようとするならば，政治任用制を用いる。政治任用とは，任用に際して能力証明を求めず，政治家と政策選好を共有することを基準として任用できる制度を指す。これに対して，政策形成に関する技能や知識を重視するのであれば，資格任用制（メリット・システム）を採用することになる。これは，任用に際して客観的な能力証明を課す任用制である。

ただし，政治任用制を用いれば完全に選好が一致する者を，資格任用制を用いれば能力の高い者を確実に選抜できるとは限らない。とりわけ前者の方が難しい問題を抱える。能力の測定は，試験を適切に設計し実施すれば，かなり正確に行える。能力のない者があるかのごとく偽ることは困難である。しかし，政策選好を外部から観察することは難しい。それだけに，政治家と選好が一致しない者が，あたかも一致しているかのように偽ることは可能である。

政治家との政策選好の一体性が求められる政治任用では，任命権者の政治家の交代に伴い，官僚も交代することが通例である。つまり，任命権者の意思による実質的な罷免（休職などを含む）が予定されている。この点を緩和すると，任用に際して能力証明も政策選好の共有も要せず，任命権者の判断で任命できることとなる。これを自由任用と呼ぶ。

自由任用は，そのねらいに応じて，いろいろな形をとる。政治家が政策の実現ではなく，有権者への便益の提供によって集票を行っている場合に，自由任用を用いることもできる。この場合は，それを批判して情実任用（パトロネージ）と呼ぶ。情実任用は，官職を得ようとして政治家に働きかけを行う猟官運動を惹起（じゃっき）しやすい。有権者の猟官と政治家の応答が生み出す行政のことを猟官制（スポイルズ・システム）と呼ぶ。

他方で，行政職員の構成が社会の人々の構成を反映するように自由任用を用いることもできる。階級，階層，出身や居住地，教育，障碍，人種，性などさまざまな側面が基準となりうる。アファーマティブ・アクション（積極的格差是正措置）にもとづき，一定の人々の採用人数や割合を設定することは，この具体的方法となる。

政策形成手続きと組織編制

いかなる選抜方法をとっても，能力の不足や政策選好の乖離を完全に解消することはできない。そこで次の対処策として，3種類の事前コントロールが用意される。第1は，政策形成における裁量の制約，第2は，政策形成や政策実施の際のルールの策定，そして第3は，行政組織の組織編制を左右することである。

第1の政策形成における裁量の制約とは，官僚が政策案の策定を行う際，あらかじめ政治の側から，検討すべき点や考慮すべき要素を示すことである。政策の実質が政省令などで決められる場合に，どこまで法律で枠をはめておくかといったことも，これに該当する。

第2の政策形成のルールとは，政策案の作成にあたって，どの人々の意見を聴取しなければならないのか，どこから情報収集をしなければならないのか，誰の同意を取り付けなければならないのかといったことを決めておくことである。これにより，官僚に政策案の作成を委ねつつ，政治家が重視する企業や人々の考えに沿った政策形成を可能とする。

また，政策実施のルールとは，行政手続法のように，許認可等の行政行為の基準を明確化し，処理の手順や期間を定めておくことで，ひとつひとつの決定を監視することなく，官僚の決定を枠づけるものである。政治家にとって重要な支持基盤となる企業や有権者に対し，官僚による決定への異議申し立ての機会を用意することなども可能となる。

第3は，行政組織の組織編制を通じてのコントロールである。第Ⅱ部で見るように，組織編制のポイントは統合と分業であるが，政治家による事前コントロールの手法としては統合を担う部分が，まずは焦点となる。政府中枢，すなわち省庁の上位に置かれる日本でいう内閣官房のような統合部分を設けるのか，そうした部分を設けず水平的調整に委ねるのかという問題である。次に，分業については，さまざまな政策課題のうち，どの課題をひとつの行政組織に担わせるかが重要である。社会や経済のどの課題を行政が担うのか，どのようなことを考慮しながら政策形成に当たるのかは，どのような省庁にどのような政策領域を委任していくかで変わるのである。

事後コントロール

事後コントロールは，官僚の行動に応じて，資源付与の程度を変えることである。第Ⅳ部で詳しく見るが，行政が活動するには，権限・金銭・人・情報といった資源（リソース）が必要である。官僚がこれらの資源を社会から調達することをどこまで認めるか，あるいはそうした調達能力を奪うか，また，全体として調達したリソースを行政組織のどこにどのように配分するかが政治コントロールの手段となる。

事後コントロールは，官僚個人のレベルで加えられることもあれば，組織レベルで加えられることもある。

個人レベルでは，政治家の望む政策を高い技能と知識にもとづいて実現した場合，昇進や昇給を与えることが考えられる。その逆に，政治家が望む政策が実現していない場合に，役職や賃金を下げるということもある。なお，こうした昇進・配置を通じてのコントロールは，事前コントロールとしての選抜方式とは独立に組み合わせられる。任用を政治任用によりつつ，昇進・配置については行政機構の運用に委ねる。あるいは，資格任用で採用を行いつつ，昇進・配置については政治家が統制を行う。これらのいずれもが可能である。この後者の場合も含めて，政治任用と呼ぶこともある。

組織レベルでは，組織に与えた情報や権限，金銭や人的資源を事後的に奪ったり，追加的に配分したりすることが考えられる。官僚たちがやりがいのある仕事と，それを可能にする予算と人を欲していることから，こうした資源配分が賞罰として機能する。こうした資源配分は定期的に行われ，とりわけ予算は毎年策定される。

ただし，個人レベルであれ組織レベルであれ，事後コントロールは官僚の行動に応じて発動されるので，その行動を観察する必要がある。行動そのものが観察できない場合は，官僚の行動の結果生じる社会や経済の変化をシグナルとして用いることになる。けれども，これらは必ずしも官僚の行動のみによって変化するものではない。そのシグナルはノイズが多く，取り扱いには注意が必要である。

そこで，行動の観察を政治家自身が行う以外に，一般の人々や企業，あるいは利益集団に委ねるという方法もある。政治家自身による観察を警察巡回型（police patrol），人々や利益集団による観察を火災報知器型（fire alarm）と呼ぶ。前者は政治家にとって費用が大きく，また，そもそも政治家が官僚をコントロールする目標が，政治家の支持基盤となる人々や利益集団の好む政策を実現するところにあることからすると，官僚の行動を観察することも彼らに委ねる方が効果的である。人々や利益集団が報知器を鳴らす，つまり自分たちの利益に反する政策を実施していると知らせてきたとき，政治家は事後コントロールを発動すればよいのである。

コントロールへの対応

以上が政治的コントロールの諸形態である。これに対して官僚は，単なる受け身の存在ではなく，対抗策をとりうる。とはいえ，民主的正統性を有する政治家に対して正面から抵抗することは，非難を招く可能性が大きく得策ではない。そこで対応としては，コントロールが予測される際，政治家のその動機を解消するか，それともコントロールすることを困難にするかという，大きく分けて2つが考えられる。

「隠された情報」を政治家が問題視する場合は，政策選好の近さと能力の高さを官僚が証明できていないためにコントロールされる。したがって，政策帰結を政治家の望むものへと近づけるか，情報収集に努めることで，コントロールを回避しようとする。前者は忖度と呼ばれる。

「隠された行動」が問題視される場合は，自分たちの行動を明らかにするという対処をとりうる。つまり，官僚の方が情報面で優位にあることは，必ずしも官僚に有利な結果をもたらすとは限らない。政治家の側は，官僚が何をやっているかがわからない以上はコントロールを発動するという戦略をとるかもしれない。したがって，官僚が常に情報の非対称性を維持するとは限らない。

これに対して，コントロールを困難にするとは，政治家がコントロールを実施するコストを上げることである。たとえば人事管理のしくみや組織再編のやり方について，公式化を進めることで，政治家による介入は難しくなる。定期的に膨大なポストを連動させながら配置転換することが慣習化すれば，政治家が一部の官僚を随時重用することなどは難しくなる。これは自分たちにとっても手を縛ることになるが，政治家の介入を防ぐ効果が期待されるのである。

このように官僚は政治家の行動を先読みしながら，戦略的に対応をとるので，政官関係の変化は直観的な予測とは異なることが多い。たとえば，政治家が政策への理解を深めれば，官僚への委任の必要は減る。しかしこのとき，政治家自身による政策形成が増えるとは限らない。官僚は，自分たちの能力も高めるか，あるいは選好を政治家にすり寄せる。結果として，政治家から官僚への委任の程度は変化しないが，政策結果は政治家の選好により近いものとなる，あるいは結果のぶれが小さなものになる。政治家は，政策理解を深めたことの果実を手に入れる。しかしそれは，直接的にそれを利用することによってではないことも多いのである。

政治的コントロールと独立性・自律性

政治家によるコントロールと官僚による対応の総体として政治と行政の関係をとらえることで，独立性と自律性という政官関係の2つの側面の意味が明らかになる。政治コントロールをもう一度まとめてとらえなおし，**表1-1** との関係を整理することから，独立性と自律性を位置づけよう。

まず，事前コントロールのうち，選抜方式はどれをとるかという問題であり，代理人への委任に必然的に伴う。しかし，それ以外の事前コントロールや事後コントロールは，それらを実施しないことは原理的には可能である。そこで，これらの政治的コントロールが，総体として低く抑えられていること，しかもそれが，たまたま政治家がコントロールをしなかったというのではなく，制度的に保障されていることを，行政の独立性と呼ぶ。**表 1-1** でいえば，制度的に右側にあることが保障されるほど，独立性が高いということになる。ただし，独立性が高くとも，選抜方式は何らかの選択が行われていることには注意が必要である。

次に，行政が自分たちの意図，すなわち政策選好をどこまで実現できるかを示すのが，行政の自律性である。**表 1-1** でいえば，政治と政策選好が一致しない場合に，自らの政策選好が実現できるか，すなわち下半分の中で右側を獲得できるかが問題となる。つまり，政策形成の帰結として，官僚の政策選好がどこまで達成できたかを見るのが自律性の概念である。政治の側のコントロールに対して，対応策をとることなどを通じ，自身の政策選好に近い政策を実現できているとき，その官僚の自律性は高いといえる。

3 本人の複数性

複数の本人

ここまで，本人としての政治家と代理人としての官僚の関係に焦点を絞って理解するために，政治家だけを本人とし，その政治家は単体の存在と考えてきた。しかし，これは事実に反している。

まず，現代民主制においても，権限委譲の連鎖が完全に成立するとは限らない。人々の多くが政治に常時かかわることは不可能であり，望んでいないとしても，政策形成のすべてを政治家に委ねようとはしない人々がいることも事実である。市民運動や住民運動などの社会運動（social movement）はその代表的な例である。政策形成への関与を制度化しようと，公聴会などの意見表明などから国民・住民投票といった直接民主制まで，さまざまなしくみが用意されている（☞第13章）。こうした場合，人々もまた行政にとっての本人となり，本人の複数性はさらに高まる。

次に，人々から委任を受けた政治家もいくつかに分かれる。民主制における政治家とは，人々の代表として選挙で選出された議員や行政府の長および大臣を指す。議員たちは政党をつくり，多数派を形成しようとする。執政制度が議院内閣制であれば首相を選出する。首相は大臣を任命し，行政府を統括していく。大統領制の場合は，直接選出された大統領が行政府の長になる。つまり，政治家と総称されるものの中には，大きく分けて，多数党議員，少数党議員，首相あるいは大統領（両者を合わせて執政長官と呼ぶ），大臣あるいは各省長官といった4種類が存在する。複数の政治家が存在するということは，官僚にとっての本人も複数になりうるということである。

権力の集中・分散と執政制度

4種類の政治家の関係をとらえる視点として最も重要なのは，行政府の長への権力集中の程度（集中・分散）である。首相なり大統領なりが強い権限をもち，その意思に従って政府が動くしくみとなっているのか，それとも政党や大臣がそれぞれに意思決定にかかわり，影響力をもつしくみになっているのかということである。

行政府の長への権力集中の程度は，まずは執政制度が議院内閣制か大統領制かによって大きく変わってくる（図**1-3**）。議院内閣制の場合，議会多数派，すなわち与党が首相を選出し，その与党が首相を信任する限りで首相はその座にとどまることができる。つまり，与党が本人，首相が代理人という関係が，そこには成立する。

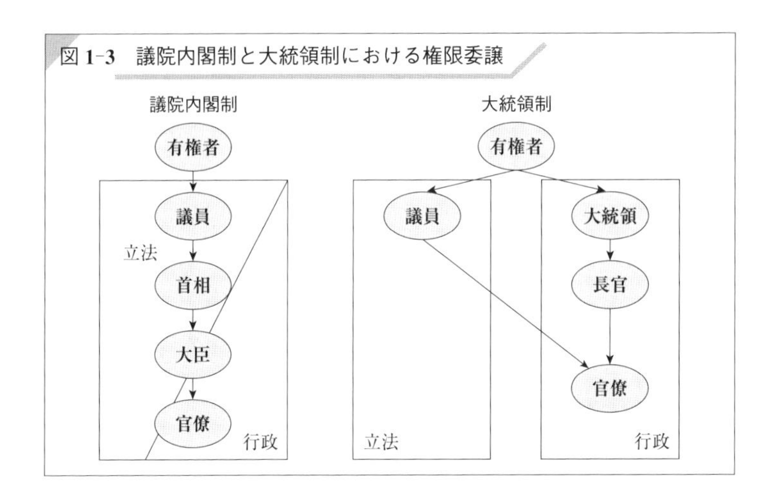

図 1-3　議院内閣制と大統領制における権限委譲

他方，大統領制の場合，議会と大統領はそれぞれ別個の選挙によって選出される。つまり，議会と大統領はそれぞれが国民という究極の本人の直接の代理人である。議会と大統領の間には本人と代理人の関係は存在しない。議会は立法機能，大統領は行政機能を担うという分業が成立している。また，別の視点から見ると，議会の多数派と大統領の所属政党が一致すること（統一政府）は，大統領制では保証されていない。実際に，両者が食い違う分割政府と呼ばれる状態はしばしば見られる。

こうした選出・罷免の関係を根底にもつことで，議院内閣制において政策形成の権限は直列的に委任を繰り返す形をとる。これに対して大統領制では，政策形成の権限は並列的に分配されている。

首相の権力

議院内閣制における首相は，与党の代理人であり，同時に大臣の本人となる。したがって，首相の権力は，どの程度完全に与党の代理人となれるか，どの程度大臣を完全な代理人にできるかという 2 つの要素によって規定される。言い換えるならば，与党が首相を代理人として認め，首相に政策形成の権限の多くを委ねており，かつ首相が信頼できる代理人としての大臣を抱えている場合に，首相の権力は強くなる。

逆にいえば，2つの条件のどちらが欠けても，首相がリーダーシップを発揮することはできない。議会が自律的に政策形成にかかわっている場合も，また大臣が首相とは別個に政策形成にかかわるか，あるいはそれを恐れて首相が大臣に政策形成を委ねず，すべてを抱え込む場合も，いずれもが「弱い首相」なのである。強い首相はひとつのタイプしかないが，弱い首相にはさまざまなタイプがある。

大統領の権力

大統領制における大統領は，議会と分業している。したがってその権力の大きさは，各省長官を完全な代理人にできることに加え，立法にどの程度関与できるかによって規定される。立法への関与の仕方には大きく分けて2種類がある。ひとつは，ラテンアメリカ諸国やロシア・東欧諸国などに見られるように，大統領にも立法に関する権限，たとえば法案の提出権を与えることである。もうひとつは，議員の中に協力者を増やすことである。政党というつながりがその強力な手段となるが，議員一人一人と取引をして，協力を取り付けることもある。

つまり，議院内閣制の場合とは反対に，大統領制の場合には，弱い大統領は皆同じ顔をしている。立法府に食い込めず，行政府の檻の中に閉じ込められる大統領である。これに対して，強い大統領にはいろいろなタイプがある。憲法レベルの規定を通じて，立法への関与が可能になった大統領，議会で多数派を形成する強い政党を自身の下に抱えている大統領，分裂的な政党制を抱えた議会の中で，個別に議員との関係を築き上げる大統領などさまざまである。

大統領制において，レファレンダム（国民投票）を通じて憲法改正を行うことは，フランスの第五共和制を典型例として，しばしば見られる。それは，国民的人気のある大統領がとるひとつの戦略である。しかし，強い大統領となるための戦略がそれしかないわけではない。アメリカの大統領のように，レファレンダムといった手段をとれず，政党の凝集性もきわめて弱いとなれば，法案ごとに多数派を形成するという手段を用いることになる。アメリカの国力の大きさを割り引けば，アメリカ大統領の権力は制度的に弱いが，戦時に典型的に見られるように，議会での安定的な多数派構築に成功する強い大統領が，時として登場するのである。

複数の本人と中立化

官僚の本人が複数存在することに対し，官僚はどのような対応がとれるだろうか。ここでも鍵となるのは，政策選好である。政治家はそれぞれ，異なる政策選好をもっている。このとき，官僚はどこに位置をとるのか。多数派政党，首相，大統領，大臣などのいずれかに近づいていくこともできるが，いずれとも距離をとることもできる。ここで，複数の本人のいずれからも同程度の距離をとることを中立化，そうした状態を官僚の中立性（neutrality）と呼ぶ。

官僚の本人は同時点で複数存在しうるだけではなく，時間によって入れ替わることもある。たとえば，総選挙の結果，政権交代が成立すれば，異なる政策選好をもった首相に入れ替わる。したがって，官僚の中立性とは，複数の時点にまたがるものとしてもとらえられる。ここでの中立化には２つの方法がある。第１の方法は，現在の首相だけではなく将来の首相からも，言い換えれば現在の与党だけでなく野党からも距離をとる。これは，同時点で複数の本人がいる場合と同様の方法である。これに対して第２の方法は，複数時点の本人に特有のものであり，各時点での本人と政策選好を一致させるものである。その時々の本人に忠誠を誓うこともまた，中立化のひとつの方法となる。

なお，行政の中立性については，主に政策実施の局面において，政策の対象者によって扱いを変えないといった中立性（impartiality）も存在する。こちらは，不偏性や公平性とも呼ばれ，社会や経済と政府の腐敗した関係として第Ⅳ部で扱う。日本における中立性の概念は多様な意味を混在させているので，注意が必要である。

4 各国における政治と行政の関係

アメリカ

アメリカは大統領制をとる代表的な国である。古典的な権力分立制であり，大統領には法案提出権はなく，拒否権が与えられているが，それも議会の特別多数（3分の2以上の賛成）による再可決により覆される。予算についても歳出予算法と歳入法を議会が決定することにより編成される。このことから，行政組織は大統領と議会という2人の本人に仕えることになる。議会は立法を通じてコントロールを試み，大統領は行政府の長としてコントロールをかけてくる。

大統領によるコントロールは，政治任用を中心とする。現在，連邦政府は250万人ほどの文官を抱えるが，そのうち，政治任用がなされているのは3000人以上に上る。政治任用のポストは4種類に分かれる。第1は，大統領が指名し，上院の承認を必要とする，長官から次官級までのPAS官職である。大使，連邦裁判事などもここに含まれ，およそ1000人に上る。第2に，大統領補佐官などホワイトハウス（大統領公邸）のスタッフは，上院の承認を必要としない。これが約300人のPA官職と呼ばれるものである。第3に，各省の局長，部長級を指す上級管理職（SES）のうちの一部（約600人）について，政治任用がなされている。SESのどのポジションを政治任用とするかは1割を超えない範囲で，各省の裁量となる。大統領人事室の承認を得た上で，各省長官が任命を行う。最後が，スケジュールCと呼ばれる幹部職ではない政治任用職である。秘書や運転手のような機密保持が必要とされる1500ほどの職が充てられている。

PAは大統領就任以前からの腹心であることが通例なので，大統領が政権準備の際に腐心するのは，PASに能力と忠誠心がともに高い人物を配置することになる。SESの政治任用職は，省庁をコントロールするために柔軟に利用される。政権の意向に従わない職業公務員の上位に政治任用職を設けることで，応答性を高めようとするのである。スケジュールCは選挙戦の論功行賞に利用されている。つまり，一概に政治任用職と呼ばれるものの中にも，政策面で大統領の意向を実現するための役職と，猟官に対応する役職が明確に分けられている。さらに，省庁ごとに政治任用を利用する程度には違いがある（ルイス 2009）。

これに対して，議会は，ひとつには予算の配分権という事後コントロールをもつ。たとえば，ある研究では，議会は予算を絞ることにより，雇用機会均等局，環境保護局，原子力監視委員会などの既成官庁の活動を抑制し，規制緩和を実現しようとし，官庁の側もそれに応答したことが示されている（Wood & Waterman 1994）。もうひとつの統制手段は，組織編制や行政手続きを定めることによる事前コントロールである。第二次世界大戦後の257の主要立法の内容を検討した研究によると，戦後，次第に主要立法の数は増えているが，それに応じて，議会が行政府に権限委譲を行いつつ，同時に，行政手続きなどの制約も強化していることが示された。ただし，そうした制約は，大統領が議会の多数派から出ている場合には緩められる。逆に，分割政府の場合は，行政手続きが詳細になるとともに，独立行政委員会が多く設置される（Epstein & O'Halloran 1999）。

行政組織の新設は，大統領と議会のそれぞれが可能なので，行政組織は複雑化しやすい。1946年から97年までに182の行政機構が議会の手で新設された。大統領府，省庁組織，独立行政機関，独立委員会，そして公共企業といった5つの形態に分かれ，それぞれの割合は，10%，46%，13%，19%，12% となっている。分割政府であり，かつ大統領の支持率が低い場合に，独立性が高い形態がとられている。同じ期間に大統領は大統領命令などにより 248 の機関を新設しており，それらは議会がつくったもの以上に，大統領府や省庁組織が多い。しかし，そうしたことができるのは，統一政府で支持率が高い大統領に限られるのである（Lewis 2003）。

イギリス

イギリスは議院内閣制を採用しており，かつ小選挙区制，実質的な一院制をとることで，議院内閣制の中でも首相への権力の一元化が強く進んでいる。政党の集権性が高いことも相まって，立法活動が首相に委任されている。それゆえ，権限委譲の連鎖が明確な一本線をなす民主制は，ウェストミンスター型と呼ばれる（レイプハルト 2014）。

ウェストミンスター型は，首相から官僚へ至る権限委譲のあり方とセットになっている。こちらは，イギリスの官庁街から名前をとってホワイトホール型と称される。政権党はその党首である首相に権限を委譲し，その首相が大臣を選出する。行政機構との接点となるのは，その大臣をはじめとして，政権党議員の中から行政府に役職を得た者である。こうした役職を副大臣，政務次官，大臣秘書官など 90 程度設けることで，政権党議員の幹部層が行政府に浸透することが可能となる。さらに 20 名ほどの院内幹事も首相が任命する閣外相となる。裏を返せば他方で，残る一般議員たちは，行政機構に接触できない。これにより権限委譲のラインが複数化することを避けている。さらに，官僚の責任は大臣に対してのものと明確化されている。そして，大臣たちは連帯して議会に対して責任を負う。権限委譲を遡（さかのぼ）る形で責任を負う主体が限定されているのである。

そして，小選挙区制と実質的な一院制をとることから，二大政党制と定期的な政権交代が成立したことで，官僚には，常に政権党に忠誠を誓うという意味での政治的中立性が求められた。官僚の役割を政策形成時の専門的助言と政策実施に限定しつつ，政治が官僚の人事には介入しないことで，いずれの政党が政権をとった場合でも，官僚の役割には変化がなく，継続性をもたせることができるというのが，19 世紀中ごろのノースコート・トレヴェリアン報告の基本的な発想だった。つまり，各時点での本人に忠誠を誓う中立化を通じ政策選好の共有を仮託したうえで，官僚に能力を発揮させようとするのが，イギリスの政官関係の特徴であった。

しかし，政権交代の間隔が長くなった 1980 年代以降，行政機構の政治化が進む。昇進などの人事管理を通じた事後コントロールがそのひとつの手段である。もうひとつは首相や大臣が特別顧問という形で，政府の外から人材を連れてくるという，ある種の政治任用を大幅に利用することが増えている（バーナム＝パイパー 2010）。

ブレア政権以降は，上級職の開放性を高めつつ，専門性を生かす方向へと政官関係は再構築されていく。官僚は政策，財務，法律などの専門職集団に属することになり，空きポストが生じるたびに応募を行い，民間からの応募も含めた競争の結果，採用されていく。採用基準等は明示化されており，政治家の介入は遮断されている。こうして上級職が自らの専門を生かしつつ，専門的助言の役割を果たす形へ移行しているのである（嶋田 2020：3-4 章）。

フランス

フランス第五共和制では，半大統領制が採用され，国民が直接選出する大統領が国家元首となり，議会の解散権，閣僚の任命権，外交の決定権をもつ。大統領の選任によりながらも議会の信任によってその地位を保たれる首相が，内政についての行政権を握っている。議会の信任を必要とするので，大統領は議会多数派から首相を選出することが通例である。大統領の所属政党が議会多数派を握っていない場合は，大統領と首相の政党が異なる，ある種の連立政権（コアビタシオン＝同居と呼ばれる）が成立する。

フランスの政官関係の特徴は，第1に政官（さらに財）のトップエリートの人的融合である。第2は，メリット・システムによる採用を行い，身分保障を与えつつ，閣僚たちが職業公務員を政治的に登用していることである。第3に，第1と第2の特徴を支えるためにコール（職群）と呼ばれるしくみが用いられていることである。具体的には，グラン・ゼコールと呼ばれる大学・大学院の卒業者を資格任用する。官僚たちはコールと呼ばれる専門別の人事管理組織に所属する。そして政界進出や民間への移動を行う者も含めて，コールが所属組織であり続けることで，移動を容易にしつつ，身分保障を与える。このように，日本とは異なり，身分保障の単位が省庁とは別個に用意されているので，省庁の再編も頻繁に行われる。

エリート官僚たちはキャリアの早期から政治家との密接な関係を築いていく。閣僚や大統領がそれぞれ自由に任命する大臣キャビネと呼ばれる職員が700名ほど存在する。その8割ほどは現役官僚たちであり，大臣たちの政策形成を広く補佐する。政策立案，その際の官庁とのやりとり，国会における答弁の補佐，マスメディアへの対応などを担う。つまり政治家とのインターフェース（接点）は，政治任用されたエリート官僚によって構成されているのである。さらに，600ほどある局長級の上級職も自由任用が可能である。これについても外部からの登用は可能であるが，実際にはほとんどすべてが官僚から選ばれている。大臣キャビネが内閣の交代とともにそのポジションを去るのに対して，上級職の場合は総入れ替えが行われるわけではない（村松編 2008：第5章）。

多数国比較（1）——任用方法

政官関係の実態について，多数の国を対象として比較可能な形でとらえることは難しい。しかし，その難問に取り組んだいくつかの研究成果を，紹介しよう。第1に，スウェーデンのヨーテボリ大学「政府の質」センターが実施したサーベイ調査を取り上げよう。

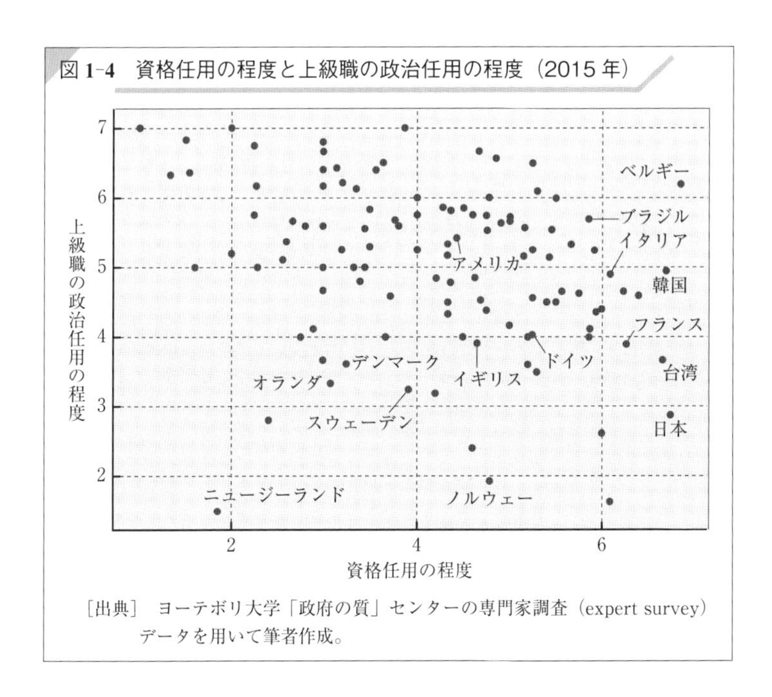

図 **1-4**　資格任用の程度と上級職の政治任用の程度（2015 年）

［出典］　ヨーテボリ大学「政府の質」センターの専門家調査（expert survey）データを用いて筆者作成。

図 **1-4** では，横軸に公務員全体の任用がどの程度資格任用，とりわけ試験を用いた任用であるかを示している。縦軸は，政治家が上級官僚の人事権を実際に行使しているのか，それともそうではないのか，つまり官僚制が自律的に人事を行っているのかを示している。

全体として資格任用の程度が上がるほど，上級職における政治任用の程度は下がる緩やかな傾向が見られる。事前コントロールとして任用を用いる際，政策選好の一致性と能力の高さの双方を獲得することは難しいと述べたが，この結果はそれを裏書きする。左上の方には途上国が多く見られる。行政が政治化されており，情実任用や猟官制に陥っていることが見て取れる。逆に，資格任用制を全面的に採用するとともに，上級職の政治任用の程度もきわめて低い国の典型例が日本である（ただし，現在は様相が変化したことを第 2 章で

表 1-2　議院内閣制 19 カ国の裁量の程度（1990 年代）

大きい ←		裁量性		→ 小さい
スウェーデン フィンランド アイスランド ノルウェー	デンマーク	フランス オーストリア ルクセンブルグ ベルギー オランダ ポルトガル	ニュージーランド カナダ スペイン ドイツ	イタリア アイルランド オーストラリア イギリス

［注］ Huber & Shipan（2002: table 7.1）にもとづいて，各国の法律条文の長さを，～10，～20，～30，～40，それ以上の基準で 5 段階に区分した。

見る)。ノルウェー，台湾なども同様の特徴をもつ。この中間に，先進国でも，ある程度の自由任用，またとりわけ上級職での政治任用を採用する国がある。アメリカがその筆頭であり，イギリスやドイツは日本とアメリカの中間程度に位置する。

他方で，この大まかな傾向から外れたところに位置する国もある。ひとつは右上の領域であり，全体としては資格任用で採用を行うが，上級職の人事は政治家の手に委ねられる国である。ベルギー，ブラジル，韓国，フランス，イタリアが，この例である。もうひとつは，資格任用の程度が低いにもかかわらず，政治任用の程度は上級職でも低い国である。ニュージーランドがこの極端な形態であるが，他にもオランダ，スウェーデン，デンマークなどが，これに該当する。旧来型の筆記試験による採用からは離れているものの，政治的な関与からは遮断されているタイプである。

多数国比較 (2)——裁量の程度

官僚をコントロールする主要な手段として，実際には組織や手続きを通じた事前コントロールが用いられるが，そうした点を比較することもまた難しい。しかしアメリカの政治学者であるフーバーとシッパンは，法律の条文を定量的に把握することで，事前コント

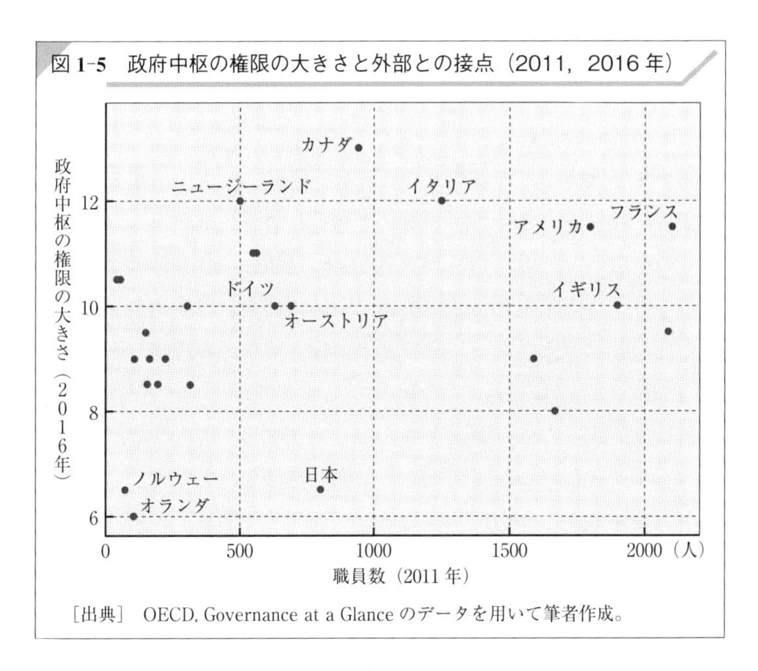

図 1-5　政府中枢の権限の大きさと外部との接点（2011，2016 年）

［出典］ OECD, Governance at a Glance のデータを用いて筆者作成。

ロールを可視化しようと試みている。彼らは，労働に関する規制という同一の政策領域について，各国でどの程度細かい規定が法律に書き込まれているのか，裏を返せば，どの程度が官僚の裁量に委ねられているのかを測定したのである。測定にあたっては条文の単語数を数えたうえで，言語による違いを補正するという手順がとられている。その結果をまとめたものが，**表 1-2** である。

これを見ると，北欧諸国で官僚に多くの裁量が与えられており，アングロサクソン諸国ではその逆となっていること，フランス，ベルギーなどの大陸諸国がその中間あたりに位置していることが理解できる（Huber & Shipan 2002）。

多数国比較(3)——組織編制のコントロール

組織編制は観察しやすく国際比較の対象としやすいが，政治と行政の関係が形をなしている部分は限られる。そのひとつのポイントとなるのが，政府中枢である。政府中枢の規模が大きく，その役割が大きいのは，首相や大統領が行政機構を自分の手で動かせることのひとつの表れである。

図 **1-5** では横軸に政府中枢の職員数，縦軸に政府中枢がどれだけの権限をもっているかを示した。それぞれでデータが得られた最新のものを用いたため，職員数は 2011 年，権限は 2016 年のデータとなっている。権限の大きさは閣議の準備に加え，政策調整や計画策定，行政各部のモニター，議会との関係調整などの機能をどれだけもつかを数え上げたものである。

職員数，権限の双方が大きいのが，フランス，アメリカ，イタリア，イギリスといった諸国である。職員数はさほどでもないが，権限が大きいのが，カナダ，ニュージーランドである。いずれも中程度なのが，ドイツやオーストリアであり，最後に，どちらの面でも小さいのが，オランダ，ノルウェー，そして日本となる。

演習問題

〔1〕 新聞記事などを参照して，表 1-1 の４類型に該当するケースを探してみよう。そのケースがなぜ，その類型になったのかについても考えてみよう。

〔2〕 コントロールの諸類型は，情報の非対称性のどのような問題を，どのような形で乗り越えようとするものか，説明してみよう。

〔3〕 アメリカ，イギリス，フランスについて，第４節前半の文章による記述と，後半の各国比較のデータの中での位置づけを比較し，両者の関係を考えてみよう。

第2章 日本における政治と行政の実態

戦後日本の政治と行政の関係の特徴と，2000年代に入ってからの変化を理解することが，この章の課題である。戦後の日本は，議院内閣制でありながら，政党の役割を小さくさせる中選挙区制の選挙制度をとっていた。このため，単線的な権限委譲は成立しなかった。官僚から見ると首相と一般議員という複数の本人が存在したのである。これが小選挙区中心の選挙制度に変わることにより，首相こそが官僚の本人となってきていることを見ていこう。

1 明治憲法体制下の政治と行政

明治憲法体制における政党と官僚

明治憲法体制における政官関係は，第二次世界大戦後の視点からは，戦前＝非民主的体制＝官僚の優位という等式で理解されがちであった。藩閥政府の成立以来，行政府が主導権を握ってきたことに対抗する形で政党が登場し，政党内閣の成立に至ったが，民主制を定着させることには失敗したと理解されるのである。

しかし，その実態を見ていけば，代理人としての官僚をコントロールしようとする種々の動きがある。政党内閣の成立といった政治家側の変容が，そこに深く関係してくる。政党は官僚を積極的に政党内部に吸い上げようとし，官僚の中にも呼応する動きがあった。他方で，それに対抗する動きもあった。これらは議院内閣制でも大統領制でもない明治憲法体制の中で，立法と行政の関係をいかに整序するかという課題への取り組みであった。

本人・代理人関係の観点からいうと，明治憲法体制の第1の特徴は本人の複数性である。形式的には天皇の官吏として官僚の本人は天皇に一元化されている。しかし，実質的な統治機能が内閣，枢密院，元老，軍部などに分散されていたので，行政機構の本人は複数存在していたととらえられる。それゆえ，官僚たちは漁夫の利を得ることもあったが，多数の本人の同意を取り付けることは難しかった。

第2の特徴は，コントロール手段として，人事の掌握が重視されたところにある。これは，戦後との顕著な対比をなしている。最上層の勅任官が自由任用の対象とされ，それ以下には資格任用制がとられた。自由任用の範囲は，それを縮小し政党の影響を行政府から除こうとする山県有朋と，それを拡大し官僚を積極的に立憲政友会（政友会）に加入させようとする伊藤博文の対立の源泉となった。山県は1899年に文官任用令を改正し，自由任用の範囲を制限しつつ，文官分限令に休職条項を定めることで，政治的更迭を実質的に可能とした。桂園時代に政権交代が続く中で，局長級以上の官僚は両派のいずれかに峻別されていった。1913年，山本権兵衛内閣は文官任用令を再改正し，自由任用の範囲を拡張した（笠原編 2010）。

しかし自由任用といっても，既存の官僚の中から任用を行うのであり，外部から登用したわけではない。文官高等試験（高文）は1894年に導入され，欧米諸国に比しても遅くない時期にメリット・システムを確立した。このことは，門閥や財力とは異なる基盤を有するエリート集団の形成を促進した（水谷 2013；清水 2013）。

大正デモクラシーと政官関係の変質

大正時代の政官関係は，一面では明治以来の流れを受け継ぎつつ，他面ではその転換期となった。原敬（はらたかし）内閣の成立（1918年）において，政官の融合はひとつの完成を見た。伊藤がつくった政友会の後継者として，原は，閣僚を官僚出身者で固めつつ，党幹部はほぼ党人に委ねるという分業を成立させた。これに対して，憲政会ならびに立憲民政党は両者の分離を企図しつつも，党人派のポスト要求に応えるために，護憲三派内閣では政務次官と参事官を設置した。これにより政党の行政府への浸透，官僚の政党への入党という両ルートが整備された。加えて，文官分限令の休職条項が残されたので，政治的更迭も続いた（清水 2007）。こうした中で両者の政権交代が短期間で繰り返された。そのため，官僚へのコントロールは過剰になることが多く，政権の不安定性を増幅させた。

さらに，この時期には専門化の進展という新たな動きも出てくる。1920年代から政府規模の拡大，政策の複雑化が生じ（☞第14章），専門性を備えた官僚が重視されるようになった。それまで冷遇されてきた技術官僚（技官）にも局長ポストが開かれた（藤田 2008：3-4章）。技官は二大政党とも手を結んだが，結局は予算やポスト拡大の要求に応えられず，提携は崩れていく（若月 2014）。

不安定な政党政治と専門化の進展の双方は，軍部台頭の下地となった。政権争奪戦の中で政党は軍部を利用しようとし，軍部もまたその機会を生かし発言力を増していった。こうした不安定性の中で揺さぶり続けられる官僚の中にも，軍部を利用しようという動きが出てくる。専門化による行政機能の拡大が，それと絡み合った。保健・衛生行政はその典型例である。国民の体力向上を掲げることで軍部と内務省内の医療および衛生部門が結び付いていく。その結果，1938年に内務省から分離される形で厚生省が成立するに至る。

革新官僚・軍人官僚と統合化の試み

軍部の政治的影響力が拡大していく中，省庁内部においても軍部出身者の比重が高まる。逓信省，商工省，外地の総督府などに多かった軍人官僚は，1930年代には，総動員や植民地支配に関係する機関を中心に大きく増大した。他方，国家社会主義やソ連における計画経済の進展に影響を受け，日本においても統制経済の導入が必要であると考える革新官僚も増えていた。1920年に農商務省に入省し「満洲国」で統制経済の運営を担った岸信介（きしのぶすけ）は，その一人だといえよう。そして，岸が満洲（現在の中国東北部）で東条英機（とうじょうひでき）という知己を得たように，両者は次第に結び付きを深めていく。

同時に，統合化の試みが1930年代には繰り返される。首相の権限を強化するために，統帥権を担う大本営を設置し，その他の機能について五相会議を設置した。国家総動員法によって各省への指示も可能となった。しかし，こうした試みにもかかわらず，統合機能が実質化することはなかった。閣議による統合には限界があることから，各省官僚のトップが集まる次官会議による調整が活用されるようになった（御厨 1996）。明治憲法体制が維持されている限り，分立的なしくみが根本から改まることはなく，東条は兼任を多用したが，権力の一元化には遠かった（戸部 2017）。その東条が開始した戦争の終わりは，天皇の判断によらざるをえなかった。

2 占領改革による変化

戦前戦後連続論と断絶論

占領改革による政官関係への影響については，2つの異なる見解がある。官僚優位論ならびに戦前戦後連続論と呼ばれるものと，政党優位論ならびに戦前戦後断絶論と呼ばれるものである。前者は，戦前の強い官僚制が戦後にも存続し，日本に民主制を定着させるうえでの障害となったと主張する。その連続性は，連合国最高司令官総司令部（GHQ）が間接統治を選択したため，統治機構の中で官僚制だけが大きな改革を免れたことに起因する。代表的な論者は，辻(つじ)清明(きよあき)である（辻 1969）。辻は戦後近代主義，すなわち自律した個人による自由・平等な市民社会を確立しようとする論者のひとりであった。辻以降も多くの論者が同様の主張を展開し，報道界や一般市民においても，戦後長らくの間，通説的な理解であった。

さらに，アメリカの政治学者ジョンソンのように経済官僚主導の日本の経済成長を強調する議論（☞第14章）においても，官僚が政策形成の中心であるという事実認識は共有されていた（ジョンソン 2018）。そのうえで，辻らは民主化の阻害要因として，それを消極的に評価したが，ジョンソンは，長期的視野にもとづく政策形成を可能にした要因として積極的に評価した。

これに対抗するのが，政党優位論・戦前戦後断絶論である。憲法改正によって国民主権が確立したことは，政治家の正統性を高め，強い権限を政治家に与えた。新たな権限を政治家はすぐには使いこなせなかったが，次第に制度改革は効果を発揮する。長期政権下で自由民主党（自民党）議員が政策形成能力を向上させたことが，これを後押しした。こうした主張は，1970年代から80年代にかけて村松岐夫(むらまつみちお)が提唱し，前者との論争を引き起こした（村松 1981）。

こうした対比は，強い通説となっていた連続論への問題提起を行うために，村松によって意図的に選ばれたところもある。辻は戦後の憲法の変化の意義を認めていないわけではなく，村松も戦後直後から政党が影響力をもったと主張しているわけでもない。両者の主張は辻が戦後直後の時期，村松がその後の自民党政権期を描いているのだと考えれば，統合的に理解することもできる。実際に，この論争後，1990年代以降の研究は，占領改革による政官関係の連続面と断絶面を丁寧に拾い上げていく作業を進めていった。

弱い首相の制度化

戦時中のさまざまな試みにおいても，最終的には憲法体制が変わらない限り，本人の複数性の問題が乗り越えられなかったことは，先に述べた。こうした問題は，日本国憲法の制定（1946年）により，議院内閣制が明示的に採用され，内閣の議会に対する連帯責任制が定められたことで，憲法レベルでは解消した。しかし議院内閣制の具体的な設計については，1950年代前半まで模索が続く（山口 2007）。

内閣法では，国務大臣を各省大臣として兼任させることで，合議体としての内閣が主導するのではなく，各省および各省大臣が自律性をもって政策形成，実施を担う分担管理原則を確かなものとした。また，閣議を内閣の決定の中心に据えることで，首相の指導力を弱めた。さらに，官庁上層部にどれだけ自由任用のポストをつくるかという問題についても，大臣に加えて政務次官に限定されたことで，任用を通じた首相による事前コントロールは弱体化された。

内閣レベルの統合機関の設置が挫折に終わることで（☞第6章），首相の補佐機構の整備も進まなかった。内閣官房長官を必ず国務大臣とすることも，1966年までかかった。省庁別人事制度の下で首相が動かせるポストも，官房副長官などきわめて限定的であった。

組織再編と省庁横断的人事

これに対して，省庁の再編は頻繁であった（☞第6章）。組織の再編成を通じ官僚機構に揺さぶりをかけることが，この時期のコントロールのひとつの中心であった。政党の政策形成能力は高くなかったが，組織再編が続けば，キャリアパス（昇進の展望）を見通せず所管を奪われる危険性に晒（さら）される官僚は動揺する。それを通じて，政党は官僚に対するコントロールをかけたのである。この時期は，国家行政組織法において，省庁内部の局課のレベルまで法定した。初期の国会では，国会中心主義の制度運用が中心となり，政党政治家が行政機構への対抗の足場として国会を用いていたことを反映している（川人 2005：2章）。

こうした組織の流動性に対応する形で，省庁の枠を越えて異動を繰り返し，局や省の枠を越えた政策立案を行う官僚が登場する。各省内部でも調査や企画能力が拡充され，それが大臣官房の強化により組織的基盤をもつ。牧原出（まきはらいづる）は，こうした企画力と外部への働きかけを通じて政策形成を行う官房型官僚と，狭い組織利益の維持を重視する旧来の原局型官僚とを対比し，大蔵省における官房型官僚と主計局官僚の違いを描き出した（牧原 2003）。

こうした流動性の高さは，官僚の政界進出の背景ともなった。吉田茂（よしだしげる）が池田勇人（いけだはやと），佐藤栄作（さとうえいさく）など官僚出身者を積極的に登用したこともあり，官僚上層部まで達した後に政界に転じる者は多かった。こうした官僚出身の政治家が，公職追放によって不足した人材を補完する役割は大きかった。しかし，主要な政治家の追放が解除され政界に復帰する中で，彼らとの対立を深めていくことともなった。官僚派と党人派の対立と称されるこうした対立は，吉田と鳩山一郎（はとやまいちろう）の対立とも連動しつつ，保守政党内の不安定さの要因ともなった。

3 自民党政権下の政治と行政

本人の複数性

前節では，占領期において，弱い首相と緩やかな相互調整のしくみが成立していく過程を見た。こうした特徴は自民党政権に受け継がれ，強化された。自民党はGHQ各部がそうであったように，原局・原課のレベルに浸透していった。それは自民党が分権的であり，かつ特定の政策領域に特化する傾向が強かったからである。その根底には自民党議員間の競争を促進する中選挙区制があった。

その結果，議院内閣制で単独政権でありながら，自民党議員は立法権限を完全には首相に委ねなかった。自民党議員にとって弱い首相は好都合であり，自由任用を拡大して行政府に入り込む必要もなかった。大臣と政務次官をあわせて40名ほどが行政府に入るにすぎず，実力者の多くが閣外に残った。内閣と与党の二重権力構造である。自民党議員は立法の事前段階で深く関与を行う。同時に，省庁は立案から国会の審議に至るまで多くの作業を担当する。自民党は省庁に対して事前コントロールをかけつつ，大幅な権限の委譲を行った。官僚はその下で種々のアクター（行為主体）や利益の調整を行いつつ，政策形成に従事した。

内閣に国会審議を統制する手段が制度的に用意されず，自民党議員の自律性が高かった帰結として，議院内閣制であるにもかかわらず，議員立法が盛んに試みられた。与党議員が事業官庁と組む形で，大蔵省の予算措置を終えないまま，議員立法を成立させることも多かった。1955年には国会法を改正し，議員立法の手続きをやや厳格化したが，しばらく立法の実態に変化はなかった。

自民党政権の安定と政官関係の制度化

保守合同当初，その立役者の一人，三木武吉（みきぶきち）が10年もてば上出来とすら語っていた自民党だが，党運営の制度化を進めることで，組織を安定させていく。人事の制度化は，その大きな部分であった。当選5回で大臣といわれるように，当選回数に応じて行政府と党内の役職を割り当てる慣行を確立することで，党内対立の要因を押さえ込んでいった。他方で，党内人事の制度化が進むことで，当選回数に従って大臣候補者が決められ，さらに派閥が具体的な人選案を出すことで，首相の大臣選任権は制約されていた。自民党政権における首相は，議会の代理人，大臣に対する本人，どちらの立場も貫徹することができなかったのである（野中 1995）。

当選回数にもとづくポスト配分は官僚出身者にも同様に適用され，

かつて吉田が行ったように，政界に転身したばかりの官僚出身者を重用する道は閉ざされた。これは，戦前以来続く官僚派と党人派の対立を緩和することに寄与した。以降，政界への転身を図る官僚は，次第に官僚のキャリア中途で出馬に踏み切るようになる。戦後の公務員制度では，官僚の政治的行為は禁止され，現職中は政党に所属できず，立候補の時点で退職を迫られる。落選したとしても官僚には戻れない。フランスのように官僚の政界進出を支援する措置はなく，公務員の政界進出は制度的には抑制されていた。

立法手続きの整理

政策形成において自律的な自民党議員と議院内閣制における内閣を調和させることも，1950年代後半には進む。内閣が予算を伴う議員立法を認めない方針を出すのは57年であり，その後60年代前半にかけて，この方針が徐々に確立していく。岸内閣期（1957-60年）に，党の政策決定機関である政務調査会（政調会）の整備が進む。同時に，政府審議会の整理，法制化を求めることで，政策形成の手続きを制度化していく。その完成形が，与党による法案の事前審査制である。62年に閣法案（内閣が提出する法案）の閣議決定に先だって総務会の了承を求めることとなり，事前審査制が制度化されていく。これと対になる形で，自民党からの予算要求は，閣法案として確実に調整されていった。与党の事前審査を制度化し，すべての閣法案に対して党に拒否権を与えることで，内閣と大蔵省は，ようやく事業官庁と与党議員の連合軍を手なずけられた。

1960年代後半から70年代前半にかけて，政調会の拡充がさらに進められ，政策領域ごとの専門特化が進んでいく。中選挙区制の下で，同一政党の候補者間競争があることから，議員が狭くて固い支持基盤からの集票をめざし，また，同一選挙区内での共倒れを防ぐために，棲み分けが進められた。議員たちが自らの選択で政調会の部会に属していき，政調会を基本的な政策形成の単位とすることで，分権的・分立的な意思決定方式が制度化された。

こうして専門特化することで専門知識を備えた議員は，族議員と呼ばれる。自民党政権が長期にわたることで，族議員は継続的に政策形成能力を向上させた。省庁と自民党政調会の分割線が揃えられ，その線は経済・社会の中の業界の分割線とも合致した。こうして1970年代に完成した統治構造は，パターン化された多元主義や仕切られた多元主義と称される（猪口 1983；青木・奥野・岡崎編 1999）。

コントロール手段の整備

政治家たち自身が専門知識を身につけるようになることと並行して，自民党は官僚をコントロールする手段を整備していった。第1章で説明した本人・代理人論に従えば，政治家が能力を高めたとしても，自分で政策を形成するとは限らず，うまく代理人を使えるならば，それを利用するはずである。ただし，コントロールがうまく機能している場合，実際に行使されることはないので，どういった手段が存在するかは注意深く観察をする必要がある。

ラムザイヤーとローゼンブルースは，自民党は4つのコントロール手段を用意したことで，官僚への大幅な委任を行えたと主張する（ラムザイヤー＝ローゼンブルース 1995）。第1は，幹部級の昇任・配置に関する人事への介入。第2は，天下り先の操作を通じた報奨の付与。第3は，官僚の決定に対する拒否権の確保。第4は，火災報知器（☞第1章）の整備である。第3以外は事後コントロールであり，それがコントロールの中心だったと見るのである。

これに対して建林正彦（たてばやしまさひこ）や曽我謙悟（そがけんご）は，自民党政権においては，事前コントロールが中心であったと主張する（建林 2005；曽我 2006a，2008a）。まず，両者の政策選好は概ね合致していた。自民党単独政権が長期に続く中で，実現されやすい政策が何かは明確にわかるようになる。それと異なる政策選好をもつ者は，そもそも官僚になることを考えないし，なっても上位にまで昇進はできない。そうなると両者の政策選好の違いは，次の2点に絞られる。ひとつは，自民党議員が業界への利益還元を重視するのに対し，官僚は官僚組織の拡大を重視する点である。もうひとつは，官僚が政策の長期持続性を考慮するのに対して，自民党議員は選挙での集票のために短期的な利益供与を重視しがちだという点である。

このずれに対処するために，自民党政権が整備した事前コントロールのひとつが組織編制に関するコントロールである。国家行政組織法により省庁内部の編成を政治家の手中に置くしくみが継続された。省のレベルでは，1960年の自治省昇格後，2001年の省庁再編まで，新設や再編は行われなかった。しかし，それは政治の側が組織編制に対するコントロールを手放したということではない。局や課の単位で業界や関係議員が結び付いており，その垣根を変更しないよう，自民党議員は拒否権を担保し続けた。省庁に組織編成権をもたせることは徐々にしか進まなかった。1957年に課と室の編制を政令事項としたが，局レベルについては，70年代に審議未了廃案を繰り返し，83年にようやく実現した。ただし，官房および局の総数については国家行政組織法で128（現在は97）という上限が設けられた。定員についても，省庁ごとに法律で統制していたものを，69年に総定員法による全体の定員の管理に置き換えた。こうして組織と定員の双方について，総量規制をかけつつ，配分については省庁に委ねるようになったのである。

もうひとつは，政策形成の手続きのコントロールである。さまざまな政策決定に際して，審議会の検討を求め，かつその審議会のメンバーを指定することにより，社会の中のどのような集団の声を政策に反映させるのか，また，いかなる専門知識を政策に反映させるのかをコントロールできるようになる。たとえば，医療政策の根幹をなす診療報酬の改定については，健康保険法に中央社会保険医療協議会（中医協）への諮問が必要である旨が定めてある。社会保険医療協議会法によって，委員は20名，うち保険者が7名，医師代表が7名，両院の同意を必要とする公益代表が6名と規定される。医系技官が中心となる保険局医療課が事務局として提案を行うが，最終的な決定は医師代表と支払い側双方の合意が得られたものとなる（森田 2016）。これにより，財政的に対応可能な範囲で，医師会などの声に応えるという政権党の意向が実現する。また，政策転換を図る際には，審議会の委員構成の変化をまず試みる。たとえば，1960年代半ばに米価抑制に転じようとしたとき，農林省は米価審議会を学識経験者だけで構成する「中立米審」を打ち出した。しかし，これは生産者や族議員の猛反発を受けた（下村 2011：第2章）。

これらを用意しておくことで，その他のコントロールはさほど必要がなかった。政治任用は限定的であり，官庁のコントロール手段として用いられることはなかった。昇進や配置転換についても，例外的なケースを別とすれば，自民党政権は官庁の裁量に委ねた。官庁の側も人事の公式化を進めることで政治的な介入を抑制した。資源配分についても，とりわけ予算に関して自民党は深く関与していたが，それは族議員集団と事業官庁の要求を出発点としながら，全体の調整をとるしくみを確立させたのであって，官庁に対する事後的なコントロールとして予算編成を用いたのではない（☞第6章）。

国会審議における官僚の役割の大きさ

法案を成立させるためには，衆議院と参議院のそれぞれで議事を円滑に進行し，可決を得ることが必要となる。与党議員との調整は，事前に終えているので，野党が国会審議の中心となるが，議事日程に限りがあり会期不継続の原則（審議未了の法案は次の会期に継続しない原則）があることから，どの順番で法案を審議にかけるかが重要になる。ゆえに，議題設定を握る与党自民の党幹部は首相・内閣に対して影響力をもつ。同時に，野党に対しては丁寧な調整と審議での対応を行う必要がある。自民党政権において，前者は党の国会対策委員会（国対），後者は官僚と大臣に委ねられてきた。特に与野党伯仲となった1970年代以降，国対委員長の重要性は増大した。（増山 2003；川人 2005）。

官庁において国会内過程への対処の中心となるのは，各省の官房総務課である。官房総務課は国会内に国会連絡室を設けており，原局に対して国会対応の差配を行う。まず，議員から質問の通告を受けて，質問内容の概要と答弁要求者を聞く（問取り）。次に，答弁書案を作成する。担当係長か課長補佐が原案を作成し，課長，局長，さらに答弁者が大臣の場合は官房総務課の順に了解がとられる。予算に関するものについては，大蔵省主計局との協議も行う。こうした一連の作業をごく限られた時間内に進めることが求められ，官僚の負担は大きい。そのうえで，大臣には当日の朝に説明（レク）を行い，審議に臨むこととなる。こうしたプロセスを見ると，大臣の指示に従って答弁書の作成を行っているのではなく，国会内過程が行政機構に委ねられていることが，よくわかるだろう。

国士型官僚から調整型官僚へ

官僚は国会内過程にも関与しており，さらに，政策形成において社会・経済の側も業界の分割線に沿って組み込まれている。この結果，官僚たちは業界や野党といったさまざまな集団との調整活動に従事するようになる。こうした活動や位置づけの変化は，官僚たちの自己認識に反映される。真渕勝（まぶちまさる）は，官僚たちの役割認識変化を明らかにした（真渕 2006，2010）。政治家と官僚のどちらが政策形成を主導しているかという認識と社会に対する関与を肯定するか否かという2つの軸を組み合わせることで4つの類型が生まれる。そして1960年代までは，社会に対して超然の立場をとり，政治に対しても優位にあると認識する国士型官僚が多かったのに対し，70年代には，政治の方が優位であり，社会にむしろ積極的にかかわっていこうとする調整型官僚が増大していることを示した。農水官僚であった佐竹五六も，国士型官僚が立案した法案が成立しないことなどの挫折を経て，70 年代には調整型官僚（佐竹の表現ではリアリスト官僚）へと変質していったと語る（佐竹 1998）。

したがって，1990 年代までの自民党政権下の政官関係においては，一方では官僚制の活動量はきわめて大きい。官僚たちは政策形成にかかわるさまざまな調整活動に従事する。種々のアクターと密接に接触し，それぞれの利害や意見を把握し，長期的な貸し借り関係を使いながら落としどころを探っていく。しかしそれは，官僚が政策形成を主導していることを意味しない。自民党政権は官僚に対するコントロール能力をもっており，自分たちの政策選好に反しない政策を官僚たちが形成する限りで，政策形成の作業を委ねていた。これを，村松は政官スクラム型リーダーシップと呼ぶ（村松 2010）。

4 1990 年代以降の変化

変動の 90 年代

前節で見たような自民党政権における政官関係は，概ね 1990 年代に入るまで継続された。経済成長が続く中で調整型官僚も積極的な活動を見せ，族議員と二人三脚で政策形成の多くを担っていた。80 年代が自民党政権とその下での政官関係の成熟期だった。そして，綻びの発端もその中に内包されていた。

3 つの契機が政官関係の変化を用意した。第 1 は，政策の失敗と官僚のスキャンダルである。1990 年代の経済低迷に伴い，省庁の業績への評価は大きく低下した。同時に，業界との密接な関係が，官僚に対する過剰な接待など腐敗の温床となっていたことも明らかになった（☞第 14 章）。これらは，さまざまな利害の調整を図りながら政策形成を進める調整型官僚の帰結と考えられた。

第2は，政権交代である。1993年の総選挙の結果，自民党が下野し，非自民8党連立の細川護熙（ほそかわもりひろ）政権が成立した。自民党の長期政権を前提として構築されてきた政官関係も見直しを迫られる。短期間で自民党は政権に復帰したが，非自民政権時代の経験や，政権交代の可能性があることから，かつてのような自民党と官庁の密接な協働関係を取り戻すことは難しかった（真渕 1997）。

第3は，政治改革である。細川政権は政治改革を政権の目標に掲げ，選挙制度改革を成し遂げた。小選挙区比例代表並立制が衆議院に採用され，徐々に，二大政党化と政党投票志向が強まっていく。議員の一般利益志向も強まった。さらに政治資金改革と政党助成金制度が導入され，派閥リーダーの役割が低下した。これは大臣人事の単位としての派閥の意味も縮小させ，首相が大臣の人事に裁量をもちうるようになった。また，1999年には国会審議活性化法が成立し，党首討論制の導入，官僚が国会答弁を行う政府委員制の廃止，政務次官に替えて副大臣と政務官を導入することが決められた。

事前コントロールの強化

こうした要因を背景として1990年代の政官関係は，次の3つの変化を見せる。第1に，組織再編という事前コントロールが再び用いられるようになった。第2に，政策形成にかかわる手続きについても変更が加えられた。第3に，政府中枢の拡充，言い換えると官邸機能が強化された。以下，それぞれについて敷衍（ふえん）していこう。

第1に，1960年代から80年代まで省レベルの組織再編は行われなかったが，90年代にはこれが活発化する。最初の動きは，大蔵省からの金融機能の分離であった。金融行政の失敗を背景とする大蔵省からの権限剥奪であり，事後コントロールの発動とも位置づけられる。98年に金融業の監督権限を分離し，金融監督庁を設置し，これに企画立案機能を加え，2000年には金融庁が誕生する。さらに，橋本行革によって全面的な省庁再編が行われた（☞第6章）。

その後も，その時々の政権の意向を中心としつつ，創設時の参議院を含めた与野党勢力関係に影響を受ける形で，行政機構の再編は続いている（河合 2019）。観光庁（2008 年 10 月発足），消費者庁（09 年 9 月），復興庁（12 年 2 月），スポーツ庁（15 年 10 月），防衛装備庁（同月），出入国在留管理庁（19 年 4 月），デジタル庁（21 年 9 月）である。他方で，独立性の高い行政機構の新設も見られた。運輸安全委員会（08 年 10 月），原子力規制委員会（12 年 9 月），個人情報保護委員会（16 年 1 月）といったものである。

第 2 に，1990 年代までは，審議会を通じて，政策領域ごとに政策形成手続きをコントロールしていたのに対して，90 年代以降は，政策横断的な政策形成手続きが増えた。93 年には行政手続法が制定され，政策実施に関する行政の活動やその際の決定に対して統制がかけられるようになった。また，そこで設けられた意見聴取の手続き，いわゆるパブリック・コメント手続きは，2005 年の行政手続法の改正によって，行政立法全体に関して，利害関係者に限定せず，あらゆる人々の意見提出を認めるものに拡張されている。1999 年には情報公開法（行政機関の保有する情報の公開に関する法律）が成立し，2001 年 4 月から施行された。これにより行政機関は，行政文書を請求に応じて開示することを求められるようになった。

首相主導の強化

第 3 の変化は，政府中枢の拡充である。日本では官邸機能の強化と呼ばれている。橋本行革において導入されたしくみが，その後さらに拡充されている。ひとつには，内閣法の改正によって，首相と大臣の関係が見直された。もうひとつには，省庁再編にあわせて，内閣官房の強化と内閣府の設置によって，首相の補佐機構を整備した（竹中 2006）。

本章第 2 節で見たように，憲法改正にもかかわらず，内閣法には，戦前の権力分立的な行政権と弱い首相を制度的に担保しようという意図が盛り込まれていた。この内閣法を改正することで首相権限の強化が図られた。首相が政策面でも主導権をとれるよう，2条を改正し，国会が首相を，首相が大臣を任命するという権限委譲関係が明確化された。4条では，首相の発議権が明確化された。他方で，閣議で全会一致を求められてきたことが，各省に実質的な拒否権をもたせてきたことについては，そもそもそうした明文規定が存在するわけではないことから，対応は見送られた。

さらに，首相が自分の重視する政策課題を大臣に割り振りやすくなった。省庁再編で各省を担当する大臣数が減った分，首相の判断で大臣の担当を決める余地が拡大したのである。具体的には2種類の大臣がそれを可能にしている。ひとつは内閣府の特命担当大臣である。経済財政，防災など，内閣府所管の横断的な政策課題を担当する大臣である。もうひとつは特命事項担当大臣である。これは，内閣官房がもつようになった企画立案機能と対になるものであり，行政改革担当，IT担当など複数省庁にまたがる事項を担当する。

首相の補佐機構の整備も1990年代半ばから徐々に進められた。首相補佐官は細川首相が設置し，96年には法制化され3名が置かれるようになった。内閣官房副長官も政務，事務が1名ずつだったが，98年以降，政務を2名に増やすこととなった。同じく98年から官房副長官に準ずる地位をもつ内閣危機管理監が設けられた。

内閣官房と内閣府

橋本行革の結果，内閣官房には総合調整機能と企画立案機能が明確に割り当てられた。首相補佐官は5名に増員された。内閣内政審議室，内閣外政審議室，安全保障・危機管理室を廃止し，3名の内閣官房副長官補を設置したほか，内閣広報官，内閣情報官，内閣総務官を設けた。副長官補の下には室，いわゆる補室が設けられており，ここに各省から集められた多くの職員が配置されている。補室には，一億総活躍推進室，オリンピック推進本部事務局，新型コロナウイルス感染症対策本部事務局など，さまざまな政策対応や政策会議の事務局が設置されている（野中・青木 2016）。さらに，2014 年には国家安全保障局と内閣人事局という 2 つの局組織が設置され，外交・安全保障の統合や，上級職の人事管理の機能を追加した。

重要な政策形成，とりわけ新規の政策課題への対応において，内閣官房が果たす役割は大きくなった。それにつれて，各省も内閣官房に優れた人材を送り込んでいる。図 **2-1** では，内閣官房および各府省庁がどれだけの法案を提出しているかを横軸に示した。既存の法律を改正する法案と新規の法案に分けてみると，内閣官房は新規法案を最も多く出している。改正法を多く出しているのは，総務省，国交省，厚労省といった既存の法制度の運用で果たす役割が大きな省である。他方，縦軸には府省庁の法案の提出順序で見て，どの程度優先されているかを示した。財務省，外務省，復興庁の法案は確実な成立が期されているのに対して，消費者庁，環境省，金融庁などは冷遇されている（曽我 2016）。

内閣府も，内閣官房と並んで首相を補佐する機構である。内閣官房との線引きは曖昧（あいまい）さを残しているが，内閣官房が総合調整に重点を置くのに対し，経企庁などの後継という側面もある内閣府は，企画立案機能を重視している。各省は，国家行政組織法の下にある各省設置法を根拠とする。他方，内閣府設置法は，国家行政組織法と同列に位置づけられている。これにより前身となる総理府などと異なり，内閣府が他の省の上位に位置することが明確化されている。

重要政策に関する会議もここに置かれる。経済財政諮問会議，総合科学技術・イノベーション会議，国家戦略特別区諮問会議，中央防災会議，男女共同参画会議の 5 つである。官房長官を議長とする男女共同参画会議以外は，いずれも首相が議長・会長となる。関係大臣と学識経験者を参加させ，重要方針の検討を行っている。

強い首相の誕生？

1990 年代までの自民党政権では，本人の複数性が特徴であったが，2000 年代以降

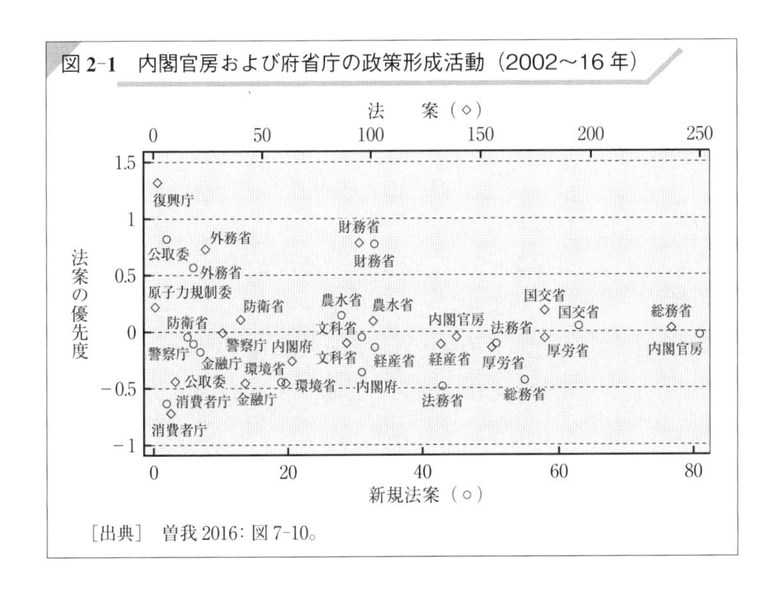

図 2-1　内閣官房および府省庁の政策形成活動（2002～16年）

［出典］　曽我 2016：図 7-10。

は，一定の条件の下では，本人が単数になるという変化が生じた。強い首相が時に誕生するようになったのである。

強い首相としての小泉政権および第2次以降の安倍政権，それとの対比で民主党政権について見ていこう。2000年代以降で最初に強い首相となったのが小泉純一郎（こいずみじゅんいちろう）であった。政策形成に関しては，経済財政諮問会議にブレーンである竹中平蔵（たけなかへいぞう）を置くことで，不良債権処理や郵政民営化を進めるための「改革のエンジン」とした。反対勢力との調整には，内閣官房による調整を積極的に利用した。また小泉は，小選挙区中心の選挙制度となったことで強化された党首としての力も，十分に利用した。大臣人事において派閥からのリストに必ずしもとらわれなかったこと，郵政改革に反対した大臣の罷免権を実際に行使したこと，そして2005年の郵政解散に際して，選挙における公認権を活用して議員の統率を図ったことなどである。

この結果，官僚にとっては，本人の単数化が進んだ。1990年代までの自民党政権では，新たな政策の形成時には，与党と内閣双方の調整という大きなコストを支払わなければならなかった代わりに，基本的に一度成立した政策は継続されやすい状態だった。これが，2000 年代には逆転した。すなわち，官庁が推進したい政策に，首相の同意を取り付けることができれば，従来以上に実現は容易になった。他方で，首相が拒否することで，これまでの所管を失う危険性も高まった。郵政民営化はその一例である。

ただし，こうした小泉の強さは，過渡期ゆえに大きく現れがちであった。自民党議員たちは，新しい制度の下での首相の地位が何を意味するのかについて学習する必要があった。小泉政権はその中途であったため，郵政改革をめぐって実際に首相との対立が生じ，首相がその力を見せつけた。これが先例となり，その後は自民党議員たちも，首相との対立が決定的になった際に何が起こるかを予測して行動するようになっていく。

さらに，1990 年代後半以降，国政の統治機構は大きく改革されてきたとはいえ，手つかずのところもある。そうした制度的な制約から，常に首相が強い首相となれるわけではない。第 1 に，強い第二院の存在がある（竹中 2010）。首相指名や予算を除き，参議院には衆議院と並んで同等の決定権が与えられている。選挙制度が二大政党制を促進するものになりつつ，半数ごとの改選を行い，かつ衆議院とは異なる時期に選挙が行われることから，参議院議員選挙はある種の中間選挙となり，与党が敗北しやすい。それゆえ，連立政権を組み参議院での過半数を確保しようとするものの，成功しなければ，参議院が法案成立の難所となる。

第 2 に，議会制度において，内閣が立法を促進する手段が与えられていない状態は変わっていない。国会審議に対して内閣が関与できず，与党幹部がそれを通じて影響力を維持することにも変わりはない（大山 2011）。官僚機構が審議過程をも含めて法案成立のために動くことも変わっていない。政府委員は廃止されたが，答弁書の作成を官僚が担うことなどは変わっておらず，野党が質問主意書を大量に用いるなどすれば，官僚機構の立法府対応の負担は増大する。

第3に，官邸機能の強化によって法案作成に関しては，首相が主導しやすくなった。しかし，従来の省庁間の水平的調整や財務省による予算を通じての調整，また内閣法制局による法律作成時の調整（いずれも第6章）は継続されている。こうした面を制度的に改正することなく，迂回しようとしても混乱が大きくなる。小泉はその点は抑制的であり，財務省との対立を回避していたが，第1次政権期（2006-07年）の安倍晋三（あべしんぞう）首相は首相補佐官と各省からの公募スタッフを官邸に集め，小泉以上にトップダウンの政権運営を行おうとした。しかし，対立する利害の調整に失敗し，国会審議の停滞を招き，首相指示による強行採決を繰り返すという結果に終わった。安倍政権の中途から参議院での過半数を失ったこともあり，続く福田政権，麻生政権はともに1年ほどの短期政権に終わった。

民主党政権の試み——内閣と与党の一元化

2009年8月の総選挙の結果，民主党政権が成立した。民主党はマニフェスト（政権公約）において，政治主導の確立を謳（うた）っていた。民主党政権がめざしたのは議院内閣制の理念型としてのウェストミンスター型だった。与党は首相に政策決定を委任する。首相は大臣を統率し，その大臣が省庁を率いる。これにより内閣と与党を一体化させることをめざした。しかし，その試みは成功しなかった。鳩山由紀夫（はとやまゆきお），菅直人（かんなおと），野田佳彦（のだよしひこ）と首相が交代するにつれて，一元化の方向からは離れていった。

まず，一般議員から首相への権限委譲を完全なものにすることがめざされた。鳩山政権は，党内の政策調査会を廃止した。しかし政策調査会は2010年6月の菅政権発足とともに復活した。ただし，大臣の一人が政策調査会長（政調会長）を兼ねた。これが，11年9

月に発足した野田政権では，政調会長は入閣せず，また，政調会が事前審査を担うこととなった。

大臣以下の政治任用職については，チームとして機能させることが試みられた。自民党政権では，大臣が副大臣らを選任するのではなく，大臣とともに政策形成にかかわることも少なかった。これに対して民主党政権は，大臣の意向を汲みながら，副大臣，政務官の配属を決め，大臣の指示を受けつつ，政治的な調整や政策形成作業を分担することをめざした。

大臣間の連携を深める試みもなされた。閣僚委員会による調整を活発化させるというものである。しかし，閣僚委員会での調整を閣議決定していく手順を整備しなかったので，内閣としての意思統一を図ることはできなかった。首相の指導力不足と相まって，閣僚それぞれが調整を経ることなく各自の考えを発言する事態を招き，政権運営に混乱をきたした。他方で，閣議の前日に開かれ，閣議案件の門番の役割を果たしているとされた事務次官等会議を，鳩山政権は廃止した。しかし，2011 年 3 月に起こった東日本大震災の被災者支援のために，菅政権は各府省連絡会議を開いた。野田政権発足後は，定例化され，取り扱うテーマも国政全般に拡張された。

内閣に予算編成権を移そうとして，国家戦略局の設置を図ったが，実現できなかった。国家戦略局の暫定組織として国家戦略室を設け担当大臣を置いたが，その役割は不明確だった。加えて，既存の行政制度，予算の見直しを担う組織として，行政刷新会議を設置し，担当大臣も置いた。事業仕分けの実施は注目を集めたが，めざしていたウェストミンスター型の政官関係とはほど遠いものであった。

大統領型首相としての第 2 次安倍政権

2012 年 12 月の総選挙では自民党が勝利し，第 2 次安倍内閣が発足する。20 年 8 月まで，歴代最長となる 7 年半あまりの長期政権となった。強い首相たりえた基盤は 2 つあった。ひとつは，議院内閣制における強い首相の要素である与党議員からの委任と大臣の統率である。参議院でも13年以降，過半数を確保することで，安定的な与党に支えられた。菅義偉（すがよしひで）官房長官や麻生財務相のように政権を通じて同一の大臣に支えられ，内閣も確実に統率した。

加えてもうひとつは，大統領制における大統領と同様，直属の政府中枢を用いたことである。この点で，大統領型首相とも位置づけられる。具体的には，次の4点にまとめられる。

第1は，政治任用の拡大である。公務員制度改革は，職業公務員が首相や官房長官の意向で登用される形で結着した（出雲 2014）。これを安倍首相は積極的に用い，職業公務員の中から深い関係を築いた者を首相秘書官，首相補佐官，官房副長官，内閣情報官，内閣人事局長，国家安全保障局長などに登用した。経産省出身で第一次安倍内閣以来，深い関係にある今井尚哉（いまいたかや）を，政務の首相秘書官や首相補佐官に就け，自らの片腕として用いたことが典型例である。

第2は，内閣官房による臨機応変の政策形成である。アベノミクス，地方創生，1億総活躍など政権の目玉政策は，内閣官房の補室が中心となって立案された。内閣官房の職員数は1000名を超え，常駐する併任者を合わせると2000名を超えている（曽我 2016）。

第3は，内閣官房による恒常的な政策の方向づけである。内閣官房初めての局組織である国家安全保障局と，そこが支える国家安全保障会議は，安全保障と外交をあわせて対外関係の舵取りを担う。

第4は，官僚上層部の人事掌握である。内閣官房の2番目の局組織となった内閣人事局が，各省の審議官クラス以上，650名ほどの人事を一元的に担うようになった。各省が原案を出すものの，それとは異なる人事も行われており，各省は幹部職員の人事の自律性を低下させた。総務省が担っていた機構・定員や人事院が担っていた級別定数管理も内閣人事局が行うことで，組織編成について恒常的なコントロールが首相の下で行われるようになった。

表 2-1　官僚と他の政治アクターとの接触頻度

	大臣	政務次官・副大臣	事務次官	局長	他省庁	自民党議員	野党議員	自民政調会	自治体	利益集団
平均	8.2348	4.3510	10.6768	22.7917	10.3106	8.8838	4.3990	4.2753	7.7790	9.3523
1976	5.6773	2.5817	10.0080	23.6892	8.8406	6.1793	3.8486	2.8924	7.1873	6.3546
1985	10.1594	4.0518	12.1394	24.0040	10.9124	10.6733	4.7131	4.9880	9.5936	13.8207
2001	8.7828	6.1414	9.9897	20.9655	11.0621	9.6759	4.6034	4.8552	6.7207	8.0793

［注］　接触頻度についての質問に対する回答について，毎日＝30，数日に一度＝10，週一度＝5，月一度＝1，その他は 0 を与え，回答者の平均を示した。
［出典］　曽我 2006b：表 2 を加工した。

首相自身が内閣官房を通じて，政策形成から組織，人事に至るコントロールを握るようになった。恒常的なコントロールが可能になり，組織や人事を事後コントロールとして用いることができるようになった。信賞必罰が行われることは，首相の意向への過剰な忖度（そんたく）をもたらす危険性もあるが，首相による統合機能を果たすことが可能になったということでもある。十分な統制となるか過剰な統制となるかは首相次第である。

官僚の役割意識の変化

こうした変化は，行政官の意識を変容させた。前節で見たように，1970 年代から 80 年代にかけては，政官関係において政治の主導性を認めつつ，社会との利害調整を積極的に行う調整型官僚が典型的な姿となった。しかし 90 年代には，社会との接触に対して消極的な姿勢が強まった。政治の主導性も受容し，決められた政策を粛々と実施することを役割認識とする吏員型官僚と呼ばれる。

政官関係の変化をデータによって裏づけよう。**表 2-1** は，官僚が他の政治アクターとどの程度接触しているかを示した。回答者の多くが課長級なので，局長とほぼ毎日会うほか，自省の大臣，他の省庁，自民党議員，そして利益集団にも，数日に一度程度の接触が見られる。キャリア官僚は，役所の世界の中だけではなく，政権党の一般議員および業界団体と密接な関係を保っていることが示されている。時期別の違いを見ると，他のアクターとの関係は1980年代をピークとしており，70年代と2000年代はほぼ同じ程度である。細かく見ていくと，80年代の接触頻度が特に高いのは，自民党議員や利益集団など官庁の外との接触である。その後も，社会の中の各種団体は行政を主要な接触経路としており，両者の間には密接な関係が見られる（辻中・森編 2010）。

他方で，2000年代になると，他の省庁との接触が増えており，行政機関内部の調整が増加していることがうかがえる。省庁横断的な政策課題に対応するために，内閣官房が中心になって政策形成を行うことも増えている。さらに，第2次以降の安倍政権において，官邸が官僚上層部の人事権を握るようになったことから，政権と進退をともにすることと引き換えに，大きな影響力を振るう官僚が登場してきた。これは，官邸官僚と呼ばれる。資格任用で採用した官僚を，上級職の部分に限っては政治任用の形で運用するものである。フランスの形態に近づいているともいえる。

ただし，官僚の役割意識や他の政治アクターとの関係は，省庁によって大きく異なる。2019年時点の首相，つまり安倍首相および自省以外の省庁が，政策の実現にとってどの程度重要かを，各省の官僚に4段階で答えてもらった回答の平均値を見てみよう（図**2-2**）。

厚労省や総務省は，首相が重要であると同時に，他の省庁も重要であると認識している。社会保障政策や地方創生など首相が関心をもつ政策領域を抱えると同時に，他の省庁の所管ともかかわるような複合的な政策課題を抱えていることが，この背景にはある。国交省，経産省，文科省は，首相の重要性を強く認識するが，自省以外の省庁の重要性はそれ程でもない。これらの省にとっては首相の同意を得ることが政策実現の鍵だと認識されている。

図 2-2　首相および自省以外の省庁の重要性（2019 年）

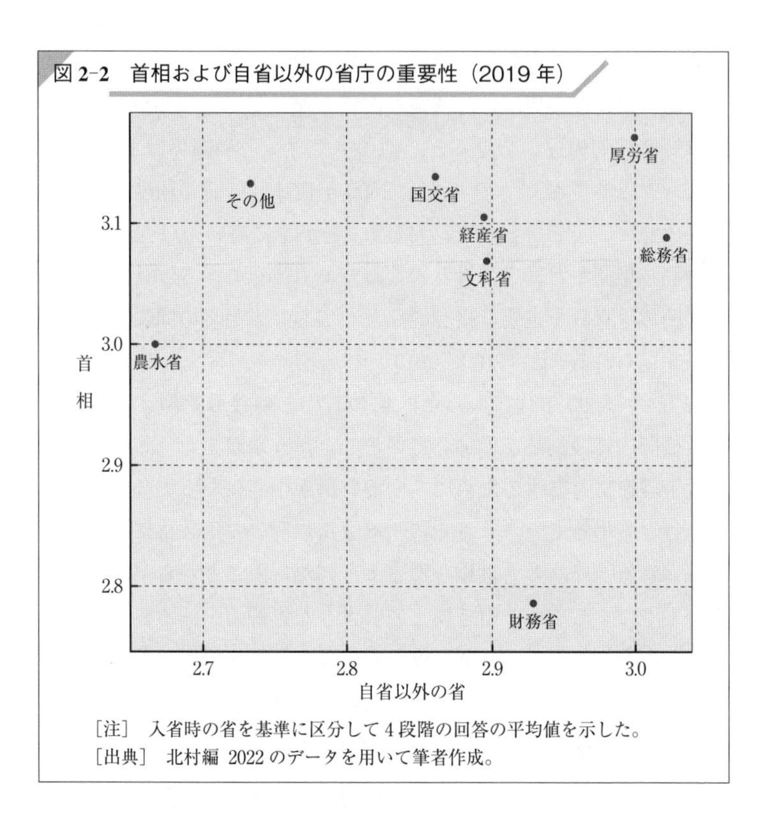

［注］　入省時の省を基準に区分して 4 段階の回答の平均値を示した。
［出典］　北村編 2022 のデータを用いて筆者作成。

これに対して農水省は，首相の重要性もやや低く，自省以外はあまり重要ではないとする。族議員や業界団体をはじめとする政策共同体の自律性が高いことをうかがわせる。財務省は逆に，首相の重要性を低く見るが，自省以外の重要性を高く見る。予算編成において各省要求への対応を迫られる財務省の状況をよく示している。

5 地方政府における政治と行政

執政制度と選挙制度の特徴

他国ではあまり見られないが，日本では中央政府と地方政府で異なる執政制度をとっている。戦前は官選や間接選挙で選出していた執政長官（首長）を，戦後になって直接公選に変更したことにより，大統領制となった。権限配分としては，20 世紀型の大統領制に近く，首長に政策の提案権を与えている。予算の提出権は首長のみに，条例案の提出権は議会と並んで首長にも与えられており，専決処分や再議請求権も与えられている。議会は対抗措置として首長に対する不信任を議決することが可能になっている。不信任議決が成立した場合は，首長は議会を解散するか自ら失職するかを選ぶこととなる。つまり選出部分については大統領制をとるものの，議会と首長の間に信任関係を求めており，政策形成の権限の配分も議院内閣制に類似している（曽我 2019）。

議会の選挙制度については，都道府県は条例で決めるが，市区郡を選挙区とすることが多く，その定数は 1 から 17 に及ぶ。市町村は全域を一区とする（ただし政令指定都市は区を選挙区とする）ことから，議会定数がそのまま選挙の定数ともなる。政党化は都道府県と都市部では進展している。したがって，都道府県や市では政党数が多く，議員の選好も首長と乖離（かいり）しがちである。選挙の実施時期は同時になるように統一地方選挙のしくみが採用されている。これにより首長選挙と議会選挙，さらに他の地域の選挙との連動が図られる。そのため，全国的な争点や国政への態度が反映されやすく，首長と同一政党の議員が勝利するコートテール効果も働きやすい。ただし，市町村議会選挙は市町村合併に伴い，首長選挙は任期中の死去や辞職により，統一地方選挙から時期がずれることが多い。

政策形成における首長の権限の強さから，議会の政党は連立して首長与党となる動機をもつ。しかし，議院内閣制と異なり，議会多数派により選出されるのではない以上，首長が選出されるまでの段階では政党の必要性は低い。このため首長と議会の連携関係は不安定で崩れやすい。

1960 年代半ばから中道政党が進出し，初期は革新政党と組むことにより革新首長を誕生させた。70 年代後半には保守と組むことにより地方レベルでの保守回帰を生み，最終的には 80 年代から 90 年代にかけての相乗り首長の簇生(そうせい)につながった（曽我・待鳥 2007）。その後，有権者の中に無党派層が増え，既成政党や政治家への嫌悪感が高まる中では，首長にとっては政党と距離を置くことが選挙戦で有利になる。こうして 90 年代半ば以降，無党派の首長が多く誕生するようになる。しかし無党派首長も，政策形成では議会多数派の支持が必要となる。既成政党との協調的関係を築く，議会全体に対抗的に臨み徹底抗戦をする，あるいは自身の人気を背景に自ら政党を率いるといった 3 つのタイプが，ここからは生まれてくる。

コントロールの形態

自由任用は限定的であり，副知事・副市町村長と特別秘書に限られている。副知事・副市町村長には議会の同意が必要である。そのため，議会と首長が対立的な場合は，この人事が最初の関門となる。しかし逆にいえば，これ以外のところには資格任用された職業公務員が就いており，自由任用される職は存在しない。首長からすれば，自分の腹心を正規の役職に就けて活用することができないので，参与や顧問など不明瞭な形態で登用することになりがちである。他方で，上級職の昇任，配置に関しては首長が関心をもち，関与してくる可能性も高まる。

組織編制や政策形成手続きを通じてのコントロールというものも含めて，事前コントロールは全般に薄い。これは，ひとつには集権的な中央・地方関係の帰結であった。たとえば必置規制という形で組織編制の裁量を奪われていたので，政治家のコントロール手段として組織編制は使えなかった。首長は中央省庁の代理人でもあったのである（☞第Ⅲ部）。この結果，行政機構へのコントロールは，事後コントロールとしての資源配分が中心となる。とりわけ予算は首長と議会の双方が最も関心を寄せるところであった。

地方の官僚制から見た場合，本人となる政治家の関係は多様になりうる。統一政府の場合は，ほぼ首長を向いていればよい。首長の同意を取り付けられれば，新規の政策も実現できる。しかし分割政府の場合には，議会と首長の双方を相手にしなければならなくなる。

ただし，統一政府の場合でも，個別利益志向が強い議員と，地方政府全体の利益を考えなければならない首長との間には，選好のずれがある。こうしたずれは，財政規模が拡大している間には総花的な予算を組むことで覆い隠されていた（曽我・待鳥 2007）。しかし1990年代後半以降，財政規模の縮小が課題になると，そうはいかなくなる。むしろ，議会多数派と党派的な結び付きのある首長の方が大胆な財政縮減に踏み出せないということも見られる（砂原 2011）。

演習問題

〔1〕 戦後の日本において，分担管理原則や弱い首相が批判を浴びながらも，維持されてきたのは，結局のところ自民党政権がそれを選択したからだと考えられる。なぜなのかを考えてみよう。

〔2〕 1990年代の選挙制度改革をはじめとする統治機構改革が，2000年代以降の政治と行政の関係をどのように変えたのか。そうした変化が生じたのはなぜか。整理してみよう。

〔3〕 小泉政権と第2次以降の安倍政権における政治と行政の関係を比較して，その共通点と相違点を整理しよう。さらに，その違いの要因を考えてみよう。

第3章 政治と行政の関係を規定する要因

この章では，政治家と官僚の政策選好の状態や政治からのコントロールの様態，さらにそれらが形作る官僚の独立性，自律性，中立性を左右する要因として，①理念，②利益，③制度という3つの独立変数に注目する。①政治家への応答性や専門知識といった官僚が備えるべき理念，②さまざまな政治家と官僚が，各自の利益を追求して行う選択，③政治家と官僚の行動に枠をはめる政治制度，とりわけ政治家という本人の複数性を左右する選挙制度と執政制度，といった各種の要因が政治と行政の関係を織りなすことを見ていこう。

1 専門性という理念

民主性と専門性のトレードオフ

民主性の観点からは正統性に劣る行政機構が，なぜ政策形成において一定の役割を果たすことになるのか。民主的統制を実現するのはなぜ難しいのか。こうした問いに対する答えは，いずれも行政機構が備える専門知識に求められる。行政機構は政治家と比べたときに，民主性には劣るが専門性では優位に立つ。したがって，政策形成における専門知識が重要視されることが，行政の独立性や自律性を拡大すると考えるのである。

こうした見方は，政官関係の国際比較や時系列比較における通説であった。市民革命を経験し早くから民主化を経験した英米と，近代国民国家の形成が後れ，民主化が進まなかったドイツや日本の対比が，その例である。民主主義の理念が十分に定着しないまま，富国強兵が国家目標として位置づけられる場合，行政機構の専門性は受け入れられやすくなる。また，民主性と専門性の二律背反はどの程度強いと考えるかも，国により異なる。母国での支配を逃れた移民による建国という歴史をもつアメリカでは，行政機構の非民主的性格が強調されがちである。強い反知性主義の存在も，専門性を盾としたエリート主義への拒否につながる。

時系列比較としては，1930 年代以降の政府の役割の拡大（☞第 13 章）が，官僚の影響力を強めることに寄与した。こうした現象を行政国家化と呼ぶ。政府の役割が拡大することで，政策形成は量とともに質も変化する。マクロ経済の管理など専門性が高い政策や，福祉サービスなど現場の執行を含めた制度設計が重要な政策が増える。こうした政策の形成を担えるのは官僚だけである。これを裏返すと，政治家が官僚に対抗するには，政治家自身が専門性を身につけることが必要になる。日本における政党優位論も，自民党族議員が専門知識を蓄積したことが，影響力の源泉となったと論じた。

大きな政府が行政国家現象を生んだのであれば，その裏返しに，1970 年代以降，政府の役割が縮小することは，政治家の影響力を再度増大させることにつながるはずである。政府への期待が満たされないことは，行政の正統性の危機をもたらす。経済成長の終焉（しゅうえん）は，この危機を現実化させた。さまざまな声に応えようとして利害調整を繰り返す調整型官僚が否定的に評価されるようになる。明確な説明を与えようがない調整結果から成り立つ現状に対し，「廃止」という一貫性と強さをアピールできる政治への期待が高まっていくのである（野口 2011）。

これらの見方は，時代の流れを大きくとらえるうえでは有効だが，実証面と理論面の双方で難点を抱える。まず，データによる裏づけが十分ではない。反証を見出すことも容易であり，アメリカが政策形成において専門性を重視し，安全保障分野などで大規模な官僚制を抱えていることは，その例だろう。また理論的には，この見方は，制度設計者が合理的に制度設計を行うという仮定に立っているが，この仮定が成立する根拠もない。

ジャクソニアン・デモクラシーから分離論へ

ここまでは，行政組織が専門性において勝る存在であることを前提とした。しかし，行政がどの程度の専門性をもつかは，選任の方法，すなわち事前コントロールとしての任用制のあり方（☞第1章）によって変わってくる。官僚がもつ専門性を生かすために，官僚に政策形成の権限をどの程度委ねるかも，政治家による判断によって変わってくる。したがって，望ましい事前コントロールについての考え方が，実際の政治と行政の関係にも影響を与えてきた。

そうした考え方の出発点は，ジャクソニアン・デモクラシーに求められる。1828年の選挙でアメリカ大統領に選出されたジャクソンは，民主主義の徹底を追求する。男子普通選挙の導入に見られるように民主制の基盤が拡大したことを背景に，国民が行政府をコントロールする手段として，政治任用が位置づけられた。それ以前の行政職は終身職であり，かつ階級的なものだったところに風穴を開けようとしたのである。同一人物が役職を長く務めることは腐敗につながるという理由も掲げられた。しかし実際には，自らの支持者に役職を与える利益配分の側面が強かった。小さな政府の時代であり，素人でも行政の職務を担うことは可能であった。

しかし20世紀を迎えるころには，政府の役割が次第に拡大したことで，猟官制がもたらす非効率性などの弊害は顕著になっていた。そうした中で，民主的統制と効率的な行政実務の実施を両立させる方法として生み出されたのが，政治行政分断論（あるいは政治行政二分論）である。政策の決定の局面と実施の局面を機能として分割し，行政官庁には後者の機能を割り当てる。そのうえで，それを効率的に実施するために，資格任用制を採用する。これが政治行政分断論の提示した処方箋であった。

行政学の創始者として名を連ねるウィルソンやグッドナウがこうした議論を唱えた。ウィルソンは王制下の支配機構として行政をとらえるそれまでの見解を打破すべく，道具としての行政の価値を強調した。「殺人者からナイフの研ぎ方だけを学ぶことは可能だ」という有名な比喩がそこから生まれた（Wilson 1887）。グッドナウは，決定と執行という機能の分割を提唱し，政策形成における役割と結び付けながら政治と行政の関係を考える端緒を開いた。日本における行政学の創始者である蠟山政道（ろうやままさみち）の議論も，こうした二分論の流れに位置づけられる。

融合論の登場

その後，1930年代に入り政府規模の拡大と複雑化がさらに進む中で，政策形成においても官僚の専門性を生かす必要性が高まる。政策の決定と実施の局面を分離することはできず，むしろその双方において官僚の関与を認めたうえで，政治家が備える民主性と行政組織が備える専門性を生かすべきだという考え方が出てくる。こうした政治と行政の協働関係を望ましいとする考え方は，政治行政融合論と呼ばれる。アップルビーらが40年代以降，こうした考え方を示していく。行政がイデオロギー中立ではありえないことを強調したワルドーの議論も，行政が政策形成に関与することを前提としている（ワルドー 1986）。行政組織は社会の構成を反映したものであるべきという代表的官僚制（representative bureaucracy）の考え方が唱えられ始めたのも，この時期である。

通常，政治行政分断論と融合論という形で2つが対比されるが，その前段階としてジャクソニアン・デモクラシーが存在することに注意したい。別の見方をするならば，ドイツや日本のような後進国は，政治行政融合論の段階から近代国家をスタートさせた。アバーバックらによる国際比較分析では，英米の場合は政治と行政の分離から徐々に融合化が進んだのに対し，日本では，融合関係から出発しつつ逆方向への変化を見せてきたという対比が指摘されている（Aberbach et al. 1981）。辻清明の官僚優位論も，同時代のアメリカにおける融合論が見出した政策形成における官僚の役割の増大と，後発国として官僚の役割が大きいことの重ね絵として，日本の実態をとらえた。だからこそ辻は，戦後改革において，政治と行政の協働関係よりも，民主的統制の強化を求めたのである。

融合論は，行政機構の専門性を確立しつつ，それへの権限委譲を行うという本人・代理人関係にもとづく見方を開いたといえる。村松岐夫の政党優位論が，辻の唱えた処方箋はすでに実現していることを初期には強調しながら，その後，ゼロサム的な影響力関係の視点を離れ，政治と行政の協働関係の実態の解明に進んだのも，そうした流れに位置づけられる。

1980年代以降の3つの方向性

その後，1980年代以降には，政治と行政の関係についての理念は，さまざまに分岐している。第1は，NPM（新しい公共管理）に見られる決定と実施の再分離に結び付けて，政治と行政の二分論を再提唱する方向である。ただしそこでは，技術としての行政の確立ではなく，結果志向にもとづく民間の経営手法の導入が求められる。その違いにあわせて政治の役割も変化するはずだが，この点についての検討はあまり進んでいない。

第2に，官僚の専門性を低く評価することで，政治の役割を再び拡張しようという議論もある。専門家一般への不信を背景に，こうした言説は，既成のしくみを否定することで人々の支持を集めようとするポピュリズム政治家がよく用いる。ある種のジャクソニアン・デモクラシーへの回帰ともいえる。日本における2000年代半ばから第2次安倍政権にかけての公務員制度改革においても，政治の側が主張するのは，政権への一体性の必要であった（嶋田 2020）。

第3の選択肢は，融合論の立場を維持しつつ協働関係を改善するという方向である。官僚の専門性を向上させつつ，性別をはじめとする代表性の改善を図り，官僚制の「現代化」を進める。明快さに欠け，改革を訴えることには向かないが，新ウェーバー型国家（NWS：New Weberian State）と称され，欧州大陸ではこれをとる国も多い（Pollitt & Bouckaert 2017）。

2 政治家と官僚の利益

政治家の利益と官僚の利益

利益による説明では，政治家も行政官もそれぞれ追求する目標があり，政治と行政の関係を通じて，その目標実現に資する行動をとっていると考える。ここでは，政治家が官僚に政策形成を委任することや，コントロールを行うことも，政治家の利益に沿った行動として理解される。

政治家が追求する主な目標として仮定されるのは，選挙に当選すること，自分が理想とする政策を実現すること，より高位の重要な役職に就くことである。当選，政策，昇進という3つの目標の中でも政治家が政治家である必要条件となることから，再選目標が上位に置かれるという仮定は，現実にも妥当する。また，そうした仮定にもとづく議論の説明力が高いことは，これまでの研究によって裏づけられている。

したがって，政治家からすると，有権者の支持が得やすい政策を実現するために，官僚に委任を行い，コントロールをかけていく。あるいは，有権者が政治家によるコントロールの実施そのものを支持するのであれば，政策の内容と無関係にコントロールをかけるという選択をとるだろう。

これに対して官僚が追求する目標として仮定されるのは，個人レベルでは，より高い役職に就くこと，より多くの給与を得ること，やりがいのある職務を遂行することという3つである。そしてこれらのいずれについても，それを充足するためには，所属する組織の拡充が条件となる。そこから組織レベルの目標としては，組織資源の拡張が掲げられる。したがって，官僚の側は，自分たちの組織存続に資する政策を実現していくことを，政策形成においてはめざすだろう。ただし，官僚が個人レベルおよび組織レベルで，こうした目標を抱えていることについては，政治家の場合ほど，説明の妥当性が確かめられていない。

以上をまとめれば，利益による説明でまず考えるべきは，一方で政治家が自分の再選に資する政策を追求しようとし，他方で官僚が自らの組織や予算を拡大できる政策を実現しようとしているときに，どこまで両者の政策選好が一致するかである。時には両者の好む政策が合致することもある。ある業界の権益を守ることが，政治家の集票上有効であると同時に，官僚の予算確保にも有効であるということは，その一例である。しかし目標が違う以上，両者が好む政策は常に合致するとは限らない。そのずれが大きいほど，政治家から見て官僚はよき代理人とはならず，コントロールは強くなるだろう。

政権交代前の委任

政治家の目標が再選などでとらえられるとしても，その目標を実現するために好む政策はさまざまである。選挙区が違えば，再選のために必要な票田も異なり，それに利する政策も異なる。あるいは異なる理念を政策に対してもっていることもある。したがって，ある政治家にとっては，別の政治家よりも官僚の方が，政策選好が近いとしても不思議ではない。そのような政治家間の分割線としてまず考えられるのは，政党の違いである。ある政党から見て官僚の政策選好が別の政党よりも近いならば，官僚に委任するインセンティブが生じる。

とりわけ，政権を握っている政党が，別の政党に政権を奪われそうなとき，しかも選好の距離が，官僚の方が別の政党よりも近い場合，委任のインセンティブはより大きくなる。自分たちが好む政策を官僚の手に委ねることで，政権交代後もその政策が守られ続けることを期待するのである。たとえば，アメリカでは各州で資格任用制が導入された時期にばらつきがあるが，その多くは支配政党が政権交代の可能性に直面したときであった（Ting et al. 2013）。

官僚の独立性を高めておくことで，政権交代後に別の政党が，政策を転換しようとして官僚をコントロールすることを防ごうとすることも多い。実際に，アメリカ連邦政府における新設行政機関を対象にした分析は，政治勢力が拮抗しているときにつくられた行政機関ほど，独立性が高いことを示している（Wood & Bohte 2004）。

政治家と官僚それぞれのタイプの違い

政治家の中での選好の違いをもたらすのは，政党の違いに限られない。ひとつには，世代による違いも考えられる。ベテラン議員の方が既存の制度から多くの利益を得ている以上，保守的になり，若手・中堅議員は通常そうした傾向が弱い。もうひとつには，役職の違いも考えられる。当選を繰り返し，首相や大統領の座に近づくにつれて，当選以外の目標の比重が増す。首相や大統領には，特定の政策領域だけではなく，幅広い分野についての見識が求められる。したがって，一般議員は個別利益志向が強く，政党幹部や大臣クラスの政治家は，一般利益志向が強い傾向が見られる。この場合，むしろ党幹部などの方が改革に積極的になることがある。

他方で官僚の中では，省庁間でも，また省庁内でも職階によって分業や役割分担がなされている。省庁の中では内閣府，財務省，総務省といった総括官庁と国交省や農水省に代表される事業官庁の違いは大きい（☞第6章）。前者の方が一般利益志向は強いだろう。職階については，概ね課長級までが具体的な法案形成などに従事するのに対し，それより上の職階はさまざまな調整活動に従事することが中心になる。

こういった官僚制内の分業と，今述べた政治家内の分業をあわせると，政治家と官僚の接触には濃淡があることが浮かび上がる。政治家と官僚の接触頻度から描き出した2000年代初頭のネットワーク構造は，財務省と自民党幹部層に太いパイプがあること，自民党若手議員は国交省に多く働きかけていること，当時の政権党である自民党には省庁からの接触もあるが，野党である民主党からは政党側からの働きかけとなること，民主党は厚労省，国交省とつながりが深いことなどを示している（曽我 2006b）。

具体的な政策形成においても，政治家，官庁内部での政策選好の異同が複雑な連携，対立関係を形作る。加藤淳子による消費税の導入過程の分析を見てみよう（加藤 1997）。1970年代に財政赤字が増大したことを受けて，一般消費税の導入の検討が大蔵省によって進められた。しかし，増税を受け入れる政治家は皆無に近く，数少ない例外が首相となった大平正芳であった。大平は79年の総選挙で導入への意欲を発言したが，それは選挙の不振につながった。その結果，80年代前半には消費税の導入は凍結される。歳出の抑制を行った後，直間比率（直接税と間接税の比率）の是正を表に出して，再挑戦が図られる。85年の総選挙での大勝を背景に，中曽根康弘首相は86年に売上税構想を打ち出す。この時点では，中曽根以外の自民党上層部の支持もあったが，小売業界やそれらを支持基盤とする自民党商工族などの反発を抑えきれず，立法化は頓挫（とんざ）した。3度目の正直となったのは，88年の竹下登（たけしたのぼる）内閣時であった。法案内容をさらに調整して小売業界の反発を抑えることで，商工族の同意も取り付け，法案の成立に成功した。

既存の権限や財源を見直す動きが出たとき，官僚上層部と政党幹部が改革を推進しようとするのに対し，官僚の下層部と一般議員の方がそれに抵抗することは多い。後者の結び付きが強いほど，改革は難しくなる。例えば，多くが地方出先機関で勤務するノンキャリアは地方分権改革に抵抗したが，一般議員の関心は薄かった。しかし補助金のように一般議員の利害にかかわる点では共同戦線を張り，1990年代の第1次地方分権改革ではその改革の阻止に成功した。ところが2000年代に入って，小泉純一郎政権下の三位一体改革で再度，改革の俎上（そじょう）にのせられたときには，小選挙区制が定着し一般利益志向が強まった政治家たちは，これに強い反対を見せなかった（曽我 2002）。あるいは，金融ビッグバンにおいては，規制権限を手放したがらない大蔵省国際金融局のベテラン官僚たちと大蔵族議員が強い反対を見せたが，国際金融局長と与党行革プロジェクト・チームを，首相が後押しする形で改革が成立した（戸矢 2003）。

さらにここから，場合によっては，官僚上層部は官僚下層部を切り離すこともありうることが示される。官僚上層部が裁量拡大を志向するのに対して，下層部は予算極大化を志向する。そのため，エージェンシー（政策実施を担う行政機構）の導入といったNPM型の改革は，官僚下層部を切り離すことによって，むしろ政策裁量の拡大を図る官僚上層部にとって受容されやすい（Dunleavy 1991）。

政策内容と政策選好　政策内容によって，その政策に関与する政治アクターには違いがある。政策類型論の代表的な研究では，分配政策，規制政策，再分配政策の3つの類型が示されている。分配政策においては，分配権を握るエリートとそれへの接触を求める個人や企業の働きかけ，規制政策においては利益集団間の連合や対立，再分配政策においては階級間対立が生じると予測される（Lowi 1972）。

政策内容の類型化から政治家と行政の関係を見てみよう。再選のためには一定期間内に成果が目に見える必要があるので，政治家は短期・個別的政策を好む。これに対して官僚は，将来的に自らの組織が維持，拡張されることを望むので，長期・総合的政策を好む。それゆえ，官僚が国土計画や経済計画のような基本計画に関心を寄せるのに対して，政治家の側は，公共事業の箇所づけのような具体的な政策内容に関心を集中させる傾向があるという（山口 1987）。

政策に対する一般有権者の注目度を政策セイリアンスと呼び，その違いが政治と行政の関係に影響することを示す議論もある。たとえば，著作権法の改正の際，セイリアンスが低い場合には，利益集団と官庁の選好配置が政策結果に強く影響したという（京 2011）。また，2000年代に入るまで人々の耳目を集めなかった生活保護政策において，「健康で文化的な最低限度の生活」をどのように具現化するかは，ほぼ厚生省に一手に委ねられてきた（岩永 2011）。

専門性と組織の評価

政策内容によって，専門的な知識や情報の必要性は異なる。知識や情報を取り入れた政策を実現することは，政治家にとっても利益となる。したがって，専門性が高い政策領域においては，政治家は官僚により多くの政策形成権限を委ねると考えられる。また，議会による個別利益の追求が集合的利益を大きく損ねる場合も，あらかじめ官僚への委任を行うことで，議会は自らの手を縛ることもある。

アメリカを対象とした統計分析では，エネルギー，外交，宇宙開発，技術部門への権限委譲が大きく，農業，郵便，水産業，退役軍人サービス，税制と社会保障に関する権限委譲が小さいことは，政策領域の専門性から説明できることが明らかにされている。また，予算編成への権限委譲が大きいことは，議会が自らの手を縛ろうとする結果として説明される。通商分野でも権限委譲が大きいが，これは，この分野で個別利益を重視した結果，1930 年代の保護主義化を招いたという教訓が生かされているという（Epstein & O'Halloran 1999）。また，環境変動が激しく，政策対応が必要だが，議会で合意が成立する確証がない場合には，あらかじめ官僚に権限を委ねることが多い（Callander & Krehbiel 2014）。

さらに，官僚が専門性を備えているという評判（reputation）を有する場合には，政治家が官僚へのコントロールをかけることは難しくなる。社会の中で評判が確立すれば，官僚は自律性を得られるのである。アメリカの郵政省や農商務省は 20 世紀前半，民間にまたがる専門家集団を確立していくことで自律性を得ていった（Carpenter 2001）。同じくアメリカの医薬品・食品局（FDA）は，自らの専門性が公益に資するという評判を消費者や政治家に対して築いたことで，生産者に対する強力な規制権限を手にした（Carpenter 2010）。有権者の評判は政治家にとっても重要なので，専門性が高い行政機構であっても，有権者が専門性の意義を理解できるように努めている。宇宙開発を担うアメリカ航空宇宙局（NASA）（佐藤靖 2014）であっても，天気予報や災害予報を担う気象庁（若林 2019）であっても，その点は変わらない。

ただし，すべての行政組織が専門性の評判を手にできるわけではない。業務の特性上，そこまでの専門性をもたない組織は別の戦略をとるだろう。それは中立化である。複数の本人に対して注意深く距離をとることが，過度のコントロールを回避する方法となる。労使対立の間にあるアメリカの労働安全衛生機関が，規制の監視などにおいて中立化を図る姿が示されている（Huber 2007）。

3 政治制度

執政制度とコントロール手段の選択

執政制度によって，どのようなコントロール手段が用いられやすいかは変わる。官僚に対する本人は議院内閣制では首相だが，大統領制では大統領と議会になる。したがって，官僚に対するコントロール手段としての法律の位置づけにも違いが生じる。大統領制の議会にとって，法律はコントロールの主要な手段となる。よって，政策形成の手続きを法律で定めることで事前コントロールをかけることは，大統領制によく見られる。議院内閣制では，大臣による任命権や資源割り当てを通じたコントロールを利用すると考えられる。法律中に政策形成手続きが書き込まれることは少なく，その反面，内容に関する条文が詳細に書き込まれる傾向がある。これは，行政機関を立法活動に用いることができることの帰結でもある。

実際に，議院内閣制では，首相の意向に応じ，より多くの争点を扱おうとするほど，省庁の数が増える傾向にある（Mortensen & Green-Pedersen 2015）。日本の場合でも，省庁別に見た法律制定数と省令数との間には概ね正の関係が見られる。法律が官僚へのコントロール手段ならば，官僚が裁量的に策定する省令は法律数と負の関係になるはずだが，正の関係が見られるので，法律はコントロール手段として用いられていないと考えられる（増山 2003）。

だからといって，大統領制であれば，議会は常に立法を通じたコントロールを行うわけではない。立法を通じてコントロールをかけること自体が，議員たちにとって多くのコストを伴う。したがって，大統領制において，立法能力が低いことは，官僚に対するコントロール不足につながりやすい。官僚との政策選好が異なり，かつ，議員たちの立法能力が高い場合に初めて，立法を通じたコントロールが行使されることが，アメリカ各州の福祉政策における法律の違いを分析した研究では示されている（Huber & Shipan 2002）。

議院内閣制の場合も，大臣によるコントロールばかりがいつも使われるわけではない。大臣と異なる政治勢力が力を握っているほど，そしてそれが立法を左右できる力をもっているほど，立法を通じた事前コントロールが行われうる。具体的には，連立政権の場合や少数与党の場合が該当する。しかしそのためには，官僚をコントロールするための条文をうまく作成する等の立法作業が必要となる。したがって，連立政権の場合は内閣，少数与党の場合は議会の立法能力が高い場合に，立法を用いたコントロールが見られる。フーバーとシッパンは，議院内閣制の19カ国における労働法（表**1-2**に示したもの）を対象に，この仮説を検証し，少数与党の場合に最も，その次に連立政権かつ内閣が安定している場合に，法律が詳細化することを明らかにした（Huber & Shipan 2002）。

首相の強さと選挙制度

次に，政治制度によって議員が首相や大統領に委任するインセンティブは異なる。それに応じて，首相や大統領が行政機構をどの程度把握するかは変わってくる。そのことは，政府中枢の大きさを変える。

まず，執政制度が議院内閣制の方が，行政の長への委任のインセンティブは強くなる。他方で大統領制の方が，行政権限が大統領に集中する点では，統合機能は強化されやすい。また，半大統領制では大統領と首相の双方が権限を分有するので，それぞれに直結する政府中枢を合わせると，その規模は大きくなりやすいだろう。そのうえで，議院内閣制，大統領制それぞれの中で，選挙制度，執政制度，議会制度が強い首相や大統領を生み出しやすい場合に，首相や大統領への委任は大きくなりやすい。

議院内閣制では，選挙制度と議会制度によって，強い首相が生み出されるほど，首相が統合機能を担えるような大きな政府中枢が与えられやすくなる。強い首相は，与党が単一でまとまったものとなる場合に生み出されやすいので，政党システムと政党組織が鍵となる。政党システムについては，政党の数が多くなるほど連立政権となる可能性が増えるので，選挙区定数が小さいほど，強い首相を生み出しやすくなる。他方で，政党組織については次のようにいえる。政権党の一般議員たちは，①首相により自身の選挙結果が左右され，②首相との政策選好が一致しており，③党の役職配分や自分たちの選挙での勝敗が首相の手腕にかかっており，④さまざまな役職の配分が首相に左右されるほど，首相への大幅な委任に同意する。

たとえば，日本の中選挙区制のように複数定数で候補者個人に投票する選挙制度のもとでは，政府中枢は小さなものになるだろう。集票は候補者個人の手で行われる。定数が大きく最低当選ラインが低いことが議員の個別利益志向を生み，首相と議員の政策選好は乖離（かいり）する。また，党内や閣僚の役職配分権を党首が握ることもない。こうした選挙制度では大きな政府中枢は生まれにくい。

首相の強さと執政制度・議会制度

選挙制度以外に，首相の地位の安定性と，首相が政策形成を主導できるかを左右する議会制度と内閣制度なども，首相の強さを大きく変える。

議院内閣制である以上，議会多数派の信任が政権維持の条件となる。しかし，信任・不信任を確認し，政権の置き換えと結び付けるのには，さまざまな方法がある。ひとつは，首相による議会解散権に対する制約の程度である。もうひとつは，内閣不信任案を出すための条件，たとえば次期首相候補の提案とセットでなければ不信任案を提出できないといった制約があるか否かである。

さらに議会制度も，首相の地位と政策形成の双方に影響する。

第1は，第二院の存在とその権限である。議院内閣制であっても，第二院と首相との間に信任関係が予定されなければ，第二院の多数党と首相の所属政党が一致する保証はない。この第二院が，法案決定などで大きな権限をもっている場合ほど，第二院多数党のリーダーの役割は大きくなり，首相への権力集中の阻害要因となる。

第2は，議会の立法活動において内閣がもつ手段である。内閣が立法を促進する手段を多くもつほど，首相へ委任を行う議員のインセンティブは強まる。立法促進手段には次のようなものがある。①内閣が提出した法案に関する議事進行を設定する権限。たとえば委員会での審議を打ち切って本会議での採決を行う権限である。②内閣への信任と法案を結び付ける信任投票。これは，倒閣するほどの意思はなく，あるいは解散の可能性までを覚悟することなく，安易に内閣の提出する法案に反対することを抑制する効果がある。③複数の法案をまとめて一括投票にかける方法。これによって，つまみ食い的な賛成と反対を行うことを抑制することができる。

大統領制の選挙制度

大統領制の場合，議員と執政長官の選挙が別々に行われ，官僚にとっての2人の本人を選出する。この2人の本人の政策選好がどの程度異なるかは，選挙制度によって規定される。2つの側面が特に関係してくる。

ひとつは，議会選挙の選挙区定数である。執政長官は地理的にも政策領域的にも，政府のすべてを代表する存在である。これに対して，議会の選挙が多数の政党勢力に分かれるほど，また，個別利益志向が強まるほど，議員と執政長官の代表する利益や政策志向の食い違いは大きくなる。したがって，非拘束名簿式比例代表や，定数の大きな単記非移譲式投票制度の場合は，乖離が生じやすい。

もうひとつは，議会選挙と執政長官選挙のタイミングである。両者が同時に行われる場合は，執政長官選挙の方が注目を集めやすいので，議会選挙にも執政長官選挙の結果が波及しやすい（コートテール効果）。これに対して，両者の選挙が別々に行われる場合，執政長官とは異なる勢力を議会に作り出し，政府の政策を全体として中間の方向に戻そうとする。

議会の任期と執政長官の任期，また執政長官が任期の中途で職を離れた場合に，後任をどのようにして選ぶかが，選挙のタイミングを変える。アメリカのように下院の任期を2年，大統領の任期を4年とし，大統領が任期を務められない場合は副大統領が大統領となるのであれば，大統領選挙と同時の下院選挙と中間選挙という2種類の選挙の存在が維持される。他方，フランス第5共和制においては，大統領の任期は7年，国民議会の任期が5年であったことが3回のコアビタシオンを生んだ。しかし，2002年の憲法改正により大統領の任期を5年に短縮し，国民議会の選挙と大統領選挙が同時期に行われるようになって以降，コアビタシオンは生まれていない。

大統領制における権限分配

次に，強い大統領となるかどうかは，執政制度の詳細による。まず大きなポイントは，大統領にも法案提出権を認め，立法権の一部を大統領に委ねるか否かである。古典的な大統領制においては，複雑多様化する立法機能を担うために，立法府自体が巨大な立法補佐機構を整備していく。アメリカ連邦議会に見られる議会予算局（CBO），議会調査局（CRS），議会行政監査院（GAO）は，その例である。しかし，議会の多くの委員会が各省に関与するほど，議会全体としての影響力は大統領のそれに比べて相対的に落ちていくと，官僚たちは認識している（Clinton et al. 2014）。

他方で，大統領による法案提出が可能な場合は，議会多数派にとって大統領に法案作成を委任することは選択肢のひとつとなる。行政府の長として官僚機構を法案作成に利用できる大統領の方が，実効的な法案作成が可能である。これは行政国家化（☞本章第1節）へのひとつの対応であった。

ただしこれは，大統領の政策選好が議会多数派と近い場合に限ら

図 3-1　政治制度と政府中枢の機能

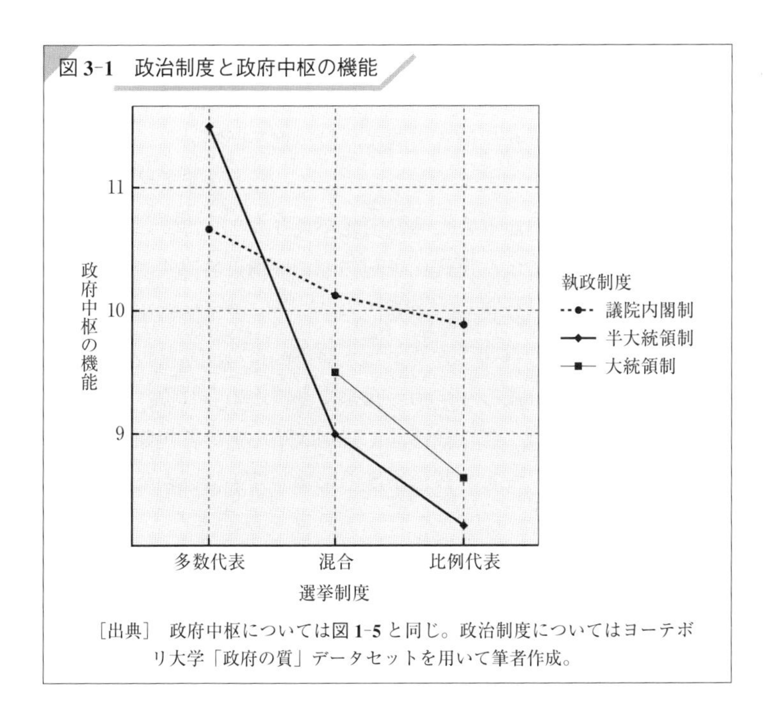

［出典］ 政府中枢については図 **1-5** と同じ。政治制度についてはヨーテボリ大学「政府の質」データセットを用いて筆者作成。

れる。したがって，議会多数派と大統領の所属政党が同一である統一政府の場合には，議員たちは立法機能を執政長官に委ね，議院内閣制に近い運用を行うことが考えられる。他方，両者に食い違いがある場合，議会と執政長官の対立は深まりやすい。法案提出権を執政長官に与える場合は，議会の側からの対抗措置が用意されることが多い。このため，対立が生じると，相手に対する敵対的行動をとりやすいのである。

執政制度・選挙制度と政府中枢の関係

ここまで，政治制度と執政長官への委任のインセンティブの関係について見てきた。データを用いて，両者の関係を確認しよう。**図 3-1** では，政治制度ごとに政府中枢の役割の大きさの平均値を示した。首相・大統領への委任のインセンティブを大きくする政治制度，すなわち，執政制度であれば大統領制よりも議院内閣制において，そして選挙制度が比例代表制よりは小選挙区制の下において，政府中枢の機能が大きなものとなっている。なお，半大統領制については選挙制度との組み合わせの変化がより大きく出ている。

より詳細な分析では，比例代表制の中では拘束名簿式よりも非拘束名簿式の方が，執政長官への委任のインセンティブは小さくなり，実際にも政府中枢の役割はより小さくなる。また，これらのことは，執政による統合の程度を示す別の指標でも確かめられる。政府中枢の職員数，あるいは，省庁横断的に規制改革を進める規制効果分析の導入の程度についても，政治制度の影響の効果は確かめられている（曽我 2016：4 章）。

権力の集中・分散と官僚

さらに，政治制度が政治と行政の関係に与える影響として，官僚がどこまで自律性をもちうるかを考えよう。本人が単数であるか複数であるか，複数の場合には，その政策選好が互いにどの程度離れているかが，官僚の自律性をどのように変えるのだろうか。

直感的には，政治家の間で権力が分散していれば，政治家全体の力は弱まり，官僚の自律性は高まりそうに思える。しかしそれは，単純すぎる見方である。政治家と官僚の関係は，両者がともに勝つこともあれば，ともに負けることもある。それは政治家と官僚が単なる競争相手ではなく，本人と代理人という関係にあるからである。

官僚の本人となる政治家が，1 人である状態と 2 人である状態の帰結を考えてみよう。議論をまとめたのが**表 3-1** となる。新規の政策形成の場合は，官僚が政策案をつくり，政治家がそれを承認することで新しい政策が成立する。他方で，一度成立した政策については，官僚がそれを実施し，政治家がそれを改革しようとしない限り，既存の政策が続くことになる。この双方の側面における帰結を考え

表 3-1 本人の複数性と官僚の自律性

	本人の人数と決定権		
	2人のどちらかだけで決定	1人	双方による決定
新規政策立案時	自律性が高い	中程度	低い
既存政策実施時	低い	中程度	高い

る必要がある。このとき，官僚の自律性は，最終的に成立する政策結果が官僚の理想にどの程度近いかによってとらえられる。

本人が1人の場合，新規政策の立案，既存政策の実施の場合のどちらであっても，官僚は政治家が受け入れる政策のうち，自分にとって一番好ましいと思う政策案を提案，あるいは実施する。これを基準として，本人が2人になった場合にどのような変化が生じるかを考えてみる。本人が2人いる場合，そのどちらかの承認を得ることは，どちらか一方だけが存在する場合にその承認を得ることよりも簡単である。逆に，2人両方の承認を得ることは，どちらか一方だけの承認を得ることよりも難しい。図 **3-2** では模式図として，本人が受け入れる政策案の範囲を円で示した。本人が1人の場合の①に比べ，2人のどちらかが受け入れる範囲は②のCの領域だけ広くなっており，逆に双方が受け入れる領域はBなので，Aの分だけ狭くなることがわかるだろう。

したがって，新規政策の立案時は，どちらかの承認を得ればよいのであれば，官僚にとっては自分が望む政策が実現する可能性が高まる。逆にどちらの承認も必要ならば，その可能性は低くなる。既存政策の実施の際は，どちらかだけでも改革を行いうる方が，官僚にとっては自分が望む政策が停止させられる可能性は高まる。双方が改革に乗り出さなければ改革がなされないならば，その可能性は低くなる。実際のアメリカの大統領制では，どちらかだけで官僚の

図 **3-2**　１人の本人と２人の本人

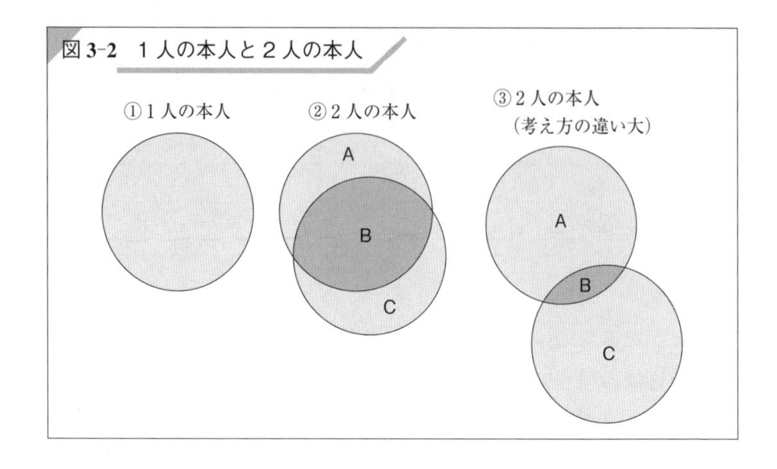

権限を削減しうるので，議会と大統領のどちらかに官僚の選好が近いほど，権限の削減を受けやすい（Volden 2002）。

こうした傾向は２人の本人の異質性が高まるほど，より顕著になる。図 **3-2** にもう一度戻ろう。③では②の場合よりも２人の本人の考え方が大きく違う場合を表現した。これによりＡとＣの領域が拡大し，Ｂが縮小するので，どちらかが受け入れる範囲はさらに拡大し，双方が受け入れる範囲はさらに縮小することがわかる。いわば，**表 3-1** の高いあるいは低いといった傾向がさらに強まった状態になるのである（ツェベリス 2009）。

政治制度論から見た日本の中央政府と地方政府

ここまで論じてきたことから，日本の中央政府と地方政府それぞれにおける政治と行政の関係を考え直してみよう。まず，自民党政権時代の政治と行政の関係は，ウェストミンスター型ではない議院内閣制によく見られるように，大臣による任免と事後コントロールよりも，事前コントロールを中心とするものであった。これは，中選挙区という一般議員と首相の政策選好を乖離させる選挙制度がとられていたにもかかわらず，自民党という政党が長期にわたり政権にあり続けたことで，立法能力が高かったことによる。他方で，個別利益志向の強さから，議員が首相・大臣への委任を完全には行わないので，議院内閣制において，最も事前コントロールに偏重しがちな制度配置であった。そして，そのことが実際に日本の政官関係を形作ってきた（☞第2章）。政策領域ごとに区切られた政策形成手続きと，その区切りを安定化させる形での組織編制という事前コントロールが，1990年代までの自民党政権におけるコントロールの基本となった。

小選挙区を中心とした選挙制度改革が，政官関係を変容させることも，理論通りの帰結である。小選挙区という一般議員と首相の政策選好を近づける選挙制度になったことで，大臣による任免や事後コントロールが，従来以上に用いられるようになってきた。事前コントロールにおいても，組織編制が活発化することで，政策領域ごとの区切りを崩す方向への利用がなされ，政策形成手続きについては政策領域を横断する方向への転換が見られるようになっている。しかし，強い第二院の存在などの議会制度上の特徴は，大臣による日常的なコントロールを官僚に対するコントロールの中心とすることを許していない。政府中枢の拡大を通じ，首相の統合機能が強められており，ウェストミンスター型議院内閣制とも異なる大統領型首相の色合いが濃くなっている。

他方，地方政府の政治制度については，基本的に変化がない。そしてこれは，大統領制の下での立法を通じた事前コントロールを弱める形態の制度配置であったといえる。議会は一院であり，統一地方選挙というしくみを通じ，同日選挙となることが予定されている。そのこともあって，統一政府となることが多く，立法提案権が首長に与えられているために，議会は首長に政策形成を委任することが多い。さらに，議会に立法補佐機構が用意されておらず，議員の専門化も進まなかったので，行政組織の統制は，地方首長による日常的なコントロールを中心とし，組織編制や政策手続きについての事前コントロールが用いられることは，ほとんど見られない。ただし，制度は変わらないが，選挙結果は変わる。無党派首長の増大などで分割政府が頻繁に見られるようになったことで，かえって行政の自律性が低下することも多いのである。

演習問題

〔1〕 議院内閣制と大統領制では，行政の役割はどのように違うのだろうか。説明してみよう。

〔2〕 戦後日本の自民党政権において，組織編制や政策形成手続きといった事前コントロールが主に用いられたのは，なぜなのだろうか。説明してみよう。

〔3〕 行政の専門性と政治家の政策選好との距離という観点から見て，現在の日本の行政はどのように評価できるのか，また，なぜそう評価できるのかを検討してみよう。

第4章　政治と行政の関係の帰結

政治から行政への委任はいつもうまく機能するとは限らない。期待された役割を果たさないとき，行政には責任が生じる。ここではまず，行政責任とは何かを明らかにする。さらに，委任の失敗には3つの種類があり，それぞれに応じて異なる帰結が生じることを説明する。さらに，委任がうまくいくか否かによって，その国の政府の腐敗の程度や，政治体制の安定性，経済発展の程度にも違いが生じることを，国際比較を通じて示していく。

1　行政責任

誰の誰に対する責任か

行政に委任することで政治が期待した成果が常に得られるとは限らない。すると，その責任をいかにして追及するかという問題が発生する。政治と行政の関係における責任の問題は，行政責任論として長く論じられてきた。行政責任を考える際は，責任論一般と同様，誰が，誰に対して，何についての責任を負うのかを明確にすることが重要である。

誰がという観点を考えるにあたって注意を要するのは,「行政」責任という名称になっているが,それは行政の責任だけを意味しているわけではないことである。行政責任は,政官関係の中で考えなければならない。すなわち,行政責任は行政の責任と政治の責任がセットになっている。そして,基本的には,責任は代理人から本人に対して発生する。したがって,市民が政治家に,政治家が官僚に委任している場合,行政機関は政治家に対して責任を負い,政治家が市民に対して責任を負う。委任とは逆方向に責任が発生するので,両者は常にセットでとらえられるべきものである。

何に対する責任なのか

それでは,政治と行政のそれぞれは何に対して責任を負うのだろうか。第1に,最も古典的な考え方は,政治の側は適切な指示,命令を出すことに責任を負い,行政はその指示や命令に従って職務を遂行することに責任を負うというものである。それぞれが果たすべき職務を果たす責任ということから職務遂行の責任(職務責任)と呼ぶ。第2に,この職務遂行の責任に付随するものとして,行政の側は,職務の遂行後,どのように職務を遂行したかについて,政治家に報告し,政治家からの問いかけに対して弁明する責任がある。こうした弁明責任・説明責任のことをアカウンタビリティ(accountability)と呼ぶ。

ここまでは政治家からの指示や命令を前提とする責任であったが,それらを待つことなく,官僚として行うべき職務を行うことを責任に含むのが,第3の責任概念である。任務的責任や応答的責任(レスポンシビリティ,responsibility)と呼ぶ。第4に,第2と第3の責任をあわせたものとして,説明を伴いつつレスポンシビリティを果たすことが挙げられる。アカウンタビリティの対象を職務遂行以前の段階にまで拡張しているともいえる。医療におけるインフォームド・コンセント同様,事前の段階で十分に説明を行う責任である。第2のアカウンタビリティと区別するために,事後説明責任と事前

表 4-1　4つの責任概念

		責任の対象物	
		行為とその結果	説明
本人の側の指示や命令	ある	職務遂行の責任	アカウンタビリティ （事後）説明責任
	ない	レスポンシビリティ 任務的責任	（事前）説明責任

説明責任という形で使い分けをする。

この4つの責任の概念を整理したのが，**表 4-1** である。4つの責任概念は，本人側の指示や命令を要件とするのか，それを要件とせずに，責任を負う側の積極性を期待するのかという軸と，行為とその結果が責任の対象となっているのか，それにとどまらず説明を行うことを求めているのかという軸によって区分される。職務責任やアカウンタビリティのことは制度的責任や消極的責任と，レスポンシビリティや事前説明責任のことは非制度的責任や積極的責任と呼ぶことも，ここから理解できるだろう。さらに，職務責任やアカウンタビリティにおいては，政治家の側が適切に指示や命令を出し，問いただす責任が大きいことも，ここから理解できるだろう。

本人・代理人関係における最も基本的な責任は，アカウンタビリティである。委任を行ったことについて，それが果たされたかを事後に確認するものだからである。しかし，情報の非対称性はここでも障害となる。失敗が代理人の努力不足のため生じたのか明白でないことは多い。代理人の努力不足ではなく，環境の変化のせいで思うような結果が出なかった場合にも責任を求めれば，代理人のその後の仕事への意欲は失われるだろう。他方で，代理人の側は，自分の努力不足で失敗に終わった場合にも，それを隠してしまうかもしれない。すると，アカウンタビリティは実現しない。そこで事後コントロールを強化すると，今度は別の問題が生じる。代理人が，監視される行動へ過剰に注力したり，設定されたハードルを飛び越えられそうにないときに最初から断念したりするといった弊害である(Bueno de Mesquita & Stephenson 2007)。

フリードリッヒとファイナーの論争

古典的な行政責任は制度的責任である職務責任やアカウンタビリティを中心としていた。しかし，政治家の側の指示や命令を待つのでは，複雑化する政府課題の遂行は困難ではないか，行政にはより積極的な責任を課すべきではないかという問題提起が1940年代に生まれた。その代表的な論者がフリードリッヒであった（Friedrich 1940)。レスポンシビリティを強調するフリードリッヒの主張は，政府の役割の拡大と複雑化という政官融合論と同じ問題意識を背景としている。

これに対してH. ファイナーは，政治家の明示的な指示を受けずに，国民が望んでいると思われる政策を積極的に遂行していくことまでを官僚に求めることは，官僚の専制主義を招きかねないと反論した（Finer 1941)。むしろ古典的なアカウンタビリティの強化，確保をファイナーは求めたのである。この両者を中心として，行政責任のあり方をめぐる論争が生じた。これをフリードリッヒ・ファイナー論争（FF論争）と呼ぶ。

官僚の行動に対する事後コントロールを強調するファイナーに対し，フリードリッヒは，事前コントロールの重要性を説いている。官僚の自発的行動が許容されるのは，官僚が全体への奉仕を目標とし，専門知識を用いるというプロフェッショナリズムを備えているからである。それを担保するには，事前コントロールによる適切な任用が必要である。

論争に決着はついていない。どちらが妥当かは，政治家のあり方により異なるからである。アカウンタビリティは行政の暴走を防ぎうるが，政治家による指示・命令の負担は過重になりがちである。レスポンシビリティは，行政の専門性や組織力を生かす可能性を開くが，行政が暴走しないためには適切な選任が必要である。したがって，政治の側がどのようにコントロールをかけるかによって，どちらが妥当かは変わる。ポピュリズム的な政治と行政の関係（☞第3章）を主張しながら，行政のレスポンシビリティを求めることは矛盾しているのである。

2 委任の失敗と政策的帰結

本人・代理人関係の失敗

委任が期待通りの結果を生まないことから行政責任の問題が発生することを，ここまで考えてきた。しかし，委任の失敗はそれに限らない。エージェンシー・スラックだけが委任の失敗の原因ではない。ここでは，委任の失敗の3つの形態について考えよう。そのうえで，委任の失敗が私たちに何をもたらすのかも考えたい。これは基本的な問いだが，この問いに対する研究は必ずしも多くない。政治家による民主的統制自体を目標とし，それが達成されていないことを問題視するので，そこで議論が止まってしまうのである。しかしここでは，もう一歩考えを進めたい。

政治と行政の本人・代理人関係における失敗には，3つの形態がある。第1は，委任を行ったうえで，官僚を十分にコントロールできないことである。エージェンシー・スラックの発生を抑制できなかったということである。委任の失敗といった場合にまず思い浮かべるのは，この種の失敗であろう。第2に，委任を行ったうえで，過剰に統制をかけてしまうという失敗がある。官僚が好き勝手をやることは抑制できるだろうが，代理人への委任の本来の目的を達成できていないという意味では，これもまた失敗である。第3に，十分に委任することができないことも，やはり失敗である。代理人を十分にコントロールできる範囲でしか委任をしない場合，確かに一見したところ，委任に関する失敗は生じない。しかし，政治の側に過剰な負担が残ることになる。適切に委任をすることで浮いた時間や労力を使って，政治の側が担うべき職務ができなくなるという意味で，これも本人・代理人関係の失敗なのである。

統制不足／過剰

失敗の形態の違いによって，生じる帰結も異なる。第1の形態（統制不足の場合）では，政治家の意向とは異なる政策が成立するという可能性がある。逆に，官僚が専門知識を活用せず，あるいは政策実施に注力しないために，政策が実効性をもたないという可能性もある。つまり，この場合，行政機構は両極端な方向に向かいうる。一方では，政策形成や実施に知識と労力を注いでいるが，それは意のままに政策をつくれるがゆえであるという自律性の高い行政機構が生まれうる。他方では，活動量の低い行政機構が生まれうる。不活発であるにもかかわらず罰を受けることもなく，貴重なリソース（資源）を浪費する。その意味で社会に寄生する行政機構が生まれうる。このどちらになるかは，官僚の選好による。政策実現をめざすタイプだと前者に，労力をできるだけ小さくしたいタイプだと後者になる。

別の言い方をすると，統制不足はセクショナリズムを生む。執政の長による統合機能が果たせなくなるからである。そしてセクショナリズムとは，一方では省庁間での所管争いの形をとることもあれば，他方では責任の押し付け合いという形をとることもある。官僚の選好によって，やはりセクショナリズムも2つの方向をとるのである。

第2の形態（過剰な統制の場合）では，官僚の専門性が生かされない可能性が高まる。確かに，コントロールをかけることで，官僚の政策選好を政治家の側に近づけるとともに，政策実施を怠けることも防げるだろう。しかし，官僚は政治家の顔色をうかがうようになり，政治家の選好に合致しないが，社会や経済全体に利益を与える政策を官僚が実施することもなくなる。政策手段と政策効果の結び付きのように，専門知識が必要な部分に関して，政治家が間違った思い込みをもっている場合でも，それが正されにくくなる。全体として十分な情報と知識を反映しないことで政策の質が低下する。

過剰な統制はさらに，中長期的な影響を政治と行政の双方に与える。官僚の側では，専門知識や技能の低下が生じる。官僚の専門知識や技能は不変のものではない。それを高めるには時間と労力を投入する必要がある。過剰な統制は，そのインセンティブを奪ってしまう（Gailmard & Patty 2013）。他方で政治の側には，官僚を統制する部分が肥大化するという問題が生じる。官僚の行動を監視あるいはコントロールするために，多くの労力が割かれることになる。

過小な委任の帰結

第3の形態（過小な委任の場合）では，委任がなされている領域とそれ以外の差異が生じる。委任がなされている領域では適正な政策が実現するであろうが，それ以外では，官僚の専門性が生かされない。さらに，十分な委任を受けないために，行政が余分な政策形成，実施能力を抱える。つまり，政府の非効率性を生むことになる。政治家の側は，自分自身で政策形成を行うことに多くの労力を割く必要が生じる。しかし，第1章で述べたように，委任すると官僚に勝手なことをされると警戒して，委任を控える場合とは，政策の専門性が高い場合である。その場合，政治家自身の政策形成は困難なものとなろう。

こうした失敗のタイプを区別することなく，政策結果だけを見ていると，誤った処方箋を出すことになりかねない。たとえば，第1章の環境規制の例をもう一度取り上げよう（図**1-2**）。ここで政策効果として，政治家が望んでおり，官僚に実現を求めた状態よりも，経済的損失が大きくなったとする。それは，政治家とは異なる政策選好をもち，能力が高い官僚が，意図通りの結果を実現できたのかもしれない。あるいは，官僚の政策選好は政治家と一致しているが，能力の低さゆえ意図通りの結果を実現できなかったのかもしれない。前者の場合に能力を高めること，あるいは後者の場合に政策選好を近づけることは，問題の解決にはつながらない。逆に，政治家の理想とする政策が実現したとしても，本人・代理人関係に問題はないと保証されるわけでもない。確かにこれは，政治家のコントロールが完全に機能した場合に生じる帰結である。しかし，コントロールが不完全で，官僚は自らの選好に近い政策を実現しようとしたが，官僚の専門性も不十分であったために，最終的に帰結した政策が官僚の望むものにならず，たまたま政治家が望む政策になったということも考えられる。最高の本人・代理人関係と最悪の本人・代理人関係が全く同じ政策効果を生みうるのである。

3つの失敗の例

第1の形態，すなわち統制不足の結果として政治家の選好から乖離(かいり)した政策になるという例が，予算の膨張である。アメリカの政治学者ニスカネンが理論モデルを提示して以降，モデルの修正や検証作業が蓄積されてきた（Niskanen 1971）。モデルの概要は，次のようなものである。官僚は公共サービスの実施を担っており，それに必要な予算要求を行う。官僚は予算の極大化を目標としている。政治家が承諾しなければ予算は成立しないが，彼らは公共サービスの提供に必要な真の費用を知らない。このとき，成立する予算は，政治家が理想とする予算よりも多額になる。

こうしたモデルの予測を裏づけるようなケースを想起することも可能だろう。公共事業において，省庁や地方政府が過剰な予測を行い，事業の推進を図ることがまず浮かぶだろう。鉄道，高速道路，港湾，空港の建設など枚挙に暇がない。こうしたよく見られる現象について，情報の非対称性にもとづく理論化を行い，明確な帰結を引き出したことで，ニスカネンの議論は注目された。

しかし，実際には官僚よりも政治家の方が予算の極大化を目標としているのではないかという疑問も残る。委任が失敗した結果としての財政赤字ではなく，委任がうまくいきすぎている結果としての財政赤字も多いのである。政治家の再選戦略として狭く固い利益を代表することが有効な場合に，こうした傾向が強まりやすい。中選挙区時代の自民党政権はその例である（広瀬 1993）。

こうした利益配分への批判が強まるとき，政治家は官僚をスケープゴート（身代わり）にするだろう。日本においても，2000年代以降，官僚主導から政治主導へという旗印の下，政治と行政の関係が見直されていくときに念頭にあったのは，既存の政治と行政の関係が第1の失敗，すなわち統制不足に陥っているという理解であった。その理解に立ち，コントロールの強化を試みてきた。

しかしそのことは，別の委任の失敗をもたらした。民主党政権は第3の失敗，委任不足に陥った。官僚不信から政治家の手による決定を強調した民主党政権の帰結は，大臣，副大臣，政務官が直接，電卓をたたく姿であった。しかし，現在の政策形成はそうした作業で進められるものではない。

これに対して第2次以降の安倍政権は，第2の失敗，過剰な統制に陥ったともいわれる。とりわけ，幹部職員の人事権を握ることは，その使い方次第で統制を過剰なものとする危険がある（嶋田 2020）。首相の意向に沿う行動を官僚がとり続けた森友学園や加計学園の事件を前にすれば，そうした懸念を払拭することは難しいようにも見える。しかし他方で，官僚を使いつつ，それへの統制をかけることで，長期の政権運営に成功したともいえる。十分な統制が行えることで委任に成功した面も大きいことを見逃してはならない。

総じて，ひとつの委任の失敗への対応は，別の委任の失敗につながりやすいのが難しいところである。第2の失敗に対しては，長期的な視野に立つ官僚が政治家の要求を時に拒否することが，望ましい結果を得ることにつながるかもしれない。しかし，官僚が長期的な視野に立つプロフェッショナリズムを備えていなければ，第1の失敗に逆戻りしてしまう。委任の失敗は多面的であり，3つすべてから逃れることは難しいトリレンマなのである。

コントロールの組み合わせと政策パフォーマンス

ここまでは，委任とコントロールの程度の帰結を見てきた。これに対して，近年の研究は，コントロールの組み合わせが，官僚のパフォーマンスにどのように影響するのかという，よりミクロに精緻化した方向に研究を進めている。

たとえば，アメリカの政治学者であるクラウスらは，アメリカ各州の行政機構の能力を，予算策定時の歳入予測と実現値のずれの程度から測定し，各州が政治任用と資格任用のどちらを用いているかによって説明を試みた（Krause et al. 2006）。政治任用は職業公務員の勤労意欲を下げうるが，資格任用は職業公務員のリスク回避，新しいアイディアへの抵抗を生み出しやすい。そこで，両者を組織上層部とそれ以下で組み合わせることが，最もよいパフォーマンスを示すと予測する。統計分析の結果は，予測通りであった。つまり，実際の政治家と官僚の関係は，政治任用であっても，それが政治家との選好の同一化をもたらし，官僚の能力を低下させるというほど単純ではないのである。

さらに，官僚に対するコントロールにより官僚の技能形成の程度が異なることから，政策パフォーマンスにも違いが出る。ゲイルマードとパティは，政策形成への関心をもつタイプが専門性や情報を収集し続けるためには，採用後の処遇が重要であることを示している（Gailmard & Patty 2007）。

3 社会・経済の発展

任用方法と社会の構成の転換

前近代の社会では身分制が存在し，血縁や門閥が幅を利かしていた。人々の意思で職業を選び，能力に応じて活躍の場が与えられる社会は近代になって誕生した。その転換の重要な要素が，行政における資格任用だった。家族や友人を重用するという人間の自然な選択から離れるためには，資格任用というしくみが必要である。官僚がどのような形で任用されるかは，どのような人間が重用されるのかを通じて，社会のあり方を変える（フクヤマ 2018）。

しかし，資格任用と政治任用のどちらを選ぶかは，本人である政治家次第である。政治家が縁故者を優遇する場合にも，あるいは選挙において票を得るために政府の職を配分しようとする場合にも，資格任用は選ばれない。したがって，一方では権威主義体制の下で政治任用が継続しやすいと同時に，早期から民主制が導入された国でも政治任用は継続しやすい。アメリカの他にも，イタリアやギリシャ，そしてアフリカ諸国の多くがこれに該当する。アメリカは例外的にそこから抜け出したが，移行には困難を伴い，依然として相対的に多くの政治任用を抱える（☞第1章）。制度導入の順序が，任用方式というコントロールの選択を変え，そのことが社会のあり方へも影響するのである。

資格任用が近代化のひとつの鍵であったのに対し，現代の社会のあり方と深くかかわるのは，女性の任用である（前田 2019）。第二次世界大戦後の先進国にはおしなべて性別役割分業が存在していたが，1970 年代以降，その解消が進む国とそうでない国に分かれていく。行政における女性の任用は，2 つの意味をもった。ひとつは，女性が雇用機会を得るうえで政府の雇用が大きな部分を占めた国がある。スウェーデンをはじめとする北欧諸国である。逆に，日本のように政府による雇用が少ない国では，女性の雇用率全体も上昇しにくい傾向がある（前田 2014）。もうひとつは，特に幹部職員における女性の割合が低いことは，女性の利益に沿う政策立案が行われにくいことにつながる。

各国政府の一般職員と幹部職員における女性の比率を確認しておこう（図**4-1**）。横軸に地方政府も含めた政府部門全体の職員における女性比率，縦軸には中央省庁の幹部職員における女性比率を示した。大多数の国において，民間部門以上に政府部門で女性の雇用が先行した結果として，現在では政府部門ではむしろ女性が過剰代表となっていることが見てとれる。他方，幹部職員ではそこまで至っていないが，それでも近年，急速に上昇し，平均でも 30% を超えていることがわかる。こうした傾向の例外となっているのが韓国と日本であり，日本は政府部門全体で見て 40% 台前半であり，幹部職員については 5% 前後となっている。世界的に見て極端に女性の比率が低い国となっている。幹部候補者でいうと，採用時の女性比率は 1986 年には 6.4%，その後徐々に上昇し，2000 年代には 15% から 20%，2015 年には 30% を超え，現在は 35% ほどになっている。しかし課長室長級以上では現在でも 6% 程度にとどまる。こうした状態は，国民全体の中で公務部門に対する理解や信頼を得にくいことにもつながる（曽我 2016：9 章）。

行政の自律性と経済成長

政治と行政の関係は経済発展の程度にも影響する。官僚が政治からコントロールを受けていないことは，モラル・ハザードが発生する原因となりうる。経済発展を損ねるような不十分なインフラ整備，恣意的な規制の運用，過剰な税による収奪などを官僚が行い，政治家がそれを放置するのでは，経済発展はもたらされない。

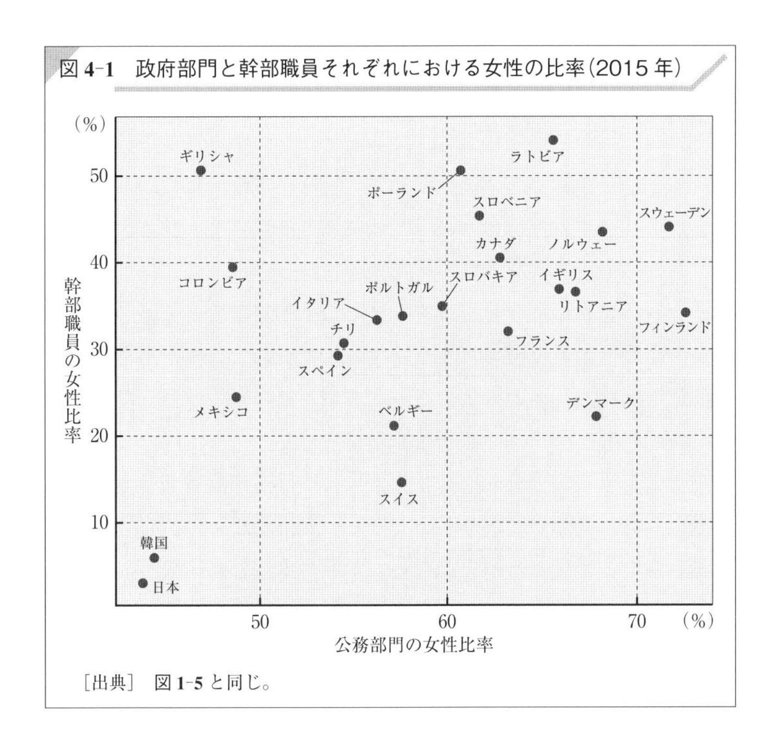

図 **4-1**　政府部門と幹部職員それぞれにおける女性の比率(2015 年)

［出典］　図 **1-5** と同じ。

他方で，数年に一度めぐってくる選挙への影響を考慮しなければならない政治家よりも，官僚が政策形成を担った方が，長期的な経済発展につながりやすい面もある。ジョンソンは戦後日本の高度経済成長の原因を官僚に求めた（☞第 14 章）。彼は，成長分野に重点的に資源を投入した経済官僚の存在こそが，他国に例を見ない日本の高度経済成長の源泉だと考えた（ジョンソン 2018）。この議論以降，韓国や台湾などにおいても，官僚が主導する形での経済成長が見られるという主張が多くなされている（ウェード 2000）。

腐敗の抑制や有効な政府

資格任用を行うことには政治腐敗の抑制や政府の有効性を高める効果があることが，多国間比較から明らかにされている（Dahlström & Lapuente 2017)。政治任用の場合には官僚の忠誠は政治家に向けられるのに対し，資格任用の場合には同じ専門性を有する人々に向けられるからである。政治家と官僚のキャリアを分離すること，すなわち官僚を政治任用せず，官僚から政治家への転身も抑制することで，官僚は自らの専門性に忠実な行動をとれるようになる。その結果，政治家の腐敗を摘発することや，より長期的な視点や社会全体の利益に立った政策を打てるようになると主張される。同様の結果は，途上国の官僚を対象とした実験でも確かめられる。資格任用は腐敗行動の抑制に寄与するが，身分保障はそうではないのである（Oliveros & Schuster 2018）。

政党による利権配分の道具として，行政機構の猟官制が用いられる場合，それ自体が腐敗の温床となる。支持者たちの猟官運動は政党が金銭などを集める道具となる。また，そうした結果として役職を与えられた者が，中立的・専門的な政策実施を行わないことも容易に想像がつくだろう。他方で，行政機構の独立性が高ければ，腐敗が少ないというものでもない。本人からの監視が不十分ならば，行政はモラル・ハザードを生む可能性がある

各国データによる確認　クリーンで実効性のある政府は，効率的で公正な行政の産物である。そういった行政を形作るうえで政治の果たす役割は大きい。このことを，データにもとづいて確認してみよう。官僚に対するコントロールの程度は，ヨーテボリ大学「政府の質」センターが専門家調査によって作成した官僚の日々の活動に対する政治関与の程度を示す指標を用いた。**図 4-2** は，政治の関与が政府腐敗とどのような関係にあるのかを確認したものである。政府腐敗の指標は，一般有権者や企業家を対象としたアンケート調査をできるだけ広く集めて合成した指標である。その国の公共政策全体の腐敗の程度を示す指標といってよいだろう。

次に，**図 4-3** は，政治の関与と世界銀行が作成した政府の有効性

図 4-2　政府腐敗と政治的コントロール（2017-20 年）

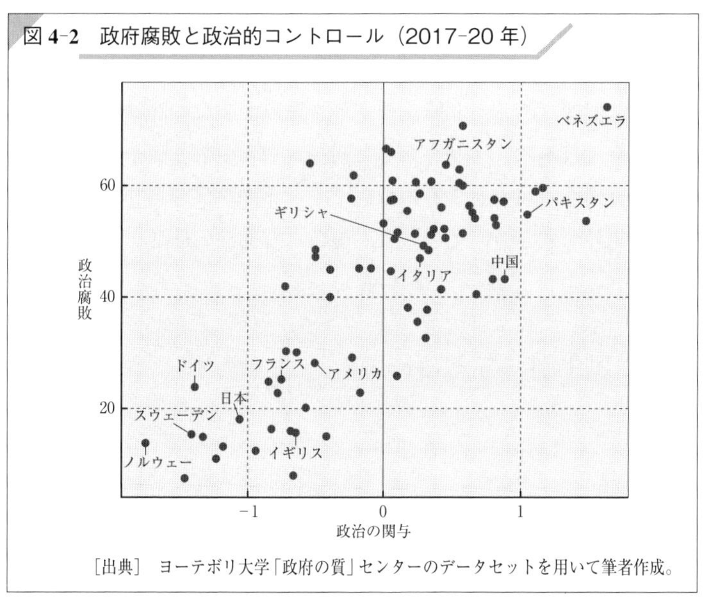

［出典］ ヨーテボリ大学「政府の質」センターのデータセットを用いて筆者作成。

図 4-3　政府の有効性と政治的コントロール（2017-20 年）

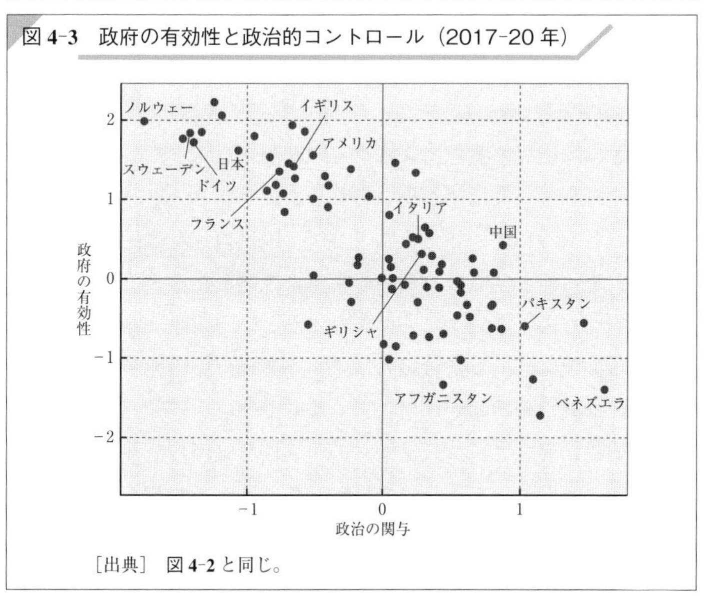

［出典］ 図 4-2 と同じ。

指標との関係を確認したものである。政治関与の程度が高まるほど，政府の腐敗が強まるとともに，有効性は低下することが，これらの図からは理解できる。北欧諸国が最も腐敗が少なく有効性の高い部類に入り，日本はアメリカなどと同様，真ん中よりはやや腐敗が少なく，有効性が高いところに位置する。イタリア，ギリシャなどは政治の関与が大きく，そのことが腐敗と有効性の低さに結び付いている。

4 民主制に与える影響

軍部に対する文民統制

最後に，政治による行政のコントロールが民主制という体制に与える影響を考える。行政機関に対する民主的統制が破綻（はたん）した結果として生じる大きな問題のひとつが，軍部の暴走である。武官に対する文民統制（シビリアン・コントロール）が破綻すると，軍部が戦争を引き起こす，あるいは政権の獲得を試みる（クーデタ）という帰結を招きやすい。文民統制とは，国民の意思による軍部の統制を意味するので，ここでも民主的統制という用語が用いられることが多い。軍部が政治に介入することや，軍部の暴走を防ぎつつ，国民の意思に従った形で軍部の活動を可能とする政軍関係の構築が課題となる。この「危険だが役に立つもの」をいかに使いこなすかという問題は，行政全般に共通する問題だが，軍部の場合は，担当業務の専門性が高いために情報の非対称性の問題が一層大きくなりやすい。

政軍関係においては，政治からの中立性を確保したうえで，職業軍人にその専門能力を十分に発揮させることが必要だと主張したのが，アメリカの国際政治学者であるハンチントンである（ハンチントン 2008）。軍事力行使の管理を専門とする将校のプロフェッショナリズムを極大化することで，軍部に対する民主的統制は実質化すると考えたのである。これに対して，将校のプロフェッショナリズムだけでは軍部の暴走を招く危険があると批判するのが，イギリスの政治学者，S. ファイナーである（Finer 1962）。彼は，軍部の側が文民統制を受け入れるとともに，政治の側にも軍部を統制するリーダーシップを発揮しようという政治文化があって初めて文民統制は確立するという。ここまで見てきた政官分離論と融合論，あるいはフリードリッヒと H. ファイナーの行政責任をめぐる論争と同様の論点が，政軍関係をめぐる議論においても提示されているのである。

戦前の日本は文民統制の失敗例とされてきた。天皇が統帥権をもち，軍令機関は内閣を介さず天皇を補弼（ほひつ）する統帥権の独立と，陸海軍大臣を現役武官に限定する軍部大臣現役武官制の存在が，軍部による政治介入をもたらした。もっとも，戦前の軍隊は，国民の意向を離れ暴走したというよりも，軍事合理性に徹したプロフェッショナルたりえていない存在だった問題も大きかった（北岡 2012）。

これに対して，戦後の日本国憲法は文民統制を明文化した。しかし，自衛隊という性格規定が明確ではない組織形態をとったので，政軍関係をめぐる議論は十分に行われなかった。どのような形で文民統制を実質化するかを論じることなく，「文官」統制による肩代わりが行われた。文官統制とは，防衛省内部でのいわゆる制服組に対する背広組による統制である。具体的には，防衛省の官房長，各局長，9 名の防衛参事官が防衛相を補佐して基本方針の策定を行うしくみであった（廣瀬 1989）。

このしくみは長らく戦後の政軍関係の基本をなしてきたが，制服組の役割を軽視しているという批判が次第に強まった。1990 年代半ば以降，日米間の軍・軍関係の緊密化が進められる中で，制服組の役割は拡大していく（柴田 2011）。2009 年の機構改革において，防衛参事官は廃止され，防衛相補佐官を設置するとともに，防衛相を議長とする防衛会議が防衛省の基本方針を策定することとなった。会議は政務三役，局長以上，四幕僚長と情報本部長で構成されるものとなっている。

自衛隊の存在を認めたうえで，民主的統制をかける方向を追求すれば，最後は首相へと行き着く。国家安全保障会議と内閣官房の国家安全保障局の設置は，これを形にしたものである。他方で，自衛隊自身は，国民の理解を得ることに努めると同時に，政治への関与と見られかねない助言などにも慎重である（小出 2019）。専門組織としての役割を強化しつつ，民主的統制が効いている状態を実現するには，残された課題も多い。

民主制と行政機構

官僚に対する民主的統制は，民主制の要件のひとつだという主張がある。普通選挙の実施や政党内閣の成立だけが民主制の条件なのではなく，執政長官がいかに行政機構を統制するのかもまた，民主制を民主制たらしめる条件だというのである。

行政に対する民主的統制の欠落が，民主制にとっての危機であることは事実である。しかし，官僚が民主制にとって要注意の存在だとしても，その存在がそのまま民主制に反するわけではない。行政機構の存在意義は，専門知識や情報をもって，政策の質を高めるところにもある。先に述べたように，行政機構の質の高さは腐敗の少なさや経済発展にプラスの効果をもつ。そして，行政機構の質が高いことは，政策の質を向上させることを通じて現体制の正統性を高める機能を果たす。したがって，政治体制が権威主義体制であれ，民主制であれ，質の高い行政機構は体制の安定性に寄与する。行政機構が一定程度の自律性を保ち，専門性をもつことは，それ自体として民主化をもたらす要因ではないとしても，一度成立した民主制を安定させるうえでは重要な要因となるのである（曽我 2012）。

行政機構の質を横軸に，その国の民主化の程度を縦軸にとると，

図4-4　行政機構の質と民主制の程度の関係（1984-2008年）

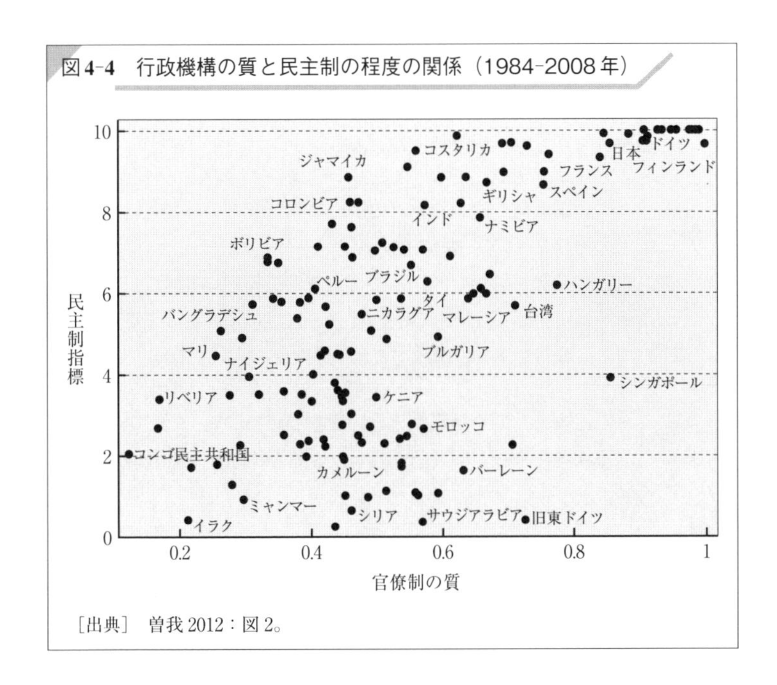

［出典］　曽我 2012：図2。

C形の関係が浮かび上がる（図**4-4**）。これは，権威主義体制の国で官僚の質が高ければ，その経済パフォーマンスによって，体制を維持することが容易になり，あるいは民主制の国で官僚の質が低いことは，そこから生じる腐敗や経済低迷の結果，体制転換が起こりやすいことの帰結だと考えられる。質の高い行政機構は，民主制と権威主義体制双方の体制を安定化させるのである。

演習問題

〔1〕 行政責任の４つの形態について，その違いはどのようなものか，具体例を加えながら説明してみよう。

〔2〕 次の問題に対して，誰のどのような責任を問うべきだとあなたは考えるか。その理由とあわせて考えよう。

①政府の大幅な財政赤字，②国民年金の持続可能性の低下，③食糧自給率の低下，④新型コロナウイルス感染症による死者および対応に伴う経済・社会への影響。

〔3〕 戦後日本の社会や経済，そして民主制において，行政はどのような意味をもったといえるだろうか。本章の議論をふまえて検討してみよう。

第Ⅱ部

行政組織

◎第Ⅱ部の概要◎

政治家から委任を受けた業務を，いかにして行政組織はこなしていくのか。そこで鍵となるのは，分業と統合である。両者をうまく組み合わせて初めて，組織は 1＋1＝2 以上の成果を生み出せる。どのように業務を分割するのかという問いは，行政組織では，どのように省庁や部局を編制するのかという問いとなる。そのうえで，それら省庁や部局，さらには個々の構成員が好き勝手な行動をとり，組織が分解しないよう，統合を図らなければならない。それには集権的に統制をかける方法もあるが，分権的な方法として，水平的調整や組織外部とも共通する専門性を利用する手法もある。さらに組織の実体をなすのは，人と金銭であり，この 2 つをうまく管理することが組織を支える。

それでは，組織形態を分けるポイントとなる統合の方法の違いは，どのような要因によって説明されるのだろうか。ここでも，利益，アイディア，制度の 3 つの要因を考えることができる。上司と部下の利害の相違をどうやって乗り越えていくのかが，出発点である。このほか，組織を構成する個人や環境との関係こそが組織を規定するという理念の影響を受けることもある。また，他の組織との関係や個人の技能を形成する教育システムなどに制度的に埋め込まれる形で，統合の方法は定まるという考え方もある。

さらに，統合の方法の違いは何をもたらすのかについても考える。官僚制というと，硬直性や過度の画一性が批判されがちだが，デメリットばかりならば，これほど根強く存在し続けていないだろう。集権的な行政組織にも，分権的なそれにも，それぞれのメリットとデメリットがあることをよく理解してほしい。

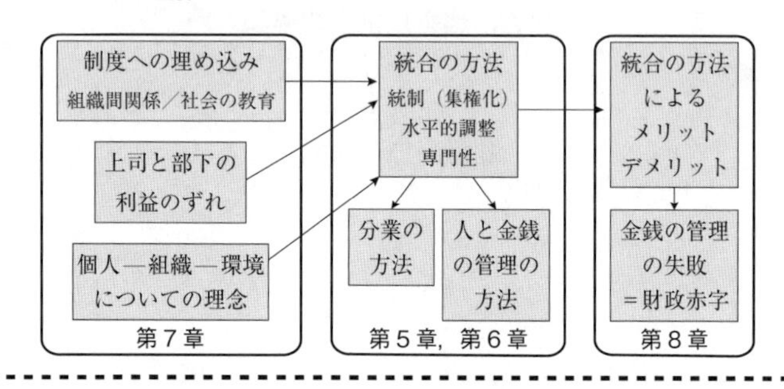

第5章 行政組織の形態

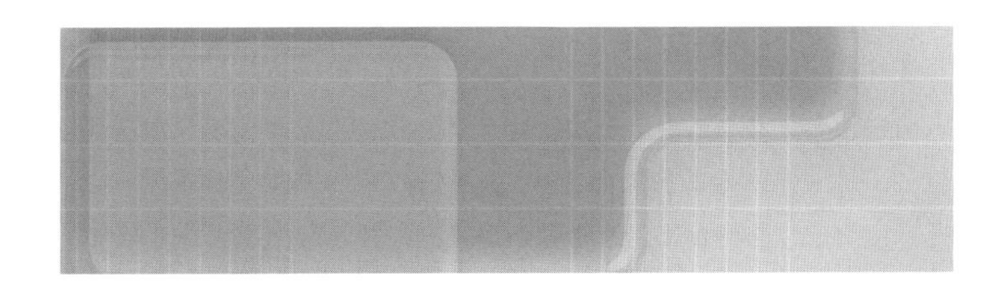

ここでは，大きく2つの視点から行政組織をとらえる。ひとつは，構成員たちの業務がどのように組織全体としての活動につながるのか，業務を枠づける組織のしくみはどのようなものかというマクロの視点である。具体的には，分業と統合の方法に注目する。もうひとつは，組織の中で人々がどのように業務を行っているのかというミクロの視点である。どのように情報を集め，意思決定をしていくのか，人事管理などはどのように行われるのかといった諸点を考える。

1 分業と統合

なぜ分業と統合が必要なのか

役所であれ民間企業であれ，組織と聞いてまず思い浮かべるのは，トップがいて，いくつもの部局に分かれるという組織編制や，そこで働く多くの人々の姿だろう。しかし，組織の実態を理解するうえで大事なのは，組織がどのように決定を行い，いかに活動しているかである。組織の構成員が行っている意思決定や仕事がどのように組み合わされて，組織としての行動に結び付いていくのかをとらえることが重要なのである。組織編制や組織構成員というのは，組織の行動を成り立たせる要素として位置づけられる。

組織の決定や活動のあり方をとらえるには，どのように分業がなされ，それがどのように統合されているかを考えなければならない。一人一人がばらばらに行っていたのでは成しえないことを，個々の人間の力を生かしつつまとめ上げて成し遂げること，すなわち1+1=2以上の成果を組織として成し遂げることが組織の意義である。そして，それをいかに達成するかが組織の課題となる。その際，分業を進めれば進めるほど，専門特化は進むが，統合は難しくなる。つまり，分業と統合のトレードオフがある中で，どこまで分業を進められるのかが，組織を考える際の1つ目の視点となる。

分業と統合を考えるうえでも，第I部で用いた本人・代理人関係は有効である。民主制における本人・代理人関係の連鎖という視点を延長するならば，大臣を本人として，行政組織のトップ，日本でいえば事務次官に権限が委譲され，その事務次官は局長に権限を委譲していくという形で，末端の職員まで委任が繰り返されながら，政策活動を展開していく。ただし，有権者から政治家までの部分では，複数の本人が一人の代理人を選ぶ。有権者が議員を，議員が首相を選ぶように，複数の人々の集合的決定として一人の代理人を選び出す。これに対して，執政長官，すなわち行政のトップから行政組織に至る本人・代理人関係は，一人の本人が複数の代理人を用いていく。複数の本人の間の関係が政治と行政の関係の中心だったのに対し，複数の代理人をいかにうまく用いるかが，行政組織を考えるうえでの最大の問題となる。

統制，調整，専門性

組織としてのまとまりを維持し，組織の目標に向けて構成員の行動を集中させること，つまり統合を達成するための方法には，さまざまなものがある。具体的には，統制，調整，専門性という3つの方法がある。3つのいずれによって組織の統合がもたらされているかが，組織を見る2つ目の視点である。

第1に，上位の者が下位の者を統制，あるいはコントロールするというものがある。上司が部下に指示を出し，部下がその指示に従って行動することの積み重ねで組織の統合を達成するのが，この方法である。ピラミッド型の組織イメージに合致し，一般にもよく見られるものであろう。

第2に，水平的な調整によって統合を達成する方法もある。上司の指示ではなく同僚間の話し合いにより，あるいは局長の指示ではなく課と課の間の協議により，仕事を進めていく方法である。チームとして業務を遂行することを通じて，個々人の勝手な行動を抑制し，全体としての組織目標を達成していくという方法である。

これらの縦方向の統制と横方向の調整に対して，第3の専門性というのは，少し想像がつきにくいかもしれない。しかしたとえば，野球選手がチームを移籍した場合，なすべきことを上から指示されたり，チームメートと調整したりしなくとも，一定のプレイはできる。一塁手ならば自分以外の野手からの送球を受けることや走者がいる場合に牽制球を受けるという「業務」に，すぐに従事できる。組織を超えた専門性が確立されている場合には，垂直的統制や水平的調整がなくとも一定の統合は可能なのである。

これらの統合の方法の違いは，組織の中でどこが人的資源や金銭資源の管理を行うかとも結び付いている。それらを合わせて，3つの統合の方法をより詳しく見ていこう。

ヒエラルキー

統合を成立させるために集権化を徹底する組織形態をヒエラルキー組織と呼ぶ。ヒエラルキー組織は，ヒエラルヒーやハイアラーキーと表記されることもあり，階層制や階統制と訳される。もともとは，カトリック教会の教皇を最上位とする組織構造を称した。そこから，上位者が多くの下位の者を支配する上下関係を積み重ねるピラミッド型の組織や秩序のことを，広くヒエラルキーと称するようになった。

ヒエラルキーは，古代以来，王など支配者の下部機構として存在してきた組織形態である。集権化を図るために，業務に関する指示はもちろんのこと，人事管理や予算編成も組織中枢部が決定することが予定される。ヒエラルキーの典型例は，上司の命令への絶対服従を求める軍隊組織である。

ヒエラルキー組織における統合の鍵は，組織上位者のリーダーシップである。上位の者が下位の者をいかに統率するかが組織全体の統合の程度を左右する。その意味では，属人的な要素が強い組織ともいえる。

調整を通じた統合——情報共有型組織

次に，分権的でありながら統合を果たす組織形態について考えていこう。集権化を進めていけば，組織中枢が決定すべきことが多くなりすぎて，過重負担が発生する。そこで，組織の下部や個々の構成員に裁量を与え，その自発性や創意工夫を生かしていくことが必要となってくる（青木 2003，2008）。

組織下部における水平的な情報流通や調整を確保し，チームとして機能させていくためには，権限を個々人に明確に割り当てることは放棄せざるをえない。複数メンバーに概括的に権限を与え，状況に応じた役割分担を組織下部に委ねることで，組織下部の力を引き出すことができる。したがって，それぞれの部局の所管は定型的な業務については定まっているものの，不定型な業務については，複数の部局が協力して処理を行う。あるいは新規の課題が浮上し，その所管が明確ではないとき，組織上部がどこかに所管を割り当てるのではなく，部局間の調整に委ねる。部局の中の組織構成員についても，一人一人の職務が固定されているわけではなく，状況に応じて互いに助け合いながら，部局全体として業務が遂行される。

このように，誰が（どの部局が）何をやるかを組織上部があらかじめ完全に規定しないことで，個人間（部局間）での調整，協力を可能とすることが，この組織形態の鍵である。結果として，組織内での情報は下部の間で水平的に流通するものが多くなる。そうした情報の蓄積，つまりノウハウの継承なども組織下部で行われる。このことから，この組織形態は情報共有型組織と名づけられる。

専門性を通じた統合——機能特化型組織

専門性を通じて組織を統合するためには，個々の業務において求められる専門的知識や情報が何かを明確化し，それを習得した人材を調達する必要がある。個々人の権限の明確化は組織上部が行い，どのように業務を進めるかは専門性を備えた個々人に委ねるのである。組織下部がそれぞれに特定の専門性に依拠して特化することから，こうした組織形態を機能特化型組織と呼ぶ。

機能特化型組織では，他の構成員とは明確に異なる業務を与えられているために，構成員間，あるいは部局間での協力や所管争いが生じる余地はない。どの部局が，あるいはどの構成員が担当しているのかが不明瞭な業務や新規業務が発生した場合は，組織上部が業務の再割り当てを行う。こうして組織下部の間での水平的な情報流通は抑制され，情報が組織下部に蓄積されることもない。

双対原理とその破綻

情報共有型と機能特化型という分権的でありながら組織統合を果たす２つの組織形態においては，統合のために，人と金銭の管理か，業務割り当てを行う権限の管理か，どちらかを組織上部が握ることが必要となる。このように，集権化と分権化が一定程度併存することによって組織形態が初めて成り立つことを組織編制の双対（そうつい）原理と呼ぶ。

情報共有型組織の場合，組織下部に情報が蓄積されるうえに，組織上部が権限の割り当てを通じて統合を図れないので，組織の遠心化を防ぐ手立てが必要になる。それは，人と金銭の配分を組織上部が握ることによって可能となる。つまり，組織下部に何をどのようにやるかを委ねつつ，そこに投入する人的資本と資金は組織上部が管理するのである。したがって，各部局は与えられた人と予算の範囲内で，業務をこなしていくことになる。

機能特化型組織においては，人と金銭の管理を組織上部にまとめる必要性は薄い。達成すべき目標が明示してある以上，それをどのような物理的資源で達成するかは組織下部の裁量に任せることが可能である。別の言い方をすれば，双対原理が破綻（はたん）することで，非常に集権的な組織，あるいは逆にきわめて分権的な組織が生まれる。前者がヒエラルキーに該当する。後者についてはネットワーク型組織と呼ばれる。趣味を同じくする人々の集まりなどを別として，大規模な組織においては，この形態はなり立ちにくい。組織の遠心化が進み，組織としての統合が維持されなくなるからである。

2 業務の遂行

業務の遂行と公式化

前節では，組織編制における分業と統合のあり方について考えてきた。次に，組織のよりミクロな部分として，組織の具体的な活動，つまり個々の業務の遂行や，活動を担う人や金銭といったリソースの管理について見ていく。

業務の遂行は意思決定を常に伴う。たとえば，新型コロナウイルス感染症への対応策を決めて実施するといったケースや，建築許可の申請を認めるかどうかといった，もっと日常的な許可もある。さらには，現業の業務でも同様である。たとえば，ゴミ収集などで，ルールを守らずに出されたゴミを回収しないか，あるいは回収したうえで指導を行うかといった判断が行われる。組織とは意思決定の束ともいえる。

意思決定の際の基準を明確化し，誰もが目に見える形にしていくことを公式化という。規格化や制度化とも呼ばれる。公式化がなされれば，誰が業務を担当しても同じ決定が行われる，つまり標準化が可能となる。また，決定に際して考慮すべきポイントが絞られることで，担当者の負担は小さくなり，速やかな決定が行われる。

しかし，公式化はいつでもうまく機能するわけではない。公式化の基本は条件に応じた決定内容の組み合わせであるが，条件があまりに複雑な場合や，条件の変化が激しい場合には，公式化は機能しない。このような場合に無理矢理単純化を行うことや，過去の公式を使い続けることは，実情に合わない決定をもたらすだけである。したがって，公式化を行うだけではなく，どの程度その見直しを適切に行えるか，定められたルールや手順のアップデートをどれだけ行えるかが組織の公式化を見るうえで大事なポイントとなる。

公式化は，組織のさまざまなレベルで行われる。具体的な作業についてこれを行うと，マニュアルの制定ということになる。条件に応じた作業手順を漏れなく記述することで，どの構成員が担当しても作業の質を担保しようとするものである。

他方で，政策形成のレベルでは計画の策定がこれにあたる。組織全体としての目標の達成に資するよう，各部門の政策を調整するとともに，どの段階で何を行うかという時期的な調整も図るのが計画である。各部門が何を行うかをまとめあげて，全体の整合性を確保することから，計画とは政策形成レベルでの公式化であると理解できる。

公式化された組織としての官僚制

官僚制（bureaucracy）とは，公式化の程度が高い組織である。行政組織のことを官僚制と呼ぶことも多いが，ここでいう官僚制とはひとつの組織形態であり，民間組織にも適用されうるものである。逆に，行政組織が組織形態として常に官僚制をとるとは限らず，それ以外の組織形態をとることもありうる。

官僚制のこうした特徴を，最初に明確に指摘したのが，社会学の泰斗ウェーバーである（ウェーバー 1960，1962）。彼は，官僚制を次の諸原則に支えられている組織と定義した。①規則にもとづく組織化。規則により職位を設定し，職位の権限や職務の運営も規則により定める。②組織編制の原理としてのヒエラルキー。職位は階層的に構成され，命令と監督の体系として組織が編制される。③組織と個人の分離。職務遂行に必要な設備などは，構成員の私物と分離される。④文書による処理の原則。規則や決定については，文書による記録と保管が行われる。⑤専門化の原則。職務は専門化され，分業がなされる。資格と適性にもとづき人材の採用や昇進が決定される。⑥構成員はその組織業務を専業とし，契約にもとづいて労働を行う。その対価として貨幣により定額が支払われる。

これらの特徴の中には，分業と統合の方式や人事管理についての特徴も含まれている。しかし，近代になって登場した新たな組織形態としての官僚制としてウェーバーが注目したのは，高度に公式化が進んでいるという特徴である。

文書とデジタル化

意思決定の公式化によって可能になることが，文書による記録である。逆に，文書の存在が公式化を進める要因となる面もある。文書を用いない決定とは，個々人の頭の中で，あるいは複数人の口頭のやりとりにもとづく決定ということになる。迅速，可変的な決定は可能だが，可視性が低く，不安定な決定である。

決定が文書化されることで，蓄積や後日の検証が容易になり，さらには外部への公開が容易になる。長期間にわたり決定を標準化するためには，決定を文書に残し，再検証を可能とすることが必要になる。また，文書であれば長期の保存が可能になる。

文書がもつ定型化された情報を，より大量に蓄積，伝達できるようにするのが，電子情報，デジタル情報である。ICT（情報・コミュニケーション技術）の発達が，これを可能とする。作成，伝達のコストが大きく削減できることにより，これまで以上に多くの情報が蓄積できるようになり，検索も容易になる。しかし，逆に，これは改変が容易になるということでもあるので，保存の観点からは新たな困難を抱える面もある。

3 人的資源と金銭資源の管理

人と金銭の管理

組織図を定め，業務を割り当てるだけでは，組織は動かない。そこで働く人々がいて，実際に活動を行うことで初めて，組織は実際に機能する。どのように人を採用し，配置していくのかという人事管理と，どのように金銭を調達し利用していくのか，すなわち予算編成に代表される金銭の管理が必要となる。

たとえば料理屋であれば，板前を探して雇い，日々の材料の仕入れや料理の値段を設定することである。同じ板前を長く雇うこともあれば，メニューにあわせて外から新たに人を求めることもあるだろう。価格設定から仕入れの値段まで財務担当者が決めていることもあれば，料理人が仕入れに行き，それに見合った価格を設定していることもあるだろう。これらは料理をつくることそのものではないが，料理屋を成り立たせるうえで不可欠の部分である。いわば軍隊の業務が戦闘であるとしても，それは，兵站（へいたん）（ロジスティックス）なくして成り立たないのと同じである。

採用，異動，昇進の2つの形態

人事管理とは，採用から退職という入口と出口の管理に加え，構成員たちの配置と昇進という横と縦の管理を行っていくことからなる。このうち，入口と出口については，民間部門との関係が大きく影響する。入口については，民間部門との人材の流動性，逆に行政組織の側から見ると民間に対して開放的か閉鎖的かが問われる。出口については，行政職員の民間部門への移行は，いわゆる天下りの問題として議論されてきた。ただしこの点は，行政と民間部門の関係の他の部分とのつながりも大きいので，第IV部で扱う。

採用，異動，昇進については，情報共有型と機能特化型で異なる姿をとる。それぞれのタイプの組織で必要な知識や技能を構成員が習得するインセンティブを与えることがめざされるからである。

情報共有型組織では，他の構成員や部局の業務をも理解し，それとの調整を行うこと，あるいは協力して作業を進めることが求められる。そうした知識は組織に入る以前に習得できるものではなく，入った後に身につけるしかない。また，そこで身につけた知識は他の組織では意味をもたない。その意味で，情報共有型組織で求められる技能は，個々の組織ごとに異なる「文脈型技能」と呼べる。

こうした技能を習得させるためには，組織は構成員を長期間，組織に所属させ，組織内のさまざまな職場を経験させる必要がある。そこで，学校卒業後に採用し長期の雇用を行おうとする。採用後は，組織内の各部署への異動を繰り返し，さまざまな職場での経験を積ませながら，昇進については年次にもとづいて，ある段階までは同時昇進とする年功序列がとられる。同時昇進が終了した後の昇進の差は，組織に入って以来の能力評価の蓄積と結び付けられている。

このしくみは，昇進可能性を期待させつつ，最初の段階をも評価対象とすることで勤労意欲を初期から強くもたせ，同時に，若い部下に対して教育を施すインセンティブ（動機づけ）を年長者に与えるものである。給与は役職と連動しており，最終的な到達地位に応じて，また長期間在職するほど給与が上昇するようになっている。膨大な人事情報を集中管理する必要が生じるので，大きな人事担当部門が置かれることが多い。

これに対して機能特化型組織では，求める技能は部局ごとにあらかじめ明確化されており，それは組織外部，つまり他の組織での経験，あるいは大学など教育機関での訓練により習得が可能なものである。その技能は，組織を超えて普遍的に用いることができる代わりに，組織内部の他の部局での利用可能性は低い。したがって，人事の採用と管理は部局単位で行う方がうまくいく。

人事採用は，外部からの中途採用が多くなる。他方で，同一組織内でも部署をまたいでの異動は少ない。業績を客観的に評価できる形で，明示的に業務が設定されているので，給与は短期的な業績評価に連動する。それは昇進管理と結び付く。勤続年数ではなく業績達成度と昇進の程度が結び付けられる。

人事管理の２つの形態

情報共有型と機能特化型の２つの組織形態では，管理職や経営陣の役割も異なる。情報共有型組織の場合，管理職は業務の割り当てではなく，部下たちの間での円滑な意思疎通を促進し，彼らに職場での業務内容を教え，能力評価を行うこととなる。いわば，情報共有型組織における管理職とは，業務を引っ張る存在としてよりも部下の能力を引き出すコーチとしての役割が大きい。

これに対して機能特化型組織の場合，管理職の業務は，部下あるいは各部署への業務の割り当てと業績基準にもとづく成果の評定が中心となる。こうした管理手法も，組織特有のものではなく組織外部で習得される技能であり，組織外部から管理職に就く者が多くなる。

以上に見てきた通り，情報共有型と機能特化型という２つの組織

表 5-1　情報共有型と機能特化型のまとめ

	求められる技能	組織編制の形態	人事管理の形態
情報共有型	水平的情報流通にもとづく柔軟な協力	概括的な権限規定，下部での情報蓄積，人と金の集中管理	一括採用，内部訓練，頻繁な配置転換，年功序列，長期的能力評価
機能特化型	特化された知識にもとづく専門性の発揮	技能と権限の明確化を通じた上からの管理，分散的な人と金の管理	中途採用，外部訓練，配置転換不在，業績主義

形態の類型は，他者との柔軟な協力と個々人の専門性という異なる基盤に立つ。組織構成員に求められる技能や，組織上部が統制を維持するための手段，そして人事管理手法も異なるものとなる。そこには，一貫した論理連関を見出すことができる。要点を表にまとめておこう（表 **5-1**）。

情報共有型組織に見られる人事をメンバーシップ型，機能特化型組織に見られる人事をジョブ型と呼ぶことも多い。しかし，本書ではあくまで組織を理解する鍵は組織の行動を形づくる組織の意思決定や業務の遂行方法であると考える。ゆえに，メンバーシップ型やジョブ型ではなく，情報共有型と機能特化型という名称を用いている。

上級幹部の人事

ここまでは，民間企業と行政組織に共通する人事管理の側面を扱ってきた。しかし行政組織の人事管理においては，政治からの影響がさらに問題となる。中心となるのは，政治とのインターフェース（接点）をどのように構成するかという問題である。組織上部が統合を果たすために管理機能をもつことは，これまで述べてきた通りだが，行政組織の場合には，それに加えて，組織上部は政治との接点ともなる。したがって，行政組織の上部は，組織内管理の機能，政治的助言の機能，政策形成の機能といった多面的な機能を担う。そうした多面的な機能を担う人材をいかにして調達するかという問題は，組織中間層までの人事管理とは別途検討する必要がある（経済協力開発機構編 2009）。

行政組織における上級幹部の人事管理は，特有の任用制度を設ける場合と，一般的な任用制度を用いる場合の２つに分けられる。上級幹部を切り離すことにより，省庁を超えた人材流動，有為な人材を確保するための雇用条件設定の柔軟化，政治からの影響を受ける範囲の遮蔽（しゃへい）といった効果が期待できる。

上級幹部には，閉鎖的な形態と開放的な形態の双方がある。前者は，内部からの昇進によるものであり，後者は民間を含めた外部からの採用を行うものである。前者の閉鎖的な形態をとる場合には，幹部候補者をどの段階で選抜するのかが制度設計のポイントとなる。早い段階で選抜する場合には，幹部にならない者たちとの差をどの程度つけるのかも重要である。最も早い段階での選抜とは，組織に入る時点での選抜であり，その時点で大きな差をつける場合は，幹部候補生が最初に就く役職が，それ以外の者が退職時に就く役職よりも上にくる。逆に，最初の段階では全く選抜を行わず，随時選抜を行っていくという形態もある。

金銭資源の管理——財政民主主義の制約

行政組織による金銭資源の管理とは，予算を編成し，執行し，決算，監査を行うという一連のプロセスを指す。同時に，予算は政策実施の主要な手段でもある。つまり予算は，一方では行政組織内部の管理の道具であるが，他方では行政組織が外部に働きかける道具でもある（この側面は第Ⅳ部で再度取り上げる）。このことから，行政組織における金銭資源の管理は，民間企業にはない制約を帯びる。財政民主主義，政治の関与，そして時間の区切りといった３つの制約である。

第１は，財政民主主義である。アメリカ独立時のスローガンであった「代表なくして課税なし」という言葉に表現されるように，政府による金銭の調達と使用は，国民の強い関心と監視の下に置かれる。このため租税の賦課は必ず法律の定めを要するという租税法律主義はもちろんのこと，予算内容の公開，年度ごとの事前の議会による議決の必要，単一の明瞭かつ厳密な予算の編成とそれに沿った執行，といった財政民主主義にもとづく制約が課される。

この結果，金銭資源の管理とは公式化の程度が高いものとなる。しかし，それは行政組織における内部管理にとっては，いわば足かせである。そこで公式化の程度を緩めようとする動きも出てくる。裁量予算や，複数年度予算などの導入である。こうした非公式化をどの程度進めるかが，金銭資源管理のひとつの軸となる。

第2は，政治の関与である。予算編成において決めなければいけないポイントは，大きく分けて3つある。①歳出総額，②政策領域ごとの配分，③財源確保の方法である。そして編成過程における問題は，これらをどの順番で誰が決めるのかということである。大きく分けて，歳入にあわせて歳出総額を決めたうえで，配分を考えるマクロ先行と，個別領域の予算を積み上げたうえで，その財源を確保するというミクロ先行の2つの方法がある。歳出と歳入を所管する官庁が一体化しており，マクロ先行のトップダウン型の予算編成がなされている場合が，最も集権的な管理形態となる。逆に，個別省庁主導のミクロ先行の積み上げ方式でボトムアップの予算編成がなされる場合が，最も分権的となる。どちらにするかは，行政だけでは決められない。予算編成は政治とも深くかかわり，首相・大統領や議員が決定に関与するからである。

第3は，時間の区切りである。通常の政策は，特に定めのない限り，政策改廃の新たな決定をするまで存続する。これに対して予算の場合は，会計年度ごとの策定が求められる。この結果，予算には，自動的に見直しの機会が組み込まれている。日々繰り返される日常の行政や，存続し続ける組織に対して，時間的な楔(くさび)を打ち込む役割を予算は果たしている。

時間の区切りがあることから，予算には通常の政策とは異なる，3つの特徴が見られる。第1に，現状点と不作為の意味が異なる。政策の場合には，新たな政策を策定しない限り，現状が存続する。しかし予算の場合は，毎年度，現状は白紙に戻される。新年度予算が策定されなければ，政府は金銭を支出できない。第2に，策定のタイムスケジュールが非常に厳しい。前年度中に予算を成立させなければ，公務員の給与が支払われず，生活保護受給者の収入が途絶えるといったことになりかねない。こうした事態に陥らないように，策定の各工程に期限が切られることは，通常の政策形成過程との違いである。第3に，策定後に，やはり時間を区切られた執行期間があり，また決算という見直しの機会が設けられている。予算は決算と組み合わされることで，官僚の行動に対する事後的な検証の機会となる（経済協力開発機構編 2006）。

4 各国の行政組織の実態

分業の程度

各国の行政組織は，実際にどのような組織形態をとっているのだろうか。分業の程度，統合の方法，人と金の管理方法について見ていこう。

まず，分業の程度として，最も基本となる省の数を確かめよう。**図5-1**では，あわせて大臣数についても示した。横軸に示された各国の省の数は，7から32と相当の幅をもつ。しかし多くの国は10から20の範囲に収まっている。省の数は，各国で政府が果たす機能の違いでは説明できない。たとえば，北欧諸国のように，政府の果たす役割が大きい福祉国家だからといって，省の数が多いわけで

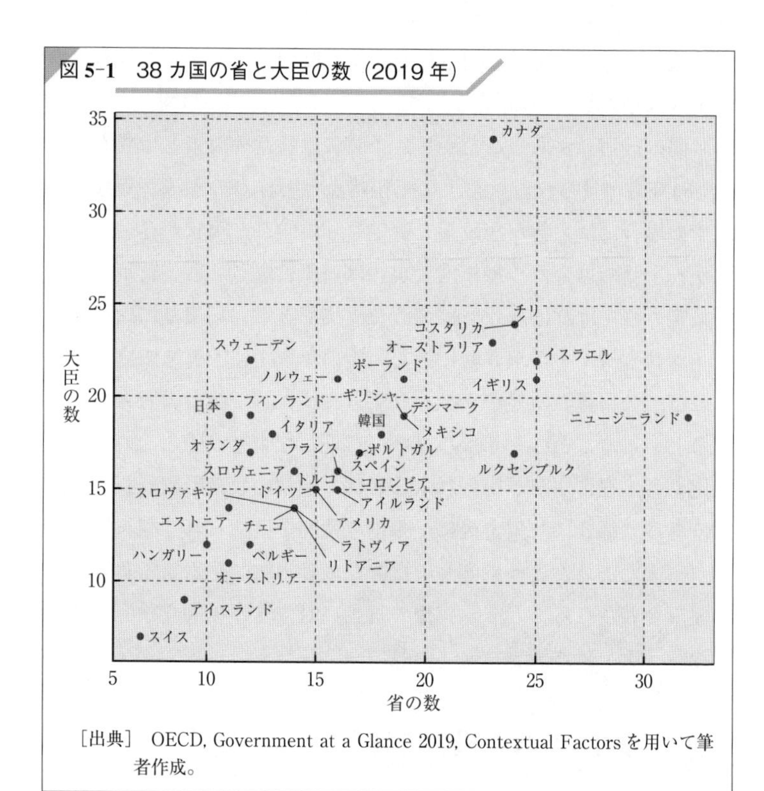

図 5-1 38カ国の省と大臣の数（2019年）

［出典］ OECD, Government at a Glance 2019, Contextual Factors を用いて筆者作成。

はない。したがって，省の数が少なければ，多くの政策領域をひとつの省にまとめる形となり，逆に多数の省があれば，政策領域を細かく分割する形をとる。あるいは，同一政策領域に複数の省が存在し，競合関係が生じることもありうる。

図 **5-1** で傾き 1 の直線上に乗っている国が多いことに示されている通り，省と大臣の数は同じ国が多いが，異なる様相を見せる国もある。ひとつは，大臣より省の数が多い国であり，ニュージーランドが典型例だが，ルクセンブルク，イギリス，イスラエルなども該当する。こうした国では大臣は複数の省を時に連携，時に競合させ

図 5-2　OECD 23カ国が設置している省（2009 年）

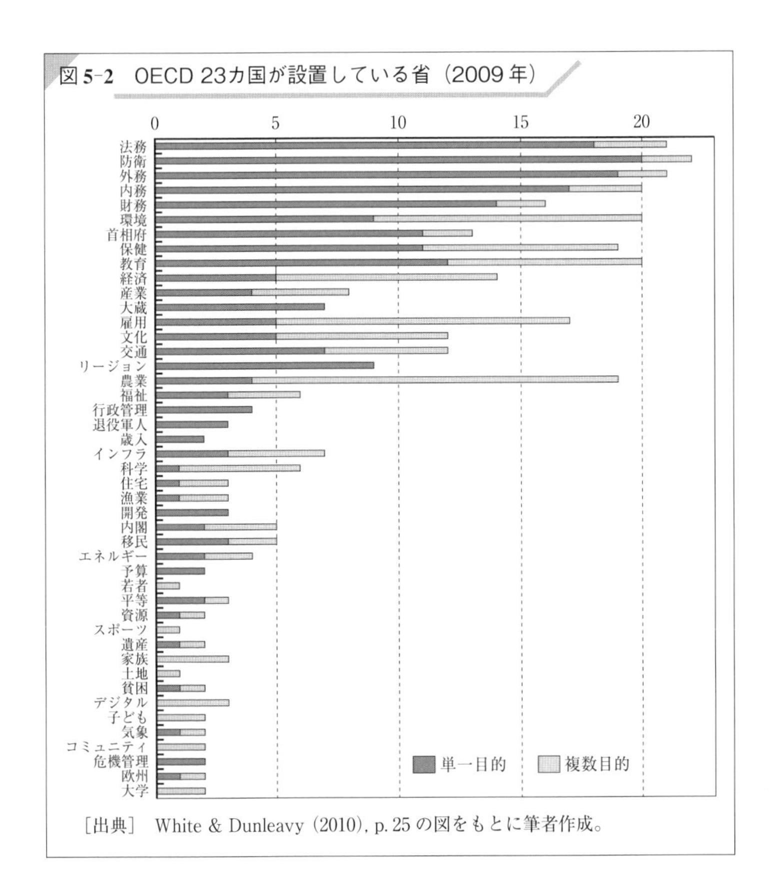

［出典］ White & Dunleavy (2010), p. 25 の図をもとに筆者作成。

つつ，政策を展開していく。もうひとつは，省よりも大臣の方が多い国である。カナダが典型例であり，スウェーデン，ノルウェー，フィンランドなどの北欧諸国の他に，日本もこれに該当する。ひとつの省に複数の大臣がかかわりうる，あるいは政府中枢に配置され，特定事項を扱う大臣が存在することを意味する。

では，具体的にはどのような政策を単位として分業を行っているのだろうか。少し古くなるが，2009 年時点の 23 カ国において，どのような政策を担う省が設置されているかを数え上げたものが，図

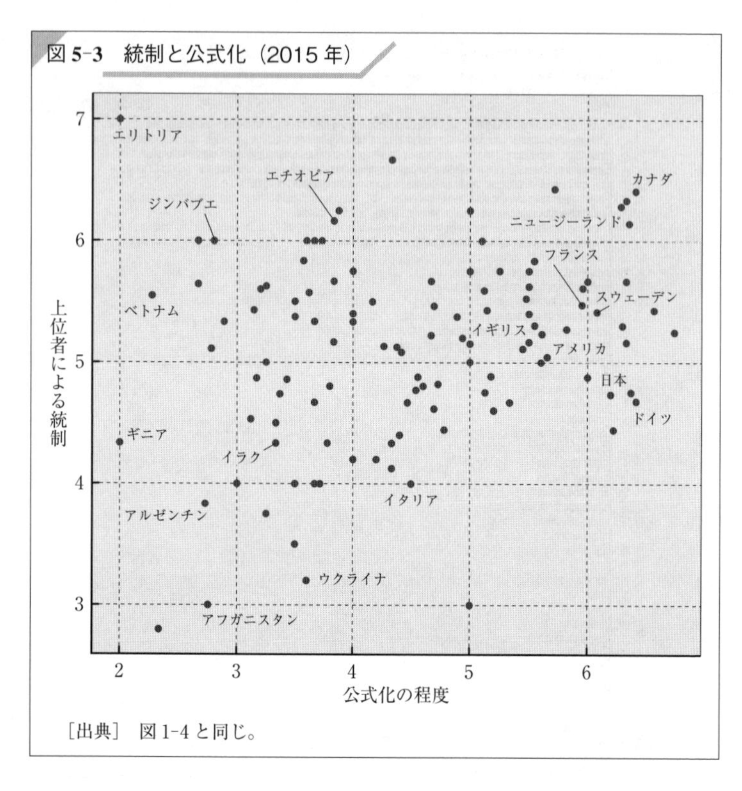

図 **5-3**　統制と公式化（2015 年）

［出典］　図 1-4 と同じ。

5-2 である。合計 45 種類の省が設置されており，そのうち法務，防衛，外務，内務，財務，環境，教育，農業といったところは，ほぼすべての国で設置されている。分業の中心的な部分については，国の違いを超えて，類似性は高い。他方で，スポーツ，子ども，大学など，それぞれの国に特徴的な省を設置している国もある。こうした中で日本は，概ね平均的な省編制を行っている。

統合の 3 つの方法と公式化

各国の行政組織において，統合の方法や統合の実現の程度を観察することは容易ではない。そこで，ここでは専門家調査の結果を利用しよう。まず，統制と公式化の程度を見る。図 **5-3** では，政治リーダーが決定した政策を行政職員が実現しようとする程度を，上位者の指示による統制を表す指標として縦軸にとる。行政職員がルールに従おうとする程度を公式化の程度の指標として横軸にとった。統制による統合は最も基本的な形態だけに，これすら実現できない国は，統合が十分になされておらず，行政組織が十分に機能していない可能性が高い。発展途上国の多くがそうした状態にあることがわかる。また，統制は強いものの公式化が進んでいない国も，途上国に多く見られることがわかる。これに対して先進国の多くは，イタリアなどを例外として除けば，統制の程度も公式化の程度も全体としては高いことがわかる。そのうえで，日本やドイツは上位者による統制の程度がより低く，イギリスやアメリカは逆の傾向にあることがわかる。

次に，分権的な統合の2つの方法，すなわち情報共有型と機能特化型についても，直接それを把握できないので，代理指標から迫ってみる。図**5-4**の横軸には，入口（採用）がどの程度限定的かをとった。組織下部への採用に限定しているほど値が大きく，組織の中間層以上に外部からの採用がある場合は値が小さい。したがって，一括採用した職員が長期に雇用される場合は，この値が大きくなる。縦軸は，上級職が職業公務員によって占められている程度をとった。この値が低い場合は，民間企業などの外部に対して上級職が開放されていることを示す。情報共有型の典型例は図の右上に，機能特化型の典型例は左下に位置することになるだろう。ただし，中途採用が多く，上級職への昇進も限られている行政組織は安定性に欠くので，左下方向に広く位置していると考える方がよいだろう。

情報共有型の最たる例は日本ということになる。新卒採用によって大部分の採用を行いつつ，そうした職員が上級職も占めている点で特徴的である。逆に機能特化型のうち，特に上級職の開放性が高いのがアメリカ，逆に中間層も含めて開放的なのがニュージーラン

図 **5-4**　入口の画一性と上級職の閉鎖性（2015 年）

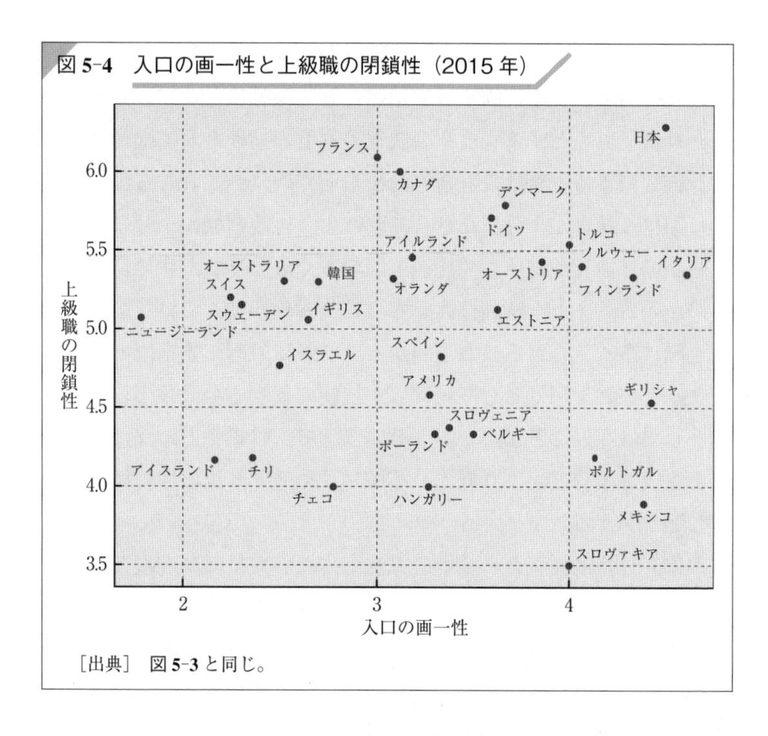

［出典］ 図 **5-3** と同じ。

ド，スウェーデン，イギリスである。アメリカの場合には，非政治任用の上級幹部職員（SES）約 8000 名は人事管理庁（OPM）の手で公募されて決まる。イギリスの場合は，上級管理職制度（SCS）と呼ばれており，概ね課長級以上の 4000 名が該当する。両国とも，省庁の意向次第で，民間企業からの応募も受け付けている。これらのしくみにより，マネジメント能力を有する幹部職員を政府全体で育成しようとしている。また，イギリスでは，情報通信技術（ICT）関連や医療部門などで民間企業からの採用が約 5 割に上っている（小田 2019）。

フランスは，上級職が職業公務員によって占められている程度は日本と同様にきわめて高い。しかし，採用される方法がエリートと

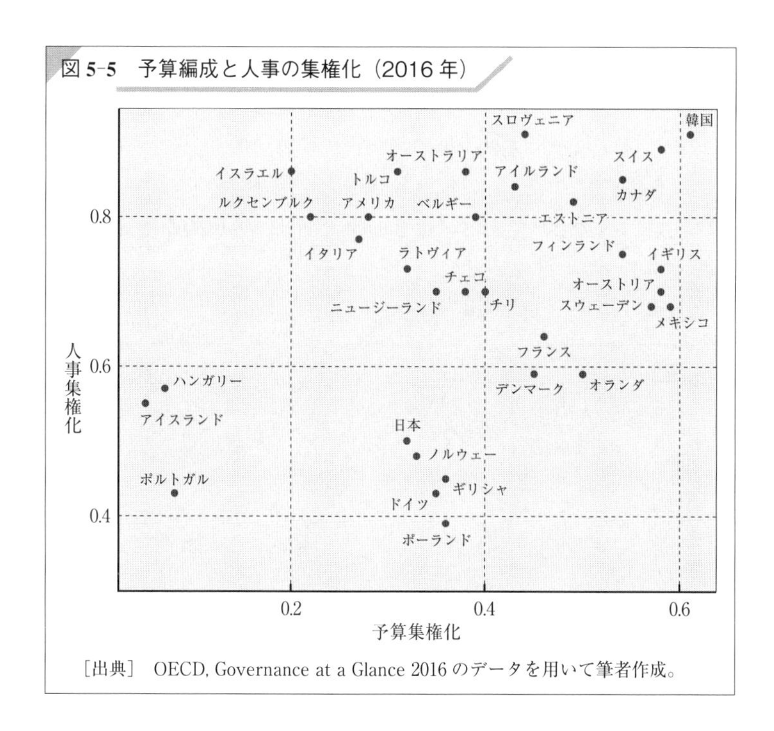

図 5-5　予算編成と人事の集権化（2016 年）

［出典］ OECD, Governance at a Glance 2016 のデータを用いて筆者作成。

それ以外で大きく異なるところで違いをもつ。逆に，ギリシャやメキシコは，採用時の画一性は高く，エリート選抜等も行われない一方で，上級職への昇進も行われておらず，採用した職員を塩漬けにしている可能性がうかがわれる。

予算と人事の集権化

最後に，予算編成と人事がどの程度集権化されているかを国際比較可能なデータにもとづいて見ておこう。予算についても，人事についても，部局横断的に統一の制度を採用しているか，それとも定型化せず裁量的な形態をとるかを見る。図 5-5 では，横軸に予算編成における業績予算制度の採用の程度をとった。縦軸には，定型的な人事情報の集約の程度をとった。

この図を見ると，3つの類型を見出せる。①双方の集権化が進む国（韓国，スイス，カナダ，イギリス，スウェーデンなど），②人事の定型化の程度は高いが予算の集権化の程度は低い国（イスラエル，アメリカ，イタリアなど），③どちらも分権的な国（ポルトガル，日本，ドイツ，ギリシャなど）である。第3のタイプは，古典的な管理方法を続けているともいえる。

演習問題

〔1〕 あなたが今までアルバイトなどで所属した経験のある組織（クラブや生徒会などでもよい）について，どのようにして分業と統合がなされていたかを述べてみよう。

〔2〕 日本の「就職活動」というものの特徴を，情報共有型組織の特徴と関連づけて説明してみよう。他国とは，どのような違いが見られるのかについても調べてみよう。

〔3〕 いずれか興味のある国を取り出し，その国における公務員の開放性や人事のやり方について調べてみよう。そのうえで，両者の関係を考えてみよう。

第6章 日本の行政組織の実態

この章では，日本の行政組織の実態を描いていく。まず，分業と統合の形態，すなわち府省の編制とその内部部局の編制を見た後，実際の業務の遂行を題材にして組織活動のプロセスを示す。そして，金銭資源と人的資源の管理を，採用，配置，昇進と予算編成作業の実態を通じて示していく。日本の行政組織が情報共有型の特徴を色濃く備えていること，ただしそれは，府省を単位とする人事により，府省内部では統合されているが，府省間での分立性は高いことを理解してほしい。

1 府省の編制と調整

戦前から占領期における省の編制

明治以来，現在に至る日本の中央府省の編制は，①明治政府成立（1868年）以後の20年間，②政府の規模が拡大し，敗戦と占領を経験した1930年代後半から60年まで，③2000年代以降の3つの時期に大きな変化を見せ，それ以外の時期は安定していた。

明治憲法体制における省は，治安，国防，外交，財務を中心としつつ，内政部門がそこに加わり，その内政部門が次第に分岐していく形をとった。明治維新後，行政機構の改廃が繰り返されたが，1885年からは新たに内閣制度の下で省が設置されることとなった。発足当時には，外務省，大蔵省，内務省，司法省，農商務省，文部省，逓信省，陸軍省，海軍省，宮内省が置かれた。それ以降の主な変化としては，逓信省から分離した鉄道省の設置（1920年），農商務省の農林省と商工省への分離（25年），海外植民地に関する拓務省の設置（29年），内務省からの厚生省の分離（38年）が挙げられる。さらに第二次世界大戦を遂行していく中で，総動員体制を主導する企画院が設置された（37年）。

戦後，1950年代までは，中央省庁の再編が頻繁に行われた。その前半は連合国最高司令官総司令部（GHQ），後半は政権党や国会が変革の主な推進主体である。この時期は社会経済的な環境変化への対応よりも，政治的な要因に伴う組織変化が前面に出た時期だった。その組織変化の特徴は2つある。

第1に，省庁が頻繁に再編された。まず，終戦に伴い，陸軍省と海軍が復員省を経て廃止された。その後，1950年に朝鮮戦争が勃発すると警察予備隊と警察予備隊本部が設けられ，保安庁を経て，54年7月に防衛庁へと改組された。そのときに，実働部隊も自衛隊に改称された。46年に経済安定本部が設置され，55年に経済企画庁となった。47年，厚生省から労働省が分離された。内務省廃止に伴い，建設院を経て建設省が，警察部門に関しては国家公安委員会が，48年に設置された。地方政府にかかわる部分については，地方財政委員会を経て，最終的には60年に自治省が設置されることとなった（☞第10章）。さらに，49年には商工省が通商産業省となった。司法省は法務庁，法務府を経て法務省へと改称された。そして総理府が設置された。

第2に，この時期には，アメリカから移入された行政委員会制度が多用された。行政委員会は合議制の組織であり，独立性が高く，準立法・準司法権を有する。省庁や内閣から独立した部分をどの程度設けるかをめぐって，GHQ と省庁，また国会と省庁の間でも対立があり，激しい改廃が行われた（伊藤 2003）。内閣からも独立している会計検査院は戦前から存在していたが，戦後になって設置されたものとしては，先に述べた地方財政委員会や国家公安委員会の他に，人事院や，アメリカの規制委員会に倣った公正取引委員会や証券取引委員会，日本側の主導による中央労働委員会や統計委員会といったものがある。この他に，電波監理委員会や公益事業委員会のように廃止されたものもあれば，占領終了後に設置され，現在まで存続している公安審査委員会（1952 年設置）や土地調整委員会（51 年設置。72 年に公害等調整委員会となる）もある。

集権的な統合の模索

天皇に対する大臣の単独輔弼制を採用した結果，そもそもの分立性が高かったことに加え，1930 年代に政府の役割が増大し，行政の専門化が始まった。そこで統合機能の拡充が検討されるようになる。権限，人的資源，金銭資源，情報のいずれを用いる選択肢も可能性をもっていた。

人的資源や権限に関しては，統合機能を内閣法制局が握っていた。法制局は，法律・命令の起草・審査権をもつことに加え，各省の設置が官制に依っていたため，組織や定員の査定権限も有していたのである。さらに，閣議や次官会議による調整の試みも 1930 年代後半には見られた。他方，金銭資源に関しては，主計局を内閣に移管することで予算に統合機能をもたせる構想があったが，戦争の開始とともに立ち消えになる。そして情報に関しては，企画概念を軸とした統合官庁の構想があった。35 年に首相直属の内閣調査局が設置され，その後の企画院を通じた物資総動員計画（物動計画）は，この構想の実現であったが，うまく機能しなかった（御厨 1996）。

占領の開始に伴い，GHQ の各部局と個別省庁の関係が深まる中で分立化はさらに強まった。片山哲（かたやまてつ）内閣期（1947-48 年）には次官が閣議にも出席し，次官会議でも多くの実質的決定がなされていた。こうした動きに対して経済安定本部の設置によって集権化が試みられたが，49 年ごろから占領政策が転換され，財政金融を引き締め，自由競争を促進するドッジ・ラインが実施される中で，経済安定本部は存在意義を失っていく。吉田茂が打ち出した輸出振興のために内閣直属の貿易庁を設けるという構想は実現しなかったが，商工省と外務省の通商部門の統合による通産省の設置へとつながり，経済安定本部の終焉（しゅうえん）をもたらす（村井 2008）。

他方，1948 年 2 月に内閣法制局が解体されたことで，行政管理によって統合を図る行政経営部局の構想と，それに対抗して予算によって統合を図る大蔵省の構想が打ち出される。しかし最終的には，行政経営部局構想は頓挫（とんざ）し，52 年に限定的な性格をもった法制局が復活したことと，事務次官会議を連絡調整機能に限定することを通じて，分担管理原則が再確認されていく。大蔵省による予算を通じた統合機能も，ボトムアップの緩やかな調整にとどまった。これ以降，内閣レベルの統合官庁は断念され，各省間の調整を意味する「総合調整」が中心となった（岡田 1994）。

省庁間紛争とその解決

自民党政権下での行政組織の最大の特徴は，1960 年代から 90 年代前半まで，省レベルの組織が安定していたことである。60 年に自治庁が省に昇格した後，2001 年の省庁再編まで省編制の変更はなかった。その 40 年間に行政を取り巻く環境が大きく変化したことを思えば，この安定性は驚きである。自民党の長期政権の下で，政治との関係が安定的であったことが，ひとつの要因であった（☞第 2 章）。日本の中央省庁が情報共有型の特徴をもち，新規の政策課題に対しても，既存の省庁が所管への取り込みを行ったことが，もうひとつの要因である。

組織が安定していることはセクショナリズムにつながりやすい。

この問題に対しては，二省間調整の積み重ねを基本とするボトムアップの調整メカニズムが整備されていった（牧原 2009）。第1は，協議である。法案策定においては，関係する省との協議が制度化されている（☞本章第3節）。この他にも紛争が発生するたびに協議が行われる。内容の重要性に応じ覚書締結者の地位を変えるなどのしくみを通じ，調整結果を整理する。第2は，所管の整理である。調整が一定の結論に至れば，それを所管の確定によって固定化していく。逆にいえば，協議を継続する部分の所管を定めることはない。また，共管という形で紛争の解決を図る場合も多い。

第3は，総理府に設ける調整官庁の設置である。1955年に経済審議庁から改称された経済企画庁，科学技術庁（56年設置），環境庁（71年設置），国土庁（74年設置）のように複数の省の所管にまたがる問題について新たな大臣庁を設置することで決着をつける。最終的には上述の4庁の他に，総務庁，北海道開発庁，沖縄開発庁，防衛庁を合わせ8の大臣庁が存在した。これらはあくまで既存の省をベースとし，新たな調整官庁の中に関係各省の所管が確定されていく。新設の調整官庁のポストを占めるのは関係省からの出向者であり，各省は出向ポストの確保を通じ，所管の延長を制度化した。

第4に，各種の総合調整機関やメカニズムの存在が挙げられる。内閣官房，大蔵省／財務省，内閣法制局といった各種の機関は，断定的に上からの裁定を下す存在ではないが，二省間調整が行き詰まった際に，新たな調整をまとめる作業に関与する。これらすべてが「総合調整」を担った。

橋本行革による省庁再編

高度経済成長以降の社会・経済の変動を乗り切った省庁組織であったが，1990年代にはついに再編を迎える。まず，1998年に，大蔵省から金融部門を切り離し，金融監督庁を設置した（2000年7月に金融庁へ）。調整官庁の新設ではなく，既存の省の権限再編という点で，55年体制では見られない組織改変である。

次に，1996年1月に首相となった橋本龍太郎が，6大改革の一環として省庁再編に乗り出す。戦後から50年代までと同じく，省庁編制を大きく変えたのは政治の力である。行政改革委員会が設置され，橋本首相自らが委員長となり，改革を主導した。その目標は，首相権限の強化であった。省庁再編においても，省庁を大括りにすることで，官邸主導の省庁間調整を進めようとした。

当初は，国土開発省と国土保全省のように利益相反を省の区切りとする大胆な組織再編案も構想されたが，結局は既存の省編制をもとに併合を進め，省の数を減らすことが再編の中心になった。結果として，1府12省8大臣庁2大臣委員会が，1府10省1大臣庁1大臣委員会に再編された。この体制は防衛庁の省への昇格を経て1府11省1大臣委員会となり，現在まで継続している（図**6-1**）。

省の再編は，4つの類型に分けられる。第1は，官邸機能強化を目的として新設された内閣府である。従来の調整庁の大半をここに吸収し，他の省よりも一段階上位の組織として内閣府を位置づけ，官邸主導の政策形成を支えようとした。第2は，既存の2つ以上の省庁が合併することで巨大化した省である。総務省，国交省，厚労省，文科省がこれに当たる。第3は，既存の省庁を母体としつつ，権限の拡大や縮小があった省であり，経産省，財務省，環境省が該当する。最後に第4は，ほぼ変化がなかったといえる省であり，法務省，外務省，農水省，国家公安委員会・警察庁がこれに当たる。

ただし，情報共有型の組織の場合には，統合の単位は，組織機構ではなく，人事のまとまりである。だからこそ，他の省庁などに出向していても，出向元に対する強い忠誠が維持される。したがって省庁再編といっても，人事の単位に手をつけず機構としての省庁を再編する場合には，実質的な変化は小さなものにとどまる。変化の程度は省によって異なる。総務省のように合併後に新規採用する職

図 6-1　2001 年の省庁再編

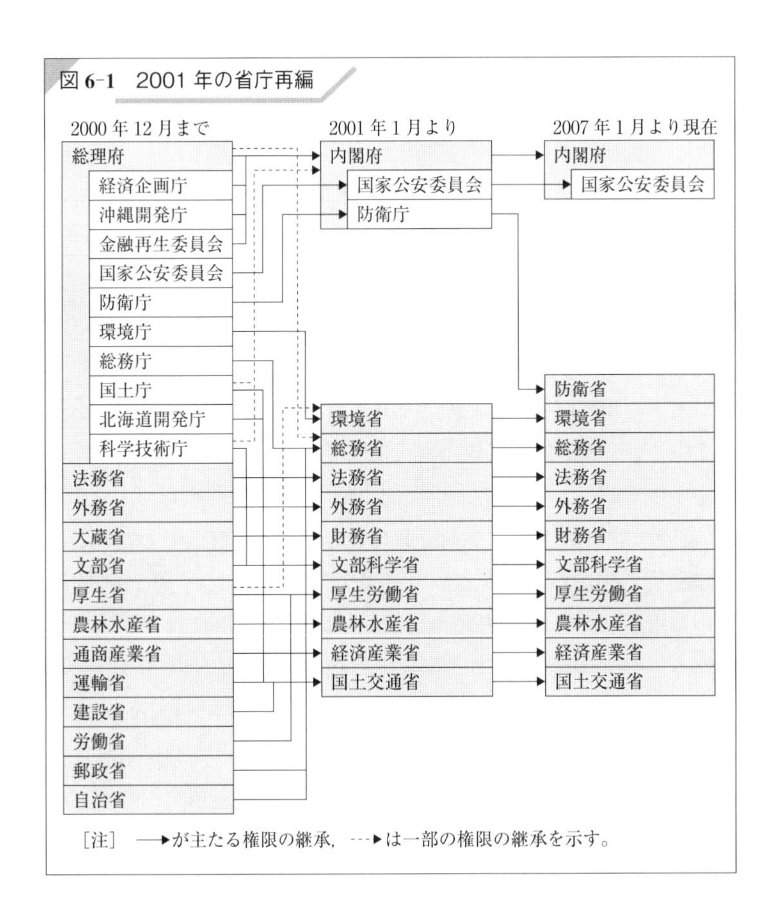

員も，旧郵政，旧総務，旧自治に分けて管理しているところもある。国交省のように，事務次官に旧省の出身者を交互に就けていくたすき掛け人事を行うところも多い。内閣府や環境省のように，依然として多くの出向職員で構成されているところもある。他方で，厚労省や文科省など旧省庁ごとのポストを超えて人事が行われるようになったところもある。さらに，どの省であっても，内閣官房・内閣府への出向がもつ意味が大きくなり（☞第 2 章），幹部級人事が官邸

と内閣人事局の手によることになったことで，省内で人事が完結するものではなくなった。以前に比べれば，統合の単位としての省のまとまりは弱くなったといえる。

官邸主導と
独立的な機関

その後，2000年代以降も行政組織の再編は続く。2つの流れをそこに見出せる。ひとつは既存の複数の省にまたがる政策課題を1つの庁にまとめるもので，そこには首相の意向が反映されることも多い。もうひとつは，独立性の高い行政委員会を設置することである。首相の影響が強く及ぶものと，逆に首相からの独立性が強い組織という逆方向の組織が同時期に設置されているのである。

第1の新設庁としては，まず，内閣に置かれた復興庁（2012年設置）がある。21年9月に新設されたデジタル庁も同様の形態をとる。次に府省に置かれるものとして，国交省の観光庁（08年），内閣府の消費者庁（09年），防衛省の防衛装備庁（15年），文科省のスポーツ庁（15年），法務省の出入国在留管理庁（19年）が設けられた。さらに，子ども家庭庁の新設が検討されている（22年1月時点）。

これらの新設庁はいずれも，首相の意向や，政権として重点を置く政策を実現していく姿勢を反映するものである。複数の省に分散して所管されてきた政策課題の一元化を図る点では1990年代までの総理府に設けられる庁と類似するが，組織形態は多様である。復興庁は主任大臣として首相を抱えるとともに，復興大臣が置かれている。デジタル庁も同様の形態をとる。消費者庁については，内閣府特命担当大臣として消費者および食品安全担当は必置とされる。その他の庁については，大臣などは置かれない。

第2の行政委員会については，いわゆる3条委員会として2000年代以降に新設されたものとして，内閣府の個人情報保護委員会（16年），カジノ管理委員会（20年），国交省の運輸安全委員会（08年），そして環境省の原子力規制委員会（12年）がある。

運輸安全委員会や原子力規制委員会は，いずれも大きな事故を契機として導入されたものである。その意味では，3条委員会ではないものの，2001年のBSE（牛海綿状脳症）感染牛の発生後，03年5月の食品安全基本法制定を受けて内閣府に設けられた食品安全委員会が，その先駆けといえる。

これらには，橋本行革では構想倒れに終わった利益相反の考え方が，取り入れられている。科学技術に伴うリスク社会化の傾向が強まる中で，リスク管理とリスク評価を同一部局が抱えることの弊害は大きくなった。2つの機能を同一部局が担う場合，リスク管理の責任を回避するために，評価を歪（ゆが）めようという誘因が働いてしまう。リスク評価を適切に行うためには両者を切り離す必要がある。

こうした組織分割がうまく機能するのは，評価作業が可視化して社会に見えやすくなり，リスク評価の適切性が向上するというメリットが，リスク管理部門との意思疎通の難しさや衝突による行き詰まりといったデメリットを上回る場合である。そしてメリットを拡大するためには，新設のリスク評価機構の組織強化が必要となる。

原子力発電のリスク評価，管理の体制は，その最たる例といえる。原子力政策を策定する原子力委員会から，1978年に原子力安全委員会が分離され，安全規制の決定権限を与えられた。しかし，実際の規制業務は原子力安全委員会の監督の下，経産省の原子力安全・保安院が担ってきた。形式上はリスク管理とリスク評価は分離されていたが，実際の分離の程度は弱かった。2011年に起こった福島第一原子力発電所の事故は，この体制の不備を明らかにした。

そこで，原子力規制委員会は，3条委員会として独立性を強めたうえで，文科省や経産省ではなく，環境省に置くこととなった。経産省や文科省に分有されていた原子力，核物質関連の規制権限は，規制委員会に一元化され，重大事故対策の規制や新たな規制基準を既存組織に適用するなどの規制強化が行われた。原子力規制庁が事務局として，これを支える。国際基準と科学的知見に沿った判断が重視されるようになっており，再稼働については，政権の意向から一定の距離をとった判断を行っている。

2 府省内部の組織編制

画一的なライン

府省内部の組織編制については，トップから組織下部に至るまでをどのように区切るかという垂直方向での編制と，どのような基準に従って組織下部を区切っていくかという水平方向の編制の2つの側面がある。

垂直方向に関して，ライン（本体業務を担う部局）では統一の名称がとられているのに対して，スタッフ（補佐や支援を担う部門）については規格化がなされていない。ラインについては，どこの府省でも，行政組織のトップは事務次官という名称をもち，その下には，局と官房，さらに部，課と室が置かれること，それぞれは局長，課長などの長をもつことが国家行政組織法に定められている。また，局や課の間でも筆頭局や筆頭課など実際の序列が定められ，組織図では左から右，上から下に配置されている。一例として，財務省の組織図を掲げた（図**6-2**）。大臣官房に次いで予算編成を担う主計局が位置づけられており，各局の中では総務課が筆頭に置かれている。

柔軟なスタッフ系統

これに対して，スタッフ部門に当たる組織，職名には多様なものがある。たとえば，事務次官に次ぐナンバー2は多くの省では○○省審議官という名称だが，財務省の場合は財務官という役職であり，国交省では技監である。さらに同じ審議官という名称は官房にも設けられており，局長級審議官や局次長級審議官と呼ばれる。他方，省によっては政策統括官という局長級の役職が設けられている。内閣府が典型例であり，局よりも政策統括官が上位に位置する（図**6-3**）。さらに，官房や局には参事官という官職が置かれており，これは課長級に位置づけられていることが多い。図**6-2**の財務省組織図内に主計局主計官という官職があり，予算編成作業の中心を担っているが（☞本章第5節），これも参事官の一種である。政策統括官や参事官のように，特定の所掌事務を複数の人間が分担する役職を総称して分掌官と呼ぶ。

このようにスタッフ系統の組織や役職は規格化の程度が低く，また戦前の省の場合，大臣官房なども必ずしも設置されていなかった。しかし戦後10年ほどの間に，各省は大臣官房を整備し，官房三課と呼ばれる人事，文書，財務を担当する3つの課を設けた。財務省（図**6-2**）では秘書課，文書課，会計課とされ，内閣府（図**6-3**）では人事課，総務課，会計課とされており，異なる名称ではあるが，人事，文書，財務を担当する3つの課を確認できる。財務の重要性はわかりやすいだろうが，人事担当が秘書課という名称であることはわかりにくいかもしれない。また，文書とは結局のところ役所の意思決定のすべてであり，たとえば国会対応においても答弁書がつくられるため，その中心を担うのも文書課・総務課なのである。

府省のタイプ

府省によって，部局間の関係やその活動のあり方には違いがある。行政学者である城山英明（しろやまひであき）らは現役官僚たちとの共同研究から，政策形成における組織の行動様式を，次の2軸で整理した。第1は，集権と分権に相当する軸であり，官房系統組織による統制が強いタイプとラインの部局を主体とするタイプに分かれる。第2は，政策形成が省庁自身の手で能動的になされるのか，それとも受動的かというものである。この2つの軸を組み合わせることで，4つの類型が生まれる。集権・能動が企画型，集権・受動が査定型，分権・能動が現場型，分権・受動が渉外型である（城山・鈴木・細野編 1999；城山・細野編 2002）。

省庁再編前の省庁を対象とした類型化によると，多くの省は現場

図 6-2　財務省の内部組織（2021 年）

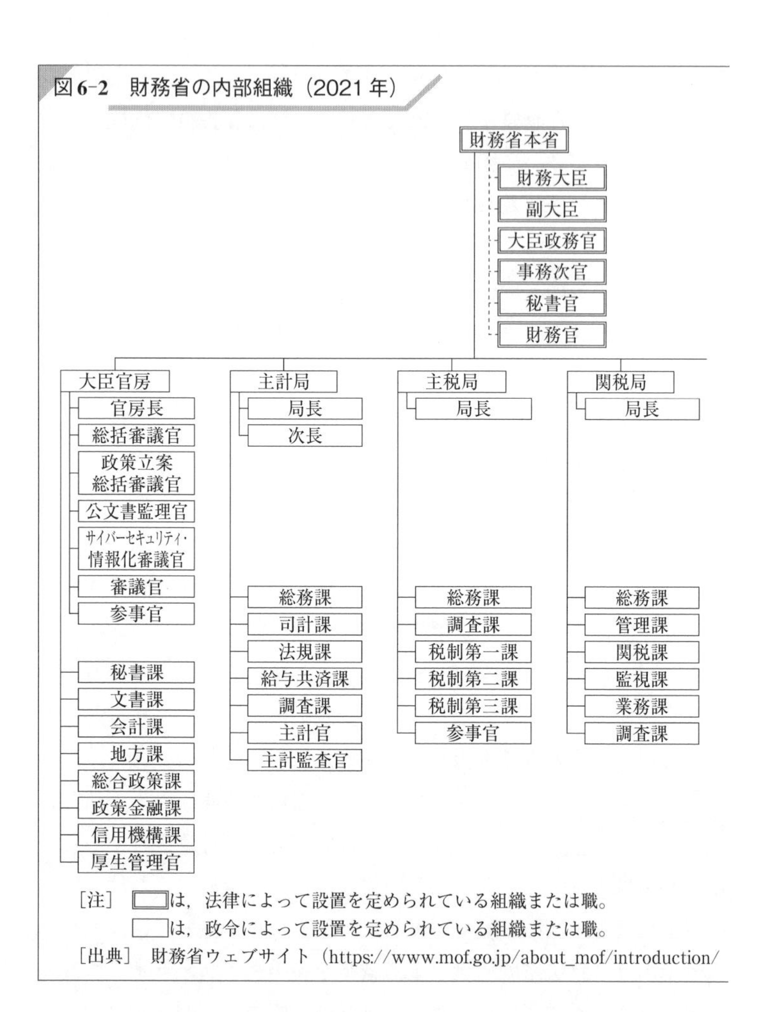

［注］ □は，法律によって設置を定められている組織または職。
□は，政令によって設置を定められている組織または職。
［出典］ 財務省ウェブサイト（https://www.mof.go.jp/about_mof/introduction/

型に分類される。つまり中央省庁では，原課を代表とするラインを中心として，積極的に立案を進めている。他方で，外務省のように対外交渉を任務とするという課業の特殊性から，渉外型の省もあれば，他の官庁との交渉が多く，官房を中心とする幹部層の役割が大きい通産省や経企庁といった企画型の省庁も存在する。そしていわ

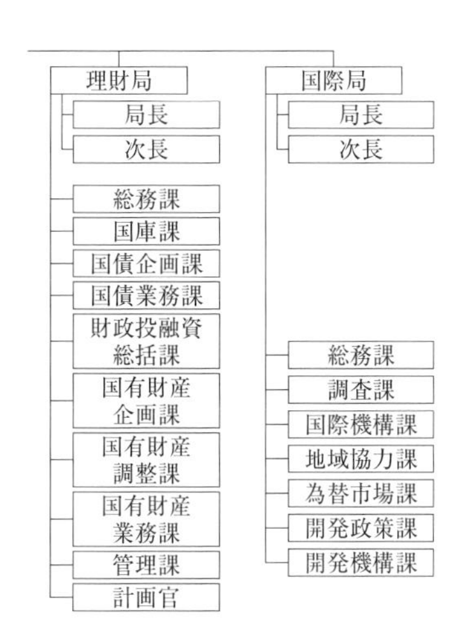

organization/index.htm）の図をもとに作成。

ゆる査定官庁である総務庁と大蔵省は，査定業務の性質上，受動的な立場に立ち，ミクロの積み上げをマクロ・レベルで調整する査定型の省庁である。

図 **6-4** では，各府省の予算規模を縦軸に，職員数を横軸にとった。両軸とも常用対数化しているので，たとえば縦軸の 0.1 は 1000 万円，

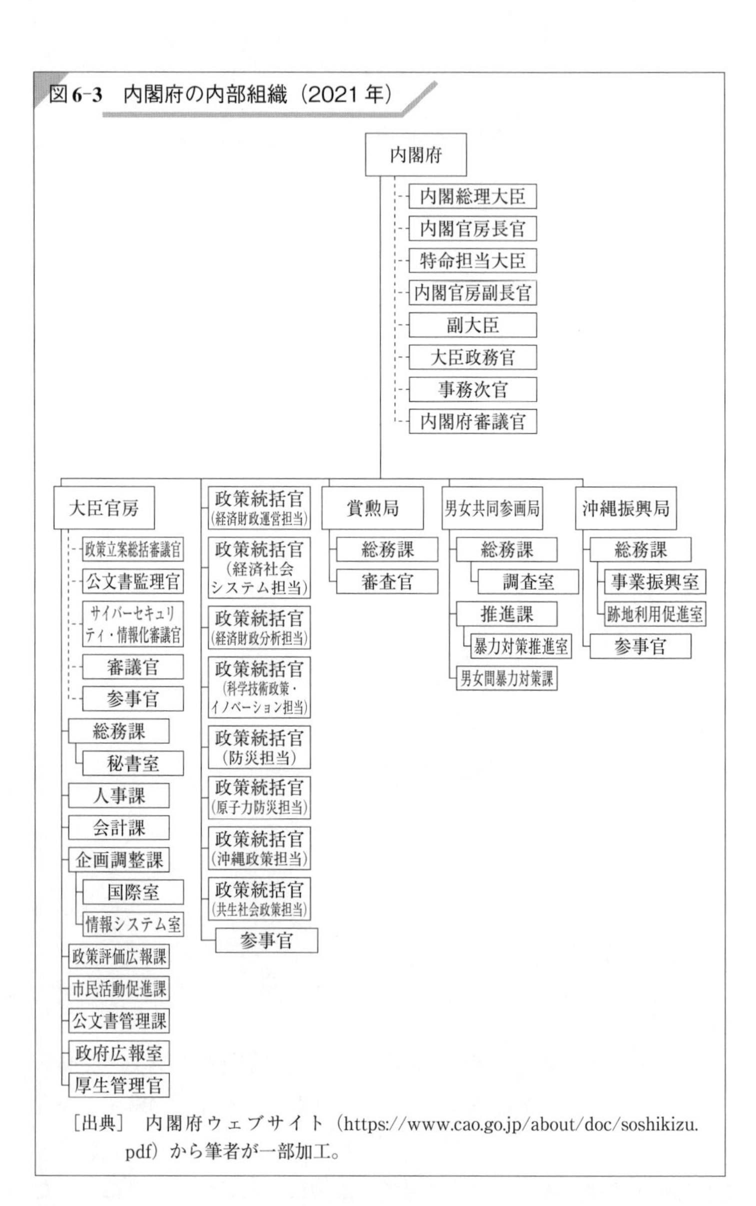

図6-3　内閣府の内部組織（2021年）

［出典］　内閣府ウェブサイト（https://www.cao.go.jp/about/doc/soshikizu.pdf）から筆者が一部加工。

図 6-4 府省別予算，定員，管理職比率（2019 年）

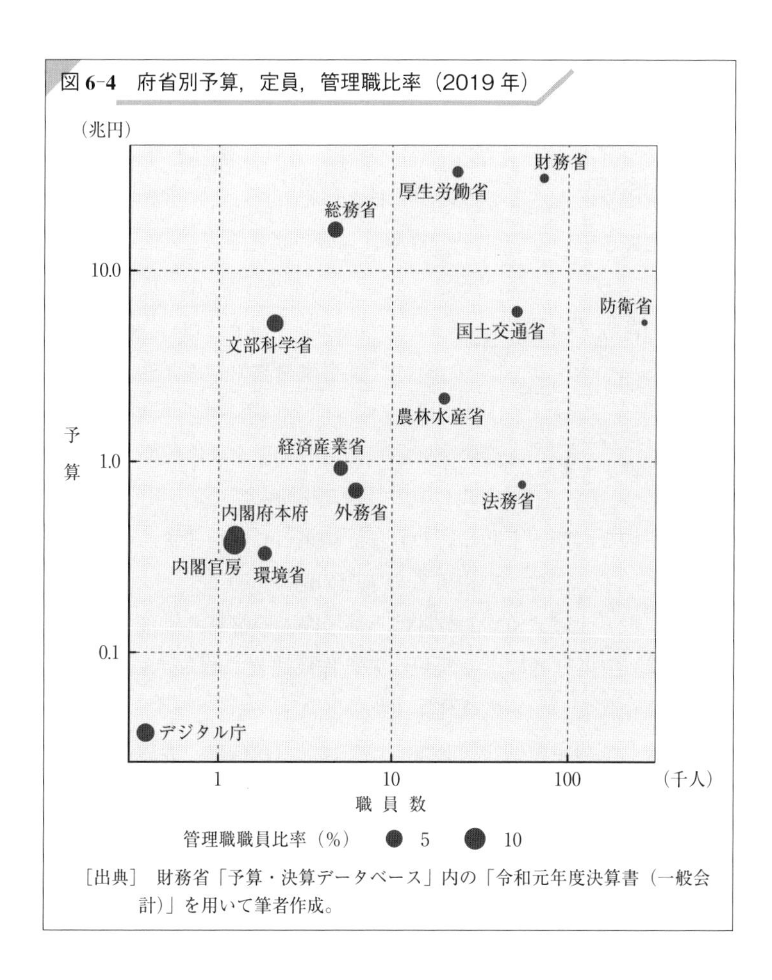

［出典］ 財務省「予算・決算データベース」内の「令和元年度決算書（一般会計)」を用いて筆者作成。

10 は 10 兆円を意味する。点の大きさは課長級以上の管理職職員の比率（%）を示している。ここからは，①多くの一般職員を抱え，政策執行の比重が高い法務省と防衛省，②金銭資源の比重が高く，資金配分機構の側面が強い総務省，文科省，厚労省，③人的資源と金銭資源の双方がそれなりに大きい農水省と国交省，④両方とも規模が小さく，管理職比率の高い内閣官房，内閣府，外務省，経産省，環境省，デジタル庁，⑤複合的な性格をもつ財務省といった分類が可能であろう。この分類は，概ね，城山らが描き出した政策形成スタイルとも重なる。①〜③であれば現場型となり，④の場合に企画型となるというのが基軸といえる。ここに分類される府省が増えてきているのは，2000年代以降の変化を表している。

3 活動の実態

● 日常業務の処理と法案作成

稟議書による処理

中央府省の活動の実態をよく見ると，情報共有型の特徴が浮かんでくる。分権性は高く，水平的な調整が不断に行われる。結果として情報資源の下方集積も高い。ここでは，中央府省の実際の活動のうち，3つの側面を具体的に取り上げよう。1つ目は，部局内での業務の処理である。2つ目は，中央府省による新規法案の作成過程である。3つ目は，中央府省全体での予算編成作業である。

組織としての定型的な業務については，伝統的に，会議などを経ず文書によって決定を行ってきた。起案書（または稟議書（りんぎしょ））という書類（図**6-5**）と既済と未済と書かれた決裁箱を用いた順次回覧方式と称されるしくみである。組織末端の起案者が起案書を作成し，上司の決裁箱の未済のところへ入れる。上司は，目を通して問題がなければ押印し，既済の方へ起案書を移動させる。既済に入った起案書はさらに上位の者の決裁箱へ移動していき，決裁権者が押印することで決裁となる。職員の出張伺いから，各種の許認可申請に対する諾否の決定など，種々の決定がこうして処理される。事案の重要性に応じ，決裁権は局長や課長などに事前に割り振られている。回覧経路の中には官房部門の文書担当部署が含まれる。

起案書を用いた業務処理には多くの利点がある。第1に，会議を

図6-5　起案書（稟議書）の例（法務省）

様式第２号（第１１条関係）（起案用紙）

決裁・供覧・報告

件名		文書番号	
		年　第　号	
伺い文			

起案	起案日	年　月　日		受付日	年　月　日
起案	部署		決裁	決裁処理期限日	年　月　日
起案			決裁	決裁日	年　月　日
起案			施行	施行処理期限日	年　月　日
起案	起案者		施行	施行日	年　月　日
起案	連絡先（内線）		施行	施行先	
分類名称	大分類		施行		
分類名称	中分類		施行	施行者	
分類名称	名称（小分類）		施行	取扱上の注意	
取扱区分	秘密区分		施行		
取扱区分	秘密期間終了日	年　月　日	格付け	機密性格付け	
取扱区分	指定事由		格付け	取扱制限	
取扱区分			保存	行政文書保存期間	
取扱区分			保存	保存期間満了日	

決裁・供覧・報告欄	大臣	副大臣	大臣政務官	事務次官	官房長
	秘書課				
	起案部局・課				
備考欄					

（備考）　用紙の大きさは、日本産業規格Ａ列４番とする。

［出典］　法務省行政文書取扱規則様式第２号。

行うことなく意思決定がなされ，時間と労力の節約になる。第2に，決定が書類として残る。第3に，末端の職員から決裁権者までが決定に関与できる。第4に，末端の職員が起案を行うので，OJT（業務を行う中で，訓練を行うこと）の機能を果たす。他方で，この方式には欠点も多い。多くの者が決定に関与するといっても，実際にはきわめて形式的であり，上位者は機械的に押印を行うだけということも多い。また，書類が決裁箱で眠っている時間が長く，最終決定までに多くの時間を要する。現在では，電子決裁システムの利用が増えているが，意思決定方式としての根幹に違いはなく，メリットとデメリットについても変わりはない。

稟議書を用いない処理　非定型的な決定の場合，すなわち，判断が難しくかつ重要で，上位者の実質的な決定への関与が必要な場合や，決定に時間をかけられない緊急性の高い案件の場合には，別の業務処理方式が用いられる。

前者の場合は，会議を開き，そこで実質的な決定を行った後，確認書類として稟議書を作成する。具体的には，法令改正，予算要求，マスコミ事案，不利益処分などが挙げられる。判断が難しく重要な事案とは，多くの場合，利害関係が広範囲に及び他の部局との調整が必要なので，会議による調整，および会議前後の個別の調整，いわゆる「根回し」が進められる。この場合の稟議書の回覧や決裁は，起案者が直接，上位者たちの机を回る形で短時間に進められることから，持ち回り決裁型と称される（中島 2020）。

後者の場合に，時間を節約する方法は，2つある。ひとつは回覧・決裁方式の工夫である。決裁者が不在の場合に下位の者が代決を行うこと，あるいはあらかじめ定められている関係部局間，役職間での回覧順序を変更し，後伺いすることによって，回覧・決裁時間の節約が図られる。もうひとつは，稟議書を作成することなく，組織としての決定を行うことである。代表的なものは国会答弁書の作成である。これは時間的な制約が非常に厳しいので，稟議書の形をとらないことが慣例化している。

稟議制論と大部屋主義

ここまで見たような部局内部での事務処理方式に，日本の官僚制の意思決定の特徴が表れていることを最初に指摘したのは，辻清明の稟議制論である（辻 1969）。辻はそのうえで，組織上位者の指導の不在といった否定的な評価を下している。政官関係（☞第2章），中央・地方関係（☞第10章）と並んで，辻は稟議制論という形で日本の行政組織の特徴をとらえ，一貫してそれらに消極的な評価を与えた。事務処理形態の根底に意思決定方式の特徴を見抜いたことは慧眼（けいがん）である。

こうした視点は大森 彌（おおもりわたる）によって発展させられ，稟議制に見られる意思決定方式は，組織下部での権限配分の不明瞭さ，同じ課内の職員同士の意思疎通を図るために，職員に個室を与えず大部屋での執務を行うことなどにもつながっていることが示された。これら全体に通ずるチーム生産的な日本の意思決定の特徴を，大森は「大部屋主義」と名づけている（大森 1987, 2006）。実際，部局内部での事務処理方式は全体として，情報共有型の組織の特徴をよく示している。

ポンチ絵，質問主意書への回答，情報公開

ここまでは，組織としての決定にかかわる事務処理を見てきたが，中央府省の日常業務では，これ以外に膨大な書類の作成が行われている。そのひとつが，決定に至る前段階で，説明や情報提供を行うことに伴う書類である。審議会での配付資料や関連団体への説明資料などもあるが，特に多いのは政治家への説明資料である。説明資料には，議論の概略やポイントを図示した，いわゆるポンチ絵が含まれることが多い。パソコンが広く導入されるようになった2000年代以降，図を資料に盛り込むことが可能となり，説明を受ける側の要望に応えることで，広く用いられるようになった。他方で，配付資料のペーパーレス化などはなかなか進まず，大量のコピー作成が現在でも行われている。

要求を受けての文書作成という点で，負担感が大きいものとして

は，質問主意書への回答がある。国会議員は内閣に対して，口頭での質疑を行うほか，文書での質問を出せる。これが質問主意書であり，提出を受けた場合は一週間以内に，内閣として，つまり内閣法制局での審査や閣議決定を経たうえで答弁を行わなければならない。

情報共有型組織では，情報が組織下部に蓄積されがちであるが，そのことは文書にも当てはまる。府省，さらには中央府省全体として，文書を作成した後の保存や廃棄，移管といった一連の管理は統一されなかった。文書は課の単位で蓄積されがちであり，さらには個人の所蔵となることも多かった。さまざまなレベルでの根回しによる調整が個人の関係性を基盤とするのと同様，文書が組織全体に共有されないことも多かった（坂口 2016）。

このことは，公文書管理と情報公開への対応のコスト感を高めている。官僚にとって文書管理のインセンティブは大きくない。責任の所在を明確にすることで自分の身を守ることにつながる場合以外は，文書を管理するインセンティブに欠ける。手間と労力を要するからである。特に最終決定に至る過程の中間段階に関する文書や資料を整えて保存することは難しい。文書の作成，決裁，管理に至る一連の過程をできる限り自動化した電子的なシステムなどを用意しないままに，また対応に当たる人員などを増やすことなく，公文書管理と情報公開を十分に行うことは難しい。

総じて，日本の中央省庁においては，省庁の外，とりわけ政治家と市民からの要求に応えるために，文書の作成から公開までに至る負担は増大してきている。電子化の進展は，これに応えることを可能にすることなく，むしろポンチ絵に見られるような追加業務を拡大している面も大きい。人員不足のもとでの業務負担の増大は労働環境悪化の一因となっている。

法案作成の意味

次に，法案を新規作成する場合に，どのような作業が行われるのかを見てみよう。ただしその前に，新たな政策課題があったからといって，必ず新規に法案策定が進められるわけではないことを確認しておこう。既存政策の転用や微調整で対処できる場合は，まずはそれで対処するというのが基本的な姿勢である。他方で，日本の中央府省にとって政策形成は自らの役割のひとつと認知されており，多様なプラスの側面をもった機会でもある。年間100本程度の内閣提出法案があるのだから，平均すれば各局が毎年1本程度の法案を提出していることになる。したがって，法案策定の中心となる課の単位で見るならば，数年に一度はこうした法案策定の機会がめぐってくる。

法案策定のプロセスは大きく2つの段階に分けられる。省内での原案策定の段階と省外との調整段階である。以下，順に見ていこう。

省内での作業

省内での原案策定作業では，情報収集が出発点となる。主管課の職員が中心となって他国での類似事例や地方政府における関係事例について情報を集める。このほか，関連の研究所（たとえば，財務省の財務総合政策研究所）や各種審議会も利用される。

情報収集が終わると，実際の起草作業が開始される。それを担うのが法案準備室である。これは，主管課を中心に，関連する各課から1名程度の職員を集めて，10名程度で形成される臨時組織である。同時に物理的にも，霞が関の庁舎内などに一室を確保することが通例である。これにより局内での連絡調整費用を削減すると同時に，起草過程での情報の集中管理を可能とする。構成員は課長補佐クラスを中心に入省間もない若手までが含まれる。企画立案の「ツメ」と利害関係者の「サバキ」という新規政策形成に必要な2つの作業を，OJTで取得していくことが期待されるからである。ツメができる「頭（あたま）」とサバキができる「肝（きも）」の双方を鍛錬する場として，若手のキャリア官僚に順次こうした機会を与えていく。法案準備室で策定された原案は順次，課長，局長，大臣官房文書課の法令審査官による検討を経て，最終的に大臣の承認を受ける（田丸 2000）。

省外との調整

こうして省内での策定が終わっても，省外には大きく３つのハードルが控えている。これらを乗り越えなければ，最終的に法律としては成立しない。

第１は，内閣法制局の法案審査である。そこでは法案の条文が，必要性，公益性，既存の法制度との整合性という，主に３つの観点から吟味される。内閣法制局の審査の中心となるのは，部長と参事官である。参事官には各省課長級の者が出向しており，主に出向元の法案を担当する。この参事官と法案を提出する担当課長補佐が徹底した議論を積み重ねる（西川 2000；大森 2005）。

第２は，府省間協議である。すべての法案はすべての府省に配付することになっている。この時点で最終的に，すべての府省は他の府省の法案策定に対して一種の拒否権をもつのである。説明会開催後，他の府省からの質問に対する見解の提示を繰り返し，最後は対面折衝によって細かい協議を積み重ねていく。ここでは，課長補佐から始め，合意に至らなかった部分については，より上位の者による調整に任せることで，全体として調整に要する時間を圧縮する。かつては協議結果を覚書として残していたが，情報公開法が制定されてからは，覚書は残されないようになっているという。

第３は与党説明と国会審議である。日本の政治・行政の融合性ゆえ，官僚は立法府内での審議過程に関与し，最終的な成立まで責任をもつ（☞第２章）。与党議員に対する法案説明と国会答弁の準備は，官僚に委ねられているところが大きいのである。

情報共有型組織とその限界

法案作成のプロセスにも，情報共有型組織の特徴はよく表れている。第１に，法案の策定という非日常業務に対して，増員や組織改編を伴うことなく，既存の組織構成員の一部を括り出すことで対処がなされる。法案準備室にメンバーを送り出す各課では，残る職員たちが準備室に行った職員の業務を補完する。各人の事務所掌の範囲が柔軟に定められており，課単位で見た場合に，ある程度の組織的余力が存在しているので，これが可能となる。近年は内閣官房による法案策定が増えているが，そこに関係省庁が人材を送り込むことも同様のメカニズムにより可能となる。

第2に，水平的調整を主体としながら，行政府全体での調整が十分に行われる。局内調整については，法案準備室に各課が人を送り出すことによって達成される。局長によるトップダウン型の裁定ではなく，課の間での水平的調整が意思決定の中心となっているのである。さらに，府省間調整が組み込まれている。他の府省の新規政策に口出しをすることが相互に可能となっており，そこでの対立は相互の協議により解消される。ここでもやはり内閣，官邸など上位者による調整ではなく，水平的調整が基本となっているのである（寄本 1998）。ただし，既存の府省間の分業が社会や経済が要請する政策課題とうまく整合しなくなり，府省横断的な政策課題が増えてくれば，府省間調整での対応はうまく機能しなくなる。内閣官房や内閣府に各省の人材を集めることで法案作成が行われることが増えているのは，この問題への対応でもある（小林 2021）。

第3に，水平的調整の対象は，行政組織内部を超えて外部にも広がる。与野党政治家のほか，政策実施を担う地方政府（☞第10章）や官民間のグレーゾーン組織（☞第14章）などとの調整も十分に行われる。同様の状況は地方政府でも当てはまり，こちらでは政策実施の局面なども含めて多機関連携と呼ばれる（伊藤編 2019）。海外では，このような官民を超えた調整による政策立案・実施を協働ガバナンス（collaborative governance）と呼ぶが（Ansell & Gash 2008），日本では以前からこれは常態であったといえる。

4 人事管理の特徴

管理の単位と幹部・一般職員の融合

戦後日本の中央府省における人事管理の第1の特徴は，人事管理の単位が府省となっていることであった。中央府省全体を統合する形での人事管理は行われていなかったのである。採用試験や給与の改定は人事院が全体として管理するが，採用の最終決定，職員の配置，昇進の管理といった人事管理の中核は府省単位で行われる。人事院が実施する国家公務員試験に合格することは，府省に採用されるための必要条件ではあるが，十分条件ではない。府省別に行われる面接（官庁訪問と呼ばれる）で最終判断がなされるのである。

第2に，幹部職員の人事と一般職員の人事は，連続的に府省単位で行われ，府省全体にまたがる形での異動は行われてこなかった。

つまり，情報共有型組織としての日本の行政組織において，人事を通じた統合は府省単位で行われてきた。他国で見られるような上級幹部の切り離しは行わず，組織上部での府省を超えた人事交流や民間への開放も進まなかった。こうした特徴が変化するのは，2000年代以降，より本格的には第2次安倍政権の成立以降である。

人事院の設置とその限界

省庁ごとに分断された人事管理は，戦前以来のものであった。戦後のGHQ改革においては，フーバー顧問団の提言にもとづく公務員制度改革が行われ，人事院が設置された。個人単位で職務を明確化する職階制を通じて人事管理の機能を統合すること，労働基本権制限の代替措置として職員の利益を保護することが，人事院の2本柱となるはずであった。しかし前者は店晒し（たなざらし）にされ，後者の機能だけが人事院には残された。

占領初期の段階では，公務員（治安業務関係の職員を除く）にも1945年12月に制定された労働組合法が適用され，団結権，団体交渉権，争議権といった労働三権も認められた。しかし労働運動が激化する中，吉田茂は公務員の労働基本権への制限をGHQに求め，労働政策の見直しが進む。48年7月には政令により，公務員の団体交渉と争議行為を禁止した（警察，防衛職員などは団結権ももたない）。他方で，鉄道など現業部門は公社として切り離し，協約締結権までを付与した。同年12月の国家公務員法の改正により，これが法定化され，同時に人事院が発足した。

給与等に関する人事院勧告が人事院の主な存在根拠となる。それだけに勧告が内閣に受け入れられなければ，人事院の存続は危うくなる。実際に内閣は，財政難を理由として勧告を実施しないこともあった。そこで人事院は，官民の均衡，官公の均衡をとることで勧告制度を存続させていく。民間給与の実態をふまえて国家公務員給与を定め，さらにそれを地方へ波及させていった（西村 1999）。

公務員制度改革の試み

こうして，府省単位の人事管理および労働基本権の制約と人事院勧告という特徴は，戦後日本に根づいてきた。しかし2000年代に統治機構の再編が進む中で，これらの特徴も見直しを迫られる。2000年12月に閣議決定された行政改革大綱では，業績主義，再雇用規制，官民人材交流，府省への組織編制と人事制度設計の分権が謳われた。他の国で進む人材資源管理の分権化と開放化が，この時点ではめざされた。しかしその後の改革過程で，人事管理の主体という問題は改革の議題から落とされ，天下り規制の問題に改革は収斂（しゅうれん）していった。その裏面で，内閣官房や内閣府への出向が増えたことで，府省を超えた異動が拡大した。府省単位の人事は静かに変化を始めたのである。

第1次安倍政権の下で公務員制度改革のしきり直しが行われ，2008年6月，国家公務員制度改革基本法が成立した。政治主導を実質化するために内閣による人事管理機能の強化を図り，幹部職員人事を各省から切り離し，行政外部からの登用も求めている。こうした機能を担当するために，内閣官房に内閣人事局を設置し，総務省や人事院からの機能移管が構想される。つまり，幹部職員の人事管理を内閣に統合しようというもので，戦後公務員制度から大きく転換した集権・統合化がめざされた。

民主党政権にもこの方向は継承され，幹部職員の一括管理や内閣人事局の設置を内容とする国家公務員法改正案は，2009 年 3 月と 10 年 2 月に，国会に提出されるも廃案に終わった。11 年 6 月には，国家公務員制度改革関連 4 法案という形で 3 度目の提案がなされたが，これも廃案に終わった。

第 2 次安倍政権は，第 1 次安倍政権以来の構想のうち内閣人事局の設置により，人事と機構・定員管理の移管を実現した。ただし，人事院は存続しており，公務員の労働基本権の問題も手つかずのままである。首相主導にかかわる部分を実現させ，その他の部分の改革は放置されたともいえる。

幹部職員の人事は官邸の手で行われるようになった。1997 年には官房長官，副長官からなる閣議人事検討会議が設けられ，2000 年からは局長級以上には内閣承認を必要とすることになっていた。この方向を強化し，2014 年からは審議官級以上の 650 名程度が内閣人事局による一元管理の対象となった。昇進の最後の部分については，府省による人事管理の自律性が低下した。他方で，実際の運用においては，府省間をまたがる異動は散見されるにとどまる。また，民間からの登用もさほど多いわけではない。府省単位という性格を残しつつ，情報共有型組織の人事による統合を強めつつある中途の段階といえる。

弱いエリート主義

「誰を出世させるか」は人事管理の肝のひとつである。日本の行政組織の場合には，職員の選抜に関しては，弱いエリート主義がとられている。幹部候補者は入口時点で選抜され，課長級までの昇進を保障している。それ以外の職員のうち，本省課長級に到達する者は限られており，幹部候補の早期選抜と優遇が見られる。しかし幹部候補以外の者でも課長以上に昇進することがあり，また，幹部候補であっても，その出発点が，非幹部候補の到達点以上に高いということもない。こうした意味ではエリート主義ではあるが，その程度は弱い。

戦前は文官高等試験（高文）の合格者を高等官として採用することで，幹部候補を別枠で扱うことが制度化されていた。これに対して，戦後の公務員制度においては，幹部候補の別枠扱いはあくまで慣行であり，法的根拠は存在しない。いわゆるキャリアというのも1950年代に広まった通称である（川手 2005）。したがって，キャリアに対する明確な定義はないが，その中心となるのは，国家公務員上級甲種試験，85年以降はⅠ種試験，12年からは総合職（院卒者試験および大卒程度試験）に合格し省庁に採用された者，中でも特に，法律，行政，経済といった試験区分で採用された事務官である。広義では技術系区分で採用された技官を含む場合もある。省による違いもあり，法務省では総合職法律区分の採用者は，検事総長などの事務方のトップに立つことはない。検察官として採用された者が要職を占める。防衛省では国家公務員試験で採用される背広組が事務次官まで上れるが，統合幕僚長以下の幹部ポストは，制服組の幹部自衛官が占めている。

キャリアとして採用されるのは，毎年，各府省で10〜30名程度である。2年を基準として頻繁に職場の異動を繰り返す。同期は同時に配置換えとなり，同一職場に配置されることはない。入省後10年程度で課長補佐に昇進する。20年程度で課長クラスとなる。ここまでは同期を同時昇進させる。逆にいえば，この段階以降，昇進速度に差が出てくる。そして，最終的に昇進の道が絶たれたキャリアは，省を去ることとなる（アップ・オア・アウトと呼ばれる）。組織をピラミッド型に維持するためである。とはいえ，40歳代で省外に放出するには，再就職の必要が出てくる。これが天下りが必要となるひとつの理由となる。最終的に事務次官が誕生したとき，その同期はすべて省外へ去っている。年功序列は強く守られており，入省年次が下の者が上の代を抜くことは，まず見られない。民間企業と比べたとき，類似点は多いが，アップ・オア・アウトと年功序列の厳守は，中央府省に特徴的である。

遅い選抜

入省後20年間ほど同時昇進をさせ，それ以降の時期に昇進の差をつけることを「遅い選抜」と呼ぶ（稲継 1996）。ただしそれは，選抜結果の開示が遅いということであり，選抜の作業自体は，入省した時点から始まっている。入省後の各職場における各人の評価は，官房人事課に集中的に蓄積され，それが課長以上での選抜の基準となる。だからこそ，キャリア官僚たちは入省直後から，連日深夜にまで及ぶ厳しい労働を続ける。評価を長期的な蓄積の後に用いることで多面的な評価を集め，また短期的には結果の出ない側面を評価に盛り込む。こうした工夫により，評価結果の妥当性は受け入れられやすい。

遅い選抜結果の開示とは，裏を返せば皆に出世の可能性を期待させることである。これにより，すべての構成員に技能取得の動機を与えることができる。同時に，それが十分なインセンティブとなるよう，出世の魅力を大きなものにしている。仕事の重要性，やりがい，面白さ，そして給与のすべてが役職と結び付いている。給与は俸給表によって定まり，給与表は課長，係長など職位の違いに応じた「級」と，同一級内での経験年数の違いに応じた「号」によって定まる。昇進の差がつく課長段階までは同一の給与を受け取る。しかし昇給幅は当初は小さく，後の段階ほど大きくなっている。図**6-6**では行政職，表**6-1**では指定職の給与を示した。さらに退職金

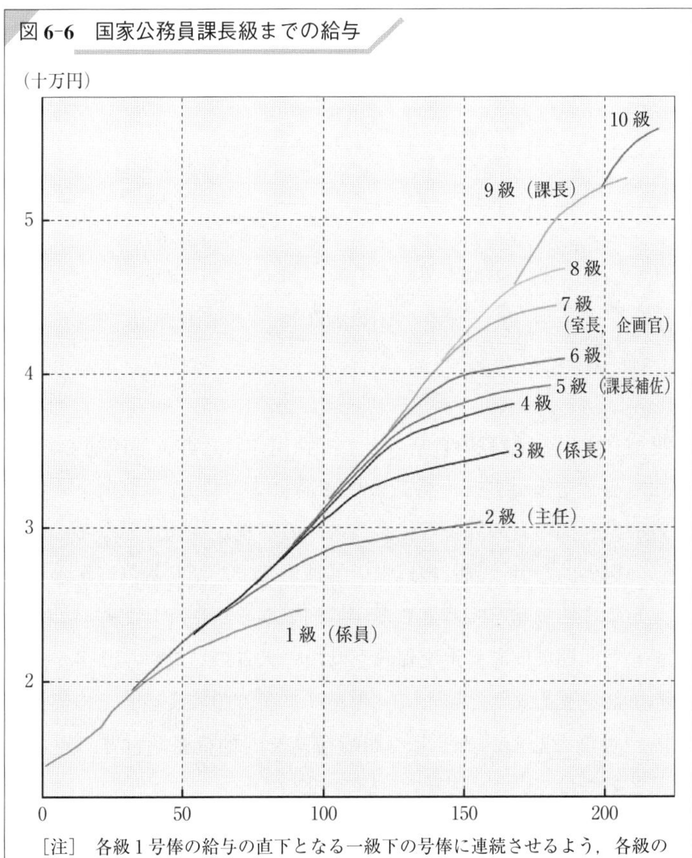

図 **6-6**　国家公務員課長級までの給与

［注］ 各級1号俸の給与の直下となる一級下の号俸に連続させるよう，各級の給与ラインを描いている。縦軸は月額であるが，本給のみであり各種手当ては含んでいない。各級の役職は代表的なものを掲げた。

［出典］ 一般職の職員の給与に関する法律の別表1にある行政職(1)についての俸給表から筆者作成。

は退職時点の給与額と結び付けられ，天下り先についても，高位での退職者には社会的地位と給与の高い役職が与えられる。

ノンキャリア

ノンキャリアとは，現在の国家公務員一般職試験，かつてのⅡ種（大卒者程度）およ

表 **6-1**　主な指定職（局次長級以上）の給与

号	主な官職	月額（円）
1	本省局次長，審議官	706,000
3	外局次長	818,000
4	官房長，局長	895,000
6	各府省審議官	1,035,000
8	事務次官	1,175,000

［出典］　一般職の職員の給与に関する法律別表第 11 をもとに筆者作成。

び III 種（高卒者）試験の合格者として採用された非幹部候補である。彼らの昇進速度は遅く，係長級に昇進するのに 10 年以上を要し，最終的に一部の者の課長補佐クラスへの昇進が到達点となる。ごく一部の例外的な者は課長級以上へ昇進する。ただし職位にかかわらず，定年まで勤務を続けることが通例である。こうした遅い昇進と必ずしも同期の同時昇進を保障されない大量のノンキャリアが，組織の下部を支えることにより，キャリア官僚の課長級までの昇進の保障が可能となる。こうした組織構造を，稲継裕昭（いなつぐひろあき）は「二重の駒形」と名づけている（図 **6-7**）（稲継 1996）。

ノンキャリアの職員たちの異動はキャリアのそれほど頻繁ではなく，とりわけ一定の職位以上では，長く同じ職場に配属されることが多い。そして，それゆえに専門知識や情報を蓄積しやすい。キャリアが官房人事課によって省レベルで人事管理がなされているのに対し，ノンキャリアの場合は各局総務課が担当することとなり，省レベルでの管理は行われない。

ノンキャリアとキャリアの関係は，基本的には協力・連携関係にある。はるかに速い速度で昇進を続け，自分たちよりもずっと若い年齢で上位の職位に就くキャリア官僚への，ある種のやっかみや不

図 6-7　二重の駒形

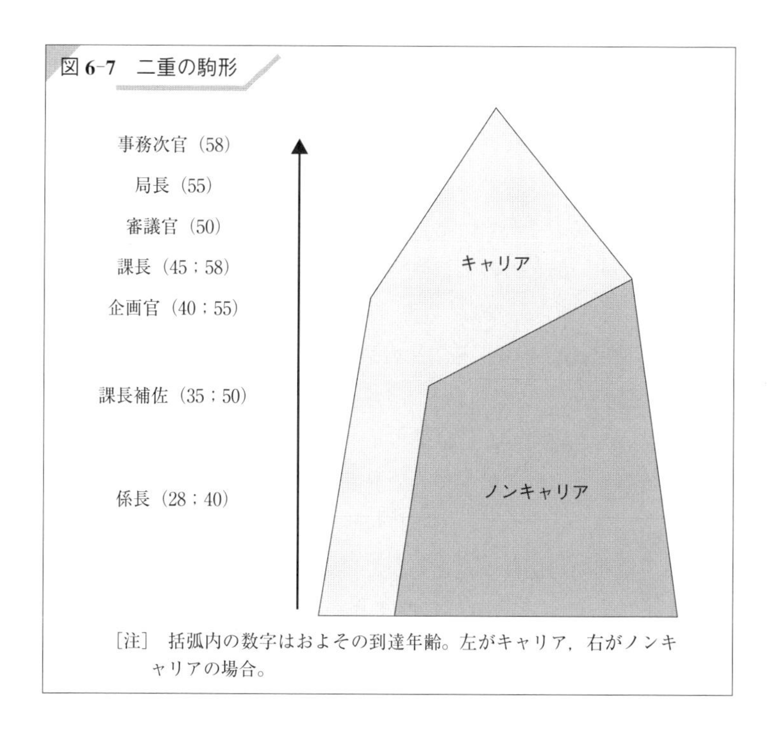

［注］括弧内の数字はおよその到達年齢。左がキャリア，右がノンキャリアの場合。

満がないわけではない。しかし，実務の多くはノンキャリア官僚の専門知識なしには進められない。ゆえに，役所を実質的に支えているのは自分たちであるという自負をもつノンキャリアの職員も多い。また，ノンキャリアに対する処遇は悪くない。局長や事務次官になるキャリア官僚とは比べるべくもないが，課長級で役人人生を終えるキャリア官僚と比べるならば，ノンキャリアは定年までの勤務が可能なこともあり，生涯賃金などに圧倒的な差がつくわけではない。

キャリア制度の見直し

2000年代以降，キャリア制度は見直されてきた。まとめると，①弱いエリート主義のさらなる弱体化，②入口一括採用に加え，中途採用の拡大，③課長級までの同時昇進とアップ・オア・アウト原則の緩み，④

評判の蓄積による選抜結果の納得性の低下といった4点である。

まず，キャリアとノンキャリアの差が縮小した。能力があるにもかかわらず昇進できないノンキャリアを抱えることは，組織としても非効率である。異動の多さや勤務地の変更など非定型性が強い働き方と，より安定性が強い働き方を可能とするグループとして位置づけ直す方が，働き方の多様性へのニーズが高まっていることにも対応できる。そこで，2012年度に採用試験の見直しが行われた。Ⅰ，Ⅱ，Ⅲ種試験を廃止し，総合職試験と一般職試験（大卒程度試験と高卒者試験）として，働き方の違いを中心に再編された。昇進速度の違いも存在するが，以前のような峻別は行われず，ノンキャリアの職員であっても局長級への昇進を果たす者が見られるようになった。

次に，業務の専門性の高まりなどに応じて，民間企業からの中途採用を増やしている。2006年度より経験者採用システムが導入され，新司法試験合格者や国家Ⅰ種相当の社会人経験者として10名ほどが採用されている。この他の職種も含めた民間人材の採用は98年度以来，毎年100名を超えており，官民人事交流も進められている。12年度の採用試験の見直しでは，経験者採用試験（課長補佐級および係長級）が創設された。

ノンキャリアの一部や中途採用者が入るようになったことは，他方で，一括採用したキャリア組のポスト繰りを難しいものにする。天下りへの規制が強化されたことで，昇進可能性が閉ざされた者を，組織外に送り出すことが難しくなり，アップ・オア・アウトの原則も維持しがたくなった。このことはさらに，課長級以上のポスト不足を厳しいものにする。これらが相まって，従来よりも昇進速度が遅くなり，かつ，同時昇進を行うことが難しくなっている。課長級昇進時に差がつき，本省課長への昇進が行われないというケースも見られる（大谷・河合編 2019）。

最後に，このように昇進をめぐる競争条件が悪化していることに加えて，審議官級以上の人事は内閣人事局の決定に移されたことで，蓄積された評価結果に納得が得られにくくなっている。政治との距離の近さが昇進に影響するとともに，同期入省組から事務次官は1名だけなどの暗黙のルールが崩れることで，若い時期の仕事ぶりはあとで必ず報われるという信頼感が低下していく。

ジェネラリスト志向と技官

採用と訓練においては，情報共有型組織で重視される文脈型技能を保有する人材の採用と育成が重視されてきた。採用においては法律を中心とする社会科学系の出身者を中心に，入口での一括採用を行う。さまざまな職場の経験を積み重ねさせて組織全体としての業務に習熟させる。そのために各人の過去の職場経験を管理し，異動時には未経験の部署への配置を行っている。

情報共有型組織において習熟が求められる技能は，組織内の水平的な情報流通をふまえ，いわゆる「落としどころ」を見つける類（たぐい）の技能である。こういった技能は組織外部において，定型的な知識習得の形で入手することは難しい。このため，日本の組織における訓練は組織内部で業務を遂行しつつ行われるOJTとなる。OJTの中心は直属の上司である。日常業務の処理や法案形成において，若手へのOJTが考慮されていることは，すでに見た通りである。

こうしたジェネラリスト志向の強さは，裏を返せば，技官に代表される専門性を備えた職員を，それほど重視しないことでもある。そもそも入口の時点で，法律職を中心とする採用が中心であり，技官の採用は少ない。法律・経済・行政の3区分から全体の半数を超える採用がなされている。また，法律職，経済職の採用者はあらゆる府省にわたる。これに対して，技官として省に採用されるのは，農学系から多くを採用する農水省，理工系から多くを採用する国交省，経産省，幅広く少数ずつ採用する文科省，環境省，加えて，国家公務員試験とは別に医系技官を多く採用する厚労省に限られる。技官は事務官に比して，昇進でも冷遇されがちである。それゆえ，戦前から昇進可能性を広げることを求めて運動を行ってきた（若月 2014）。事務次官に技官出身者が就くケースは限定的であり，文科省，厚労省では数回に一度，国交省では2回に一度ある程度である。他方で，技官の方が，大きな予算を抱え，関係する業界も多いことから天下り先などにも恵まれる面もある。それゆえ，技官たちの方が改革に強く抵抗することも多く見られる（藤田 2008）。

ジェネラリスト志向の強さに対しては，2010年代以降，両方向の動きが見られる。一方で，政策の専門化，複雑化が進んでいるので，文脈型技能よりも専門知識を重視する動きが見られる。他方で，内閣官房での勤務など調整や企画を柔軟に行える能力が求められることもあり，より高度な文脈型技能が求められている面もある。

2012年の公務員試験制度改革でもこの両面が現れており，総合職に院卒者試験が新設され，いわゆる理系の試験区分のみならず，行政区分も設けられている。また，22年度からのデジタル区分に見られるように，専門的人材を確保するための試験区分の追加も行われている。他方で，大卒程度試験には教養区分が設けられた。従来の専門知識を問う試験とは異なる試験形式であり，専門の試験区分の前年秋に受けることができる。この区分からの採用者は次第に増えており，経産省や外務省のように，教養区分からの採用を特に重視している省も出てきている。

地方政府における人事管理

ここまで見てきた人事管理の特徴は，地方政府のそれにも当てはまることが多いものの，どの程度早くから昇進に差をつけるかという点については，地方政府ごとの差がある。林嶺那（はやしれおな）の研究によると，大卒者を幹部候補者として採用する学歴主義が，最も早く差をつけるタイプである。次に，採用後の試験によって昇進に差をつけていく試験主義が位置する。最後に，学歴や採用区分による昇進の差をできるだけつけない平等主義をとるところもある。大阪市，東京都，神奈川県が順にその例である（林 2020）。

早い段階で昇進の差をつけることは，能力のある者が明らかであれば，そうした能力のある者を採用し，組織からの退出を防ぐうえで有効であろう。しかし，昇進可能性を閉ざされた者の不満は大きいだろう。逆に，昇進の差が遅くまでつかないことは，能力の差がほぼない者たちすべてに昇進意欲をもたせ続け，勤労インセンティブを与えるうえで有効であろう。しかし，能力が高いと自負する者にとっては「悪平等」と映るだろう。昇進管理の答えはひとつだけではないことを，地方政府の人事管理の多様性はよく示している。

他方で，現在の地方政府では，長期にわたる雇用を必ずしも前提とすることができていない。定員管理の厳しさや財政難から，非正規雇用の職員が増加している。非正規公務員数は70万人，職員の3割以上が非正規職員となっているといわれる（上林 2015）。

5 予算編成と機構・定員管理

予算編成過程の特徴

第5章で述べた予算編成をとらえる視点から見たとき，日本の予算編成過程の特徴は，次のようにとらえることができる。

第1に，1990年代以前はボトムアップ中心で分権的であった。事業官庁と族議員が提案し，大蔵省が査定する形をとり，ミクロの歳出先行の予算編成という傾向が強かった。しかし第2に，2000年代以降は，集権化が進んだ。小泉純一郎政権期に，マクロの総額先行，歳入と歳出の同時決定が志向された。官邸主導のトップダウンによる編成の試みである。

第3に，形式的な公式化の程度は一般会計においては高い。単年度会計を貫き，費目間の弾力的運用や府省への裁量の付与は他国に比べて進んでいない。事前に詳細に予算を決め，それを遵守させるという傾向が強い。しかし第4に，実質的な公式化の程度は高くない。標準化されたフレームの利用や評価との連動が弱く，財務省の裁量による決定の部分が大きい。特別会計と一般会計の間で複雑な資金の出し入れもなされる。このため，予算全体として見た場合の可視性は高くない。

予算編成の流れ

予算編成における作業とタイムスケジュールを，2000年の前後で大きく分けて見ていこう。主なポイントをまとめた表**6-2**を参照してもらいたい。

大きな特徴は，年度当初までに予算を確実に成立させるために，終点から逆算する形でタイムスケジュールが定められている点である。予算については衆議院の優越が定められているので，前年度の2月末までに衆議院を通せば年度内成立となる。1月半ばに開会される予算国会へ提出するには，閣議決定などの時間を見越して，政府予算の原案は12月後半には確定しなければならない。そして査定作業に3カ月あまりを要することを考えると，事業官庁からの提出は8月末を目途とすることになる。こうして4月から8月までの事業官庁の要求案作成段階，9月から12月の財務省による査定段階，そして年明け以後の復活折衝から国会への提出，審議段階という3つの段階に大きく分かれる。

予算編成過程では，表面上，政治家の関与は少ない。表面に現れるのは，復活折衝の最終段階で，各府省の大臣が財務相と行う大臣折衝だけである。しかし裏面で，自民党議員は自分たちの意向を反映させていた。族議員は，各省の概算要求案策定の段階で，自分たちの意向を省の側に十分に伝えている。こうした議員の意向は，財務省による査定の段階でも考慮されてきた（☞第2章）。

表 6-2　予算編成スケジュール

	1980年代以降の自民党政権	2000年代の自公政権	民主党政権
1月		経済の中期展望	予算編成の基本方針
5月	課レベルの概算要求案		
6月	局予算の作成	骨太の方針	
7月	シーリングの提示	予算の全体像	行政事業レビューの反映
8月	省予算の作成		
9月	大蔵省によるヒヤリング		
10月	大蔵省による査定原案の作成		
11月			事業仕分け
12月	大蔵原案の提示		
1月	復活折衝		
2月	国会審議		
3月	予算の成立		

［注］2000年代以降について書かれているのは，その時期に新たに追加された作業である。その時期においても，左側の自民党政権時代と同じ作業も引き続き行われている。

積み上げ式交渉と攻守交代制

事業官庁による要求案の作成と財務省による査定について，詳しく見てみよう。事業官庁による要求案作成は，担当課から始まる。政策を所管する基本単位となる課が，予算要求においても基本単位となる。5月を目途に担当課からの概算要求案が出され，6月には局予算として集約される。その後，8月末までには省としての要求案がまとめられる。こうした要求案の作成過程では，概ね，国交省や厚労省といった個別事業を多く抱える省ほどボトムアップの傾向が強い。これに対して，政策官庁，たとえば経産省は官房部門による統合の傾向が強いという。

その後3カ月をかけて財務省との予算折衝，査定が行われる。財務省主計局は局長の下に，3名の局次長，課長級に当たる11名の主計官，そして主計官ごとに3〜4名の主査（課長補佐クラス）が配置されている。まず，各省からのヒヤリングが行われる。主査が各省の総務課長からのヒヤリングを行うことから始め，次に主計官が局長クラスから，局次長が事務次官から，最後に局長が大臣からヒヤリングを行う。そのうえで，10月ごろから査定に入っていく。ここでは，事務経費と投資的経費に分けて，主査が主計官と，次に主計官が次長と対峙する形で，査定原案を提示していく。復活折衝においても，特定項目に絞ったうえで，同じ手順で査定が行われる（キャンベル 2014）。

こうした一連のプロセスに見られる特徴は，次の4点にまとめられる。第1に，時間的制約の厳しさが妥協を促す。終点から逆算する形で各工程が時間を切られているので，締め切りまでに合意を形成できなければ，その事業には予算がつかない。100％要求通りでなくとも，0よりはましなので折衝は妥結されやすくなる。

第2に，対立的な折衝交渉が連鎖する。いわば攻守交替制といえる。これは妥協を促すと同時に，予算策定における情報収集の程度を高める働きをもつ。各省からすれば，ヒヤリングの相手側となる主計局官僚は，次の主計局内の査定において，自分たちの要求を代弁してもらう存在である。喧嘩別れをしては何も得られない。主計官や主査も，ヒヤリングの段階で十分な材料を得ておかなければ，次の査定段階で自分自身が説明に苦しむことになる。

第3に，一事不再理の原則によって部分決定を積み上げていく。これにより，判断の難しい点に拘泥（こうでい）して時間を浪費することが回避される。後の段階での決定をふまえれば，前段階の決定も見直した方が予算全体の効率性や妥当性を高めるとしても，そうしたことは行われない。

第4に，主計官や主査の行動様式は徹底した受け身である。何らかの基準に従い，積極的な提案を行うことはなく，要求のうち削減可能な部分を探し出すことに力を注ぐ。結果として，府省間，事業間，年度間でのバランスをとろうとする態度が支配的になる。

定員と機構の管理

府省内の部局の数と定員の管理も，予算編成と同様のプロセスで行われてきた。府省全体としての大枠が決められており，全体として管理する必要が生じる。査定を行うのは総務省の行政管理局であった。各省は，組織の改編，新設の要求，定員増の要求をとりまとめ，総務省が審査を行う。その作業手順やプロセスは予算編成と類似しており，多段階の積み上げ交渉方式がとられている。

総枠が設定されていることから，部局レベルの組織改編は，スクラップ・アンド・ビルドを原則とするといわれている。しかし，組織改編数のデータ分析によると，必ずしも省ごとの組織改編の数は一定ではない。つまり，省と省は，部局数をめぐって競争関係にあり，既存の組織の必要性が薄れてきたとき，変化に対応して新たな組織をつくらなければ，他省に部局を奪われかねない。それゆえに，各省は組織の改編に力を注ぐようになるのである（真渕 1999）。

総額管理と歳入・歳出の連結の試み

ここまで見てきたように，歳出先行，ミクロからのボトムアップが日本の予算編成と機構・定員管理の基軸となってきた。しかし，その他の側面，すなわち，総額の管理と歳入部分との擦り合わせをどの段階で，どのような形で行うかは時期によって異なる。現在に近くなるにつれて，この2つの側面が強く，また早い段階から組み込まれ，首相の意向がより強く反映されるようになる。

1970年代に経済が低成長へ移行し，同時に福祉政策の拡充が図られたことから，財政赤字が拡大した。これを受けて，歳出の抑制を図るために用いられるようになったのが，シーリング（概算要求基準）である。各省庁の概算要求に先行して，7月ごろに閣議了解の上で大蔵省が枠と方針を定めるもので，78年に一般行政経費について初めて0%のシーリングが，83年にはマイナス・シーリングがかけられるに至り，歳出抑制策として影響をもつようになった。その後，時の政権が重点的に配分する枠を設けるようになり，シーリングの内容は詳細になっていく。

この傾向をさらに推し進めたのは，小泉政権期の経済財政諮問会議の活用である。毎年6月には「経済財政運営と構造改革に関する基本方針」，いわゆる「骨太の方針」を示し，政権の基本方針が打ち出される。それを受けつつ，7月には「予算の全体像」によって歳入見通しと接合した形での予算編成方針が示されるようになった。

民主党政権は国家戦略局を設け，総額の管理と歳入・歳出を連結しようとしたが，局の設置は実現しなかった。逆に，民主党政権で行われたのは，行政刷新会議によるミクロの予算編成への介入であった。民主党議員や民間有識者からなる「仕分け人」が公開の場で官庁の説明を受け，事業の要・不要を判別した。しかし，これは予算のごく一部分に手をつけたにすぎない。恒常的な組織をもたずにミクロの配分過程に関与することは不可能である。

官邸主導の財政・組織管理

第2次安倍政権における予算編成においては，民主党政権のような予算編成組織の組み替えなどは行われなかったが，実際には官邸主導の性質が強まった。経済成長をめざして打ち出されたアベノミクスにおいて，機動的な財政運営は金融緩和，成長戦略と並ぶ3本の矢のひとつだった。消費税率の5%から8%，さらに10%への引き上げの実施については，安倍首相自らが最終判断を行うなど，財政運営の基本的な方向性を決めたのは首相であった。

国土強靱化や一億総活躍社会といった財政支出の方向性が政策会議で定められ，内閣官房の補室がそれを支えた。また，経済財政諮問会議は継続していたものの，内閣官房に新たに置かれた日本経済再生本部が成長戦略の策定を通じ，財政的措置にかかわる部分にもかかわるようになった。経済再生本部の事務局には経産省からの出向者が多く入っていた。財務省の側も，法人税実効税率の引き下げや，消費税引き上げに伴う幼児教育無償化策の提示など首相への協力を重視する立場が現れてきている（清水 2015）。

他方，機構・定員管理については，内閣人事局の設置に伴い，官邸の意向を反映するしくみが整えられた。政権側から，編成の基本方針が示されるようになり，実際の配分にもメリハリがつくようになっている。

演習問題

〔1〕 日本の役所はセクショナリズムが強いという主張に対して，民間企業との比較，国際比較を通じても，そのようにいえるのか，実態をどのように説明すればよいのかを検討してみよう。

〔2〕 あなたの住んでいる市町村の行政機構図，職員数と幹部職員数，予算規模を調べ，中央省庁とどのような違いがあるのか，その違いはなぜ生まれているのかを検討してみよう。

〔3〕 日本の行政組織における人事管理の特徴を整理し，それが情報共有型の組織統合のあり方をどのように支えているのかを説明してみよう。

第7章 組織形態を規定する要因

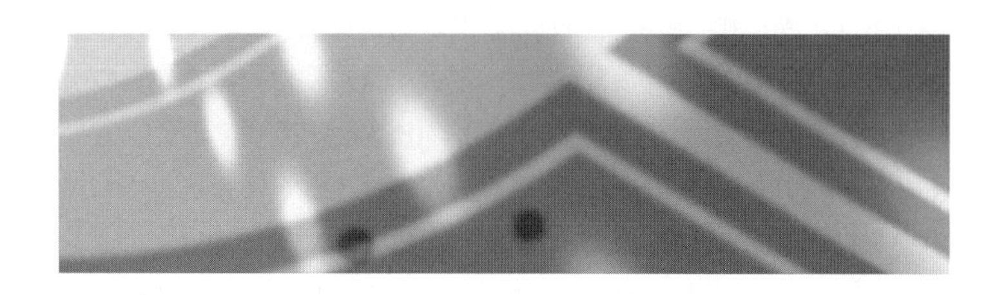

組織形態は，統制，水平的調整，専門性という3つの組織統合の形態や公式化の程度によって，さまざまな形をとる。この違いを生み出す要因は何か。①組織の構成員の自己利益が組織を統合するうえでの障害となる。それをどのように解消するかによって形態が異なる。②組織のあるべき姿をどう理解するか，さらにはそれを可能にするテクノロジーによって形態が異なる。③個々の組織が単独で形態を選べるのではなく，他の組織とのつながりなどに制度的に埋め込まれている。利益，アイディア，制度にもとづくこれら3つの考えを順に紹介していく。

1 利益による説明(1)

●構成員の行動と目標

隠された情報と隠された行動

第5章で述べたように，組織をとらえる軸は，分業の程度と統合の3つの形態である。そうした組織形態の違いは，いかなる要因により生まれるのだろうか。答えは大きく分けて，①組織を構成する人々の利益，②組織のあり方にかかわる知識やアイディア，③組織を形成する制度，という3つの議論に整理できる。概ね，利益にもとづく説明とは，組織構成員個々人の利益に注目するという点でミクロの視点であり，アイディア・アプローチは組織の外の環境にも視野が広がる点でマクロの視点となる。制度による説明も同様である。第5章ではマクロからミクロの順で組織をとらえてきたが，ここではミクロからマクロの順で論じる。それは，ほぼこの順で研究が発展したからである。

まず，組織を構成する人々の利益に着目するミクロの視点である。議論をわかりやすくするために，組織の管理機能を担う上司とその下で業務を遂行する部下という二者の関係から検討を始める（図**7-1**）。上司は部下に指示・命令を出し，部下はそれに従って業務を進めるという統制モデルがうまくいけば何も問題はない。しかし実際には，単純な統制モデルは機能しない。

それは，情報の非対称性が存在するからである。上司から見たとき，部下は何を考えていて，何を行っているのか。そのすべてはわからない。部下が保有する私的情報は，大きく2つに分けられる。ひとつは，部下の行動である。上司が部下を四六時中監視できない以上，仕事をサボっていてもわからない。部下の行動は上司の目から「隠された行動」なのである。もうひとつは，部下の考えや能力である。心の中は見えないので，言葉で何をいおうが，本当は何を目標にして仕事をしているのかはわからない。また，どの程度の能力をもっているのかも見えない。部下の考え方や能力は，上司にとって「隠された情報」である。

つまり上司と部下の関係も，情報の非対称性の存在から発生する問題をいかに解消するかが中心的課題であるという点で，本人・代理人関係の一種としてとらえることができる。そのうえで，次の2点が特徴的である。第1に，弁護士と依頼人のような本人・代理人関係とは異なり，部下と上司の場合には，代理人にあたる部下の能力が高いとは限らない。上司の能力の方が高いことも多い。第2に，

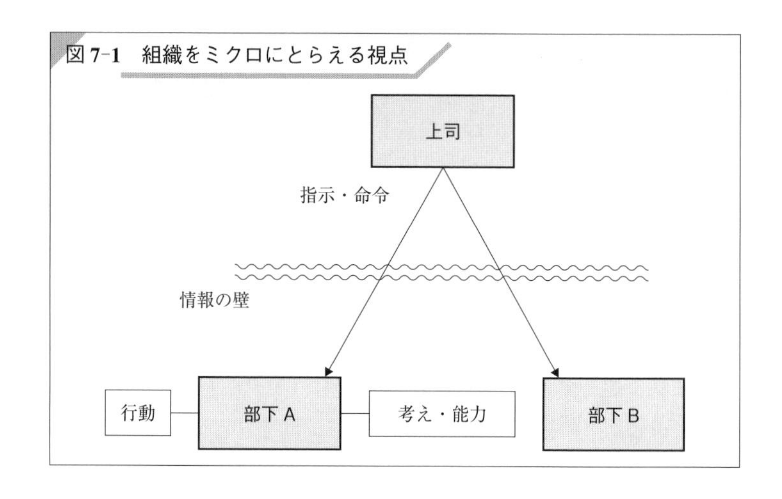

図 7-1 組織をミクロにとらえる視点

1人の本人が，多数の代理人を抱える。このことは本人の監視を一層困難にすると同時に，代理人間の比較を可能にする。

科学的管理法

エージェンシー・スラックを抑制するためには，「隠された行動」をできるだけなくすというのが，組織管理の第1の考え方である。人々はできるだけ働きたくなく，仕事をサボりたいと思っている。それを働かせるには，監視をして，サボった場合には罰を与えることが必要である。そして，サボっているかを判別するには，一人一人のなすべき仕事が明確でなければならない。組織構成員の業務を明確に規定し，業務の遂行を監視し，賞罰を与えることが組織管理の基本となる。それには，集権的な統制が不可欠である。ここでは，働かせたい上司の利益とサボりたい部下の利益は正面から衝突する。組織論の出発点となったのはこうした考え方であり，科学的管理法と呼ばれる。

科学的管理法は，どのような形で個々人に作業を分担させれば効率的かという問いに対して，観察や実験にもとづいて正解を導けると考える。アメリカで技師をしていたテイラーは，必要な作業の種類と量を明確化したうえで，作業に必要な時間や手順を正確に観測し（動作・時間研究），作業の組み合わせを検討することで，生産性の向上が図れると主張した（テイラー 2009）。こうした考え方は，現在の生産管理論の源流となっている。科学的管理法は，実際に行政組織の編制を考える際にも導入され，アメリカにおける職階制はこれにもとづいてつくられた。

古典的組織論

科学的管理法は，主に工場での作業のレベルを対象としていた。ホワイトカラーの業務も含め，組織全体にこの見方を広げたのが古典的組織論と呼ばれる一連の研究である。テイラーと同時代にフランスで鉱山会社を経営していたファヨールは，企業の活動を分類したうえで，その最も中心的な活動として管理活動を挙げた。そして管理とは，計画・組織・指揮・調整・統制からなると定式化したのである。イギリスの経営コンサルタント・経営学者であったアーウィックは，ファヨールの議論を英語圏に紹介しつつ，アメリカの行政学者であるギューリックとともに，組織管理の議論をまとめあげた。

アーウィックとギューリックの議論のひとつの柱は，階統制組織を効率的に機能させるための，組織編制の方法である。上司が２人以上いては混乱をきたすので，部下にとっての上司は必ず１人とし，指揮命令系統を確立すること，逆に上司が抱える部下の数も一定の統制可能な範囲内に抑えること，分業を行う基準としては業務の目標，プロセス，顧客，場所などの同質性を用いること，ラインとスタッフを明確に区分することで，指揮命令系統を確保しつつ，管理者の補佐機構を充実させることといった原則を提示した。もうひとつの議論の柱は，組織管理者の役割を定式化したことである。それは，計画（plan）・組織（organize）・人事（staff）・指揮（direct）・調整（coordinate）・報告（report）・予算（budget）の頭文字から，POSDCORB という造語にまとめられている。

ギューリックは，F. D. ローズベルト大統領が1937年に設置した行政管理に関する大統領委員会のメンバーとなり，大統領行政府の拡充を提言した。これを受けて，予算局が大統領行政府に移管され，専門的な補佐機構を備えた現代的な大統領制の基盤がつくられた。行政学の成果が実践的に生かされたひとつの例といえる。また，組織管理者への注目は組織内のリーダーシップを，スタッフ機能への注目は組織における情報の意義を考えることにつながっていった。

人間関係論

組織を動かすのは人間であり，人間は機械の歯車ではないのだから，組織が期待した通りの効果を発揮するとは限らない。こうした主張は今や違和感なく受け入れられるだろうが，科学的管理法など，20世紀当初の組織論はこうした側面に目を向けていなかった。そこで前提となっている人間像は，基本的に仕事に嫌気が差しているが，監督されれば働くといった単純なものであった。しかし，20世紀中頃には，そこでは見落とされてきた組織を構成する人間へ目が向けられていく。

人間関係論の出発点といわれているホーソン工場の実験は，当初から人間関係が作業効率に与える影響に注目していたのではない。メイヨーやレスリスバーガーらは実験を通じて，それまでの科学的管理法と同様に，作業の物理的環境，たとえば照明が作業効率に与える影響の効果を測定しようとしていた。ところが，照明を明るくしても，暗くしても作業効率が上がった。観察対象として選抜されたという意識がチームの生産性を上昇させていたのである。それ以降，さまざまな観察を通じ，職場では公式の職位とは別に，職場の中心となるリーダーが存在すること，そうした職場の人間関係が生産性を左右していることなどが明らかにされていった。

このような観察結果にもとづいて，心理学の研究成果を取り入れつつ，組織を構成する人々の心理や他者との関係性に着目する研究を人間関係論と呼ぶ。1940年代から60年代にかけて隆盛した。代表例は，マズローの欲求段階論あるいは欲求階層説である（マズロー 1987）。人間はまず衣食住のような物理的欲求をもち，次に安全や安心感を求め，さらに家族などの所属欲求や愛情，承認欲求，そして自己実現を求めるというものである。これを組織論へ応用したのが，2つの異なる人間観とそれにもとづく組織管理形態を類型化したマグレガーのXY理論である（マグレガー 1970）。X理論とは，生来，仕事を回避したがるという人間を前提に，管理の中心を命令や強制に置く。これに対してY理論とは，自己実現のために自発的に仕事に取り組む人間を前提として，自主管理を重視する。

人間関係論は，組織における人間像を転換し，部下と部下の間の水平的関係に目を向けた点で，それまでの古典的組織論と異なる。権限による集権的管理の限界を説いた議論だといえる。水平的情報流通を機能させるために権限の分権化を図る情報共有型組織も，チームとして仕事をすることに喜びを見出し，金銭以外のインセンティブでも人は仕事に取り組むからこそ成り立つ組織形態である。

官僚のタイプ

人間関係論の問題提起を行政組織の分析に導入するならば，官僚が何を目標としているのかを考えることにつながる。公務員の中にも，午前9時から午後5時まで，できるだけ業務に労力を割かずにすませようというタイプから，自国を支えている使命感に燃え，寝食を忘れて仕事に打ち込むタイプまで，さまざまなタイプがある。そうした種々のタイプの混在は，組織管理においていかなる課題をもたらすだろうか。

官僚のタイプ分けの代表は，ダウンズによるものである。追求する目標の広さ，大きさがその基準となる。まず自己利益の追求を図るタイプがあり，その中で既得の労働条件などを守ることだけを考える保身家（第1のタイプ）と，権力や収入の拡大を望む出世主義者（第2のタイプ）にさらに分けられる。第3は，狂信者である。特定された事業の達成，たとえばミサイル防衛システムの開発などに専念するタイプである。第4は，組織人であり，政策や組織レベルの目標を追求しようとするタイプである。自分の組織のために身を投げ出すような人間は，ここに分類される。第5は，経世家である。社会全体の公益の実現を目標とするタイプである。

こうしたタイプの違いは，異なる行動パターンに結び付く。保身家は改革に抵抗することが多く，出世主義者は公職以外の機会に目を向けがちである。また，狂信者は他のタイプの官僚と衝突しやすい。組織人は献身的に業務を遂行するが，時として組織外に対しては排他性をもちうる。そして，経世家は煙たがられがちなので組織人のように振る舞うことが多いという（ダウンズ 1975）。

部下がどのタイプなのかは，上司にはわからない可能性が高い。部下は自分のタイプを偽装する可能性が高いのである。こうした状況の下で，管理職の上司は，どのようにして部下に仕事を割り当てていくのかというのは，情報の非対称性を扱うゲーム理論による分析が生かされるところである（Brehm & Gates 1997）。

いくつかのプロジェクトが存在し，上司が重視しているものとそうでもないものがある。さらに，上司は自分でプロジェクトに携わることと，部下の行動を監視することの双方に時間を割り当てなければいけない。このとき，上司はどのプロジェクトにどの部下を割り当てるだろうか。上司のタイプ次第では，狂信者が重用されることもあるが，たいていはそうではない。組織人と保身家では組織人の方が使いやすそうに見えるが，上司の監視に応答的な保身家の方が使いやすいこともある。いずれにせよ，試行錯誤により割り当ては徐々に改善するものの，満足いく結果を得ることは難しい。

人的資源管理論とPSM

こうした観点から生まれてきたのが，人的資源管理論（HRM）と呼ばれるものである。これは，構成員のタイプにもとづく人事管理を組織全体の戦略的な管理と結び付け，より能動的に構成員の質を高め動機づけを行おうとする考え方である。旧来は労務管理や人事管理と呼ばれてきた構成員の管理において，より長期的な人材の育成を目標として，教育や訓練のあり方を検討するものである。ドラッカーは，人的資源という概念を生み出し，知識労働が重要になっていることから，その開発の必要を説いた。キャリア・デザインという考え方やモチベーションという用語は現在では一般に流布しているが，これらも人的資源管理論の中で生み出されてきた視点である（ドラッカー 2006）。

こうした流れは現在も，人材開発とそのための人事管理という形で強まっている。1990 年代以降，一方では人員削減，他方では人々のニーズの多様化への対応の必要といった環境変動の中で，個々の構成員の質を上げる必要性が高まっていることが，その背景にはあるだろう（稲継 2006；嶋田 2014）。

アメリカでは，公務モチベーション＝PSM（Public Service/Sector Motivation）研究が，1990 年代以降，公務員が公共利益の実現を目標とし，その実現をめざす動機づけはいかにすれば可能になるかという問題に取り組んでいる。大きくまとめると，政策形成への関心，公益へのコミットメント，共感，自己犠牲といった 4 つの特性が PSM の内容であるとして，実際の公務員がどの程度，PSM をもっているか，どのようにすればこれを促進できるかといったことが論じられてきた（Gailmard 2010）。

金銭的インセンティブ以外のインセンティブはいかに存在しうるのかという関心が，PSM 研究の背景にある。部下の自己利益だけでなく，上司のそれもまた，組織目標の追求を損ねる可能性がある。民間企業であれば，ストック・オプション（従業員が自社の株を購入できる権利）などの金銭的インセンティブで対処できる。しかし，公務員の場合はそうはいかない。政府資産の切り売りなどは利用できないからだ。それだけに PSM への期待が強まるのである。

2 利益による説明(2)

●構成員の能力

限定された合理性

部下の隠された行動と部下の目標という隠された情報が，組織管理のあり方を規定する重要な要因であるという議論を，ここまで見てきた。残るのは，部下の能力という側面である。能力があるからといってそれを発揮することは，部下にとって一定の負担を伴う。その意味で，能力を発揮させることもまた，部下と上司の利益の衝突を生むのである。

部下の能力は，上司から見ると隠された情報となる。そのことは組織にいかなる帰結をもたらすのだろうか。この点を正面から扱って，個人と組織の関係を解明しようとしたのが，サイモンの組織論である（サイモン 2009；マーチ＝サイモン 2014；橋本 2005）。サイモンは，ノーベル経済学賞受賞者であるが，認知心理学や人工知能研究などにも功績のあるアメリカの研究者である。

サイモンの議論の出発点は，人間の限定された合理性（bounded rationality）である。目標を最大限達成しようという意図から選択を行うという意味では合理的だが，手にしている情報や，その情報を処理する能力には限界があるという人間像が，彼の議論の出発点である。それゆえ，人々がめざしているのは，「満足化」であり「最適化」ではないと，サイモンはいう。ありうるベストの解答を探り出すことはできず，自分が設定した現実的な基準を上回れば，その解答をもってよしとする。そして答えを探すことに割ける時間やエネルギーに限界がある以上，答えが見つからないときは，次第にその基準も切り下げられていく。

そうした制約として，4つのものが挙げられる。情報，計算力，注意，時間である。こうした4つの制約のいずれが，いかなる条件の下で特に強い制約になるのかに注目するならば，サイモンの議論は人的資源とテクノロジーの関係についての議論としても意味をもつ。たとえばIT（情報技術）化は，計算力の問題を解消し，人々が扱う情報量を爆発的に増大させたが，時間は不変であるので，注意を振り向けることはますます希少な資源となっている。

組織とは，人々が意思決定する枠組み，サイモンの言葉でいえば「決定前提」を与えるものである。合理性に限界がある以上，私たちは組織が与える決定の手続きや情報に依拠しながら決定をしていく。決定前提は，価値前提と事実前提に分けられる。価値前提とは，いかなる目標をもつべきかを指し示す。事実前提とは，いかなる選択肢があり，その選択肢がいかなる帰結をもたらすのかについての知識である。これらをパッケージ化して，状況のとらえ方からとるべき選択肢までを示すことで公式化が完成する。

つまり，人々は合理性の限定を抱えており，その解消は人々の利益に合致する。組織は公式化を通じ，それを可能にする。だから，マニュアルなどの組織による公式化を，人々は受け入れるのである。組織内において，なぜ人々がマニュアルに従うという「隷従への道」を歩むのかという問いに対し，それは人々にとって利するところもあるからだというのが，サイモンの答えである。

アリソンによるキューバ危機の分析

サイモンが示した組織と個人の関係のとらえ方を用いて，実際の政策形成における決定の様相を描き出した代表例が，アリソンによるキューバ危機におけるアメリカ政府の決定過程の分析である（アリソン＝ゼリコウ 2016）。その中でアリソンは，3つの視点から分析を進める。第1の合理的アクター・モデルは，完全合理性にもとづくモデルである。組織を単一の決定者としてとらえ，十分な情報と計算能力をもった存在と考える。この見方は，外交政策の研究でよく用いられてきたが，これでは事実の一面しか見えない。

そこで第2の視点として提示されるのは，組織行動モデルである。これは組織内に複数の決定者が存在する場合に，いかに相互の調整がなされるのか，その結果としていかなる決定がなされるのかに注目するものである。調整手法として彼が注目したのは，決定を行う際の公式化された手続きである。

第3のモデルは，政府内政治モデルと名づけられる。ここでは，複数の決定者が異なる目標をもつ場合，いかにして決定に至るかが検討される。調整の手続きなども定まっておらず，妥協，連合などの交渉の結果として決定がなされるととらえられる。

アリソンの議論は，政府における意思決定の実態もまた，サイモンのいう限定合理性にもとづくものであることを明らかにした。とりわけキューバ危機という核戦争の間際に迫ったときでさえ，第2，第3モデルが多くを説明することは，読者に衝撃を与えた。安全保障にかかわる領域であっても，行政組織において，公式化の過不足が見られることが，ここにはよく示されている。

中間管理職と三人一組論

限定された合理性の存在，すなわち，構成員たちの情報収集と処理の限界を考えることで，中間管理職の意義も明確になる。もし情報の限界が存在しないならば，上司と部下を直結させればよいだろう。しかし，そこに限界が存在する場合に，両者がうまく情報を共有し意思疎通を図るには，情報の加工が必要になる。上司は組織全体の戦略にもとづいて指示を出すが，その指示は部下にとっては詳細性や具体性に欠ける。他方で，部下は実務を担当しているので，その報告は，上司の視点からすると些事が多い。そこで，上司の命令を読み解き，補いながら，具体的かつ個別的な指示を出すことと，部下からの報告を総括し，縮約しながら簡潔明瞭な報告をあげることとの両方の役割を担う中間管理職の機能が重要になる。この点に注目するのが，イギリスの行政学者ダンサイアによる三人一組論である（Dunsire 1978）。

上司と部下が直面している業務の違いが大きいほど，また，上司に比して部下の人数が多く，部下の業務の多様性も大きいほど，中間管理職の機能の重要性は高まる。このため，三人一組論は，民間企業以上に行政組織において，より重みを増す。行政組織では，組織活動の根幹部分が法律で規定されているので，上層部が提示する指示は抽象度が高いことが多い。また，利潤追求といった明確な組織目標をもたず，現場における業務の内容も多様になりがちである。

ICT（情報通信技術）の進展に伴い，情報の伝達費用は大幅に低下する。そのため，中間管理職を廃して組織のフラット化が進むという主張は多く，実際にもそういった変化が多くの組織で見られる。フラット化に際して，分業の見直しを伴うことも多い。中間管理職を廃して二層にするのではなく，上司を廃して中間管理職と一体化して二層化すること，具体的には課長と課長補佐がいる課制を室制にすることがその例である（入江 2020）。

しかし，サイモンがいうように情報の処理には注意を振り向けるという希少資源が必要であり，情報伝達の費用が低下したとしても，注意を振り向けるという資源が拡張しない限り，処理できる情報の量と質は大きくは改善しない。組織のフラット化とは，かつて中間管理職が担っていた機能を，上司と部下のそれぞれが分担することと組み合わされて初めて効果を発揮するものなのである。

第一線職員論

最後に，隠された行動と隠された情報という2つの情報の非対称性が重なる場合を考えよう。行政組織の中には，とりわけそういう条件を抱えやすい部分が存在する。ケースワーカー，学校教員，派出所の警察官などの第一線職員である（リプスキー 1986）。これらの職員の特徴は，顧客個々人との直接的な接触が課業の中心であるという点にある。顧客との直接的な接触を可能とするために，職員は管理部門とは物理的に異なる場所で執務を行う。ここから第一線職員はストリートレベルの官僚とも呼ばれる。また，個別に異なる事情を抱える顧客に対応するために，職員の行動には一定程度の裁量が必要な部分もある。たとえば，ゴミ収集の作業員も，ルールを守らないゴミ出しにどのように対応するかを判断し，注意や指導などの対応をとるのであり第一線職員といえる（藤井 2018）。

第一線職員の業務遂行を監視することは困難である。にもかかわらず，情報資源を集権化して，上司が第一線職員の管理を試みるならば，それは業務の結果の可視的な部分に偏ってしまう。その結果，ノルマの設定や報告書の過剰な提出要求が行われがちである。

こうした情報資源の集権化による歪（ゆが）みを避けつつ，第一線職員の遠心化を防ぐためにも，公式化が用いられる。執務内容を平準化するために行動の準則・マニュアルが策定されることになる。また，マニュアルという公式化は，こうした組織管理上の必要からのみ生まれるわけではない。第一線職員の中にも，それを要求する者がいる。個別の事情ごとに対応を考えることは大きな負担であり，まして顧客との距離が近いために，顧客が抱える問題，悩みなどを真正面から受け止め続けると，そうした問題が職員側に「転移」することもある。そうした事態を避けるためにも，公式化が求められる。

近代国家の成立過程と官僚制のタイプ

ここまでの議論は，組織内部の当事者たちの利益から組織形態の選択を説明するものであった。これに対して，組織外部の制度設計者の選択が，組織形態の違いを生み出すという説明もある。その代表的な議論が，シルバーマンの議論である（シルバーマン 1999）。フランスや日本では，社会の中のトップ・エリートを採用時に囲い込み，組織志向の強い官僚を育てる官僚制がとられた。これに対し，イギリスやアメリカなどではプロフェッショナル志向が強く，外部との入れ替わりが激しい官僚制が採用された。この違いは，行政組織が形成される時期に，政治的リーダーがどのような課題に直面していたかで説明されるというのである。

フランスや日本では，選挙によるリーダーの交代が早期に確立しなかった。また，機会の平等を与えつつ能力を基準とした人材登用を行うことで，社会の統合を図る必要が高かった。そこで，高い能力をもった官僚が公益を追求するという中立性をまとうことで，新たな政治体制の正統化を図ろうとした。官僚の供給源となる高等教育機関を限定し，その卒業生に官僚となる誘因を与えようと，十分な処遇を長期的に保障した。

これに対して英米の場合は，政党制が確立することで行政組織の政党に対する自立が課題となる。しかし，政党から中立化させた行政組織が暴走しないようにする必要があるので，強いプロフェッショナル志向が求められた。そうすれば，所属組織こそが重要と考えるのではなく，個々人が備える専門性が重要になると考えられた。政治と距離をとりつつ，自分たちの利益を組織として追求することを抑制することが期待された。

この説明は，情報共有型と機能特化型につながる特徴が，近代化における政治家の選択に影響されていることを示す。ただし，近代国家の成立以降にも転換点は存在し，政治家の選択だけで組織形態が決まるわけではないので，その後，何が生じたのかという問いは，別途検討されなければならない。

3 アイディアによる説明

●個人，組織，環境

バーナードの組織理論

この節では，組織はどのようなものであるべきかという理念が組織のあり方を形づくるという議論を見ていく。また，そうしたあるべき姿が実現できるかどうかを左右する要因として，組織にとっての環境やテクノロジーに注目する研究もあわせて扱う。

まず，組織を構成するのは自律的な個人なのだから，そもそも組織に人々が参加するのはなぜなのかという問いから出発しなければならないことを論じたのが，バーナードである。彼は20世紀前半のアメリカにおいて電話会社の社長を務めつつ組織について多くの研究を残した。これまで見てきた研究が，本人・代理人関係の存在を所与としたうえで，そこでの情報の非対称性問題に注目してきたのに対し，バーナードの視座は，そもそも本人・代理人関係が存在するのはどういう条件なのかを問うものであった。組織構成員が組織外に出て行く可能性，組織外から入ってくる可能性に注目することで，組織を環境との関係でとらえたのである。彼の議論は，組織を見る視点を一新させ，環境との関係から組織の統合形態や公式化をとらえる新しい議論の出発点となった（バーナード 1968）。

組織を構成するのは自律的な個人であるから，組織への参加は構成員たちの選択の結果である。構成員たちが組織に参加し続ける意味を見出さず，組織から退出するならば，その組織は持続できない。組織とは，構成員に参加への十分な動機付けを与えることで初めて維持される。こうした組織均衡論を唱えることで，バーナードは組織が盛衰するダイナミズムを環境との関係からとらえた。それゆえ，組織構成員が組織に満足し，組織に所属し続けている状態を能率的（efficiency）という。一般的な用法とは異なるが，彼の視座からすれば，これが組織を評価するひとつの要点であることは理解できよう。また，組織を環境に対して開かれたものとしてとらえることから，利害関係者を広く組織に包括していくことも，組織均衡論から導かれる議論である。たとえば企業という組織の構成員とは，その従業員のみならず顧客を含むと考える。

さらに，自律した個人の選択として組織をとらえることから，組織内部における上下関係からも強制の要素は排除され，部下が上司の判断の妥当性を受け入れることを基本とする。つまり，上司の権威とは上司の実力を部下の側が認めることで成立する。この考え方を権威受容説と呼ぶ。ヒエラルキーにおける強制的な上下関係とは異なる組織像が示されるのである。

それでは組織は全く分権的なものなのかというと，そうではない。部下は，日常の命令については，個別に妥当性を問い直すことはなく，通例とは異なる特定の問題に関してのみ，妥当性の判断を行うからである。こうした部下の「無関心圏」の存在ゆえ，一定程度の集権性が組織にはもたらされる。そして，それがあるからこそ，組織は組織の目標の達成に向けて方向づけられる。「能率」と並んで組織の評価基準としてバーナードが挙げるのは，組織目標の達成の程度を問う有効性（effectiveness）である。

このようにバーナードは，自律した個人が組織をつくるという出発点から，開放的で分権を基礎としつつ一定の集権性を備えた組織の成立を説明した。組織構成員に十分な所属インセンティブを与えながら，いかにして組織構成員の統合を図るかという問題は，現在まで続く重要な問題であり，その問題を確立したからこそ，バーナードは現代組織論の始祖ととらえられるのである。

環境に対する受動性と能動性

バーナードは個人から議論を出発させたが，その議論が端緒を開いた環境との関係で組織を見る視点は，その後の研究においては組織内部の個人を捨象し，環境との関係に焦点を強く絞るようになっていく。その中から大きく分けて2つの異なる見方が登場する。ひとつは，組織が環境に働きかける側面を強調する見方，もうひとつは，環境に組織が規定される側面を強調する見方である。

組織が環境を形成するという視点から見ていこう。組織が何を環境とするかもまた選択の産物であり，何を活動領域とするかといった戦略的選択を通じて，環境が組織を左右することを回避しようとしているというのが，そのひとつの見方である。

トンプソンは，組織をインプットからアウトプットへの転換を行うテクノロジー，行動領域として設定されるドメイン，働きかけの対象となるタスク環境といった概念の組み合わせからとらえる。ドメインの範囲は，組織が設定するものである。そして組織は，組織活動を大きく左右するような要因を，あらかじめ内部に取り込んでおこうとするので，成長する傾向があるという。逆にいえば環境とは，組織にとって創発されるものであり，組織はそうした行為を通じて変化への原動力を得るといえる（トンプソン 1987)。

組織は環境を形成するだけではなく，組織目標に応じた組織形態を自ら選ぶ。たとえば，組織目標が単一で明確であれば，集権的である方がその目標を達成しやすいので，集権的な形態が採用されやすい。これに対して組織目標が複数あり不明瞭になるほど，組織形態は分権的になりやすい。行政組織においても，軍隊，警察，消防といった安全保障・治安にかかわる組織は，組織目標が明確である。こうした組織の集権性は高い。指揮官の指揮命令が明確に伝達されないことや，それへの疑問や異議の申し立てを認めることは，迅速かつ統一的な行動の妨げとなる。戦場，火事の現場，犯罪者と対峙する現場において，そうしたことは生死を分けうる。他方で，意思決定者への参謀役を担い，不定型な業務が多い組織の場合，分権性は高い。内閣府の組織編制はその一例である（☞第6章)。

組織目標が多義的であるために分権性が高い組織の姿を描き出したのが，マーチとオルセンによるゴミ缶モデル（ゴミ箱モデルとも表記される）である（マーチ＝オルセン 1986, 1994)。彼らは大学組織における意思決定の観察から，分権的な組織における意思決定を「組織化された無秩序」としてとらえる。そこでは，意思決定への参加者は流動的であり，選択肢がいかなる帰結をもたらすのかという情報や知識も十分ではなく，そもそも，結果に対する選好も明確ではない状態で意思決定に参画している。したがって，問題，解決策，参加者，選択機会という意思決定の要素は必ずしも順序通りに並ばず，別個に発生して，偶然それらが結び付くことで決定が生じる。部局間や構成員間の連結構造の硬軟にもとづいて，タイト・カップリングとルース・カップリングを区別し，組織目標が一義的な場合には前者が，多義的な場合に後者が適応的であるというワイクの議論も同様の主張といえる（ワイク 1997, 2001）。

環境の性質と組織の適合性

これに対して，組織と環境の関係についてのもうひとつの見方は，環境条件に応じて適合性が高い組織形態は異なると主張する。こうした環境条件と組織の適合性を探るのが，コンティンジェンシー理論や条件適合理論（contingency theory）と呼ばれる一連の研究である。組織と環境の関係についての実証研究にもとづき，両者の関係を明らかにしようとする理論である。環境条件の第1は，テクノロジーである。イギリスの100以上の製造業者の観察から，集権的組織は，大量生産システムでのみ有効なことが示されている（ウッドワード 1970）。第2は，環境の安定性である。市場や技術変化が大きい場合には分権的な組織形態が適合的であることが明らかにされている。第3は，環境の中の全体と部分の区分である。企業の中でも環境変動の小さい生産部門では集権的だが，環境変動が大きい研究開発部門では分権性が高いといったことが見られる（ローレンス＝ローシェ 1977）。

青木昌彦に代表される経済学における比較制度分析も，組織の環境を全体と個別部分に分けたうえで，それぞれの相互関係に注目する（青木 2003, 2008）。まず，環境の中にも組織全体に影響を及ぼすシステム環境と，個別部局にのみ影響する個別環境が存在する。中央府省でいえば，人口や経済力の盛衰やグローバル化といったものは，システム環境，交通手段やクーデタは個別環境となる。

注目すべき点は，それぞれの個別環境間の関係と，個別環境とシステム環境の重要性の比重である。上の例でいえば，交通手段とクーデタの間には関係はない。すなわち，個別環境の連関性は低い。他方，国交省にとってシステム環境よりも個別環境の影響が大きいが，財務省にとっては個別環境はさほど大きな意味をもたない。人口や経済力などシステム環境の比重の方が大きい。

こうした環境内の縦横の連関の強さが，適合的な組織形態を変える。システム環境と個別環境を比較して，システム環境の影響が相対的に大きいならば，集権的な組織形態が適合的になるだろう。そうでない場合は，一定程度の分権的な組織形態が適合的なので，情報共有型や機能特化型の組織が選ばれやすくなるだろう。そのうえで，個別環境間の連関が強い場合には，水平的な情報流通の重要性が増す。したがって，その場合も情報共有型が適合的になるが，逆の場合は機能特化型が適合的となるのである。

4 制度による説明

● 同型化，補完性と経路依存

同型化と正当性

組織形態と環境条件の適合性を追求するならば，ひとつの組織の中でも部局ごとに異なる組織形態がとられるはずである。あるいは業種が異なれば異なる組織形態がとられるはずである。しかし実際には，そのようなことはあまり見られない。中央省庁はどこも似たような組織形態をとっており，さらに行政組織と民間企業の間にすら，同じ国の中では類似性が見られる。日本の中では職種にかかわらず情報共有型の組織形態がとられていることが多く，アメリカでは機能特化型の組織が多い。なぜ日米という国の違いにかかわらず，同じ職種の組織が同じ形態の組織となり，職種が異なれば組織形態も異なるということにならないのであろうか。

それを説明するひとつのメカニズムが，パウエルとディマジオがいう組織の同型化である（Powell & DiMaggio eds. 1991）。同型化には2つの形態があり，ひとつは，競争によって淘汰されるというメカニズムである。もうひとつは，制度的な同型化と呼ばれ，社会の中で正統性をもった組織形態への収斂（しゅうれん）が生じるというメカニズムである。法律による規定，成功事例の模倣（もほう），組織横断的な専門性といった3つが代表例である。この議論は，個人的な利益よりも規範の与える影響を重視し，それが制度化される側面を強調するので，社会学的新制度論と呼ばれる。

戦略的補完性とシステム補完性

もうひとつの説明の仕方は，部局や業界ごとに組織形態が変わらないのは，部分最適化ではないかもしれないが，補完性というメカニズムが働くために，全体としてはそれぞれの構成員や組織の利益にもなっているというものである。

補完性には，2種類がある。まず，異なる組織間で組織形態を同一のものに揃える方が円滑な組織間関係を築きやすいということが考えられる。たとえば，ある企業がいくつかの企業から部品を調達する際，その企業が情報共有型であるならば，部品の供給先との関係も現場レベルでの細かなフィードバックを通じて仕様を固めていく方法を好むだろう。明確な仕様書を作成し，契約関係を基本とする機能特化型の組織間関係は適合しない。部品の製造工程の観点からは，機能特化型の組織の方が製品開発などで有利だとしても，それよりも組織間関係の観点から情報共有型に揃えるという選択がなされやすい。こうした組織間関係の調整がもたらす同調化の力を，システム補完性と呼ぶ。

システム補完性の結果，ある社会の中では特定の組織形態が広まりやすい。すると今度は，人々がそれを前提として行動する結果，ますますその組織形態は維持されやすくなる。たとえば，これから技能を習得していこうとする若年層の中には，機能特化型に適した技能をもつ者もいれば，情報共有型向けの技能が適合する者もいるだろう。しかし社会の中で支配的な技能の方が，社会に出る際に評価されやすいことも事実だろう。そこで自分自身の特性よりも，社会の中で支配的な技能に投資した方が，投資対効果という観点から見て合理的だと考える。これが戦略的補完性である。生存戦略として合理的なのは，社会の中で支配的な組織形態に合わせることだという個々人の判断が戦略的補完性を生み出すのである。

経路依存と組織形態の変化

制度レベルでのシステム補完性と，個人レベルでの戦略的補完性が働く結果，社会の中で一度，支配的な組織形態が確立すると，それはなかなか変化しにくい。最初の段階ではどの組織形態が広まるかはわからないものの，一度ある程度の広がりを見せると，その後はさらにその組織形態が社会の中で広がる。こうした社会の変化の仕方を，歴史的経路依存（path dependency）と呼ぶ。出発時点では他の経路もありえたにもかかわらず，一度ある経路を歩み出すと，別の経路に移り変わることは難しいのである。

しかしだからといって，社会の中で支配的な組織形態の変更が見られないわけではない。補完性の存在は，一度ある部分が動き出せば，他の部分もそれに伴って変化が生じることにもつながる。つまり補完性が存在していることで，一定程度までの変化であれば，既存の組織形態の維持に働くという慣性を生み出しているが，同時に，ある程度以上の変化が生じた場合には，一気に他の組織形態に社会全体が移っていくといったダイナミズムも生み出しやすいのである。

実際に日本において情報共有型が支配的になったのは，主に第二次世界大戦後のことである。高度経済成長期の労働力不足など，いくつかの要因が重なる形で，長期雇用の慣行が確立し，それが情報共有型の業務形態にうまく適合することで，社会全体を覆い尽くすようになった。逆にいえば，戦前までは，たとえば雇用慣行なども異なっており，同一組織での勤続年数は短く，労働の流動性は高かった。日本型雇用慣行と呼ばれてきたものの多くは，旧来から日本にあるわけでも，日本にしかないわけでもないのである。

演習問題

〔1〕 隠された情報と隠された行動のどれをどのように解決しようとしているかという観点から，本章で取り上げたさまざまな議論を，整理し直してみよう。

〔2〕 組織を変えていくのは，人なのか，組織それ自体なのか，環境なのか。現代の日本の行政組織を例にとって，どの説明が最もよい説明になるかを検討してみよう。

〔3〕 この章では，組織そのものに注目する議論を扱ったが，第I部で見たように，政治家が組織編制を通じてコントロールをかけようとする面もある。両者の関係を考えてみよう。

第8章 組織形態の帰結

組織形態の違いは，いかなる帰結の違いを生むのだろうか。まず，官僚制組織のメリットとして，業務の公正性や経済発展の促進が挙げられることを見る。その反面，杓子定規の対応や組織の硬直性を伴うことにもふれる。他方，分権的組織としての情報共有型と機能特化型にもそれぞれの強みと弱みがある。とりわけ，近年の日本の状況は，情報共有型の弱みが現れやすいことに注意したい。最後に，組織管理の失敗例として，予算編成の方式によっては，財政赤字が拡大しやすいことを見る。

1 官僚制組織の利点

予測可能性の高さ

官僚制組織は，ヒエラルキー型かつ公式化された組織形態として定義できる。これは，近代特有の組織形態であり，近代以前の組織形態に比べて予測可能性と継続性という観点から見て優れたものである。そして，その技術的優越性ゆえに，広範囲に広まることが予測できる。これら一連の議論をまとめ上げたのが，ウェーバーであった（ウェーバー 1974）。

ウェーバーの問題関心は，近代をそれ以前との対比の中で位置づけることにある。それゆえ，近代官僚制も，それ以前の過去の支配形式との対比の中で論じられる。具体的には，支配を正当化する根拠の違いによって，カリスマ的支配，伝統的支配，そして合法的支配という3つの区分がなされる。それぞれ，支配者個人の特性や能力による支配形態，血縁や身分あるいは伝統や慣習による支配形態，そして，非人格的なルールによる支配形態を指す。

官僚制は，合法的支配を実現するメカニズムとして位置づけられる。官僚制の行動は予測可能性と非人格性がきわめて高い。誰が役職に就いているかによって左右されることなく，また，事案ごとに判断基準が異なることなく，安定的かつ統一的に業務が遂行される。それゆえ，官僚制は合法的支配を可能とする。

さらに，こうした官僚制の特徴ゆえに，政府部門，民間部門を問わず，大規模な組織は官僚制を採用すると予測される。近代を合理化のプロセスと考え，それを達成したものが世界に広まるというのが，ウェーバーの近代の理解であった。ただしウェーバーは，このような合理化のプロセスの普及を予測しつつも，それを礼賛したわけではない。むしろ，それがもたらす自由の抑圧の可能性，社会的紐帯の破壊などに危機感を抱いていた。

官僚制と汚職，そして経済発展

ウェーバーがいうような官僚制の存在は，2つの経路を通じて，経済発展に寄与すると考えられる。第1に，官僚制における公式化が確立されていれば，官僚制における腐敗，すなわち収賄（しゅうわい）による不公正な法律の執行は減少する。したがって，市場を規制するさまざまなルールが公正かつ確実に執行されることを市場の参加者たちが期待できる。この結果，効率的な市場での競争が実現しやすくなる。第2に，官僚制における身分保障の確立は，官僚が長期的な視野をもつことに寄与する。したがって，自分たちの名声やさまざまな資源の獲得も，長期的な政策の成功，つまり経済発展に依存するという意識が強まる。そこで，ウェーバー型の官僚制のほうが，長期的に効果を発揮しやすいインフラ整備などに注力しやすいと考えられる。

アメリカの政治学者エヴァンズと経済学者のラウシュは，こうした主張を各国のデータによって検討した（Evans & Rauch 1999；Rauch & Evans 2000）。専門家に対するアンケート調査から，各国の行政組織の特徴をとらえる。経済官庁の政策策定の自律性，上級官職中の試験採用の比率，大卒者の比率，平均在職年数，民間との給与格差，賄賂の程度などが，その代表的な項目である。これらから，各国の行政組織がどの程度ウェーバー型の官僚制といえるかを指標化する。そして，それと経済発展の程度との関係を計量分析にかけることで，両者の明確な正の関係を見出した。しかし，より長期間の計量データを用いた別の分析では，試験採用と経済成長の関係は存在するにしても，第二次世界大戦後に限られるなど普遍的とは言い難いことも示されている（Cornell et al. 2020）。

経済発展への影響は議論が分かれるところだとしても，政府の腐敗の程度や，公共政策における有効性などとの間では，より明白な関係をもちうる。また，行政組織の形態や特徴について，新たなデータセットを構築し，より近年の，またより多くの国を分析対象に含むことも試みられている。たとえば，ヨーテボリ大学（スウェーデン）の「政府の質」センターは，190以上の国を対象に専門家に対するサーベイ調査を行い，各国公務員制度の採用，昇進の方法，身分保障の程度，汚職の程度，法令遵守（じゅんしゅ）や効率化志向，政治的応答性の程度などを探り出そうとしている（Dahlström et al. 2012）。

図 8-1 では，「政府の質」センターの専門家調査から算出されたウェーバー型官僚制，すなわち試験採用や身分保障の程度の指標を横軸に，縦軸には，社会・経済・政治にわたる失敗国家指数をとり，

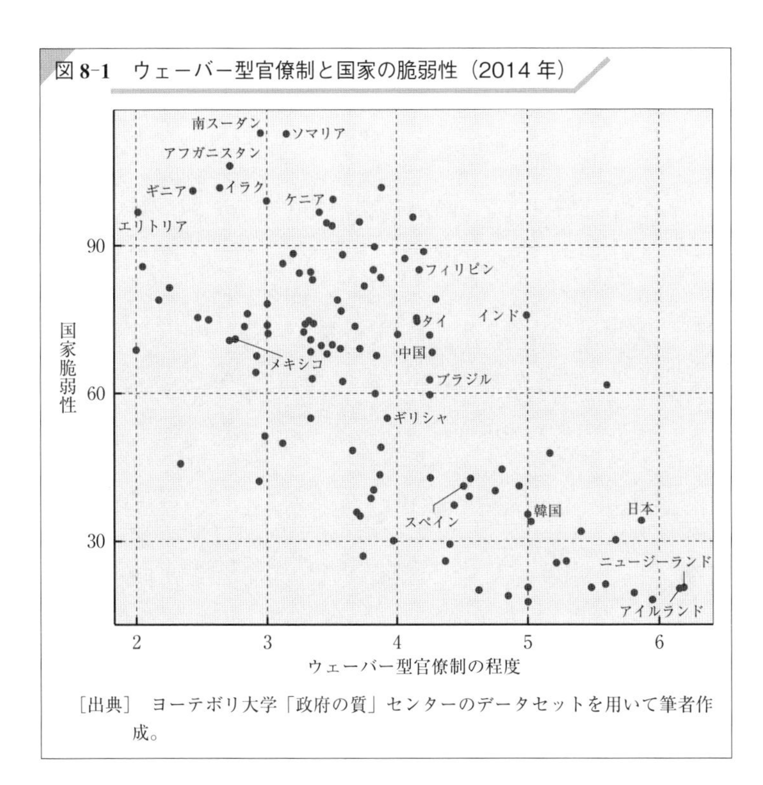

図 **8-1**　ウェーバー型官僚制と国家の脆弱性（2014 年）

［出典］ヨーテボリ大学「政府の質」センターのデータセットを用いて筆者作成。

各国を位置づけた。ウェーバー型官僚制の特徴が強まることで，失敗国家指数が低くなる緩やかな傾向があることがわかる。とりわけ，ウェーバー型官僚制の性格が弱い場合には，より傾きは強く，ウェーバー型の性格が国家の脆弱性を弱めるうえで，より大きな効果をもつ可能性が読み取れる。

図 **8-2** では，公務員の業務の公正性を横軸にとり，縦軸には腐敗に関する 17 の指標を総合化したベイズ腐敗指標をとって，各国を位置づけた。こちらはより明確な関係があり，官僚制が公式化などの結果，公正な政策実施を行えている国では，腐敗も少ないという

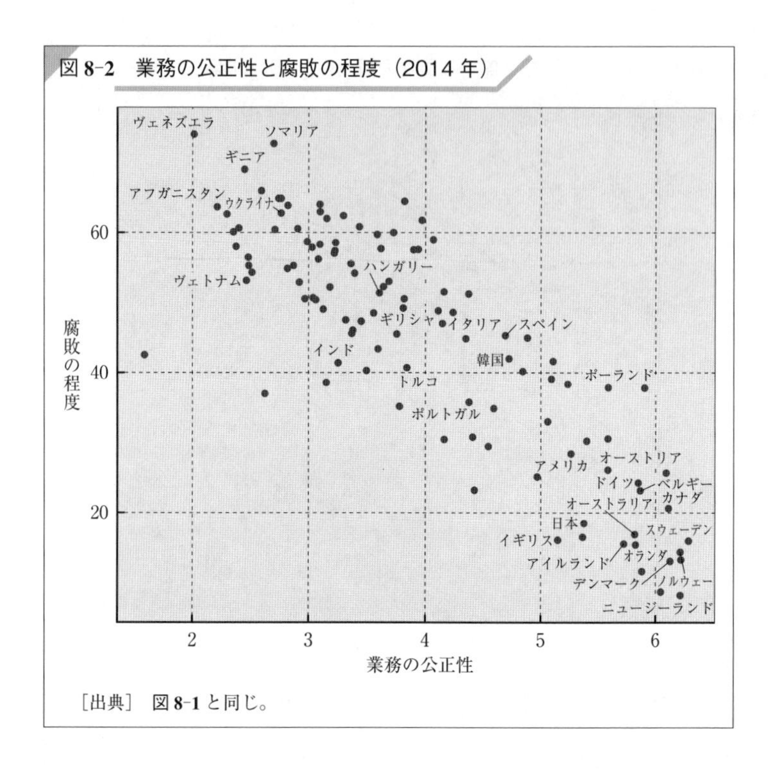

図 **8-2**　業務の公正性と腐敗の程度（2014 年）

［出典］　図 **8-1** と同じ。

傾向が見て取れる。

2　官僚制組織の欠点

官僚制への批判　ウェーバーは，歴史的，巨視的な視点から官僚制とその帰結としての技術的優位性を論じた。しかしそれは，実態としての官僚制のすべての姿を描けているわけではない。むしろ実際には，官僚制は多くの批判に晒（さら）され続けてきた。

一方では，そのあまりの非人格性が批判される。官僚機構が非人間的な目標をも粛々と遂行することは，ナチス・ドイツにおけるホロコーストが如実に示した。親衛隊中佐としてユダヤ人「移住」のマイスターと称されたアイヒマンは，1961年の裁判において自身の行為を「命令に従っただけ」と述べた。その姿は狂信者でも大悪人でもなく，あまりにも小役人であった（アーレント 1994）。その衝撃を受けて，一般人が上位者の命令に過剰なまでに服従する傾向を確認したアメリカの心理学者ミルグラムの実験は，私たち誰もがアイヒマンとなりうる可能性を明らかにした（ミルグラム 2012）。

他方では，官僚制はその膨張性や硬直性が批判されることも多い。「与えられた時間を満たすように仕事はつくられる」という，パーキンソン（イギリスの歴史家）の法則が代表例である。そこから公務員数が増大する傾向や，歳入にあわせて歳出がつくられる傾向が派生的に導かれる。また，政府による規制や政府への許認可の際に作成が求められる文書の量は膨大であり，しかも増大する一方である。こうした傾向を繁文縟礼（はんぶんじょくれい）（red tape）という（カウフマン 2015）。政府部門，民間部門を問わず，公式化は膨大な書類作成や形式的な管理・監査業務をもたらす点で，中身をもたない「ブルシット・ジョブ（くだらない仕事）」を増大させる。この傾向は，民営化などによって競争の導入が謳われたこと（☞第13章）が，結局は申請書類や評価書類の増大を招いたことでますます強まっているともいう（グレーバー 2017，2020）。

マートンの逆機能論

こうした官僚制の問題点は，なぜ生まれるのか。この問いを実証的に解明する研究が，戦後のアメリカ社会学で数多く生み出されてきた。これらの議論は，ウェーバー批判として位置づけられることが多いが，単なるウェーバー批判にとどまる議論ではない。より広く，なぜ官僚制は予期された成果を生み出さないのか，官僚制はどのような成果を生み出しているのかという問題を考察している。

代表的な論者であるマートンは，人々の相互行為の意味やその働きを機能としてとらえ，その機能を満たすように社会は動いているという機能主義の考え方を，実証的な因果関係の分析に用いた（マートン 1961）。ひとつの機能から出発して，それと等価の機能や副作用的な機能を取り込むことで，実態を記述できる枠組みを整えた。

たとえば，都市の再分配を担う政府の機能の結果，貧困者が最低限の生活を手に入れることが実現している場合もあるだろう。しかし，都市の世話役が仕事などを手配している結果，実現する場合もある。ここでは，政府と都市の世話役が機能的に等価の関係にある。さらに政府による再分配は受給者の自尊心を損ね，自立を困難にするという予期せぬ結果をも招きかねない。これを逆機能という。機能的等価は同じ結果に対する異なる原因であり，逆機能とは同じ原因の異なる結果である。さらに当事者たちが気づいている顕在的機能以外に，当事者も気づかない潜在的機能も存在する。これらの道具立てによって抽象化と具体化を結び付ける方法は，中範囲の理論と呼ばれる。

こうした視点にもとづいて，マートンが分析したのは，官僚制における公式化のもたらす逆機能である。本来，ルールは定型的な業務を効率的に処理し，不平等な取り扱いが行われないように設定されている。しかし，ルールに対して過剰に同調すると，本来は手段であるルールに従うことが，目標に転化してしまう。この結果，状況への変化に対応できず，組織の硬直化が進む。このように公式化が硬直性を生み出すことを「訓練された無能力」と呼ぶ。

もうひとつのルールの逆機能は，不平等な取り扱いを避けるためのルールが，過剰な画一性をもたらすというものである。ルールの適用を自己目的化することが，個別ケースの事情を無視したり，あらゆる例外的取り扱いを拒否したりすることにつながる。これは，杓子定規（しゃくしじょうぎ）の対応と呼ばれる。

さまざまな逆機能

公式化がもたらす逆機能は，より複雑な形態をとることもある。セルズニックはTVA（テネシー川流域開発公社）の分析において，組織と環境との関係に着目した。変化する環境への適応を続けることから，組織の下位の部分で受益者の取り込みなどの制度化が進んでいく。しかしそのことは，組織下位で設定した目標を内面化してしまうことや，そこからセクショナリズムを発生させることを明らかにした。マートンが示した硬直性を乗り越えた組織であっても，そこには別の逆機能が現れるのである（Selznick 1949）。

ヒエラルキー組織における上下関係がもたらす逆機能を参与観察によって見出したのが，ゴールドナーである（ゴールドナー 1963）。地域コミュニティに根差した形で長年の労働慣行が形成されていた石膏工場に，本社から新たな管理者が派遣されてきた。彼は画一的な規則への遵守を求め作業員たちへの監督を強化したが，作業員たちは反発し，紛争が続いた。ここからは，ヒエラルキー組織の上位者が下位の構成員の同意を得ることなく，規則の強制を行う懲罰型官僚制と，両者の同意にもとづく代表的官僚制という2類型が導出できる。そして，下位の構成員に専門性がある場合には，代表的官僚制の可能性を追求すべきだとゴールドナーは主張した。

これらに対して，官僚制組織の逆機能は，それへのさらなる対応から，革新の源泉ともなりうることを唱えたのがブラウである（Blau 1963）。彼が観察対象としたのは，アメリカの職業安定所と労働基準監督署である。前者で新たな業務評価方法を導入したところ，職員間の競争を促進させた係では期待に反して生産性は低下し，協力して新たな評価方法に対抗した別の係の生産性は高まった。後者では，規定に反して，監督官同士の相談が頻繁に見られることが全体の生産性を高めていた。組織構成員たちの自発的適応が組織のダイナミズムを生み出したのである。

ここまで見てきたように，逆機能論は，俗に思われているような単なる官僚制批判の議論ではない。逆機能は機能とセットであり，逆機能が発生するからといって，官僚制における規則・ルールを撤廃すればよいというものではない。官僚制批判の多くは，「では，官僚制なしでどうすればよいのか」という問いに答えることがない。文書主義に弊害があるからといって，これをなくせば人の支配に戻るだけである（野口 2018）。重要なのは，機能と逆機能の両面をとらえながら，その功罪を全体として見渡し，その発生メカニズムと改善策を検討することである。

第一線職員の抱えるディレンマ

官僚制における公式化の機能と逆機能の両面が典型的に現れるのが，第一線職員である。彼らは，情報の分散と公式化が併存する状態に置かれている（☞第7章）。このことが第一線職員を解決困難なディレンマに追い込む。この点を最初に指摘したのは，リプスキーであった（リプスキー 1986）。彼らが接触する顧客は個別の事情を抱えており，その事情に応じた対応をとりたいと，彼らは考える。マニュアルに従うだけでは，杓子定規な対応となってしまい，顧客を満足させること，ひいては法令の本来の趣旨を実現することにならないからである。しかし，個別事情に応じた裁量の行使は，場合によっては顧客との癒着（ゆちゃく）を生み出し，他の顧客との間の不公平を生むことにもなりかねない。マニュアルは，そうした問題を解消するために用意される面もある。第一線職員が，一方ではバーンアウト（燃え尽き症候）に陥りやすく，他方では機械的・硬直的な対応に終始しやすいのは，同じコインの両面なのである。

また，第一線職員は，複数の業務に時間とエネルギーをいかに配分するかという点でもディレンマに陥る（畠山 1989）。管理部門への報告が求められているが，法令の本来の趣旨の実現には必ずしも効果が大きくない業務と，管理部門への報告事項ではないが，顧客の本来のニーズに適合する業務のどちらにどの程度のエネルギーを振り分けるべきだろうか。たとえば，住民は地域警察官がパトロールを頻繁に行うことによる犯罪予防を求めており，警察官らもそれを重視していたとしても，管理部門が検挙率の向上を目標として掲げる場合に，どのように時間を配分するかは難しい問題である。

3 情報共有型と機能特化型の帰結

最大動員システムと革新

ここでは，分権化の２つの形態，情報共有型組織と機能特化型組織の帰結について見ていこう。

情報共有型組織の場合，組織下部での水平的情報流通と情報の蓄積が促進される。このため，職場の他の構成員や他の部署の状況を考慮しながら仕事を進めていきやすい。水平的な調整が随時行われつつ，業務は処理されていく。したがって，日々変動していく環境を前にして，細やかな調整を繰り返しながら，全体としてゴールに向けて行動することが，この組織形態の得意とするところとなる。構成員が相互に補完することで，相対的に少ない人数で多くの活動を担える。村松岐夫は，日本の行政の特徴を，少ない資源を最大限に利用する最大動員システムと呼ぶが（村松 1994），それを行政組織レベルで支えているのが，情報共有型の組織形態なのである。

これに対して，機能特化型組織の場合，権限の割り当ては管理部門によって行われ，組織下部での水平的情報流通は生じない。したがって，情報共有型組織の場合と異なり，日常的に細やかな調整を行うことは，この組織形態の得意とするところではない。その逆に，非常に安定的な環境で，権限の割り当てを見直す必要が生じない場合には，機能特化型の組織は強みを発揮する。また，環境が非常に不安定で，試行錯誤が重要になる場合にも，組織下部それぞれの自律性が強い機能特化型組織の方が有利である。情報共有型組織では，組織下部の間の連結性があるために，全体として同じ方向を向いてしまい，それぞれで試行錯誤を行うことは難しいからである。

透明性という観点では機能特化型組織の方が有利になりやすい。情報処理の統一的方針を管理部門が定め，記録の作成から廃棄や移管後の蓄積までを全体として管理するという方針がとりやすいからである。これに対して情報共有型組織では，組織下部で情報が蓄積されて，その外に出てこないことが透明性を下げやすい。部局，さらには個人単位に情報がとどまりがちなのである。

まとめると，環境変動の程度が中間的な場合には情報共有型が，環境変動の程度が低い場合と高い場合には機能特化型が，適合的となる。言い換えるならば，情報共有型組織は既存のアウトプットに少しずつ改善を加え，その質を高めていくような課題に強みをもつ。これに対して機能特化型組織は，既存のアウトプットにとらわれることなく，革新を引き起こすという点で優れている。第二次世界大戦後の日本の中央府省は，政治家や業界の利益を調整しながら，高度経済成長とその枠内での問題解決に概ね成功してきた。しかし1990年代以降の激しい環境変動に対して適切な対応策を打ち出すことができたとは言い難い（☞第2章，第14章）。これらは，情報共有型という組織形態のひとつの帰結として理解できる。

両者の違いが顕著に現れる例は災害への対応である。地震をはじめとして自然災害に見舞われやすい国であるにもかかわらず，日本の行政組織は，恒常的に設置されている大規模な災害担当部局をもたない。災害発生時には対策本部が設置され，関係部署を集めて対応を進めていく。非日常の業務に対して，水平的調整によって対応するのである。アメリカには，緊急事態管理庁（FEMA）が設けられており，災害対応を行う人材の専門性向上などに普段から取り組んでいるのとは対照的である。

日本の対応方法は，平常時の人員に余裕があるならば，それを非日常時に括り出して対応にあたらせることで，平常時から災害対応のための人と組織を抱えなくてすむという意味で効率的といえる。しかし，平常時からギリギリの人員で回すようになれば，災害時には限界を超えた過重労働に頼ることになる。それは長期的に維持できるものではない。新型コロナウイルス感染症では対応の長期化に伴い，この問題が顕著に表れた。

セクショナリズムと組織再編の程度

情報共有型組織の場合，一見したところ所管争いが多くなる。しかしそれは，情報共有型の病理というよりは生理である。2省間調整の網の目が細かく張りめぐらされていることは，日本の行政組織の特徴のひとつである（☞第6章）。確かに，そもそも紛争がないことや，トップダウンによる解決を理想とするならば，こうした実態は評価できず，所管争いはセクショナリズムの発露となるだろう。しかし，社会や経済の変化にもかかわらず，省の編制を変えることなく，新たな行政課題に対応し続けてきたことと，所管争いの多さは表裏一体である（今村 2006）。

他方で，機能特化型組織では，所管争いという形での問題は生じない。しかし，逆に，環境変動にもかかわらず適切に権限を割り当てなければ，どこにも所管されずに対処されない部分が残りやすい。

つまり，情報共有型と機能特化型では，組織編制の安定性が異なる。情報共有型組織は組織編制は安定的である。新規業務が発生した際，情報共有型では既存部局がそのスラック（余剰資源）を用いて対処するのに対し，機能特化型では所管の再割り当てで対処するからである。したがって，新規業務の発生の程度が同じならば，組織再編の程度は，組織形態の違いを反映しているはずである。

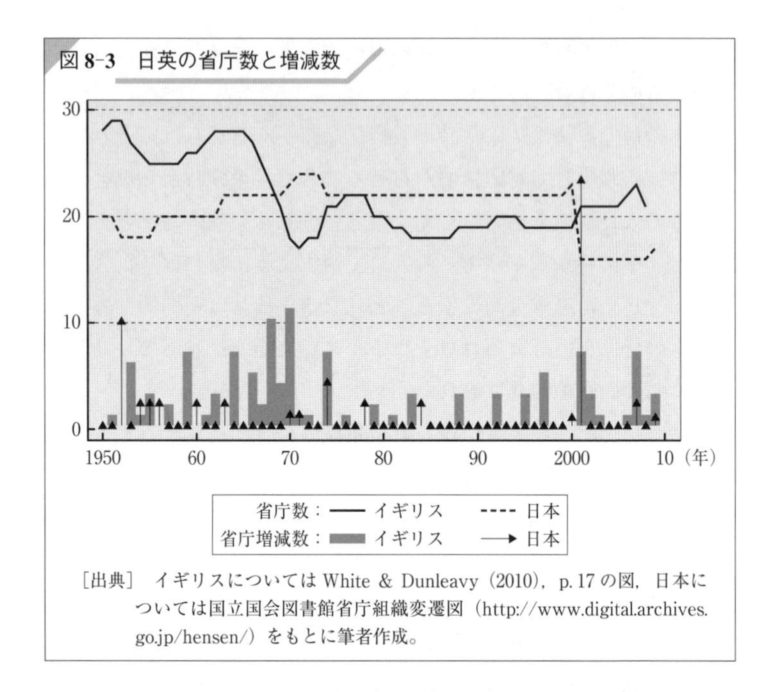

図 **8-3**　日英の省庁数と増減数

［出典］　イギリスについては White & Dunleavy（2010），p. 17 の図，日本については国立国会図書館省庁組織変遷図（http://www.digital.archives.go.jp/hensen/）をもとに筆者作成。

残念ながら，各国の省庁の変遷の程度に関する統一的なデータは存在しないので，ここでは日本とイギリスの比較を行ってみよう。**図 8-3** では，両国の中央省庁の数を折れ線グラフで，増減の延べ数を棒グラフで表示している。たとえば 2 つの省庁が合併して 1 つになった場合，増減数は 3 と数えている。これを見ると，イギリスの中央省庁が頻繁に再編を繰り返しているのに対して，日本の中央省庁がきわめて安定的であったことがよくわかるだろう。ただし，日本の場合は，再編するときには大規模な改革がなされており，1952 年と 2001 年には増減数が大きくなっている。1952 年には独立回復に伴う再編，2001 年にはほぼすべての省庁を対象とする再編が実施されたためである。

押し付け合い，先送り，進まぬデジタル化

組織拡張期には所管争いが問題となるが，組織縮小期には逆に責任の押し付け合いが生じる。人，金銭，権限，情報を増やして組織を発展できるときには，所管を広げようとするだろうが，逆に負担ばかりが増え，人も金銭も増えない状況では，所管を取り込まないようにしようとする。機能特化型組織では，いずれかの省庁に所管を割り当てることで対応がなされよう。しかし，情報共有型組織では，府省間で所管を押し付け合うばかりということになる。たとえば，食の安全のように農水省と厚労省の間で所管がはっきりしない領域で，事故が発生した場合に，責任の押し付け合いが発生する。

情報共有型組織では異動が頻繁に行われ，逆にいえば同じ部署には数年しかいないということからは，問題の先送りという現象も生じる。組織のどこかが対処しなければ，いつか大きな問題になることがわかっていても，実際に問題が発生するのは，自分が今の部署を離れた後になる場合に，問題解決に取り組むことを期待するのは難しい。政策実施においても，実施に伴う負担を嫌い，リスクを回避しようとする傾向は強い（伊藤 2020）。

先送り傾向と，組織下部での業務分割の不明確さが合わさることで，デジタル化への対応も難しくなる。情報処理システムや業務システムを導入するには，これまでの業務の進め方を洗い出して，それをどのように電子的に処理するかを検討しなければならない。こうした業務内容やフローの見直しや再設計を BPR（Business Process Reengineering）と呼ぶが，日常業務の処理と並行して BPR を進めることは難しい。このため，デジタル化は先送りされるか，BPR を伴わない形だけのデジタル化に終わりやすい。加えて，情報共有型組織では業務が十分に分割されず，不明確であることが多いので，BPR を進めることが難しいのである（日経コンピュータ 2021）。

職場や人間関係への影響

組織形態の違いは，それぞれに適した職場環境や仕事の慣行，また，同僚や上司・部下との関係性，さらに人々のワーク・ライフ・バランスなどにも影響を与える。職業生活が人々の人生の中で占める割合は高く，ゆえに組織形態の違いは，私たちの社会の多くの部分を形づくってもいる。

まず，情報共有型組織では，水平的な情報流通を可能とするために組織構成員の多くが，物理的にも同じ空間で働く。係ごとに島をつくりながら，「お誕生日席」に当たる部分に係長が座り，さらにそれをまとめる形で課長までが同室で勤務するというのは，日本の職場によく見られる光景である。個室を与えられるのは，上層部に限られる。これに対して機能特化型組織では，工場勤務やタイピストのような職種は別として，ホワイトカラー（事務職）であれば職位にかかわらず，個室での勤務を行うことが多い。組織下位における水平的情報流通を必要としないことから，こうした仕事場の空間の取り方が採用されるのである。

同僚や上司・部下の様子が常に視野に入る職場においては，彼らの様子を把握しながら，必要に応じて協力を申し出ること，あるいは協力を求めることが要請される。職務の割り当てが完全に行われているわけではなく，職務はチームとして遂行されていくのであり，チームプレーが求められる。他の構成員が多くの仕事を抱えているにもかかわらず，先に仕事を終えて職場から帰るのは，こうした組織の論理に反する。少なくとも「お先に失礼します」の一言が求められる。上司の役割は，こうしたチームプレーを促進するよう，部下たちの人間関係に気を配り，フリーライダー（ただ乗りする人）の出現を抑制することである。そのために的確な人事評価を行うとともに，日常的にも職場の外を含めて，コミュニケーションが求められる。仕事帰りの一杯や休日の仕事関係者とのゴルフは，情報共有型組織の一部なのである。こうして「会社人間」が生まれる。ワーク・ライフ・バランスを保つことは難しく，家庭においては性別役割分業に依存することになりやすい。

失われる持続可能性

日本の中央府省の場合は，政治との関係から対応すべき業務量が多くなりがちである一方で，労働基本権の制限を受けている。人事院が代替措置として設置されているといっても，長時間労働や「サービス残業」を改善する働きはしてこなかった。「ブラック霞が関」（千正 2020）などと称される状態がここから作り出される。

個々人の業務が明確に割り振られないにもかかわらず，フリーライダーの発生を抑制するには，一人一人の仕事ぶりを評価し，その評価の蓄積が長期的には昇進の差となって現れることが必要である。また，職員の業務遂行能力の向上や技能の向上は，職場外での体系的な訓練ではなく，職場内で上司や先輩からの助言によってもたらされる。しかし現在の中央府省では，上司が部下の成長に目を配り，学びの機会を与えるよう考慮する余裕が失われつつある。

さらに，職場における同調圧力が強いことは，組織内での問題を外に出すことへの抑圧につながりやすい。公益通報を行いにくいことや不祥事の隠蔽（いんぺい）などが，そこから帰結される。自衛隊の日報を隠蔽した問題や，森友学園への土地払い下げをめぐる財務省における公文書改竄（かいざん）の問題などは，この例である。これは，種々のハラスメントが外に出にくいという問題にもつながる（村木 2018，2020）。

公務員志望者の減少，中途退職者の増大は，その表れである（西尾 2018）。情報共有型組織における労働環境の悪化の影響を受けやすいのは，若手職員である。そうした環境悪化を経験していない，あるいは環境悪化の下でも組織に残ることを選んだ世代が上司に多くなることで，問題の改善は遅れがちである。さらに根底には，公務員の少なさという問題がある（☞第 14 章）。政治との関係から，業務量の調整や改善が行いがたいという点も大きい。

まともな労働環境を制度的に保障するとともに，上司の不定型な役割を再活性化させるか，そうでなければ個々人の業務を明確化し，技能形成を明確に可能にするか，どちらかを行わなければ，組織としての持続可能性は失われていくであろう。現状では種々の要因が過重労働を生み，退職者を増大させることで，さらに残る者への負担が増すという負のスパイラルに陥っている。

4 資源管理の失敗

●財政赤字

分権型組織の帰結としての財政赤字

行政組織における管理の失敗が，顕著な形で表れやすいのは，金銭資源の管理である。いずれの資源であっても調達できる量以上に使えば当然に不足が生じるが，金銭資源は，それが財政赤字という形で見えやすい。もちろん，政府の財政は家計とは異なるので，短期的赤字がすぐに問題になるとは限らず，黒字幅が大きいほどいいというものではない。国民の厚生を向上させることが重要なのであり，世代間負担を均衡させ，将来投資のために債券を発行することは問題ではない。とはいえ，政策決定者たちの規律が失われて生じる財政赤字は，恒常化しやすく，座視できるものではない。

財政赤字の要因としては，有権者への便益供与を重視し，負担を回避しようとする政治家の選択や，第4章で見た政治と行政の関係に加え，行政機構の組織形態も，そのひとつである。財政全体に責任をもつ財務官庁と，特定政策領域に責任をもつ個別の府省との間で，前者への権限の集中が十分でなければ，財政赤字は拡大しやすい。個々の府省は財政赤字全体に責任を負わないので，税収をめぐって，いわゆる「共有地の悲劇」（共有物が過剰に利用され枯渇してしまうこと）が発生するのである。

日本のしくみでは，形式的には財務官庁の予算編成権限は弱くない。しかし田中秀明（たなかひであき）は，財務相の権限やその在職年数，さらに政権の安定性などを検討すると，先進国の中ではアメリカと並んで，日本の予算編成の集権性は弱いことを指摘する（田中 2011）。このことは日本の財政赤字の一因であろう。

ただし財務官庁への集権化を行うことが，予算編成全体を望ましいものにする保証はない。個々の政策領域に関する情報は，事業官庁が多くもつという情報の非対称性が存在するからである。いかなる公共問題が発生しており，どれだけの金銭が必要かという情報は，事業官庁に存在する。問題は，そうしたことは財務官庁にとっては隠された情報であるため，事業官庁はそれにつけ込んで，過大な予算要求を行うところにある。したがって，財務官庁への集権化を行うことは，財政赤字の抑制には効果的だろうが，必要な額を必要な政策領域に支出するという点では，有効とは限らない。

厳密な歳出予測とその挫折

財政赤字を抑制する第2の方法は，歳出予測を厳密に行うことで，無駄な予算を減らすことである。現場の情報とは別形態の情報を用い，予算決定の能力を向上させることによって，情報の非対称性を乗り越える試みともいえる。

財務官庁が歳出額を判断するだけの情報がない場合は，前年度予算を踏襲（とうしゅう）することになりがちである。このことは，現実的な予算編成方法として好ましいものと考えられてきた。アメリカの政治学者リンドブロムがいうところの，インクリメンタリズム（漸進主義）である。限定合理性にもとづくならば，前例踏襲を基本としながら決定はなされる。その結果，組織が生み出すアウトプットは少しずつしか変化しない。同時に，それは規範的にも望ましい。歴史的に生き残ってきたものにはそれなりの理由があるという保守主義の考えと親和性をもつのである。

インクリメンタリズムは政策全般に適用できる議論だが，とりわけ説明力をもつとされたのは予算編成であった。予算編成は，膨大な決定事項を短期間に決定しなければならないので，インクリメンタリズムが適合的な領域である。そして，実際に予算が毎年大きく上下するようなことはなく，緩やかな変化にとどまることは，インクリメンタリズムを支える証拠と考えられたのである。

これに対して，財務官庁が十分な情報を収集・処理することができるのであれば，より効率的な予算編成が可能とする立場もある。オペレーションズ・リサーチと呼ばれる数学・統計学を用いた意思決定技法が1950年代に発展し，60年代にはそれを予算編成にも導入する試みが見られるようになる。その代表例が，組織目標の明確な計画化の上に，費用・便益分析にもとづく予算割り当てを行おうというPPBS（Planning, Programing and Budgeting System）である。アメリカのケネディ政権期に，国防長官のマクナマラによって国防予算の策定に導入された。その後68年からは他の省庁にも導入されたが，十分に機能することなく，3年後には廃止された。

野心的なPPBSの挫折後は，それほど包括的な形ではなく，中長期計画にもとづく予算割り当てや個別事業ごとの費用・便益分析を行うようになっている。また，前年度予算を出発点とすることなく，新年度予算でのリセットを制度化するゼロベース予算や，政策の見直し期間を3年や5年という単位で設定しておくサンセット方式が1970年代には試みられる。つまりその後は，インクリメンタリズムとPPBSの中間を歩んでいる。

1980年代後半以降は，NPMの動きが強まる中で，事前の予測よりも事後評価を重視する傾向が金銭資源の管理にも生じる（☞第16章）。情報の非対称性を前提として，むしろ情報が存在するところに権限をおろすという考え方である。具体的には，中期計画目標を設定したうえで，ある程度の裁量を事業官庁に与え，政策評価と予算策定を連動させる。つまり，執行段階における公式化の程度を緩めることで，情報の所在と権限の所在を一致させ，事後的に情報の非対称性を解消するのが，現在の流れである。

日本の場合は，こうした動きが十分に導入されなかった。PPBSの導入が検討されたものの本格的に実現することはなく，ゼロベース予算やサンセット方式についても同様である。ただし，大蔵省／財務省は攻守交代制や積み上げ方式といった工夫を凝らしてきた（☞第6章）。それは概ね1980年代までは機能してきたが，その後の環境変動の大きさにもかかわらず，事前から事後への変革を十分に取り入れることができていない。それは，先進国の中で最も業績予算制度への移行が進んでいないことにも現れている（☞第5章）。

公式化とタイムスパンの拡張

財政赤字を抑制する第3の方法は，公式化を予算編成に適用することである。つまり，予算編成においては規律が失われやすいので，編成の際に依拠するルールを確立するということである。大きく分けて，歳入額に歳出額をあわせることを求めるルール，歳出額の上限を定めるルール，財源調達に関するルールの3つがある。

第1の例としては，歳出を歳入の範囲内とすることを求める均衡予算原則の他に，利払い費を除いた歳出と債権発行以外の歳入の比，すなわちプライマリー・バランス（基礎的財政収支）の均衡を求めるルールがある。第2の例としては，歳出額の上限を定めるシーリングの他に，国内総生産（GDP）といった経済指標の一定割合に歳出を設定するといった方法もある。第3の例としては，債券発行目的を投資的経費に限定するゴールデン・ルールの他に，累積赤字の総額や，各年の新規赤字額に上限を設定するルールがある。

これらの予算編成ルールの多用が，望ましい結果を生むとは限らない。公式化とは柔軟性を断念することでもあるので，こうしたルールを用いるほど，予期せぬ経済の後退などのショックには対応しがたくなる。実際に，これらのルールの多くは，経済動向の変化を理由として放棄されることが多い。単年度ごとの適用ではなく，中期的な景気循環のサイクルを単位としつつ適用するといった工夫を加えなければ，国民経済に悪影響が生じることもある。

しかし，だからといって，ルールを設けなければ財政赤字の増大を抑制することも難しいであろう。この点でも，先進国の中では日本とアメリカだけが，景気循環を単位とする中期的な予算編成ルールをもっていない（田中 2011）。予算の単年度主義が財政民主主義という理由から守られているが，財政民主主義は予算編成や予算の内容，その執行にわたる透明性を向上させることでも達成できる。そのうえで，中期的な財政計画と予算編成ルールを導入するという選択肢があることを指摘しておきたい。

演習問題

〔1〕 あなたがお役所仕事の特徴だと思っていることについて，機能と逆機能という観点から説明を加えてみよう。

〔2〕 情報共有型組織と機能特化型組織の帰結の違いについて，具体的な例を挙げて，説明してみよう。

〔3〕 情報共有型組織の問題点が，現在の日本の中央府省や地方自治体において，どのような形で現れているかを考えてみよう。また，その解決策についても考察してみよう。

第Ⅲ部

マルチレベルの行政

第9章
マルチレベルの行政
中央・地方関係と国際関係

第10章
日本におけるマルチレベルの行政

第11章
マルチレベルの行政を規定する要因

第12章
マルチレベルの行政の帰結

◎第Ⅲ部の概要◎

ここでは，中央・地方関係と国際関係の２つの視点から，現代の行政をとらえていく。グローバルとローカルを合わせた「グローカル」の時代という標語があるが，この２つをあわせて考えることには，理論的な基礎がある。それは，どちらも複数の本人に仕える代理人の関係であるという点である。地方の行政機構は，地方政治家を，ひいては地域の住民を本人とする。しかしそれのみならず，中央政府の代理人の役割も担う。他方，国際機関とは，各国政府を本人とする共通の代理人として理解することができる。

このような本人・代理人関係と地理的な広狭の重ね絵としてマルチレベルの行政を理解していくと，そこには縦横に広がる行政主体のネットワーク構造が浮かび上がってくる。縦とは，地理的に広い範囲を所管する機関（国内では中央政府，世界では国際機関）の役割が大きい集権的なタイプとそうでないタイプの違いである。横とは，政策領域別の分立か，それらを束ねた総合かというタイプの違いである。

各国ごとに，またレベルごとに異なる集権・分権と分立・総合を説明する要因についても，アイディア，利益，制度の３つに分けて理解することができる。加えて，中央・地方関係では，これら以外に歴史的な遺産の影響が強いこと，国際行政では，理念が国際機関の創出やそのあり方に深くかかわってきたことに注意しよう。

さらに，こうした形態の違いが，人々の政治や行政へのかかわりという政治的帰結として何を生むのか。そしてそれによって，政策的にはどのような違いが生まれるのか。特に行政の資源管理の失敗としての財政赤字に，中央・地方関係と国際関係が，それぞれどのような影響をもつのか。それが，私たちの社会に与える影響まで含めて考えていこう。

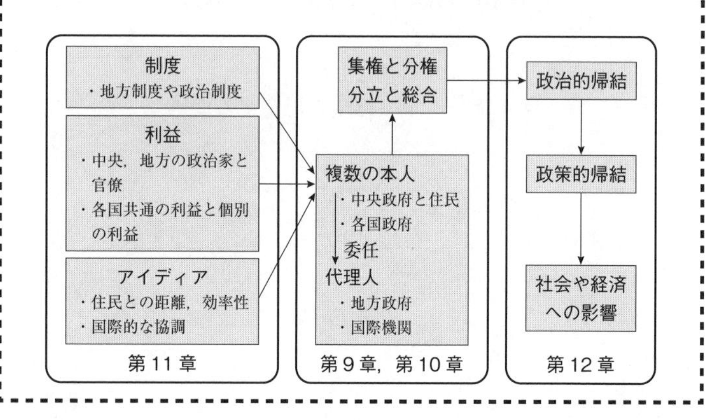

第9章 マルチレベルの行政

中央・地方関係と国際関係

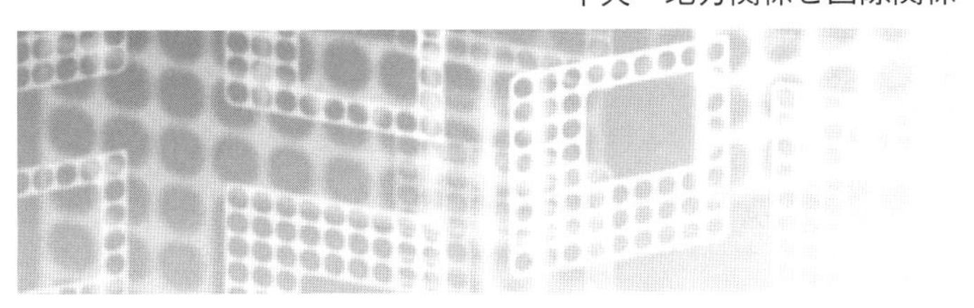

国民国家内の政治と行政の関係や行政組織内部の関係とは異なり，地方行政は地域の住民と中央政府という２人の本人の，また国際機関は各国政府という多数の本人の，共通の代理人という特徴がある。本章では，中央・地方関係と国際行政の双方を通じて，集権・分権（これはさらに集中・分散と融合・分離に分解できる）と分立・総合という分析軸を設定する。また，各国の中央・地方関係を各種データによって位置づけるとともに，国際機関の実態を紹介し，その分立性を示す。

1 マルチレベルの行政の意味と意義

行政の空間的広がり――地域，国家，国際

行政を担う主体は一国の首都にある行政組織，日本でいえば霞が関の中央省庁だけではない。むしろ私たちが受け取る行政サービスの多くは，地方政府（local government）によって提供されている。出生届や住民登録に始まり，小中学校における義務教育，ごみ収集などの日常的な公共サービス，福祉，まちづくりなどに至るまで，いずれもが地方政府によって実施される。

地方政府とは，一国内の一定の地理的範囲の住民，その代表と行政組織から構成される統治機構を指す。日本でいえば都道府県や市町村が該当する。これらは日本の法令用語では地方公共団体と呼ばれ，また地方自治体と呼ばれることが一般的だが，本書では各国で共通に用いられる用語である地方政府という呼称を用いる。

他国の行政機構や国際機関と私たちが抱える接点も，想像以上に多い。たとえば，海外でも日本の携帯電話がそのまま使えるのは，各国の携帯電話が使用する周波数帯や接続方法を国際電気通信連合（ITU）が調整しているからである。ITU は 1865 年に設立された万国電信連合を前身としており，現在は国際連合（国連）の専門機関のひとつである。2021 年時点で 193 カ国の加盟国をもつと同時に，900 以上の企業，大学，研究機関も加盟しており，NTTドコモやパナソニックをはじめとする日本企業もその一員である。これは通信方法の国際標準化を ITU が行っているためであり，そこに大きな利害がかかわっていることは想像に難くないだろう。

この ITU の他に，欧州連合（EU）や国連などの国際機関における行政，各国行政機構の相互協力，国際機関や各国間行政と非政府組織（NGO）の関係を含めて，一国を超えた国際レベルにおける行政の活動とそれを支えるしくみの総称を，国際行政と呼ぶ。

マルチレベルの行政　マルチレベルの行政とは，中央政府と地方政府の関係という国内の政府間関係および他国の政府との関係という国際的な政府間関係の双方のレベルにおいて，政府間，とりわけその行政機構間にいかなる調整メカニズムが備わり，対立の抑制や協調の促進が図られているかをとらえる概念である。どちらの政府間関係とも，狭い範囲を所管する政府と，より広域にまたがる政府や行政機関の関係という共通点がある。

近代の特徴のひとつは，国民国家の成立であった。そこでは，領土と国民は必ずひとつの国家に所属し，国家間の関係は対等であることが原則となる。領邦が分立している状態や宗主国と属国といった関係は解消されていく。国家は，それが実際には「想像の共同体」にすぎないとしても，ひとつの国民を基盤とするものとされた。それゆえ，近代国民国家の成立とは，主権国家内部での中央・地方政府関係の再構築と，新たな国際関係の構築を随伴(ずいはん)するものであった。また，グローバル化が進み，主権国家のあり方が見直される1980年代以降，中央・地方関係の再検討が進むようになったことも偶然の一致ではない。

これまで，中央・地方関係については，多くの研究がなされてきた。とりわけ日本では集権的な体制を問題視し，その改善を図るべく，大きなエネルギーが注がれてきた。他方で，国際行政についての研究は少数にとどまってきた（城山 1997；福田 2012）。これまで行政学のテキストではほとんど取り上げられておらず，ましてそれを地方との関係とあわせて扱ったものは見当たらない。しかし，地方政府と並んで国際機関との間に各国の行政を位置づけることによって初めて，近代の国民国家を前提として成立した行政が，現在，どのような変容を見せているのかを理解できるのである。

国内行政との違い

地方政府と国際機関が存在し，それぞれが重要な役割を果たしていることに加え，中央政府と地方政府の関係，各国政府と国際機関の関係は，第Ⅱ部で見た組織内関係とは異なる側面をもつ。つまり，マルチレベルの行政は国民国家における行政とは，異なるあり方を示している。だからこそ，別個に取り上げる理由がある。本人・代理人関係の枠組みを用いると，国家の行政とは，究極的には，単一の本人，すなわち国民という一人の本人を抱えるものである。しかし中央・地方関係および国際関係における行政においては，単一の本人は存在しない。複数の本人が存在する場合に，代理人としての行政組織がいかに行動するかという視点が，ここでは重要になる。

国民と地域住民という2人の本人を抱えることは，連邦制国家（federal state）と単一制国家（unitary state）のどちらにも当てはまる。確かに両者は，創設の由来や憲法制定権に違いはある。連邦制国家は，元来は別個の国家が他国との対抗上などの理由から結合することで形成されることが多い。他国との関係では単一主権国家となりつつ，内部では憲法制定権を含む多くの権限が州に留保されている。これに対し単一制国家は，国家主権に加え，憲法制定権も中央政府に独占されている。しかし単一制国家における地方政府は，単なる行政機構ではなく，住民とその代表としての政治家による統治を行う存在である。つまり，中央政府と地方政府の関係は，単一制国家の場合であっても，それぞれが異なる「本人」をもつという意味で，同じ組織内における上下関係，あるいは同じ組織内における地理的管轄を異にする部局間の関係（たとえば，企業における本社と地方支社の関係や，中央省庁と地方出先機関の関係）とは異なる。

しかし同時に注意したいのは，その異なる「本人」は部分的には重なる存在でもあるという点である。私たちは，ある市町村の住民であり，都道府県民であり，そして日本国民なのである。それゆえ，地方政府の行政機構は，国民の代理人としての中央政府のさらに代理人という役割も時として担う。中央政府と住民という2人の本人に仕える代理人として，地方政府は位置づけられる。さらに，住民もまた複層的に，かつ重なる存在としてとらえられる。都道府県と市町村のように，異なる範囲の住民を基盤とする複層の地方政府が存在するのである。

他方で，国際機関の場合，国家間の協定により形成される点では連邦制国家と同じだが，EUのように最も統合の程度が高く，それ自体が議会を備えている場合であっても，依然として主権は国家に残されている。まして多くの国際機関は，各国間の連絡・調整を行

図 9-1　中央・地方関係と国際関係における本人・代理人関係

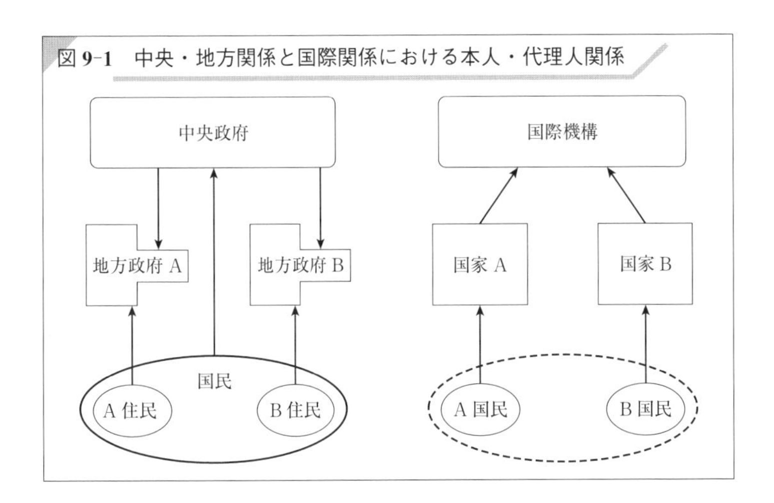

う行政組織のみが存在している。つまり，地球市民やその代表といった「本人」は存在せず，あくまで国家間の同盟や協力関係を基盤とする行政組織が置かれるという形をとる。よく用いられる表現でいえば，国際レベルにおいては「政府なきガバナンス」のみが存在するのである。したがって，国際機関と各国政府の関係は，多数存在する各国政府が本人であり，国際機関がそれらの共通の代理人となる。そして，この複数の本人は相互に排他的であり，重なることはない。以上をまとめて，図示すると図 **9-1** となる。

2　マルチレベルの行政をとらえる視点

集中・分散と，2 人の本人　国際レベル，国家レベル，地方レベルにまたがる行政の実態をとらえるためには，どのような視点を設定するとよいだろうか。ここでは研究の蓄積のある中央・地方関係を中心に考えながら，それを国際行政にも応用してみよう。中央・地方関係をとらえる概念として，集中・分散，分離・融合，集権・分権といったさまざまな分析の軸が提示されてきたが，本人と代理人の委任関係として中央・地方関係をとらえることで，これらの概念を整理していこう。

まず考えるべきは，代理人としての地方政府がどれだけ多くの委任を受けているかということである。住民と中央政府といった２人の本人から多くの委任を受けるほど，地方政府は多くの役割を果たすことになる。委任を受けていない場合は，地方政府の役割は小さく，その裏返しに中央政府の役割が大きくなる。国民・住民が中央政府と地方政府全体に委任する総量を一定とするなら，中央政府と地方政府の役割の大きさにはトレードオフの関係が成り立つ。

このことをとらえようとするのが，集中・分散という軸である。地方政府へ２人の本人から多くの委任が行われている状態を分散，逆に中央政府が多くの役割を担っている状態を集中と呼ぶ。具体的には，行政活動に用いられるリソース（資源）に着目して，中央政府と地方政府のそれぞれが，権限，情報，金銭，組織といった資源を，どの程度抱えているかという形でとらえることができる。

次に，２人の本人をできるだけ分けて，代理人はそれぞれの本人から委任された業務を遂行していくのか，それとも，２人の本人を分けずに，代理人は２人の本人からの委任内容を適宜まとめて対応していくのかという問題が生じる。これを分離と融合という軸でとらえる。中央政府と住民という２人の本人から委任された内容をまとめてひとつの地方政府が扱うのが融合である。分離は，この２つの役割を分けて担うことになる。分離を突き詰めると，地方政府は住民という本人の代理人に特化することになる。この場合，中央政府は地方出先機関という別の代理人を設置することになる。

分離と融合は，中央と地方にそれぞれ存在する政治家や行政官の間のつながりにも影響する。国政政治家と地方政治家の間の関係は政治的経路（チャネル）と呼ばれる。両者の関係は，切断，あるいは融合されているのか。後者の場合には，政治家のキャリアパスがどうなっているのか。また，政策決定にどのようにかかわっているのか。政治的経路は，こうした問題を扱う。ただし，本書では，あくまで行政的経路に注目し，政治的経路については，それが行政上の中央・地方関係に影響を与える範囲で扱うこととする。

国際レベルにおける政治的経路とは，各国首脳を中心とする各国政治家間の関係を指す。国際政治学の範疇（はんちゅう）なので，これも本書では扱わない。職業外交官による外交交渉なども，本書では扱わない。外務省以外も含めた行政機構の国際的な活動や国際機関の組織とその活動が，本書の扱う対象となる。

集権・分権

委任に伴うエージェンシー・スラックを抑えるためには，コントロールが必要になる。住民という本人によるコントロールについては第Ⅰ部と重なるので，ひとまず置いておく。ここで注目するのは，中央政府という本人によるコントロールである。さまざまなコントロール手段を通じコントロールを強めるか，あるいは弱めるかという選択肢がある。

これは，集権・分権という軸がとらえようとしてきたことである。具体的には，4つの資源をどのように用いるのか，それを誰がどのように決めるのかという質的な側面に注目する。地方政府が住民や企業に対し規制をかける権限を決められるか。税率の設定は自由か。組織の編制や人事配置を自ら行えるか。このような地方政府の裁量の大きさに注目する視点といえる。

ただし，中央政府が地方政府に対してかけるコントロールは，中央政府が本人の場合に限らない。住民という本人がかけるコントロールを中央政府が肩代わりすることもある。住民という本人が一人前ではないとして，中央政府が成り代わって地方政府に対してコントロールをかけるのである。融合と分離の関係を，ここにも見出すことができる。中央政府によるコントロールが2人の本人の役割をともに担っている場合が，融合である。分離の場合は，中央政府が住民を肩代わりしてコントロールをかけることはない。

集権・分権は，中央・地方関係をとらえる際，伝統的に最もよく用いられてきた概念であり，多義的なものとなっている。第1に，分権とは，地方政府による自律的な意思決定にもとづく政策活動の範囲として定義づけられてきた（西尾 1990：第12章）。逆にいえば，集権とは，地方政府の権限や財源が少なく，また中央政府による統制ゆえに，地方政府が自律的に意思決定を行えないことである。これは，権限や財源の大きさも含めており，上述の集中・分散も含んだものとして集権・分権を理解する見方である。

第2に，住民という本人によるコントロールの程度を，中央政府が左右しようとすることも集権の一側面とされてきた。競合する本人としての住民によるコントロールが強くなれば，中央政府によるコントロールは難しくなる。地方の行政の長を住民から選出するか，中央政府から派遣するかというのは，その最たる例である。ここから，分権という概念には，地方政府における民主制の程度という意味が含まれる場合もある。住民の公選にもとづく代表が地方政府を運営するのではなく，中央から長官が派遣されているのでは，住民の政治的意思は反映されにくい。したがって，地方政府における公選の実施を分権の要素とするのである。

つまり，集権・分権の概念は，住民が資源の分配と同時に，その利用がどのように行われるのかをどこまで決められるか，その全体をとらえようとする。地方政府が資源をもたなければ十分に政策を実施できない。かといって資源があっても，その使い方を中央政府にコントロールされているのでは，あるいは地方政府が住民の代表により運営されないのでは，住民の意向に沿った政策の展開はできない。これら全体をとらえようというのが，集権・分権の概念である。つまりこの概念は，地方政府の民主性，自律性という質的な側面と活動範囲という量的な側面の双方をとらえようとしている。いずれもが大事であるからこそ，3つの要素を含み込む概念となっているが，それは混乱の原因ともなる。

集中・分散と分離・融合

そこで混乱を避けるためには，集権・分権の3つの側面を分けて考える方がよい。まず，地方政府の民主制は住民という本人と代理人としての地方政府の関係としてとらえる。次に，量的な側面，すなわち地方政府が抱える資源の大小は集中・分散でとらえる。残る質的な側面，すなわち地方政府がそれ単体で意思決定を行っているのか，それとも中央政府の関与を受けながら意思決定を行っているのかは，分離・融合と結び付く。分離の場合は，地方政府が活動の資源を自前で調達し，利用する。これに対して融合の場合は，資源が中央政府と地方政府の間で移転される。中央政府の権限を地方政府に委任することや，中央政府が集めた財源を地方政府に補助金として移転することが融合である。したがって，分離・融合とは，地方政府の自律性とほぼ比例しているのである。

このように考えると，民主制に関する要素を取り除き，中央・地方関係の量的側面と質的側面をともにとらえようとする集権・分権は，集中・分散と分離・融合の組み合わせとして理解できる。

それを示したのが図**9-2**である。地方政府が多くの資源をもち，中央政府からの関与を受けることなくそれを用いることが，分権といえる。逆に，地方政府が資源をほとんどもたず，しかもその利用も中央政府からの関与を受けているのであれば，それは集権といえよう。地方政府が保有する資源の量が分散，そのうちどれだけが自前で調達されたものかが分離を意味するので，分散・分離である場合が分権であり，集中・融合である場合が集権である。残る2つの形態，すなわち分散・融合の場合と集中・分離の場合は，その中間

図 9-2　中央・地方関係をとらえる軸

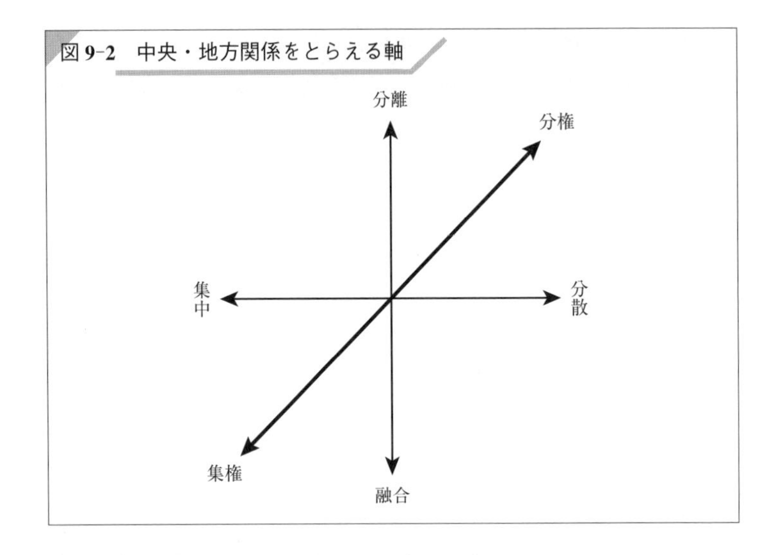

に位置づけることができる。

このように，分離・融合と集権・分権の間には，分離の方が分権につながるという連関が存在する。分離の定義に自律性が含まれるため，中央政府の関与への道を開く融合は集権的ととらえられるのである。しかし同時に，融合では，地方政府から中央政府への働きかけが容易になるため，地方の意向が国政・地方政治全体として実現されやすくなる可能性もある。村松は，地方の意向の実現の程度を「地方自治」と名づけている（村松 1988）。融合は，分権にはつながらないが，「地方自治」をもたらしうる。

こうした整理により，3つの軸の関係は少し見通しがよくなるだろう。そのうえで，これらを二分法的にではなく，連続線上にとらえることで，実態の把握にも使えるようになる。しかし同時に，コントロールの程度をとらえることよりも，どのようなコントロールがかけられているのか，その結果，代理人の行動はどのようなものになっているのかを理解することの方が大事である。第Ⅰ部で政治主導か官僚主導かといったことよりも，政治家によるコントロール手段は何かを見るべきだと述べたのと同じことが，ここにも当てはまる。本章の国際比較では集権・分権などの軸を用いるが，第10章の日本の記述ではコントロール手段の違いに目を向けていく。

地方政府の規模と階層

ここまで住民と国民という2つの区分にもとづいて，中央・地方関係をとらえる軸を考えてきた。しかし実際には，住民というものもまた，複数のレベルに分けて考えることができる。地理的な境界線を区切ることで住民が確定されていく。狭い範囲で境界線を区切ることもできれば，より広い範囲を設定することもできる。これは地方政府の規模を定める。地理的に広く，また多くの住民を抱える地方政府とすることもできれば，狭い範囲で小規模の住民からなる地方政府とすることもできる。

さらに，地方政府に階層を設けることもできる。日本でも市区町村と都道府県という2種類の地方政府があるように，より小規模な地方政府と，それよりも大規模な地方政府からなる地方政府の体系を2層制と呼ぶ。これらをさらに増やして，近隣レベルから州のレベルまで，3層，4層からなる地方政府を作り出すこともある。逆に，1種類だけの地方政府からなることとすることもある。これは1層制と呼ばれる。最小規模の地方政府を基礎的地方政府や基礎自治体，2層以上を広域地方政府・広域自治体と呼ぶ。

地方政府の規模と階層を組み合わせることで，多様な地方政府の体系が存在する。これらの出発点になるのは，本人である私たちのあり方である。お互いに顔見知りであるような人々のまとまりか，それとももっと広い範囲の人々と一緒に本人を構成するのか。また，私たちは1種類の住民であるのか，広狭さまざまな範囲の住民となるのか。本人である私たちの側の地理的なまとまり方と対比される形で地方政府の体系は形づくられる。

国際行政の場合

国際レベルでの協定や機関と，各国の行政組織の関係についても，集中・分散と分離・融合によって，その関係をとらえることができる。国際機関が権限，金銭，人，情報といった多くの資源を保有するならば集中であり，逆が分散となる。国際機関が自ら権限を確定したり，自主的に金銭や情報を集めたり，自前の公務員を雇用したりすることが分離である。逆に，それらを各国からの移転に頼る，すなわち，各国の同意した権限だけをもち，金銭，情報を供出してもらい，派遣された公務員により運営されるのであれば，融合である。

したがって，国際レベルへの集権とは，集中・分離の状態となる。各国政府への分権とは，分散・融合の場合である。図示すると，図 **9-3** のようになり，中央・地方関係の場合とは，90 度ずれた関係となる。これは本人が誰かという違いに伴い，移転する前の資源がどこに所在するかの違いに起因する。国際関係においては，資源を保有するのは国家である。しかし国内においては，より包括的な本人である中央政府の側に配分する資源が存在する。このため，国際関係では，国際機関が自前の資源をもつようになること（＝分離）は，国際レベルへの集権を意味するのに対して，中央・地方関係においては，資源の移転がないこと（＝分離）が地方政府の自律性を意味し，分権につながるのである。

分立・総合

ここまで中央・地方関係と国際・国内関係をとらえる第1の視点として，集権・分権およびその構成要素としての集中・分散と分離・融合について考えてきた。これらは，2人の本人と代理人の関係をどのように形成するかをめぐるものであることを，ここまで説明してきた。もうひとつ，これらとは別の側面として重要なのは，政策領域ごとの分立性である。分立的な中央・地方関係とは，政策領域ごとに別個の地方行政組織や財源，人的資源，情報の経路が存在していることを指す。

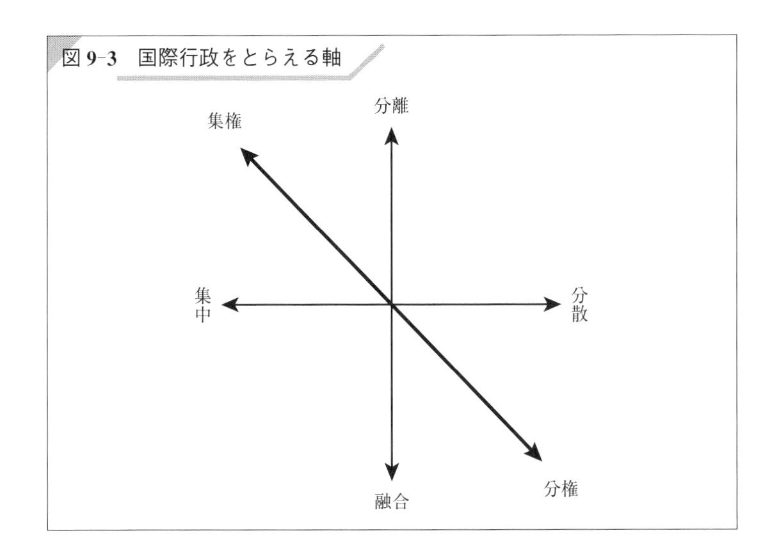

図 9-3　国際行政をとらえる軸

アメリカの学校区のように特定の政策領域に特化した地方政府は，組織面で見た分立性の典型例である。日本でも教育分野では教育委員会が設置されており，分立性は高い。警察も然りである。各省庁が設けている個別政策領域ごとの補助金，同じ政策共同体内部での人材交流なども，分立的な中央・地方関係の例となる。たとえば国交省は道路や河川整備のための補助金を多く設けるとともに，技官を地方政府の土木部などに派遣している。

これに対し総合的なそれとは，政策領域横断的な組織などが設けられている場合を意味する。あらゆる政策領域を県や市といった一般地方政府が所管することは，総合型の中央・地方関係の例である。地方交付税のように使途を限定されない一般補助金も，総合型の特徴となる。教育委員会のような政策領域別の委員会ではなく，知事や市町村長が多くの政策領域を所管することは総合化といえる。

国際行政の場合においても，分立的な国際機関として，冒頭に例示したITUのように，特定の政策領域，あるいは特定の課題ごとに設立されるものがある一方，国連やEUは複数の政策領域を包括するという意味で，総合的な国際機関と位置づけられる。同様に，財源，情報，人的資源においても分立と総合を考えることができる。

3 各国のマルチレベル・ガバナンスの実態

財政データによる把握

それでは，集中・分散と分離・融合という2つの軸にもとづいて，各国の集権・分権をとらえてみよう。指標としては，まず，金銭資源を用いることとする。図**9-2**と同様に，横軸には集中と分散を，縦軸には融合と分離をとる。右上にいくと分権であり，左下が集権である。

具体的には，各国の政府部門支出全体のうち，地方政府（連邦制国家における州政府も含む）による支出の割合を集中・分散の指標として横軸にとった。次に分離と融合については，地方政府の歳入における地方税の割合，いわゆる自主財源率を用いた。縦軸で上にあるほど，財政的に自立している分離の状態であり，逆が融合，すなわち多くの移転財源を受けている状態となる。

図**9-4**を見ると，大きな傾向として，右下下がりの直線上に多くの国が位置していることがわかる。つまり，分散・融合型であるか，集中・分離型であるかというのが，現在の各国の基本的な選択肢である。概念図で示したような，集権・分権との関係でいえば，両者の中間のところで，各国ごとに多様な形態を見せるのである。極端な形態としての集権や分権を論じたところで，各国の実態をとらえるうえではあまり有効ではない。また，歴史的には，イギリスは分権的であり，日本やフランスは集権的であると位置づけられてきたが，そうした古い理解にとらわれていると，実態をとらえ損ねることにもなるので注意が必要である。

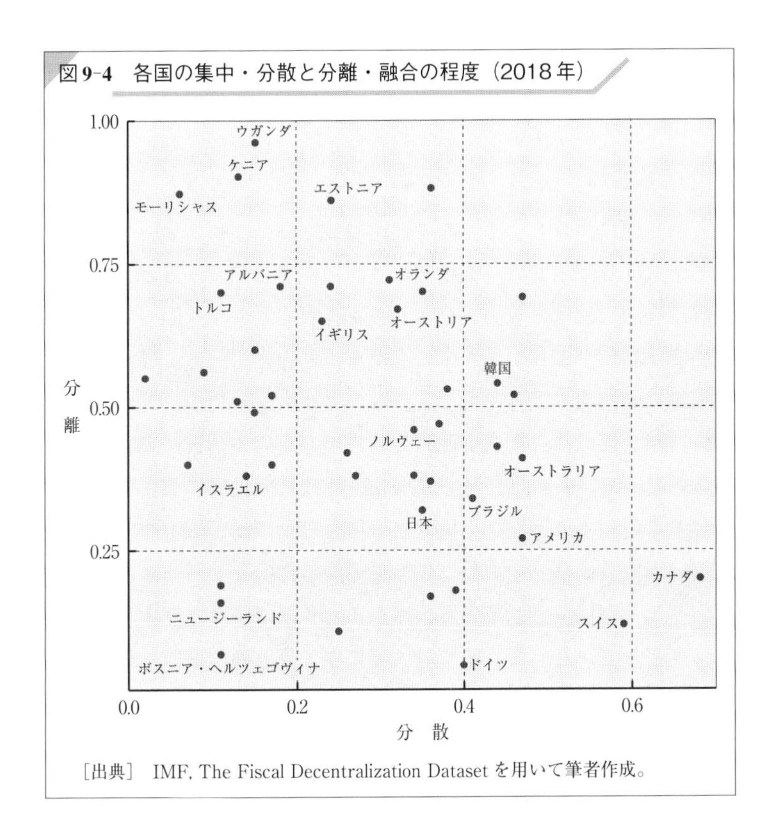

図9-4　各国の集中・分散と分離・融合の程度（2018年）

［出典］ IMF, The Fiscal Decentralization Dataset を用いて筆者作成。

そのうえで，分散・融合の性格が強い国には，カナダ，スイス，ドイツ，アメリカをはじめとして，オーストラリアやブラジルなど連邦制の国が多い。日本や韓国は単一制をとるが，位置づけとしてはこれらに近いところにある。逆に集中・分離の性格が強い国は，途上国に多い。先進国の中ではイギリスやオランダ，オーストリアといったところは，こうした傾向をもつ。この他，若干の国は集権的な性格，つまり集中・融合の特徴をもつ。小規模な国が多く，イスラエルやニュージーランドがここに含まれる。

人的資源による把握

今見たような，財政データにもとづく各国の集権と分権の程度は，他の資源についても同様に見られるのだろうか。残念ながら，数量的な把握が難しい権限と情報については，国際比較データが得られないので，ここでは人的資源に注目しよう。政府部門職員全体に占める地方公務員の比率を人的資源における集中と分散の指標として，先ほどすでに見た財政資源における集中・分散と組み合わせたのが，図 **9-5** である。

図では右肩上がりの傾き1の直線を書き加えている。ほぼすべての国がこの直線の上方にあるということは，財政資源における地方政府の割合以上に，人的資源における地方政府の割合が大きいということである。これは，地方政府による政策の実施においては，人的資源を用いることが，中央政府の場合以上に多いことを意味している。地方政府は，中央政府以上に労働集約的なサービスを提供していることが反映されている。さらに，各国は概ね右肩上りの直線上に存在しており，基本的に各国の集中・分散の程度は，財政資源で見ても，人的資源で見ても，大きな違いはないことがわかる。

労働集約的サービスを地方政府が担う傾向が最も極端な国が，日本である。財政的な分散の程度は中間的なところに位置するが，人的資源の分散の程度は最上位の国の1つであり，右上がりの直線からの乖離(かいり)も最も大きい。第IV部で見るように，公務員全体は多くないので，地方政府の職員が多いというより，中央政府の人的資源がきわめて乏しいことを示している。政策実施の手足をもたない中央政府は，地方政府や民間部門に政策実施を依存しているのである。

地方政府の規模と階層

最後に，地方政府を何層設けるのか，地方政府の規模はどの程度かということを見ておきたい。図 **9-6** では，横軸に市町村など基礎的地方政府の人口規模を，縦軸に都道府県など広域地方政府の人口規模をとり，常用対数化したうえで各国を位置づけた。そのうえで，何層制かを塗りつ

図 9-5　人的資源で見た集中・分散（2017 年）

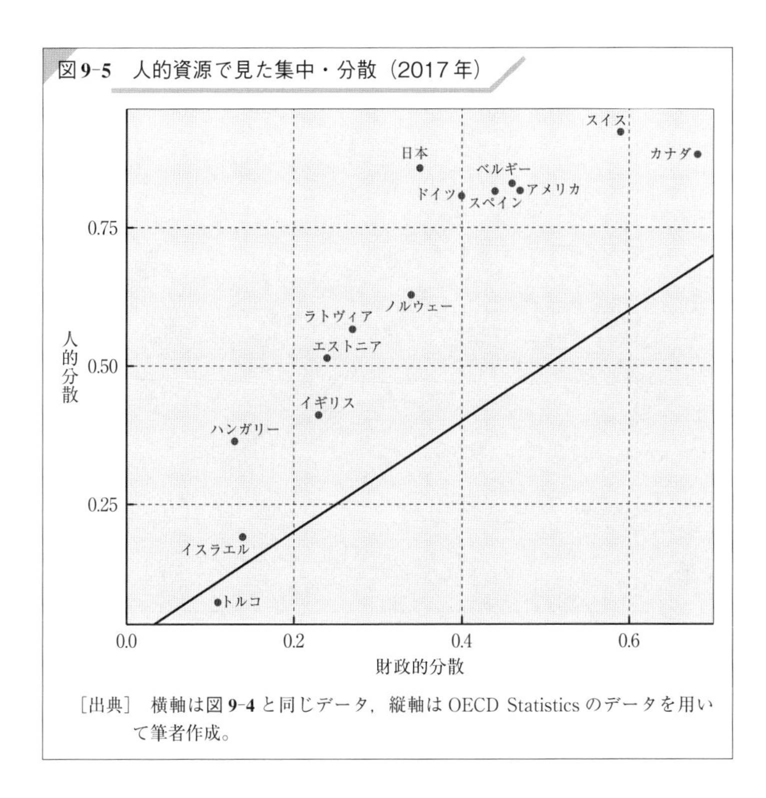

［出典］ 横軸は図 9-4 と同じデータ，縦軸は OECD Statistics のデータを用いて筆者作成。

ぶしの濃さで表現した。各国は広くばらけていることからわかるように，基礎的地方政府と広域地方政府の規模の間には関係が見られない。それぞれの規模は，異なる要因で規定されていることがわかる。他方で，広域地方政府の規模が大きい場合は，階層が多く，新たに広域レベルの政府を設置したところが多いことがわかる。

イギリスは双方が大きい国であるが，他にはあまりこのような国はない。スコットランド，ウェールズ，北部アイルランドといったカントリーが 1 層を構成するとともに，都市部や一部の単一地方政府では広域地方政府と基礎的地方政府を合わせて 1 層としている。

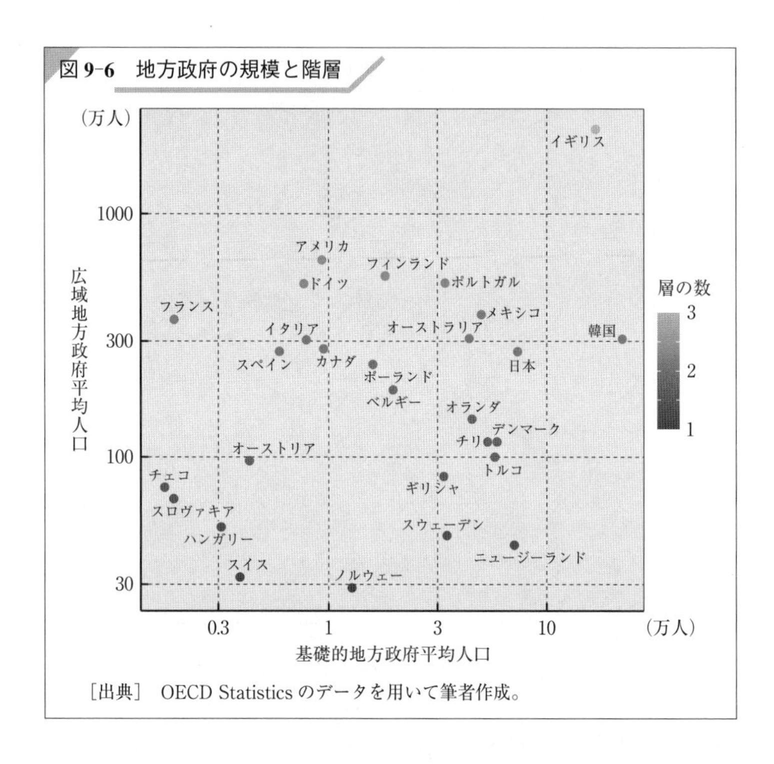

［出典］ OECD Statistics のデータを用いて筆者作成。

アメリカ，ドイツ，フランス，イタリアなどは州の規模は大きいが，市町村の規模は小さい。日本は，市町村の規模は，イギリス，韓国に次いで世界でも最大級である。都道府県も，そこまでではないが相対的には規模が大きい部類に入る。

4 国際行政の実態

国際行政の分立性

国際行政の特徴のひとつは，その分立性の高さである。政策領域ごとの連絡・調整機構が，国際行政の基本構造なのである。そもそも国際行政の出発点は，19 世紀末に，政策分野別の分立的な国家間調整が行われたことである。その後は，第一次世界大戦後に国際連盟，第二次世界大戦後に国際連合といった総合型の国際機関が誕生するようになった。しかし，このような総合型の国際機関も，その内実を見ると分立性が高い。国際機関の中で，政策分野間の総合性が最も高いのは EU であるが，EU であっても，主権国家の統治機構と比べれば分立的である。国際政治学では，こうした政策領域別のルールや組織の集合をとらえるために，国際レジームという概念を用いている。

19 世紀の後半に入り，行政の活動範囲が広がっていく中で，国家間の調整が必要になった代表例が郵便である。そもそも離れた地点間で情報をやりとりする郵便の性格からして，それが国内にとどまりえないのは当然だろう。各国は，やりとりの多い国との間で条約を結ぶ形で国家間の郵便業務を実施していたが，次第に無数の二国間条約の網の目はもつれ，中継国ごとに加算される料金の高さも問題視された。そこで 1860 年代から各国代表による多国間協議を始め，74 年には一般郵便連合（78 年に万国郵便連合〈UPU〉に改称）が成立した。外国宛郵便物の引き受け，外国発郵便の配送の義務，料金の精算方法，事故の際の賠償について万国郵便条約を定めることで，円滑な国際郵便サービスの提供を可能としたのである。

同様の国際行政連合が，19 世紀末から 20 世紀初めにかけて誕生していく。代表例を掲げると，万国電信連合（1865 年），国際度量衡連合（75 年），知的所有権保護合同国際事務局（93 年），万国農事協会（1905 年），公衆衛生国際事務局（07 年），国際鉄道連合（22 年）といったものである。いずれも特定の課題に絞って，業務レベルでの解決を目標として，多国間の条約を結び，それを定期的に見直す手続きを設けたものである。

総合型国際機関の誕生

パリ平和会議を経て1919年に国際連盟規約が採択され，翌年，国際連盟が発足した。国際連盟は特定の政策領域を対象とするものではなく，業務レベルを超えて各国の政治的な意思を反映させるしくみ，いわば執政レベルを備えた点と，常設の事務局に固有の国際公務員を雇用するしくみを備えた点において，画期をなすものであった。ただし同時に，国際労働機関（ILO）が国際連盟の姉妹機関として設置された他に，衛生など専門領域ごとに別個の組織を設置する形態をとった。国際連盟本体は安全保障に中心を置いた組織であったが，その機能を十分に果たせず，第二次世界大戦を迎えてしまった。

戦後の1945年10月，国際連合が発足した。国連は，各種の既存の国際行政連合との間に協定を締結することで，それらを専門機関として位置づけていった。先に述べたUPU，ITU，ILOなどはいずれも国連の専門機関となっている。この他，国連発足後に設立された専門機関としては，国連教育科学文化機関＝ユネスコ（UNESCO），世界銀行，世界保健機関（WHO）などがある。国連本体においても，安全保障以外に開発，環境問題などに対応するために種々の計画と基金を設置している。国連児童基金＝ユニセフ（UNICEF），国連開発計画（UNDP），国連環境計画（UNEP），国連難民高等弁務官事務所（UNHCR）などが，その例である。これらの各種組織から国連は形成されており，その分立性は高い。

EUはその歴史の中で加盟国を増大させるという地域統合に加えて，徐々に所管領域を拡大していき，その総合的な運用を進める面での発展も遂げてきた。前身である欧州共同体（EC）は，欧州石炭鉄鋼共同体，欧州原子力共同体，欧州経済共同体の合同形態をとった。これが1993年に発効したマーストリヒト条約によりEUとなったのは，ECにさらに共通外交・安全保障政策，司法・内務分野協力という2つを加えたことによってであった。そして2007年のリスボン条約において，EU は単一の国際法人格をもつ（EU として条約調印ができる）存在となるに至った。

EU 内部の機構を見ても，政策領域を超えた意思決定機関による統合を可能とするしくみが用意されている。時期によっても変化し，複雑なので詳細は EU を専門とする書物に委ねるが，基本的には，立法機能をもつ欧州連合理事会（加盟国元首・首脳からなる欧州理事会と区別するため，閣僚理事会とも呼ぶ），および政策執行を担う欧州委員会が中心となる。欧州委員会は法案の提出権も保有する。さらに立法・予算決定に関しては，直接公選による欧州議会の権限が次第に強化されている。しかしこうした EU においても，政策領域ごとに EU と各国の関係は多様であり，離脱する前からイギリスは，単一通貨ユーロには参加していなかったように，EU 加盟国のすべてが参加しているわけではない政策領域は多く存在する。

人的資源の集中・分散と融合・分離

集中・分散と分離・融合の軸で見た場合に，国際行政は，一国内の中央・地方関係に比べて，圧倒的に分散的である。また，その資源の多くを各国政府からの移転に依存しているという点で，きわめて融合的なしくみである。そのことを前提としたうえで，国際機関によって，また時期によって集中や融合の程度が異なることを見ていこう。

人的資源における分離の成立，すなわち，国際機関が固有の公務員を雇用することは，19 世紀後半からの国際行政連合には見られないことであった。国際公務員の誕生は，国際連盟を待たなければならなかった。それ以前は事務局も各国代表によって構成されていたのが，国際連盟では，固有の国際公務員が採用されるに至った。資格任用制や，できるだけ多くの国からの採用を目標とすることは，この時期から現在まで受け継がれている国際公務員の特徴である。国連においては，分立的な専門機関が数多く存在するが，その大半は共通の人事システムを採用している。

現在では10万人以上が国際機関に勤務している。そのうち4分の1から3分の1は，翻訳や通訳に当たる言語職員である。UNDP，ユネスコなど専門機関の専門職員が2万人，一般事務職が5万5000人ほどである。国連システムの主な機関別の職員数と本部職員の比率を図**9-7**に示した。規模が小さい機関の多くは，本部にしか職員が存在せず，実施部門をもたないことがわかる。国連本体は3万人を超えるし，ユニセフ，UNHCRも1万人を超えるが，きわめて小規模な機関が多いことが明白に示されている。

他方で，経済協力開発機構（OECD）のように，すべてが各国の国家公務員の派遣による臨時職員によって構成される国際機関もある。また，国際公務員は各国政府から完全に独立しているとも言いがたい。ソ連のスパイがアメリカに入国するひとつの方法が国連職員だったという話は昔日のことだが，いつの時代も各国政府は自国出身の国際公務員に無関心ではありえず，その増強に努めている。

EUの場合には，立法を担う閣僚理事会は各国政府の代表であり，同じ立法を担う欧州議会は直接公選されている。閣僚理事会には常駐代表委員会が置かれ，各国と閣僚理事会の間の調整を担っている。ここには各国のEU大使の他に，派遣された各国の国家公務員が所属している。その数は3500人ほどである。欧州議会においても各種のスタッフが勤務しており，政党関係者などと合わせて，全体で6000人ほどになる。

これに対して，政策執行を担当する欧州委員会は，各国からの中立性が求められている。欧州委員会には総局と呼ばれる機能別の下部機関が設置されている。いわば欧州委員会委員が大臣，総局が省庁に当たる。総局には，約2万3000人の常勤職員と約9000人の契約・出向職員が勤務している。翻訳総局，農業総局の規模が特に大きい。先ほどの図**9-7**に示された国連システムの各機関と比べても

図 9-7　国際機関の職員数（2019 年）

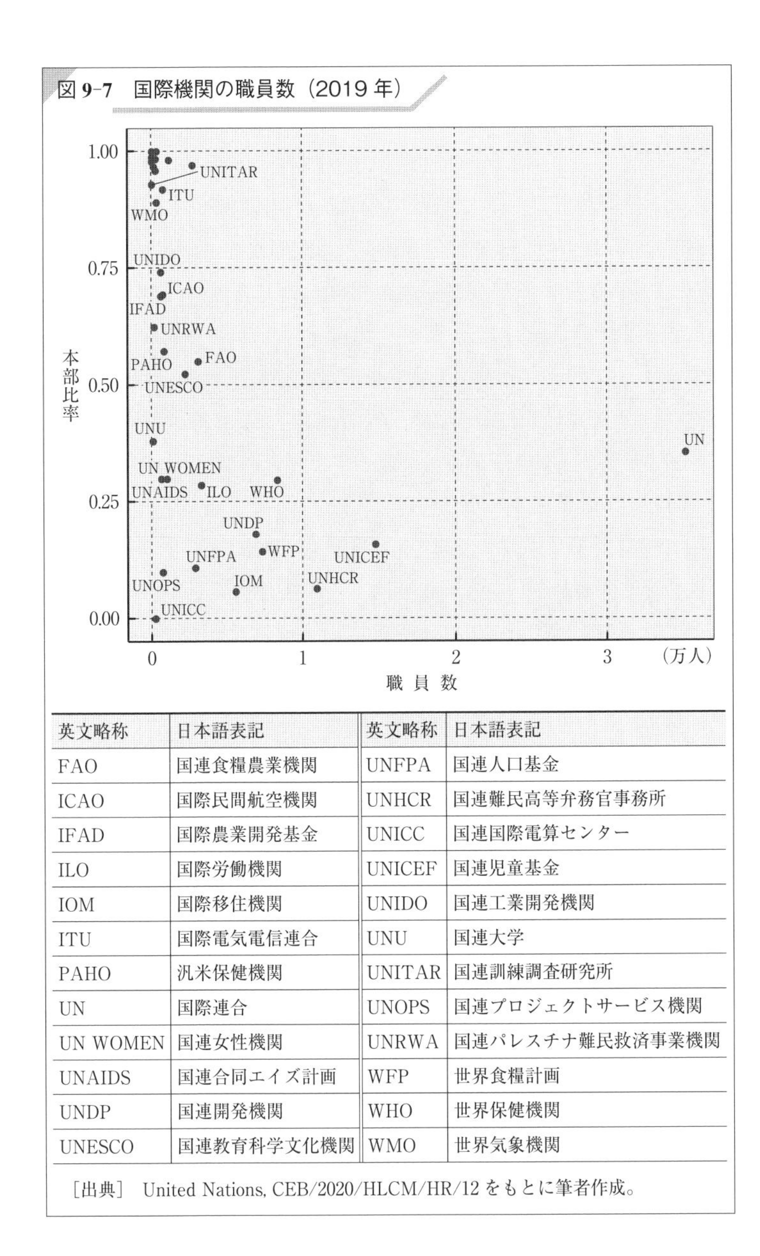

英文略称	日本語表記	英文略称	日本語表記
FAO	国連食糧農業機関	UNFPA	国連人口基金
ICAO	国際民間航空機関	UNHCR	国連難民高等弁務官事務所
IFAD	国際農業開発基金	UNICC	国連国際電算センター
ILO	国際労働機関	UNICEF	国連児童基金
IOM	国際移住機関	UNIDO	国連工業開発機関
ITU	国際電気電信連合	UNU	国連大学
PAHO	汎米保健機関	UNITAR	国連訓練調査研究所
UN	国際連合	UNOPS	国連プロジェクトサービス機関
UN WOMEN	国連女性機関	UNRWA	国連パレスチナ難民救済事業機関
UNAIDS	国連合同エイズ計画	WFP	世界食糧計画
UNDP	国連開発機関	WHO	世界保健機関
UNESCO	国連教育科学文化機関	WMO	世界気象機関

［出典］ United Nations, CEB/2020/HLCM/HR/12 をもとに筆者作成。

EUの委員会総局の大きさは，国際機関として例外的である。

財源の集中・分散と分離・融合

財政資源という観点で見ても，EUを除く国際機関の財政規模はきわめて小さく，国際行政の分散性は明瞭である。国連の近年の財政規模は2年間で55-58億ドル（約6000億円）ほどなのである。ただし，2000年代に規模は拡大し倍増した。国連の予算は2年をひとつの会計年度としてきたが，20年度予算から1年を会計年度とするようになっている。国連の予算は，通常予算と平和維持活動（PKO）予算とに分かれる。2000年代初頭には通常予算が13億ドル（1年分に換算），PKO予算が18億ドルだったものが，20年には約30億ドルと66億ドルとなっている。

これに対してEUは，やはり2000年代初頭で895億ユーロの予算規模をもち，国連予算の30倍以上の大きさに達している。19年予算では，1659億ユーロとなっており，EUの域内総生産の1.2%となる。このうちの4割が地域間格差の是正と結束強化のための構造政策に，3割が農業分野の補助と直接支払いに支出されている。

この違いは，財源確保の方法の違いに求められる。ほとんどの国際機関が，加盟国による分担醵出（きょしゅつ）金を財源とするのに対して，EUだけは固有の財源制度をもっている。醵出金の分担方法については，全く平等な配分，等級別分担金を設定し，各国に等級を選択させる方法（UPUやITUなど），人口や支払い能力にもとづいて分担比率を評価する方法（国連など）の3つがある。しかし，醵出金方式の場合は，国連で最大の分担を負っているアメリカが同時に多額の滞納国であるように，歳入の不安定性は免れない。

EUにおいてもかつては分担金方式をとっていたが，1970年に農業課徴金のすべて，関税収入のすべてを共同体財源とし，さらに加盟国における付加価値税の1%以内を固有財源とするしくみが導入された。ただし，徴税機構がないので，加盟国の税務当局に手数料を支払うことによって徴税を委任した。80年以降，分担金醵出のしくみは廃止され，完全に固有財源へと移行した。しかし農業政策の歳出の増大とヨーロッパの経済停滞が相まって，数年が経たないうちに歳入不足に陥る。

そこで，1988年には，付加価値税からの配分比率を上昇させつつ，第3の固有財源を導入し，さらに歳入の安定化を図った。第1，第2の固有財源の不足分を補うために国民所得に応じた支払いが各国に課されるものである。加えて，予算規模の上限をEUの域内総生産の1.23%以下にするというキャップ制度が設けられている。これにより，伝統的な固有財源の不足額を埋め合わせ，財政基盤の安定化を図りつつ，歳出拡大に歯止めをかけている。この固有財源は現在，EUの歳入の6割を賄うようになっている。

演習問題

〔1〕 集中・分散と分離・融合の定義を示したうえで，中央・地方関係における集権・分権と，国際行政における集権・分権の関係について説明してみよう。

〔2〕 日本は依然として中央集権的な国であるという主張に対して，国際比較のデータを参考にしながら，その是非を検討してみよう。

〔3〕 国際行政の組織やしくみの観点から見たとき，EUの特徴はどのようなところにあるのか。それ以外の国際機関と比較しながら説明してみよう。

第10章　日本におけるマルチレベルの行政

集権・分権と分立・総合の軸および規模と階層の観点から，日本におけるマルチレベルの行政を眺めていこう。日本の中央・地方関係は，戦前は人を通じたコントロールを中心とし，総合・融合の性格が強かったが，1930年代からの行政の役割拡大の中で，金銭を通じたコントロールが中心になるとともに，分立・融合の性格を強めた。戦後，自民党政権によってその性格は強化され，分散化が進んだ。1990年代以降の地方分権改革は，分散・分離を強める以上に総合化を強めた。他方，国際行政においても，分立性が高いしくみがとられてきた。

1　戦前の中央・地方関係の特徴

集中・融合体制の成立

明治政府初期の第1の課題は，諸藩からなる分権的な地方統治機構を集権化することであった。帝国主義的な欧米列強を前にして，国内の分裂はそれらの進出に道を開きかねない。そこで版籍奉還，廃藩置県が1871年までに相次いでなされた。

第2の課題は，全国的な人民の掌握を可能とする機構の整備である。同じく71年の戸籍法では全国に区という行政機構を置き，集権化を試みたが，失敗に終わった。そこで78年のいわゆる地方三新法（郡区町村編制法，府県会規則，地方税規則）では，府県会の設置や町村レベルの自治の実態をふまえた制度へ転換した。地方レベルの行政機構と自治組織の二重性格の付与と，自由民権運動への対応としての民主化は，明治憲法制定に前後する市制町村制，府県制，郡制により90年に完成する。府県は国の行政機構，市町村は自治組織の性格に比重をかけたしくみが完成し，これが基本的に1945年の敗戦まで継続する（天川 2017）。

これら2つの課題を実現するために，地方政府は人工的に創出された。300以上の藩をより大規模の少数の府県に置き換えることで，国からの統制を行いやすくした。市町村についても，江戸時代までの身分制に立脚しモザイク状に入り組んでいた町や村に換えて，合併によってさらに大規模な町村を作り出した（松沢 2013）。

中央政府によるコントロールの中心は，内務省からの知事の派遣であった。国内行政を総合的に内務省が掌握していたことから（☞第6章），総合性は強かった。内務省地方局では，府県知事を押さえることで，地方の行財政を握っていたほか，選挙管理の機能を担うことで，政党勢力に対する睨（にら）みもきかしていた（有馬 2013）。

他方で，地方の掌握をめざしたのは政府だけではない。自由民権運動以来，地方の団結は民のスローガンのひとつでありつづけた。地方名望家による支配は次第に全国支配に組み込まれていき，20世紀に入る頃には，全国政治の中での地方利益の表出という形をとるようになっていく（前田 2016）。政党も利益配分を通じて地方の掌握を図る。原敬の政友会による積極政策はその典型であった。

行政国家化と分立化

このように人的資源を通じた集中・融合・総合のしくみが，戦前の日本の中央・地方関係の特徴であった。しかし，1930年代に入り政府機能が拡大し行政国家化が進んだことと，地方財政の疲弊（ひへい）への対応を行ったことが分立的な補助金の発展をもたらした。たとえば，教育費は地方財政の4割を占めていたが，義務教育を導入しつつも，その財政負担はほぼすべて市町村に負わせていた。ようやく18年には，教員給与の一部に対して国庫補助が開始された。その後40年には義務教育費国庫負担法が成立し，小学校教員の給与負担を府県に移し，その半額を国庫が補助するようになった。これは，ほぼそのまま戦後に受け継がれた。

都市部の成長に伴い，格差の是正の必要が政党政治期には主張されるようになり，疲弊する農村部への再分配が進められる（佐藤健太郎 2014）。1936年に臨時町村財政補給金制度が設けられ，財政調整制度が初めて導入された。40年には地方分与税が設けられ，これにより都市から農村への再分配が制度的に確立する。これは，総力戦体制構築の一環でもあった。他方で，より多くの自律性を求める大都市の要求には応えず，逆に43年には，従来，二重行政の弊害が指摘されていた東京府と東京市を東京都にまとめた。首都防衛という名目が掲げられ，その長たる東京都長官は官選とされた。

2 占領改革による変容

内務省の解体

敗戦後，連合国最高司令官総司令部（GHQ）によって，日本の中央・地方関係は大きな変革を迫られた。しかし占領改革一般と同様，中央・地方関係においても，変革の程度，定着の程度は一様ではない。また，

表 10-1　戦後の地方制度改革の諸側面

	定着	定着せず
GHQ による改革	地方政府の執政制度と選挙制度	内務省解体→自治省 財源の分離→融合化 教育と警察の地方移管 →再集権化
日本側の改革	知事公選による府県の完全自治体化	事業省庁別の地方統制 →機関委任事務体制

この時期の変革の担い手のすべてが GHQ であったわけではなく，GHQ の変革のすべてが明確な制度設計の見通しをもって行われたわけでもない。日本側が自主的に変革を進めた部分も多く，根底にはそれ以前からの変容があることにも注意が必要である（表 **10-1**）。

多大な犠牲を払った戦勝国として当然のことながら，GHQ の当初の改革目標は日本の非軍事化にあった。そして，それに資するものとして民主化が追求された。これを中央・地方関係に適用するならば，治安維持法に代表される戦前の権威主義体制の象徴である内務省を解体し，教育と警察の権限を地方政府に移すことになる。実際には内務省は軍部と衝突することも多く，内務省自身による変革の試みもなされていた。たとえば，府県知事の公選化は，戦前からの検討の上に，敗戦後，内務省自身の手で進められた。しかし結局，GHQ は内務省の解体を行った（平野 1990）。

執政制度における変革　地方政府の執政制度については，アメリカでなじみが深いことからも大統領制が移入される。戦前の制度では，府県知事は任命制であり，市町村長は議会による間接選挙であった。これを住民による直接の選出に転換した。ただし，議会による首長の不信任を認めるなど相互牽制の要素が混在する。このことから戦後の地方政府の執政制度は二元代表制とも呼ばれる。地方議会の選挙制度や政治任用職の限定など，地方政府の政治制度はこの時期に形成されたものがその後，現在に至るまで引き続き用いられている。新たに導入された二元代表制は，次第にそれ自体の機能を発揮していき，直接選出される知事・市町村長が，日本政治の主役のひとつとなっていった。そして，中央と地方で執政制度が異なるという制度配置が，日本政治のひとつの特徴を形づくっていく。

執政制度に関してアメリカが導入したもうひとつの特徴は，行政権を首長に独占させず，各種の行政委員会に分立させたことである。合議制の行政機関という点でも，行政機関を多元化するという点でも，戦前の日本には存在しなかった制度が移入されたのである。民主化の観点から大幅に分権化された警察と教育の双方で，公安委員会と教育委員会という行政委員会制度が採用された。しかし，これらの制度は定着することなく，占領の終了に伴い，換骨奪胎されていく。1954 年の警察法改正により自治体警察は都道府県警察に完全に置き換えられ，56 年には教育委員会の公選制が廃止される。それでも，行政委員会制度は引き続き用いられた。このことは，これらの政策領域の分立性を維持することに寄与した（金井 2007）。

分離・融合と総合・分立

内務省の存在は，戦前の中央・地方関係にとって，2 つの意味をもっていた。ひとつは，人を通じての融合性の確保である。知事をはじめとする職員の派遣を通じて，中央の支配を地方で貫徹していた。もうひとつは，総合性の確保である。内政の総合官庁として内務省が存在することで，さまざまな政策領域を総合してきた。その内務省が消滅することは，これら 2 つの側面をどのように再構成するのかという問題を生んだ。

占領期に進んだのは，前者については分離化，後者については分立化であった。これに対して，占領が終了する頃から，金銭資源を通じた融合化と，再総合化の方向が打ち出される。そうした動きが1960年代初頭にはほぼ定着して，日本の中央・地方関係は，安定期を迎える。大規模な一般補助金を有するという点と幅広い政策領域を所管する地方政府をもつという点では，総合・融合型の地方制度を基盤とした。他方で，各省ごとに首長を省庁の指揮下に置く機関委任事務と個別補助金を通じた政策の実施が委任されるという点では，分立・融合型で実際の政策は展開された。

分離化の方向を進めようとしたのは，主にGHQ民政局であった。憲法制定にあたって，アメリカの自治憲章（ホーム・ルール）制度の導入を試みるなど，中央から分離した権限を地方政府に確保しようとした。しかし，地方自治法は法令の範囲内での条例制定権を定め，民政局の意向は挫(くじ)かれた。財政面でも，シャウプ勧告が提言した地方税制では，独自財源の確保が重視され，付加価値税を中心とする道府県税および市町村民税と，固定資産税を中心とする市町村税を基軸としつつ，平衡交付金による財源調整を組み合わせた。しかし実際の地方税制においては，道府県税と市町村税はともに国税の所得税との連携が強く，平衡交付金は地方交付税に転換され，地方財政に大きな役割を果たすようになった。

総合化を進めようとするのは，旧内務省の地方所管部分である。内務省解体後，全国選挙管理委員会，地方財政委員会，総理庁官房自治課へと細分化されていた地方行財政を所管する中央行政機関は，1949年に地方自治庁，53年に大臣庁である自治庁へと再集約され，60年7月には自治省となった。戦後の自治省は，金銭資源の配分を通じての関与に重心を移した。自治省財政局は，毎年度の国家予算編成に連動する形で，地方財政の財源保障を担い，中央政府から地方政府への財政移転の程度とその財源を，大蔵省との交渉の中で決定していった。

これに対して，分立化を進める中心となったのは，各省庁と

GHQの各セクションであった。政策の全国的な実施にあたって，事業官庁の多くは出先機関を自ら設置する道を選んだ。公選化された都道府県知事への不信感があると同時に，官庁にとって予算と人員を拡大できる選択肢でもあった。しかし，分立化の進展はとりわけ府県の存在意義を失わせかねない。そこで戦前には市町村に適用されてきた機関委任事務が，都道府県にも適用された。結果として，市町村レベルまで出先機関を設けた法務省，国税庁，労働省を除いて，他の多くの省庁は管区レベルの出先機関のみを設け，機関委任事務を利用した。人的にも，社会保険と職業安定に関しては，地方事務官制度，すなわち業務上は知事の指揮監督を受けつつも，国家公務員の身分を維持するというしくみを残したが，その他については，都道府県職員を利用する形に転換していった。機関委任事務と地方事務官制度は，その集権性から批判も多かったが，これらがなければ，分立化と集中化がさらに進んでいたであろう（市川 2012）。

道州制論，大都市制度と市町村合併

中央・地方関係の変化に伴い，都道府県と市町村の二層制にも動揺が生じる。地方政府の規模と階層をめぐり，さまざまな改革案が出された。そこには，都道府県の規模，市町村の規模，そして大都市の取り扱いという3つの問題が絡み合っていた。しかもそれらは，総合・分立の軸においていずれの形態をとるかをめぐる，旧内務省系と事業官庁との間の綱引きとも結び付いていた。既存の府県に代えて，あるいは府県よりも広域のものとして道州を導入しようという案は，1950年代にはしきりに論じられた。事業官庁が分立化の動きを強める中で，再び総合出先機関を設置しようという意図が，そこにはあった。したがって，そうした動きが抑制されるにつれて，60年代に入ると，道州制論議も収まりを見せた。

他方，これの裏返しで，市町村では総合化が進められ，すべての市町村に幅広い政策の実施を担わせるために，規模の拡大が求められた。およそ人口8000人ほど，すなわちひとつの中学校区を念頭に置きながら，市町村合併による規模の拡大が進められる。1954年からわずか2年の間に，それまで1万ほどを数えていた市町村の数は，約3500になった。平均人口は約3万人となり，74年に基礎的地方政府を合併したイギリスや87年の民主化後の韓国に抜かれるまで，世界最大級の基礎的地方政府を備えることとなった。ただし，全体の3分の2の町村は人口1万人以下であった。大規模な都市と多くの小規模な町村が混在しつつ，ほぼ同様の行政サービスを担ったのである。地方交付税による財源保障が，これを支えた。

逆に大都市を完全に府県と同格の扱いとして，1層制とする方向はとられなかった。戦前からの5大市（横浜，名古屋，京都，大阪，神戸）による大都市制度を求める運動は，1947年制定の地方自治法における特別市制度の導入に至った。しかし道府県の反発は強く，実質的に凍結された後，56年の同法改正により政令指定都市制度に変更された。この制度は，道府県の関与や監督を緩和し，道府県が担う権限の一部を移譲することで権限の面では大都市の特例を認めた。しかし税財政面での特例はほとんどなく，道府県は主たる税源としての大都市部を保持できた。こうした権限面と財源面でのねじれは，多くの昼間人口を集める都市中枢機能が強い大都市ほど，深刻な問題となりやすい。大阪はその典型であり，現在に至るまで，この構造を抱え続けている（北村 2013；砂原 2012)。

3 高度経済成長期以降の地方政治と行政

地域開発競争

総合化志向の自治省の地方交付税と府県・市町村体制，ならびに個別省庁ごとの分立的な補助金と機関委任事務体制が1950年代に整えられ，60年代は制度運用期に入る。急速な経済成長が都市部を中心に達成されていく中で，地域開発がこの時代の主たる政策課題となった。工業化を進めるために必要となる高速道路，港湾，さらに空港といった交通インフラ（基盤），工業用水や電力，工業団地の整備が地方政治・行政の主たる課題となる。地域間での開発競争は，開発に必要な資源，とりわけ財源が中央政府に偏在していることから，中央からの財源の獲得競争の形をとった。国政政治家を通じた「中央との太いパイプ」は，有権者に対する強いアピールとなった。村松岐夫は，こうした地方政治の姿を「水平的政治競争モデル」と呼び，中央省庁の強い統制を強調する「垂直的行政統制モデル」が描く，抑圧された地方行政像と異なる側面を明らかにした（村松 1988）。

この結果，公共投資は全国的に撒かれる形をとった。1962 年に策定された第 1 次の全国総合開発計画では，新産業都市の認定をめぐって「史上最大の陳情合戦」が繰り広げられた。結局，15 地域の指定に加え，新たな法律を定め 6 地域を工業整備特別地域とした。首都圏整備法と近畿圏整備法はグリーンベルト構想を打ち出し，首都圏と近畿圏を対象とする工場等制限法では，人口・産業の集中を防ぐことも試みられている。しかし他方で，中部圏開発整備法では「開発」とあるように，大都市圏である中部圏ですら開発促進を図った。首都圏と近畿圏を除いて，ほぼ全国で，地方政府と地元経済界の連合体による地域開発競争が展開されたのである。

総合と分立の組み合わせの完成

どの地域も経済発展という同じ方向をめざしている限り，中央政府からの自立を求める動きは生じない。福祉国家化していく中央政府が，その実施を機関委任事務という形で地方に担わせることも受容されていた。図 **10-1** に示すように，高度経済成長期を通じて機関委任事務は急増していった。委任事務の増大に合わせて，中央政府から地方政府への補助金も整備されていく。さらに建設省や

図 10-1　機関委任事務数の時系列変化

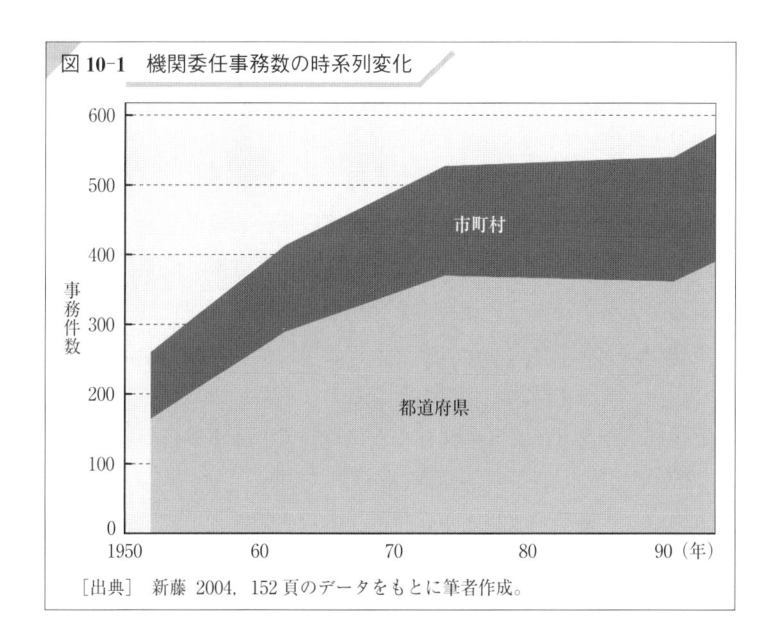

［出典］ 新藤 2004，152 頁のデータをもとに筆者作成。

農林省，厚生省といった事業官庁は多くの職員を地方に派遣した。こうして，省庁ごとに分立しながら，権限と金銭資源の移転を通じて，中央と地方が融合し，それによって地方が多くの政策を実施する分散的なしくみが 1960 年代に拡大していく。

分立・融合・分散型の中央・地方関係を崩しうる存在は，総合志向をもつ主体であった。しかし国政を担う自民党政権は，分立的な政策形成システムを整備していき（☞第 2 章），むしろ分立・融合・分散型の中央・地方関係を推し進める存在となった。そして自治省も，こうした分立型のしくみを，地方交付税によって裏面から支えることを選んだ。補助金の自己負担分を財政力の弱い地方政府でも担えるよう，交付税によって手当てすることで，補助金と交付税，あるいは事業官庁と自治省は共存できたのである（谷本 2019）。このしくみは中央から地方への移転であると同時に，地域間再分配でもあり，本来，都市と農村の対立を内包するものだが，高度経済成長によって，その対立は顕在化しなかった（北村 2009）。

地方独自の政策展開と革新自治体

国全体が経済成長というゴールに向かっているとき，地方独自の課題に目は向きにくい。しかし経済成長が一段落を迎え，その副産物が目につくようになった。公害，過疎と過密，産業転換に伴う衰退や失業，高齢化の進展や家族形態の変化などが地域ごとに異なる様相で表れてきた。それらへの対処は，全国画一的な規制ではなしえず，要綱・条例の形をとることとなった。土地利用規制，排出物規制，福祉サービスの提供などにおいて，地方独自の取り組みが1960年代後半には多く見られるようになる。

このことの政治的表現が革新自治体の簇生（そうせい）であった。中央政府とのパイプが重要である限り，国政与党の自民党を地方でも選択するのは自然である。しかし地方独自の争点は，地方独自の政治競争を生む。それが革新首長の誕生につながった。他方で，最低当選ラインの低さから，地域代表の傾向が強い議会においては保守優位の構造は変わらない。議会に足場をもてない革新首長は，財政を拡張し，福祉にも開発政策にも多くのサービスを提供することが多かった。その帰結としての財政悪化は，1970年代後半の急激な革新首長の退潮をもたらす大きな要因となった（曽我・待鳥 2007）。

革新自治体における拡張的な財政は，地方交付税によって支えられていた。さらに，中央政府の財政悪化が1970年代に進んだ。しかし，自治省と事業官庁の連合，それを支持する自民党政治家という構造がある限り，交付税の見直しは難しかった。80年代に入ると，景気の回復と革新自治体の終焉（しゅうえん）によって見直しの契機は去っていった。

1980年代は，保革相乗りの首長が増えていく。国政での与野党対立を離れてみれば，首長選挙の場合は，勝者が1人である以上，勝ち馬に乗ろうとするのは当然である。安定的な政治環境を得て，地方政府独自の政策展開はますます強まった。70年代までのそれが公共サービスを中心としたのに対し，80年代に入ると，情報公開条例に見られるように，統治のあり方にかかわる部分についても地方政府が先行し，のちに中央政府に取り入れられることが増えてくる。地方政府間の相互参照という横のつながりが，地方政府総体としての政策形成能力，制度形成能力を高めることに寄与した（伊藤 2002a，2006）。他方で，政策実施時においても相互参照を頻繁に行うなど（平田 2017），横並び志向の強さも見受けられる。

4 地方分権改革と地方政治の変容

いかなる意味での地方分権なのか

1990年代以降，とりわけ細川護煕政権以降，地方分権の動きが進んだ。1960年の自治省成立以降の，制度的にはほぼ安定した30年間を思えば，大きな変化である。しかし，日本の地方政府はすでに多様な政策の実施を担当しており（☞第9章），日本の中央・地方関係は十分に分散的であった。そこで，分権のもうひとつの要素，すなわち分離化が緩やかに進められた。自主財源比率が上昇し，財源面での分離化が若干進んだが，交付税制度などの根幹が変わったわけではない。権限面での自律性も高められたが，委任そのものを廃止するような改革はなされなかった。

最も大きな変化は，むしろ，総合・分立の軸における総合化の進展である。これまでの中央・地方関係が，個別省庁ごとに機関委任事務と個別補助金を通じて，分立的に地方政府との関係を通じて政策を展開してきたことを改めたのである。2000年の地方分権一括法による第1次分権改革の主たる成果が機関委任事務の廃止と関与の類型化であり，小泉純一郎政権下での「三位一体の改革」の主たる内容が，個別補助金を廃止または整理し，一般補助金化あるいは地方財源化したことは，その現れである。この改革は，地方政府内部では首長や総務系部局の，中央省庁の中では総務省の利益に沿ったものであり，個別事業官庁と地方政府内の政策共同体は積極的にはなりがたいものであった。

第1次地方分権改革の経過と成果

1990年代の政治改革の進展に伴い，地方分権が政治課題に上るようになった。とりわけ93年に成立した非自民の細川政権においては，細川首相をはじめ地方政治の経験者が多く，地方分権改革への積極的な取り組みが見られた。93年6月には「地方分権の推進に関する決議」が衆参両院で採択された。この動きはその後の自社さ政権にも継続され，村山富市（むらやまとみいち）政権の下で95年5月に地方分権推進法が成立した。これにもとづき地方分権推進委員会が設置され，委員会は5次にわたる勧告を行った。勧告策定にあたっては省庁との緊密な交渉を委員会自身が行い，同意を調達できたものを勧告に盛り込む形をとった。このため，勧告内容はほぼそのまま地方分権一括法と呼ばれる合計475の法律改正案となり，99年に成立し，2000年4月から施行された（西尾 2007）。

改革の第1の成果は，機関委任事務の廃止である。首長を中央省庁の下部機関と位置づける機関委任事務を廃止し，すべての事務を地方政府の自治事務，地方政府の法定受託事務，中央政府の事務，事務そのものの廃止という4類型に区分した。法定受託事務は，国政選挙や戸籍事務のように中央政府が本来果たすべき役割に関する事務であり，法令によって地方政府に事務処理が義務づけられる。このため中央政府の強い関与が認められるが，あくまでこれも地方政府の事務である。したがって機関委任事務と異なり，関連条例の制定など議会の関与は可能である。地方政府が担う事務のうち法定受託事務以外の事務は，すべて自治事務となる。自治事務の中にも，中央政府による義務づけがなされるものもある。

機関委任事務の大半は，法定受託事務と自治事務に振り分けられた。改革以前は，府県事務の7〜8割程度に当たる379の，市町村事務の4割ほどに当たる182の機関委任事務があった。そのうちの約55%を自治事務に，残りを法定受託事務に配分し直した。言い換えれば，現在の都道府県の事務の7割以上，市町村では8割以上の事務が自治事務となった。なお，中央政府が政策実施までの全責任を負うべき若干の分野については，中央政府に権限が移された。駐留軍用地特措法にもとづく土地の使用・収用に関する事務は，その例である。

改革の第2の成果は，中央政府による関与の類型化とその根拠の法令化である。自治事務については，助言・勧告，資料提出要求，協議，是正要求が可能とされ，法定受託事務については，これらに加え，許認可・承認，是正の指示，代執行までが可能とされている。これらの類型以外の関与を抑制し，個別法の中でどの関与がなされるかをあらかじめ明示するよう求めた。従来は，とりわけ教育分野などで，他の政策領域では見られない関与の仕方が存在しており，それらをなくす点で，これは分権化と同時に総合化の試みでもある。

第3の成果は，必置規制の廃止や緩和である。必置規制とは，保健所や児童相談所といった行政機関の設置の義務づけや，保健所長，図書館長など種々の役職における一定資格保有者の配置の義務づけを指す。これらの規制を，廃止ないし緩和した。これも，人的資源を中央政府が個別政策領域ごとに統制することの廃止であり，分権かつ総合化の方向の改革である。

第4の成果は，中央政府と地方政府との間で紛争が発生したときに，それを処理するしくみの導入である。国地方係争処理委員会と呼ばれる第三者機関を設置し，中央政府の関与などに地方政府が疑義をもつ場合に，審査と勧告等の措置を行うこととした。中央・地方間での紛争の可能性を正面からとらえ，透明性の高い解決を図ろうというものである。ただし実際には，設立後の利用は低調である。

これらが第1次分権改革の主たる成果である。裏返すならば，金銭面での改革は限定的であった。地方分権推進委員会は当初から，そこに踏み込まない予定であった。予定に反して，中央省庁再編との絡みから補助金改革へ踏み出すことを橋本龍太郎首相から求められたものの，自民党議員の反対もあり，その点ではほとんど成果を得ることはできなかった。

三位一体の改革

2001年に発足した小泉政権は聖域なき構造改革を掲げ，政府部門の縮小策の一環として，財政面での分権化をめざした。具体的には，個別補助金と交付税という移転財源を縮小しながら，地方税を拡充しようとするもので，「三位一体の改革」と名づけられた。しかし小泉は当初，指導力を発揮することはなく，改革案を検討するために01年に設置された地方分権改革推進会議も，3年足らずで，その活動を終えた。その後，経済財政諮問会議に舞台が移り，03年度の「骨太の方針」において，4兆円程度の補助金の縮減，交付税の抑制，基幹税を基本とする税源移譲を06年度までに進めるという改革工程が設定された。04年度予算から06年度予算にかけて，補助金と交付税の削減，3兆円の税源移譲の枠組み決定と地方6団体による補助金削減案の策定，税源移譲と補助金改革の具体的決定という段階を積み重ねた。最終的には，補助金を4.7兆円，交付税を5.1兆円減らし，主として所得税を住民税に置き換える形で税源を地方に3兆円移した。この結果，地方政府全体で見て，自主財源率は45%程度まで上昇した。

この改革には，多様な関係者がそれぞれの思惑をもって関与した。財政再建を図ろうとする財務省，交付税改革を防ごうとする総務省，個々の利害を超えて改革を成立させようとする地方政府の全国組織といったものである。その結果，融合的な中央・地方財政の分離化が進んだ。戦後長らく続いてきた事業官庁の補助金と総務省の交付税という融合的構造に手が加えられたのである。1990年代以降の経済不況の中で都市と農村の対立が顕在化するとともに，それまで農村を重視してきた自民党の方向性が転換したことを受けている。

この改革によって，金銭面での分離の程度はやや高まった。地方の歳出総額は微減であり，集中・分散の側面での変化は小さかった。他方，総合・分立の観点から見れば，個別補助金が大きく減少しており，やはり総合化の方向への改革であったといえる。第1次分権改革と合わせるならば，戦後の中央・地方関係における分立的な側面を支えてきた両面，すなわち権限における機関委任事務と金銭における個別補助金のいずれもが改革の対象となったのであり，総合化の進展が顕著である（金井 2007）。

市町村合併の進展と大阪都構想

三位一体改革を受けて，2000年代半ばには市町村合併が進んだ。自主財源率が上がったことで，町村が行財政能力を拡充する必要に迫られた。第1次分権改革は地方政府が担う権限を増やすものではなかったので，2層制や現行の地方政府の規模には手をつけずに済んだ。しかし総合化が進められた結果，あらためて小規模町村の行財政能力が問題視されるようになった。

ただし，分権化と整合させるために，昭和の大合併までとは異なり，総務省は合併による人口目標を示さず，政令市への昇格条件の緩和や議会定数の特例など，各種の支援策を用意するにとどめた。実際に各市町村が合併を真剣に検討した理由は，財政状況の厳しさであった。小泉政権の構造改革においては歳出抑制が進められ，小規模町村に対する手厚い再分配機能が弱められた。他方，合併すれば償還に対して交付税給付が与えられる合併特例債の発行などが可能であった。結果として，1999年3月末時点の市町村数は3232だったが，2006年度末時点で1821まで減少した（2021年現在は1718）。単純な平均人口は約9万人となった。しかし減少したとはいえ，人口1万人未満の町村は，全市町村の4分の1を超えている。

この時期には再び，大都市制度に関して2層制への問題提起が行われたのも特徴的である。1996年に中核市の制度が追加されたものの，大都市制度は手つかずのままであった。しかし分権改革が進んだことと都市間競争が激しくなっていくことで，大都市問題は再び争点化する。対象となったのは，大都市問題が最も顕著に現れる大阪である。東京同様に広域政府の役割を強化する都構想が生まれた。大都市問題を解消するには，道府県と政令指定都市の調整が必要になるが，大阪維新の会という同一勢力が双方を握ることで，改革が可能となった。国政も動かし，大都市特別法の制定により道が開けたと同時に，住民投票というハードルも設定された。区の強化という都市内分権の要素を強調して，住民投票にのぞんだが，二度にわたり否決された。

第2次地方分権改革

三位一体の改革まででほぼ10年間の改革期間が過ぎ，権限と財源の分離化と総合化がひとまず進んだ。そこで，自民党政権下の2006年12月に成立した地方分権改革推進法以降，民主党政権における地域主権改革，そして第2次安倍政権以降でも継続して進められている改革を，第2次分権改革と呼ぶ。地方6団体や地方政府が，改革の中身に対して積極的に提言を行っていることが，この改革の特色でもある。

第2次分権改革では，基本的に，第1次分権改革で積み残した課題の解消が進められている。大規模な制度改革を行うのではなく，義務づけ・枠づけの見直し，補助金の一括交付金化，市区町村への権限委譲，出先機関の見直しといった作業が進められている。その意味では，権限と財源における分離化，総合化という第1次の改革と方向性は共通する。

そのうえで，第2次安倍政権では，地方政府間の競争の重視が進んだ。特区制度によって，地方政府の側に規制緩和策の提案を行わせるのは，その例である。地方創生事業において，重要業績評価指標（KPI）を設定させ，その達成度を競わせることも同様である。いずれも具体的な施策は地方政府のアイディア頼みであり，中央政府が政策を主導するのは難しくなっていることを示している。

ここまで見てきた現在までの変化を財政面から振り返っておこう。図 **10-2** では，1960 年から 85 年までは 5 年おき，それ以降は毎年について，地方政府の歳入に占める，地方税，地方交付税，国庫補助金，地方債，その他の割合を棒グラフで，中央政府と地方政府全体（両者の間での移転を調整した純計）の中で地方政府の歳出がどれだけの比率となるかを折線グラフで示した。

地方税の割合は，緩やかに増減を繰り返しながら，1980 年代後半には 4 割を超え，ピークに達する。しかし 90 年代前半には大きく低下し，それは地方債の増加によって主に埋め合わされる。90 年代後半から 2000 年代にかけては同水準であるが，三位一体改革以降，再び 4 割を超えるようになる。しかし 08 年のリーマン・ショック以降，元の水準に戻り，10 年代後半に少し上昇している。これらに対して，地方交付税，国庫補助金の割合は，一定の増減はあるものの，基本的には安定している。

他方，政府部門全体の支出のうち，地方政府が占める比率は 1960 年の時点で 7 割近くある。その後 70 年代半ばに中央政府の福祉支出が増えるあたりから，基本的には地方の比率は徐々に下がっていき，現在では 6 割を切っている。例外は，90 年代前半である。地方債に頼った地方政府の支出が拡大したのである。総じて，地方分権改革の影響は財政面では限定的であることがわかるだろう。

図 10-2　地方政府の歳入の構成割合と政府部門に占める比率の変化

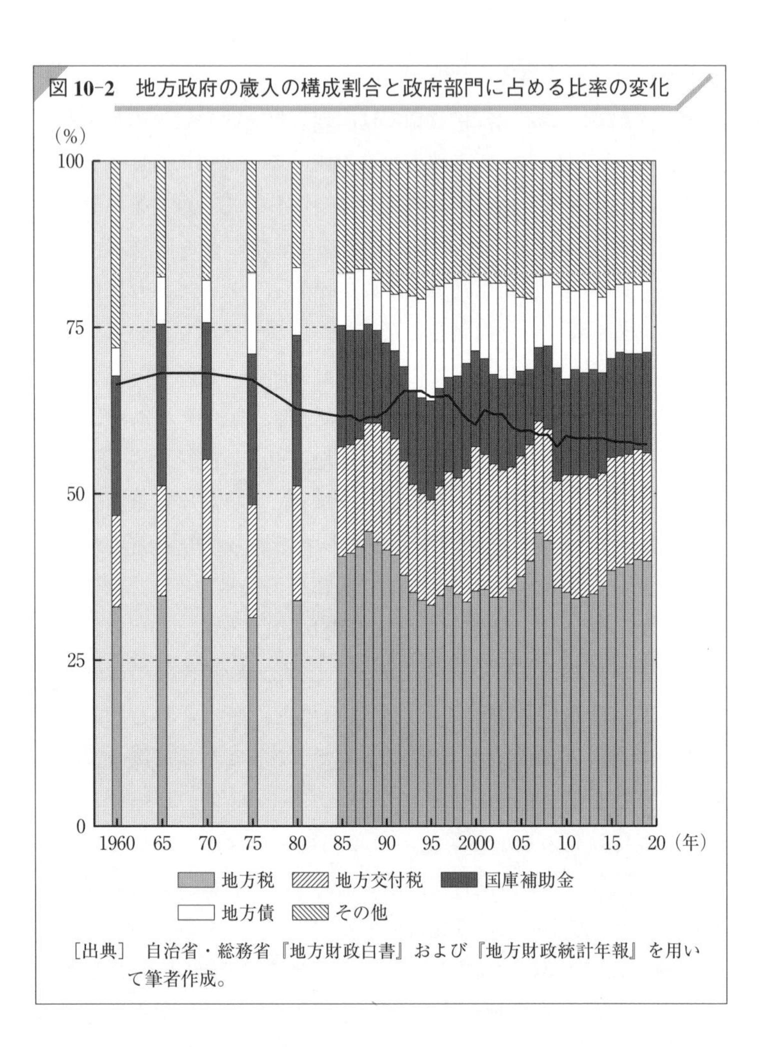

［出典］　自治省・総務省『地方財政白書』および『地方財政統計年報』を用いて筆者作成。

1990 年代以降の地方政治の変化

戦後長らく，中央も地方も議会選挙は単記非移譲式の複数定数選挙であったが，1994 年の選挙制度改革により衆議院議員選挙が小選挙区を中心とする選挙制度に変更された。このため，中央政府における有効政党数が減少し，議員の個別利益志向が弱まった。その結果，地方議会における政党制および地方議員の政策選好との乖離は大きくなった。

1990年代後半には，無党派首長が急増した。有権者の政党離れが進み，集票上の政党の有効性は下がった。地方分権化によって中央政府とのパイプを意識する必要が低下したため，国政与党との関係を築く動機がなくなった。多党化，流動化する地方議会において政党を軸とした多数派形成の効果も下がった。これらの理由から，政党との安定的な関係を保つ理由が薄れた。むしろ「既成政党」から距離を置くことは，現状への不満を高める有権者に対し有効な選挙戦術となった（砂原 2011）。他方で，議会にも足場を築くことで大胆な改革を打ち出そうとする場合には，首長主導の地域政党がつくられるケースも増えた。大阪維新の会は，その代表例である。

制度改革によって総合化が進んだことは，首長が使える資源の拡大に寄与した。地方の行政組織からすると，これまでの分立・融合型の中央・地方関係では，中央省庁との関係を軸として行政活動を行ってきた。これが首長との関係を強く意識せざるをえなくなった。たとえば，分立・融合型の中央・地方関係の代表例である教育政策では，総合化を試みる首長との対立が激しくなっている。住民の関心も高いことから，少人数学級のように予算措置を梃子にして教育政策への関与を強めている（青木 2013）。

中央政府においては首相による統合が強まったところに，地方政府においても首長による統合が強まった。大統領制という執政制度上の特徴からも，首長は政党への依存度が低く，国政の政党政治と距離を置くことができる。このことは首相と首長の対立の背景となる。新型コロナウイルス感染症への対応のように，人々の注目を集める事象に両者がともにかかわり，かつ両者の権限配分が不明確な場合には，その対立は大きなものになりやすい。

5 日本の行政機構と国際行政

中央府省の国際的活動 日本の中央府省が，どのように国際行政を展開しているかを見ていこう。他国との関係を担う府省というと，外務省がまずは思い浮かぶだろう。しかし，国際行政における分立性の高さに対応して，日本の中央府省の国際的な活動も分立的である。確かに在外公館においては，外務省職員が多くを占めるが，各府省も相当の数をいわゆるアタッシェ（専門職員）として派遣している。各種の国際機関ともなれば，各府省からの派遣の方が外務省からのそれよりも多くなる。とりわけ，農水省，財務省，国交省からの派遣が全体として多い（**表 10-2**）。

次に，金銭面に目を向けて，政府開発援助（ODA）予算について見てみよう。ODA とは，政府による開発途上国援助を中心とする国際協力を指す。いわゆる ODA 予算には，国際機関への醵出金（きょしゅつ）なども含まれており，外務省以外が所管する予算も含まれている。ODA 予算は一般会計予算と事業予算からなるが，一般会計予算については，1990 年代後半まで右肩上がりで予算が拡大し，その後，急速に縮減した。78 年に約 2300 億円だったのが，ピークとなる 97 年には 1 兆 1687 億円に達した後，2021 年度予算ではピーク時の半分以下の 5680 億円となった。ただし，それに出資・醵出国債や財政投融資を加えた事業予算全体（一般会計予算はその一部を構成する）については規模を維持している。1997 年度に 1 兆 6766 億円であったものが，2021 年度には 1 兆 7257 億円となっている。

この ODA 予算についても，分立性は明らかである。**表 10-2** では，2011 年度の日本の ODA 予算を府省別に見たものを掲げた。これを見ても，外務省と並んで円借款を担う財務省が大きな役割を

表 10-2　府省別の在外公館および国際機関在籍数と ODA 予算（2011 年度）

府　省	在外公館（人）	国際機関派遣（人）	一般会計（億円）	事業予算（億円）
内閣府	10	1		
公取委	6	2		
警察庁	23	11	0.1	0.1
金融庁		3	1.0	1.0
消費者庁		1		
総務省	42	10	7.2	7.2
法務省	17	5	1.3	1.3
外務省	3,554	18	4,169.8	4,172.0
財務省	60	82	946.6	12,723.7
文科省	33	20	286.9	286.9
厚労省	34	16	66.8	72.5
農水省	102	92	34.8	108.3
経産省	82	35	190.7	422.6
国交省	91	66	3.6	3.6
環境省	8	15	18.2	56.1
防衛省	61	2		
会計検査院		1		
合計	4,123	380	5,727.4	17,855.7

［出典］　在外公館の外務省職員数は，外務省『外交青書 2011』。それ以外の人数は，177 回国会参議院質問第 78 号に対する答弁本文，予算は，外務省『2011 年版 政府開発援助（ODA）白書』をもとに筆者が作成。

果たしていることがわかるだろう。その他には，経産省，文科省，農水省も 100 億円以上を支出している。日本の中央府省は国際的な活動を積極的に展開しており，国際化の動向に対応しているだけでなく，自ら国際化を進展させている側面もある。各府省は ODA を通じて，国際援助，市場開拓などを行っている（Weiss 1998）。

他方で，近年は総合化も進められている。2006 年 4 月に内閣に海外経済協力会議（議長は首相）が設置され，関係大臣による調整を行うようになっている。実施を担当する国際協力機構（JICA）についても，08 年 10 月には国際協力銀行（JBIC）の海外経済協力部門と合併し，外務省による無償資金協力の一部の実施も移譲されたことで，円借款，無償資金協力，技術協力を統合して実施する機関となっている。

国際機関への貢献

国際行政の活動資源は，各国政府や各国の社会・経済から提供されるものである。日本はとりわけ財源の面で，国際機関を大きく支えてきた。他方で，人的資源の面では，そこまでのものとはなっていない。2019 年の国連における金銭資源，人的資源それぞれの貢献の程度を図示したものが，図 **10-3** である。横軸が財政の分担率，縦軸が専門職以上の職員数である。

国際連合（国連）本部をはじめとして，多くの国際機関において，日本はアメリカ，中国に次いで多くの財源を醵出している。たとえば，国連通常予算の 2019-21 年の分担率では，20% を超えるアメリカ，12% の中国に次いで，約 9% で 3 番目に高い分担率となっている。額にすると 2 億 4000 万ドルほどである。さらに，平和維持活動（PKO）予算については，5 億 6000 万ドルほどを負担している。分担率はピーク時の 2000 年前後には 2 割に達し，その後低下したものの，2018 年まではアメリカに次いで第 2 位の分担率であった。

人的資源については，金銭資源ほどではないが，確実に貢献の程度を高めてきた。図 **10-3** にあるように，金銭面以上に人的な面で多くの人を送り出しているヨーロッパほどではないが，金銭資源と人的資源の比率は平均的なところであり，専門職員数を 1000 名以

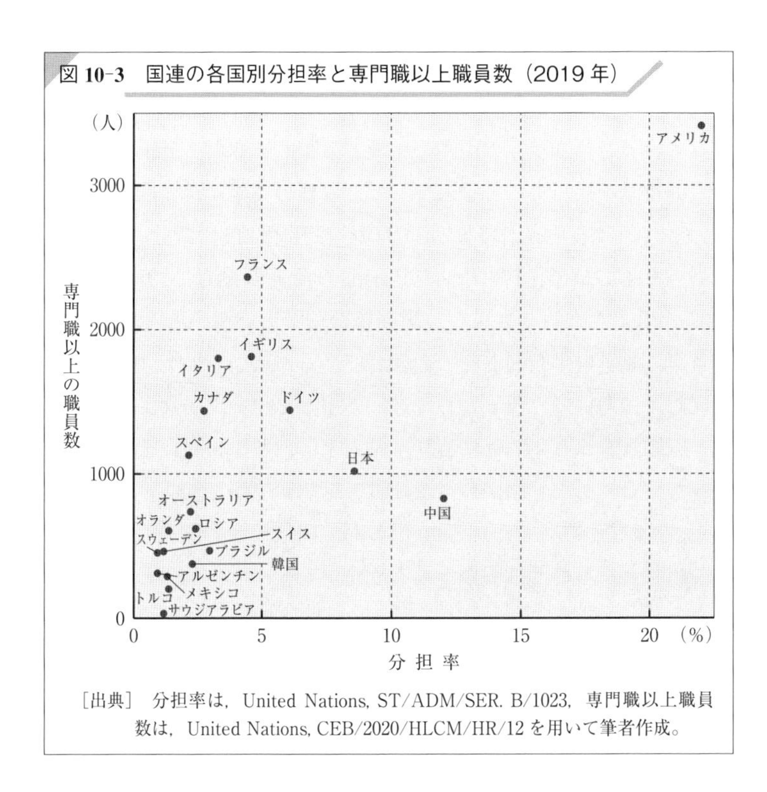

図 10-3　国連の各国別分担率と専門職以上職員数（2019 年）

［出典］　分担率は，United Nations, ST/ADM/SER. B/1023，専門職以上職員数は，United Nations, CEB/2020/HLCM/HR/12 を用いて筆者作成。

上送り出している数少ない国のひとつとなっている。主要な国際機関における日本人の専門職相当以上の職員数も着実に増えている。国連に 210 名，国連開発計画（UNDP）に 61 名，ユネスコに 47 名，WHO に 56 名，アジア開発銀行（ADB）に 148 名，国際復興開発銀行（IBRD）に 177 名などとなっている。その他には，ユニセフ，国際労働機関（ILO），IMF，OECD，食糧農業機関（FAO），世界保健機関（WHO），国際原子力機関（IAEA）などに，いずれも 30～90 名程度の専門職以上の職員が勤めている。

量のみならず，質の高い人材を，これまで日本は送り出してきている。国連事務次長を務めた明石康（あかし やすし），国連難民高等弁務官を務めた緒方貞子，ユネスコ事務局長として2000年代にユネスコ改革を行った松浦晃一郎，OECDのチーフ・エコノミストを務めた重原久美春に代表される多くの国際公務員が活躍してきた。今後とも一層の人的貢献を果たすことをめざして，各種の支援策が提供されている。とりわけ若手専門職員（JPO）派遣制度と呼ばれる，外務省の経費負担による国際機関への2年間の派遣制度は，1974年以来1300人以上を派遣し，現在，国際機関の専門職以上として勤務する日本人職員の半数弱がその経験者である。新型コロナウイルス感染症対策において専門家として対応の中心を担った尾身茂は，厚生省の医系技官からWHOに移り，西太平洋地域事務局長を務めるに至った。そうした経験から得た知識・経験が生かされていることからも，国際機関への人的な送り出しが，国際社会と日本国内の双方への貢献となることは明らかだろう。

演習問題

〔1〕 中央・地方関係における戦後改革と，1990年代半ば以降の分権改革の内容を，集中・分散と分離・融合，さらに分立・総合の観点から整理し直してみよう。

〔2〕 1990年代半ば以降の分権改革の内容について，政治と行政の関係の変化から，いかなる改革がどのような理由でなされたのか（なされなかったのか）を説明してみよう。

〔3〕 表10-2に示したような各省が分立的に行っている国際行政について，具体的にどのような施策が展開されているのかを調べてみよう。

第11章 マルチレベルの行政を規定する要因

中央・地方関係の様態の違いは，何によってもたらされるのだろうか。理念，利益，制度の影響を受けつつ，関係する種々のアクターの選択が集権化や分権化をもたらしている。ただし，中央・地方関係の集権化や分権化をもたらす要因は，中央政府による制度改革だけではないことにも注意したい。同様に，国際行政の形成についても，国際的な協調の可能性を説くアイディアや，各国の集合的利益，そして各国個別の利益が国際機関の成立や発展を左右してきた。

1 理念による説明

補完性原則と参加

中央・地方関係にかかわる理念としては，地域の課題や共通利益を住民自身の手で実現していく自律性を望ましいとする考え方がある。近代主義の前提として自律的個人が存在していることと対比させて，統治構造の近代化のためには自律的な地方政府が必要であるという考え方である。これは，地方分権は民主主義的であり，それゆえに重視されるべきだという主張ともなる。

この根底にあるのは，補完性原則（subsidiarity）である。補完性原則とは，個人を重視する立場から個人に身近な地方政府を重視する考え方である。すなわち，基礎的地方政府で決められることはできるだけ基礎的地方政府で，次に広域地方政府で決める。そして，それでも決められないことだけが中央政府の手に委ねられるべきだとする。キリスト教の教義に由来するこの原則を実現するものとして，中央・地方関係においては分権的なしくみが望ましいとされる。

補完性原則は，政治における参加や協働に価値を見出す立場でもある。そこからは，地方政府の中では基礎的地方政府に大きな役割を与え（市町村優先の原則），地方政府の規模を小規模なものとすることが望ましいとされる。規模を小さくすることで住民との距離が近くなり，参加の程度を高め，有権者の政策選好の把握も容易になると考えるからである。実際に，フランスやイタリアでは，参加の基礎となる地域共同体の規模に沿った地方政府を維持しようとするので，基礎的地方政府の規模は拡大しないのである。

機能分担論と効率性

これに対して，一定の条件の下でのみ，地方政府が果たすべき役割を大きくすべきだという理念もある。人々の共通利益の範囲や，行政サービスを提供する際の規模の経済に応じて，中央と地方のどちらが権限をもつべきか，あるいは，広域地方政府と基礎的地方政府のどちらが担当すべきかは変わってくるという考え方である。これは，機能分担論と呼ばれてきた。この考え方では，分権それ自体が追求すべき理念ではない。追求すべき価値は効率性などであり，その手段として，一定の条件の下で分権が有効になると考えるのである。

効率性を目標とすることは，地方政府の大規模化を正当化することにもつながりやすい。規模を拡大することで規模の経済の働きによって政策実施の効率性が上昇すると考えるからである。イギリスや北欧，日本などは中央政府の主導で合併を進めたが，地方政府を通じた行政サービスの効率性がそこでは重視されてきた。規模の大きさに加え，その規模が均一であるほど，地方政府に多くの政策実施を委ねることが可能になるので，分散的な性格が強まりやすい。

福祉国家化と
相互依存論

機能分担論は，福祉国家化に伴って，中央と地方はそれぞれ単独では公共サービスを提供しがたくなるという相互依存論につながる。1930年代以降，政府の規模の拡大が，中央・地方関係に変容を迫る。福祉国家を成立させるためには，累進的な所得税を通じた所得再分配を政府部門が実施する必要がある。結果として福祉国家の下では，財政的な集中化が進展しやすい。全国的に一律の公共サービスを提供するために，中央政府による地方政府への統制が強化されていく。このように福祉国家化に伴って集権化が進むことを新中央集権と呼ぶ。国民国家が形作られる時期に行われた中央集権の試みと区別するために，そのような名称がつけられた。

しかし同時に，福祉国家が提供する行政サービスは，保育や介護に代表されるように対人サービスの性格が強い。こうした対人サービスの提供は，地方政府が担う方が望ましい。その方が効率的であり，地域ごとの多様性にも対応できる。すると，福祉国家の下では，政策執行を通じて，情報，人的資源の面で地方政府の重みが増す。

あわせると，財源面での集中化と，情報ならびに人的資源の面での分散化が同時に進行する。また，移転財源の拡大や中央と地方の共同管理事項を拡大させ，さらに中央・地方間での人事交流や密接な情報交換をもたらす，つまり融合化も進展する。イギリスの政治学者であるローズは，分離的な中央・地方関係を伝統としてきたイギリスにおいても，戦後の福祉国家の中で融合化が進展している姿を描き出した（Rhodes 1988）。同様に，連邦制の下，やはり分離を強く保ってきたアメリカにおいても，中央政府と地方政府の相互依存が進展していることが明らかにされている。

アイディアとしての分権化

地方分権を正当化する理念は，日本でも長らく主張されてきた。したがって，それだけでは，1990年代になって地方分権の動きが実現した理由を説明できない。より具体的な理念やアイディアが，改革の背景，要因となったとされる。

ひとつは，政治アクター（行為主体）の考え方の変化をもたらしたアイディアである。財界の考え方の変化をもたらした地域間競争という理念は，この例である（木寺 2012）。もうひとつは，制度設計に関するアイディアである。抵抗勢力の反論を論破しながら詳細な制度設計を可能とするアイディア，すなわち国の関与や法令の規律密度のように，現状をとらえ，改革の方向を示すような概念を新たに生み出したことが，この例である（西尾 2007）。

これに対して政治学者の待鳥聡史は，同時期の統治機構改革と根底では共通する改革の方向性，すなわち自立した個人を基礎とする社会や政治をめざす方向性を備えていたことで，地方分権改革も進んだと考える（待鳥 2020）。ただし，同じ方向性をもっていても，改革の具体的な中身は領域ごとに異なってくる。中央・地方関係においては，個人により近い地方への権力分散が進められたことで，執政制度改革などとは力点の置き方が変わったという。

2 利益による説明

住民の利益

次に，利益によって，中央・地方関係の変化を説明しようとする議論を見てみよう。大きく分けて4つのものがある。第1に住民の利益，第2に地方政治家の利益，第3に国政政治家の利益，そして第4に中央政府，地方政府それぞれの行政組織の利益に着目する議論がある。

地理的境界線内の住民には共通する利益が生まれ，それを実現するための代理人として地方政府が存在する。身分制の時代には，身分で社会が区切られていた。したがって，近いところに住んでいるだけで人々に共通利益が生まれることもなかった。しかし身分制が解体されるとともに，移動の自由などが拡大し，地域に住む人々の経済的，社会的活動が拡大すると，それを支えるインフラがもつ意味は大きくなる。鉄道や道路，水道などを整備し，地域を発展させることが住民の共通利益となる。

しかし，さまざまな公共施設や公共サービスが提供されるようになると，そこから利益を得る人や負担を負う人々の範囲が，地方政府の境界線と一致しなくなる。たとえば，交通網の整備に伴い，通勤・通学範囲が拡大する。人々は道を歩いて勤務地に向かい，職場の手洗いなどで水道を使う。中心都市が整備した道路や水道の便益は通勤・通学してくる周辺市の住民にも及ぶのである。逆に，地域で集めたゴミを焼却した際に出る煤煙は隣町へと流れていくこともある。ここでは大気汚染という負担が周辺地域に及んでいる。このように便益や負担が周辺に及ぶことをスピルオーバーという。

こうしたスピルオーバーに対して，3つの解決策が考えられる。第1は，負担と便益が及ぶ範囲が一致するよう，地方政府の規模を大きくすることである。市町村合併，あるいは都道府県の合併が具体策となる。第2は，広域政府の所管とすることである。市町村から都道府県に，都道府県から中央政府に所管を移す。適切な規模の広域政府がなければ，それを創出することが必要になるので，道州制の導入へとつながる。大都市に都道府県の機能を担わせる大都市制度も，この派生形といえる。そして第3は，地域間の再分配である。これにより負担と便益を均す。便益を享受している地域への課税や，負担を背負っている地域への財政移転を行うので，中央政府がこの役割を担う。

日本の場合，第3の選択肢をとってきた。市町村合併は行われてきたが，これは人々の移動範囲の拡大に応じて行われたものではなく，中央政府の代理人としての機能を果たせるよう，一定の行財政能力をもたせるために行われたものである。だから全国一律に，限定された時期だけに合併が見られる。また，第2の広域政府の利用についても，2層制を守り続け，全国画一的なしくみとすることで，税財政の調整を図る大都市制度を取り入れることはなかった。したがって，大半の調整は第3の選択肢，すなわち地方交付税による財政調整に委ねられたのである。地方交付税は中央政府の代理人としての財政基盤を与えることに重点が置かれ，主として東京から農村部への地域間再分配の要素が強かった。

福祉国家の類型と中央・地方関係

どの程度の地域間再分配を行うかは，福祉国家の発展形態によって異なることが多い。中央・地方関係においても，各国の様相を分ける大きな転換点となったのは，世界恐慌から第二次世界大戦にかけての時期である。その時期に，中央政府の側が歳入の多くを調達するしくみに移行するかどうかが，分かれ目となる。それ以前は多くの国が，関税と土地に対する税を歳入の基盤としていた。ここに所得税を導入し，地方に再分配していくしくみを導入する国が出てくる。産業化が進み，都市部が経済的に豊かになっていく中で，再分配を行うという選択である。都市富裕層が農村部の地主階級と手を結び，集権的な税制の下での緩やかな再分配を，地域ごとに異なる税制の下での労働者階級への再分配よりも好んだ場合は，集権的な税財政が成立しやすい。

社会保障の成立過程においても同様に，1930年代がひとつの転換点となる。まず，アメリカのように，この時期に公的保険が導入されなかった場合は，民間の保険業界が大きく成長し，その後に公的医療保険を導入することは困難になる。次に，公的保険が導入された場合は，労働者を主たる対象とするか，農民も対象に入れるかが分岐点となる。ドイツやイギリスでは労働者を対象としたが，農業国であった北欧諸国では農民を対象に入れたために地方政府の役割が大きくなった。日本も，38年に国民健康保険法を制定することで農民を対象とするようになり，戦後の48年，同法改正により市町村が保険者となった。厚生省は徐々に財政移転を拡大させつつ，制度の平準化を進め，61年には国民皆保険を成立させたのである（北山 2011）。

地方政治家の利益

第2に，地方政治家の利益に注目する議論に移ろう。上で述べた福祉国家化に伴う財政集権化を，地方政治家がいかなる場合に受け入れるかが，ここでの焦点となる。所得税が導入される以前の固定資産税を中心とする税体系では，地方政府による課税の割合が高く，地方政治家がその課税権を手放さなければ，財政の集権化は進まない。集権化したうえで中央政府からの分配を受けた方が，地方政治家にとってもメリットは大きい。課税業務という不人気な仕事を手放しつつ，利益分配という人気のある仕事を担当できる。しかしそれは，中央政府からの補助金が確実に回ってくると確信できて初めて成り立つ計算である。これを可能とするのは，確立された政党が存在し，国政政治家と地方政治家が同一組織内の上下関係に組織化されている場合である。このような政党が存在しなければ，地方政治家は中央による分配を信用しないので，課税権を中央政府に容易に譲り渡そうとはしない（Diaz-Cayeros 2006）。

日本においても19世紀末から20世紀初めに同様の道筋を歩んだ。地方名望家たちが当初唱えていた民力休養とは，中央による課税の否定である。これが，世紀の変わる頃には富国強兵，すなわち国税を増税したうえで地方に給付していくことの支持へと変わっていく。

工業化が進み始める中で，自律的な農村経済から集権的な地方利益誘導のしくみへの転換が生じたのである（前田 2016)。

地方分権改革においても，地方政治家が自らの利益のために改革を求め，改革を後押しすることがある。分権という概念は多義的であり（☞第9章)，分権改革の中身も多岐にわたることは，日本の1990年代以降の事例にもよく示されている（☞第10章4)。したがって，地方政治家の改革への態度も割れやすい。しかし，日本の分権改革が総合化を志向したことから考えると，最も利益を受けるのは知事や市町村長だった。それゆえ，小泉政権期の三位一体改革では知事は知事会で意見をまとめ，改革を進めることに積極的だったのである。

国政政治家の利益

第3に，国政レベルの政治家の利益を考えてみよう。国政政治家が，地方政府，とりわけ地方政治家と関係を築く必要が出てくるのは，国会議員個々人が集票を行う必要がある場合である。この場合，国会議員たちは，各自で集票組織を形成する必要に迫られる。そうした集票組織の重要な一部をなすのが，地元有権者を強く握っている地方政治家である。しかし地方政治家は見返りもなく，協力するわけではない。政治資金の提供などの他に，地元への利益供与を求める。したがって，個人投票を促進する選挙制度の下では，国政政治家と地方政治家の系列関係が形成されやすい。そして，系列を維持する紐帯として中央から地方へと移転される金，すなわち補助金が必要となるため，金銭面で集中・融合的な制度がとられやすい。

国政政治家が地方政治家の意向に対してどの程度応答的になるかは，国政政治家のキャリアパスによっても変わってくる。中央と地方の政治家のキャリアパスが連結されており，国政政治家の多くが地方政治家の経験をもっている場合には，地方政治家の考え方を反映する形で国政も運営されやすい。たとえばカナダでは，国政と州政府以下の政治家のキャリアパスが断絶しており，国政政治家の大半は地方政治の経験をもたない。このことが，近年の州政府の強い独立志向の原因になっているといわれる（Filippov et al. 2004）。また，イギリスでも同じく，国政政治家の多くが地方政治を経験しないので，地方政治家の意向にかかわらず，地方制度改革が行われがちである。この結果，サッチャー政権による大都市圏の広域政府の廃止といった改革すら行われた（Ashford 1982）。これらに対して，国会議員が地方公選職を兼職することが認められており，実際に大多数の国会議員が地元地方政府の公職も務めているフランスでは，地方制度改革において地方政府の意向が重視される。

官僚の利益

第4は，中央官僚，地方官僚それぞれの利益を独立変数とする説明である。地方官僚の中でも政策領域別に特化したサブグループ（テクノクラット）が存在する場合には，その集団は同一地方政府内の他の政策領域よりも，同じ政策領域にかかわる中央官僚や，関係する利益集団などとの結び付きを強める傾向がある。その場合は，他の政策コミュニティや地方政府全体を所管するサブグループ（トポクラット）との対抗上，むしろ積極的に中央政府の集権性を受け入れることが多い。金銭資源については個別補助金が，組織資源については独立行政委員会を設置することやいわゆる天下りの受け入れなどが見られる。日本では，教育と警察にこうした性格が強い。

近年は，地方政府内部でトポクラットと類似の政策選好をもつ首長が連合を組み，政策コミュニティと対立するという図式が増えた。とりわけ，予算削減や人員削減という行政改革を実施しようとする際，この対立は激化しやすい。1980年代の第二次臨時行政調査会（第二臨調）期や2000年代には，自治省・総務省の指導や，そこから派遣される職員が経費削減の旗振り役を担ってきた。

テクノクラットとトポクラットのどちらが優位に立つかによって，

中央政府と地方政府の双方において，前者ならば分立型の，後者ならば総合型の行政組織が存在しやすくなる。中央と地方がそれぞれ一枚岩であるわけではなく，分立・融合的な体制が成立し，むしろ分断線は政策領域ごとの境界に引かれることも多い。分断線が縦横のどちらに引かれるかは，中央，地方それぞれの行政組織において構成員たちがどのように組織化されるかに規定されるのである。

トポクラットとテクノクラットの対立に加え，財務所管官庁，さらに政権党幹部といった複数のアクター間の関係が，戦後日本の交付金制度の維持と改革を左右してきたと，行政学者の北村亘はいう（北村 2009）。図 **10-2** に見たように，1970 年代後半や 90 年代後半のように地方税が減収となり地方財政が苦しくなる時期は，国税も減っている時期であり，自治省と大蔵省の対立は厳しくなる。しかし政権党の後押しもあり，地方交付税は手厚く保障された。これが 2000 年代以降は必ずしも保障されなくなり，政権党ではなく首相官邸が調整を行うことや，総務省と財務省が協力して事業官庁と対立することが見られるようになったという。

3 制度による説明

民主化と近代化

中央・地方関係には，その国の民主制のあり方が大きく影響を与える。住民と地方政府，国民と中央政府の関係は，民主制か否かによって決まるからである。他方で，近代国民国家に先行して，地域共同体や地域別の支配権力が存在する。したがって，国民国家の形成に際しては，全国的な行政機構の整備が課題となる。各国で 19 世紀にかけて地方政府が統治機構として確立していく。その際，次の 2 つの要素が中央・地方関係を規定する。ひとつは，中央政府における議会と行政府の関係である。もうひとつは，地域共同体における自治の伝統である（秋月 2001）。

民主化が進展し，地方制度を整備する時点で，国民の代表としての議会が行政府に優越することが確立されている場合は，中央・地方関係も法律によって規律することにつながる。法律で中央政府と地方政府の権限を明確に規定し，権限を分離する。その典型例はイギリスである。地方政府の権限は制限列挙される形で規定され，それが不明確な場合は司法によって判断されるウルトラ・ヴァァイレスの法理が適用される。権限を分離することから，中央政府の所管する政策を全国で実施する際は，中央省庁が出先機関を通じて提供することが基本となる。

これに対して，地方制度の整備が民主化の進展に先行した場合は，中央・地方関係も行政を主要な経路とする。1800年代にナポレオンが整備したフランスの中央・地方関係は，その典型例である。法律による規律の役割は小さく，地方政府の権限は法律上では概括例示されるにすぎない。中央政府と地方政府の関係を調整するために，中央省庁のひとつとして内務省が設置される。そして，その内務省から知事が派遣される。こうして地方政府は，地域共同体の代表としての性格と内務省の出先機関としての性格をあわせもち，融合性の強い中央・地方関係が成立するのである。

さらに，こうした分離と融合の違いに加えて，発展段階の違いは集中と分散にも影響を与えると考えられる。経済発展の初期段階においては，各国政府は富国強兵のために，限られた資源を国内の特定地域に重点的に投入しようと考える。そのために，経済発展の初期段階では集中的な傾向が強い。

イギリスに代表される分散・分離型の中央・地方関係は，アングロサクソン型と呼ばれ，アメリカやオーストラリアなどにも波及した。北欧諸国もこれに近い。これに対して，フランスに代表される集中・融合型の中央・地方関係は，大陸型と呼ばれる。ドイツ，イタリア，スペインなどの欧州大陸諸国の他に，それを参照しつつ制度整備を行った日本も，これに該当する。これらの異なる出発点の上に，各国はそれぞれの中央・地方関係を築いていった。その中で上書きされた部分も多いが，出発点の違いが残る部分もある。第II部で見た組織形態と同様，経路依存性が働きやすいといえる。

水平的権力分立と垂直的権力分立

連邦制は一国内で中央政府と地方政府の権力を分立する巧みな統治のしくみだが，維持することは難しい。イラクとヨルダン，マリとセネガル，東西パキスタン，マレーシアとシンガポール，ソ連，ユーゴスラヴィアなど，多くの連邦制がこれまでに崩壊を経験してきた。連邦制を維持するためには２つの力，すなわち連邦政府（中央政府）による地域の抑圧による単一制への移行という求心化と，州政府の離脱という遠心化の双方を制御する必要がある。

中央政府と州政府のどちらもが連邦制から離脱しないようにするためには，中央政府内の権力抑制機構と自律的な司法の存在という２つの条件が必要である。たとえば名誉革命後のイギリスは実質的には連邦制であったが，それは王制を牽制（けんせい）するために中央政府の権力が分立されていたことにもとづいていた。これがその後，議会への権力集中が進むことで，単一制へと移行していったのである。これに対して，独立性の高い司法が連邦政府と州政府のバランスをとる役割を果たすことで連邦制が維持されている代表例としては，アメリカを挙げることができる（Filippov et al. 2004）。

イギリスは地方自治の母国といわれながらも，現在は集権・融合的な財政状況にあることや，大規模な基礎自治体の合併，サッチャー首相による大都市圏政府の廃止などを経験してきた。首相への権限の集中を強めるウェストミンスター型の議院内閣制が，中央・地方関係における集権化の背景にあるといえる。同時に，1990 年代以降，欧州議会選挙が比例代表制をとっていることなどから影響を受けつつ，スコットランドなどへの権限移譲が進む（山崎 2011）。第Ⅰ部で見た政治と行政の関係を規定する制度が，中央・地方関係にも影響するのである。

水平的情報流通と政策波及

最後に，地方政府間の関係が中央・地方関係に与える影響を見ておこう。地方政府間の関係において水平的な情報流通が盛んであるか否かは，中央・地方関係のあり方を大きく変える。それが盛んであれば，他の地方政府における政策形成を参照することで，ある地方政府が採用した政策が，他の地方政府においても採用されやすくなる。これを政策波及と呼ぶ。一般的な技術や消費財の普及の場合と同様，先駆的な一部の者がリーダーとして採用を行い，フォロワー（追従者）の多くは周囲での採用数が増えるほど採用することから，採用数は徐々に加速度的に増えていく。

このように水平的な情報流通が盛んな場合は，地方政府の情報資源の蓄積が進みやすい。他の地方政府が採用している政策を模倣（もほう）したり修正したりすることによって政策形成における不確実性を下げられる。これによって，地方政府それぞれが単体として有している能力以上の政策形成が，質的にも量的にも可能となる。さらに，このことが中央政府からの他の資源の配分を増やす可能性がある。

日本の地方政府においては，水平的な情報流通にもとづく政策波及が，地方政府の資源を大いに増やし，分権化をもたらしてきた（伊藤 2002a，2006）。ただし，こうした水平的な情報流通が常に可能になるとは限らない。第1に，他の地方政府での経験が有益になる程度の共通性がなければ，参照は有効ではない。日本のように，すべての地方政府で基本的に同様の公共サービスが提供されているのでなければ，政策波及は生じにくい。第2に，他の地方政府との間でゼロサム的な関係が成立する場合には，情報の流通は進まない。

たとえば自主財源の割合が高い場合に，地域経済を発展させる秘策があっても，それを他の地方政府に伝えることはしない。第3に，情報は公共財なので，すべての地方政府がフリーライド（ただ乗り）することを考えれば，どこもそうした情報を生み出そうとはしない。自分の地域にとって重要であり，また早急な解決が必要であり，さらに政策形成の費用を負担できるという地方政府が存在して初めて，このメカニズムは成立する。

4 国際行政の形態を規定する要因

理念やアイディア

国際行政連合が19世紀末に誕生し，20世紀前半に国際連盟が設立して以降，国際機関が発展していく過程では，それを支える理念が提唱され，一定の影響力をもった。最初期の代表例が，イギリス・フェビアン協会に属していたウルフの議論である。ウルフは，各国間に共通する利益が拡大していることを示し，国際的な合意にもとづいて各国の行動に対して規制をかけるしくみを提示した（Woolf 1916）。

その後，国際機関についての議論を前進させたのは，イギリス（出身はルーマニア）の国際政治・歴史学者のミトラニーであった（Mitrany 1933）。彼が示した機能主義という理論は，機能別に国際協力を進めることが平和構築につながるというものであった。この主張の背景となったのは，ひとつには，行政国家化が進展する中で，対外関係にかかわる行政も外務省が一手に握るのではなく，個別官庁の分掌になっているという事実認識であった。もうひとつには，軍事や外交による国益の追求については対立的な各国間においても，経済や技術など非政治的な側面における協調は可能であるという考えであった。政治と行政の二分論と同様の発想を国際行政に持ち込んだのである。

機能主義においては，主権国家間の対立関係を前提としつつ，機能別の協力が重視されていた。そこからさらに主権国家間での政治統合の可能性を論じたのは，アメリカの国際政治学者であったE.ハースである（Haas 1964）。新機能主義と呼ばれるこの考え方は，国民国家を前提としつつ，その連合体を構想することでヨーロッパにおける地域統合に対する理論的裏付けを与えた。非政治的な側面での協力の経験は，次第に政治的な領域での協力にも波及していくと考えたのである。ここにもまた，国内政治における政官二分論から融合論への移行との類似性を見てとることができよう。

そして現在の国際関係においては，非政府組織（NGO）や研究者などによる専門家集団が，たとえば地球環境問題などにおいて，議題設定，解決策の提示などを通じて大きな役割を果たしている。このことは知識共同体によるレジーム形成という形で定式化されている（Haas 1992）。

国際的な公共の利益　技術の進展や社会の変化が，政府の果たすべき役割を拡大したり，縮小したりするのと同じように，それらの要因は，国際的な行政の必要性を左右する。国境を越えた移動が技術的に可能になると，それを管理することは国内政府には困難になり，国際行政の必要性が高まる。政府にとっても重要な資源である，金銭と情報については，1980年代以降，急速にその国境を越えた移動が拡大している。

金銭の移動の管理，つまり国際的な資金の移動に対する統制や，為替制度の維持といった機能は，各国の中央銀行を中心として，中央銀行間の連絡と調整によって担われてきた。大恐慌が世界に波及したのは不安定な投機資金の流動性が一因だったという考えもあり，ブレトンウッズ体制においては，経常取引は自由化しても，資本取引は自由化しないことが基本路線となっていた。

このように金融分野では，1970年代に入るまでは，各国が強く金融市場を規制しており，各国間の協調も財務大臣・中央銀行総裁会議（いわゆるG7やG20）と，それに向けての各国の金融当局による調整を中心としてきた。英米日独仏による財務大臣・中央銀行総裁会議は70年代に開始され，イタリアとカナダが加わり，G7となったのは86年である。中央銀行の協力を促進するための国際機関としては，スイスのバーゼルに本部を置く，国際決済銀行（BIS）がある。BISでは，G10などによる中央銀行総裁会議が頻繁に開催されている。また，下部機構としてバーゼル銀行監督委員会があり，銀行の自己資本比率規制などを策定している。80年代には，英米主導で金融の自由化と国際化が進められていく。88年のバーゼル合意により，銀行の自己資本比率に関する国際的な統一基準（BIS規制とも呼ばれる）が定められたのは，その例である。

これに対して，情報については，インターネットの発展により，国境を越えた情報の移動は莫大なものとなった。こうした動きが国際行政や各国の行政に与えた影響として，2点を指摘しておこう。第1に，コンピュータと通信に関する標準化作業を担う国際機関の重要性が高まった。電子化された情報の国際化は，ハードとソフト両面にわたる標準化によって可能になっている。文字コードやデータの形式から，コンピュータのUSB（データ伝送路の規格），通信プロトコル（通信の手順と方式）に至るまで，すべて標準化されているので，私たちは国境を越えた情報のやりとりを容易に行えるのである。これらは国際標準化機構（ISO）と国際電気標準会議（IEC）といった国際標準化団体を中心として，国際電気通信連合（ITU），さらに，インターネットに関する技術の標準化を行うインターネット技術タスクフォース（IETF）やワールド・ワイド・ウェブ・コンソーシアム（W3C）によって支えられている。IETFやW3Cは，インターネットのそもそもの成り立ちを反映するかのように，民間非営利団体である。

第2に，国境を越えた情報の流通の拡大は，各国内での情報の管理のあり方，とりわけ知的財産権の保護について調整する必要が出てきた。知的財産権の保護については，国連の専門機関である世界知的所有権機関（WIPO）が所管している。世界貿易機関（WTO）の発足に伴い，両者の協力を定める協定が結ばれ，また，WTOの側で既存のWIPOが所管する条約を上回る保護規定（通称TRIPS協定）を定めるなど，現在の知的財産権の保護は，WTOとWIPOの手で進められるようになっている。各国の特許庁においても，医薬品などをはじめとして，ひとつの発明を各国で特許として申請することが爆発的に増大していることに対処するために，審査結果の相互利用などの取り組みが進められている。他方，途上国を中心とする模倣品・海賊版の乱造への対処として，知的財産権保護のための制度整備を支援する取り組みも進められている。

各国の利益

国際機関への権限の集中と各国政府への分散は，各国政府がもつ権限のうち，どれだけを手放すかによって決まる。その判断は各国の政治家が行うので，彼らの利益が反映される。したがって，非難回避の政治が見られることも多い。たとえば，欧州連合（EU）への集中が最も進んでいる政策領域である共通農業政策は，各国政府が実施していた価格支持政策の責任を半ば押しつけられたようなところがある。多数の国際行政機関を対象とした計量分析では，創設時に国際行政官が関与しているほど，その機関が各国政府の介入から遮断された状態になることが示されている（Johnson 2013）。

逆にいえば，各国は自国の利益に合致しない場合には，国際機関からの脱退をほのめかし，実際に脱退することもある。日本も，1933年に国際連盟から脱退した。国際連盟からは枢軸国の他に，中南米諸国の多くも脱退を選んでいる。さらには，80年代にイギリスとアメリカがユネスコから脱退した例がある。ユネスコの放漫な運営，政治的な行動，報道の自由への制約などへの反発が原因であった。その後の改革を経て，現在では両国とも復帰しているが，各国の利益と国際機関の方向性が合致しない場合に，加盟国の脱退が生じるというのは，過去の話ではないのである。

国際機関の運営においても，各国の利害は色濃く反映される（蓮生 2012）。国際機関は多国間外交の場となり，激しい多数派工作が行われる。国連安全保障理事会改革において，常任理事国入りをめざす日本，ドイツ，ブラジル，インドと，それを阻止しようとするイタリア，スペイン，カナダなどが激しく対立したのは，その例である。地球温暖化防止を目標とする京都議定書の作成過程では，先進国と発展途上国の間で激しい対立が生じ，結局，アメリカは締結を見送った。

現在では，各国は国際問題の解決にあたって，フォーラム・ショッピングを常に行っている。フォーラム・ショッピングとは，もともとはひとつの事案に対し複数の国際裁判管轄が認められる場合に，有利な判決が出そうな裁判所を選んで訴訟を提起することを指すが，そこから拡張されて，国際紛争が生じたときに，2国間協議から多国間の国際機関にわたるさまざまな選択肢の中から，自国にとって有利な解決が可能になる場を選んで紛争の解決を図ることをいう。たとえば，貿易問題であれば2国間協議を用いるのか，WTOを利用して解決するのかを選択することは，その一例である。どの国際機関を重視するかも国によって違いがある。中国は国際復興開発銀行やIMFなどの分担金を多く出しているが，人道支援機関などではそうではない（福田・坂根 2020）。

したがって，国際行政がどの程度の集権性をもちうるかは，各国の利益との合致の程度次第というところが大きい。例として国際労働機関（ILO）を取り上げよう。ILOは1919年以来，国際労働総会において労働に関する国際基準を設定する条約を採択してきた。しかし，184の加盟国は，それぞれが選択的に条約の批准を行っている。フランス，イタリア，スペインといった福祉保守主義国は，労働への政府関与の程度が大きく，ILO条約の批准にも積極的である。北欧の社会民主主義諸国やイギリスがそれに続く。他方，アメリカを筆頭に，カナダやオーストラリアなどの福祉自由主義諸国は，国内でも政府は関与に消極的であり，国際的な枠組みにも乗らない。日本，シンガポール，韓国なども，これと類似の位置にある。

演習問題

〔1〕 福祉国家の時期による進展の違いや国による違いが，中央・地方関係のあり方と，どのような関係にあるのかを，説明してみよう。

〔2〕 中央・地方関係を規定するアイディア，利益，制度の３つの説明を整理し直したうえで，それを日本の戦後の中央・地方関係の特徴の説明に用いてみよう。

〔3〕 具体的な国際問題をひとつ取り上げ，それについてどのような国際行政のしくみが存在するのか，各国政府はどのような姿勢をとっているのかについて調べてみよう。

第12章 マルチレベルの行政の帰結

地方分権は望ましいことと考えられがちだが，そう単純に肯定はできない。集権・分権によって，人々の参加の程度や政党システムといった政治的な側面は変化するし，政策提供の効率性も変化する。人々の移動や中央政府による財政援助による地方政府の行動の変化などの条件次第で，その効果は変わってくる。国際行政においても同様に，民主主義の赤字が問題視されながらも，それが時として政府の行動を縛る枠組みとして機能する面もある。

1 集権・分権の政治的帰結

市民の政治参加・行政参加

地方自治は「民主主義の学校」であるという表現がある。フランスの政治思想家トクヴィル，イギリスの政治哲学者 J. S. ミル，イギリスの歴史学者ブライスらが19世紀後半以降，こうした趣旨の言葉を残している。確かに，中央政府と比べた場合の身近さは，住民の知識や理解につながるとともに，住民の同質性を高め，他の住民との一体性をもたらしうる。それゆえ，地方政治において人々はより積極的に参加する傾向が見られ，その参加の質も高いものになると主張されてきた。

現在でも，地方政治では，住民による監視や住民自身による政策形成が実現されやすいという考え方は強い。日本の地方政府でも，国政にはない直接請求の制度が存在している。住民オンブズマンなど，住民による監視団体も，地方政府を対象とするものが多い。住民の中から地域の将来にかかわる課題などについて，自分たちの手でそれを決めたいという欲求が生じ，それが住民投票につながることもよく見られる。

実際に，身近で同質的な住民からなる地方政府ほど，人々は投票参加をする傾向は一定程度残っている。図 **12-1** では，横軸に有権者数を常用対数化してとったうえで，縦軸に地方議会の投票率をとった。人口 1000 人以下の，合併を長らく経験していないような町村では投票率は 8 割を超えるが，それ以上では，人口が増えるにつれて，投票率が下がっていく。有権者数が 10 万を超えるあたりからは，人口と投票率には明確な関係が見られない。同様の傾向は，海外の研究のまとめからも得られる（McDonnell 2020）。

他方で，投票率で見る限り，地方政治に人々が積極的に参加するという傾向は，現在では必ずしも見られない。地方議会選挙の投票率は 4〜6 割程度のところが多い（図 **12-1**）。国政選挙が 5〜7 割程度なので，それを下回っている。国政により積極的に投票する要因は主に 3 つある。第 1 に，中央政府が担当する政策の方が重要であり，その政策の影響は大きいと人々は認識している。たとえば，他国との外交・安全保障政策は時には戦争を招き，私たちの生死にもかかわる問題である。他方で，地方政府が扱う政策は身近ではあるが，生命・財産を大きく左右するものではないとも考えられる。

第 2 に，マスメディアの報道の発達と地域共同体の衰退によって，

図 12-1　人口規模と地方政治への参加の程度（2018-20 年）

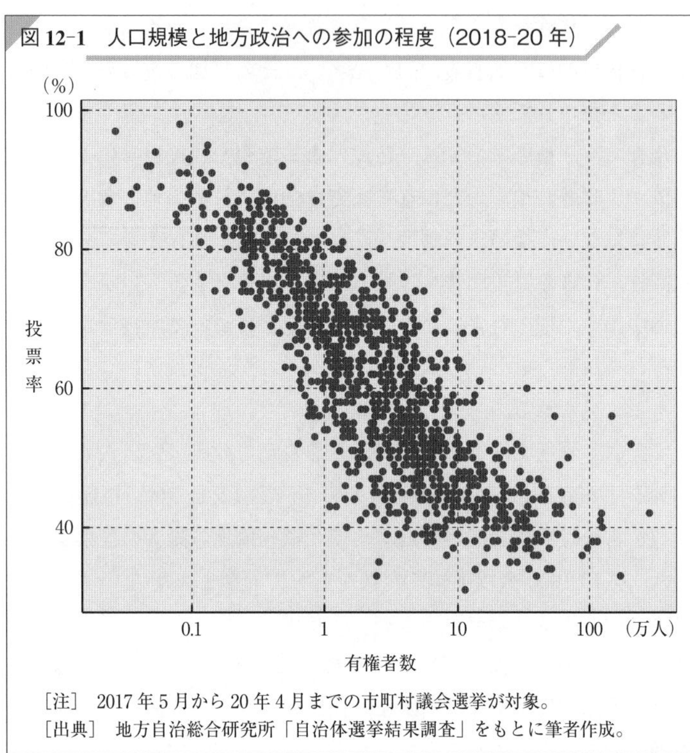

［注］ 2017 年 5 月から 20 年 4 月までの市町村議会選挙が対象。
［出典］ 地方自治総合研究所「自治体選挙結果調査」をもとに筆者作成。

人々が得られる政治に関する情報の量は，地方政治よりも国政の方が豊富である。人々の直接的な接触を通じて政治的な情報が流通する限り，身近な地域に関する情報が多いであろうが，新聞やテレビといった全国的に同一の情報を提供するマスメディアは，中央の政治に関する情報を多く提供する。

第 3 に，選挙がどの程度接戦になるかという要因がある。政治家にとって地方議員よりも国会議員の方が魅力の高い場合に，地方選挙には十分な立候補者が集まらない可能性が高まる。その結果，選挙の勝敗が明確に見えてしまうようでは，有権者は投票に参加しなくなるだろう（Treisman 2007）。

少なくとも，中央・地方関係が分権的であることが，人々に国家よりも地域に目を向けさせ，地域への忠誠心をもたせるようになるという単純な関係は見出しがたい。人々が地方政治に積極的に関心をもち関与するには，中央・地方関係が分権的であるだけではなく，明確な争点を有権者に伝え，十分な立候補者がいるといった付加的な要件が必要だろう。地方自治は民主主義の学校たりうるが，それには学校としての設備を整えることが必要である。

政党システムへの影響

政党制度とは，2つの要素からなる。どのような規模の政党がいくつ存在するかという政党システムの側面と，政党内での幹部層と一般議員，さらに政党職員や支持団体，そして支持者との関係という政党組織の側面である。集権・分権は，政党システムにも政党組織にも影響を与える。

まず，どの程度の大きさの政党がいくつ存在するかという政党システムへの影響について考えよう。実質的に選挙戦を争う候補者の数は，およそ選挙区定数に1人足したところに収まる。ここでさらに，政党が全国（中央政府の場合），あるいは全区域（地方政府の場合）にわたって，どの選挙区でも候補者を出すのであれば，実質的に選挙戦を争う政党の数も，選挙区定数に1を足した程度に収まる。小選挙区における二大政党制の成立という「デュベルジェの法則」と，その拡張版である主要政党数が選挙区定数プラス1になるという「M+1の法則」が，ここから成り立つ。

逆にいえば，特定の選挙区でのみ立候補者を擁立する政党が存在すれば，M+1の法則は成立しなくなる。そうした政党が存在しやすくなるひとつの要因は地域的な異質性である。民族，言語，宗教といった亀裂が地域間で成立しており，特定地域の利益代表である政治勢力が存在する場合に，地域政党が存在しやすくなる。もうひとつの要因は分権である。分権的な中央・地方関係は，国政に議席をもたない地域政党の相対的価値や，その存続可能性を高める。このことは，政党システムの分裂性を高める。日本のように地方レベルでは大統領制をとっていると，この傾向はより強まる（砂原 2017）。

同じ小選挙区をとっていても，1990 年代までのイギリスや 1970 年代以降のアメリカで二大政党制がほぼ成り立っているのに対して，そうではない国も散見される。それ以前のアメリカやインド，カナダなどである。インドやカナダは，地域の多様性が強いが，両国とも二大政党制に近い時期とそこから離れる時期がある。そうした変化は地域の多様性だけでは説明できない。これを説明するのが，集権化・分権化である。集権化が進むとき，全国政党化が進み，二大政党制も進む傾向がある。分権化の時期には逆の傾向が見られるのである（Chhibber & Kollman 2004）。

政党組織への影響

次に，中央・地方関係の集権性・分権性は，政治家たちのキャリアパスに影響を与え，ひいては政党組織の集権性・分権性にも影響を与える。地方政府の資源の大きさ，とりわけ財源の大きさは，政治家としての影響力の大きさにつながる。それが大きいほど，政治家にとっての魅力は増すので，分権的な中央・地方関係では，国政の政治家が地方政府の重要な役職をめざすことも生じる。政治家のキャリアパスが国政から地方へ向くようになれば，政党内の意思決定においても，地方組織が占める比重は大きくなる。たとえば，州政府の財政規模が大きいブラジルでは，政治家としての最終目標は国会議員ではなく，有力政治家たちはそこを経由して州知事のポストを得ようと激しい競争を繰り広げている。日本においても，国会議員を経て都道府県知事や大都市の市長に転身する者は従来から見られたが，地方分権改革以後，その傾向はさらに強まっている。

逆に，集権的な中央・地方関係であり，かつ集票行動が利益分配にもとづく場合には，国政与党が地方選挙でも票を上積みしやすい。

この場合は，中央政府からどの程度のリソース（資源）を獲得できるかが基準となって，地方選挙が争われる。中央政府における少数党は，地方で足場を築くことが困難になる。地方議員は国政政治家の供給源でもあり，地方議員が少なければ国政の人材を育てることも難しくなる。他方，中央での多数党は，地方選挙でも強く，その結果として国政選挙での勝利を継続しやすい。したがって，集権的な中央・地方関係と中選挙区制のような議員の個別利益志向を強める選挙制度の組み合わせのもとで，一党優位政党制が成立しやすい。イタリアやメキシコと並んで，日本の自民党一党優位体制も，その代表例とされてきた（Scheiner 2006）。

行政機構や人的資源への影響

集権・分権は，地方政府の行政組織内部にも影響を与える。住民への距離の近さが応答性の高さをもたらすので，地方政府の行政では，透明性を高め，参加を促す動きが進展しやすい。分権化の進展は，地方行政のこうした方向性を促進する。そして，地方レベルで進んだ透明化などは，中央レベルにも波及するであろう。また，分権化により，それまでの制約が取り払われ，組織編制の柔軟性も増す。日本の都道府県の場合，標準局部制と呼ばれる組織編制上の制約が取り払われたことで，都道府県ごとの多様性が増した。滋賀県の琵琶湖環境部は，その例である（村松・稲継編 2003）。

また，集権的な中央・地方関係では，定型的な政策実施が業務の中心となるが，分権化することで，政策形成を自ら行う必要が高まる。すると，地方政府の行政職員に求められる資質にも変化が生じるだろう。集権的な場合は，法令やさまざまな通達に通暁（つうぎょう）していることが重要である。しかし，分権化すると，住民との協議や説得を進めるコミュニケーション能力の役割の重要性が増すだろう。

当事者の意見を広く集めながら集約し，意見をすりあわせながら合意形成に結び付ける政策形成スタイルは，地方レベルで採用されやすい。第Ⅳ部で見るような市民との協働が進むと，さらにその傾向は強まる。他方，国際行政においても，国際機関が各国政府に対し強制力をもちえないので，合意形成によって行政を進めていくことになる。ローカルとグローバルの2つには合意形成を基礎に置くという政策形成スタイルの共通性が存在するのである（城山 1997）。

2 集権・分権の政策的帰結

公共サービス提供の効率性

地方分権は，公共サービス提供の効率性に対して，複数の経路を通じて影響を与える。供給主体としての地方政府に対しての影響と，公共サービスの受け手である住民に対しての影響という2つに大きく分かれる。

第1に，分権化により，供給の効率性が改善される可能性がある。一定の地理的範囲内の人々が求める地域公共財を提供する場合，地域ごとに供給量を設定する方が，きめ細かな設定が可能となる。住民が望んでいる，あるいは必要としている公共サービスを供給できる可能性が，高まるのである。

第2に，規模の経済や範囲の経済は集権化や総合化による効率性をもたらしうる。規模の経済とは，大量生産により1単位当たりの生産費用を低下させられることである。範囲の経済とは，複数の財やサービスをまとめて生産することで，別個に行う場合の総和よりも費用が低下することである。公共サービスの供給に際し規模の経済や範囲の経済が働くのであれば，地方政府よりも中央政府による供給の方が費用の低下につながる。また，地方政府が供給する場合でも，分立的であるよりも総合化されている方が，広域の地方政府による供給の方が，費用を削減できる。地方政府を維持することには固定費用がかかるからである。

第3に，共通利益の範囲とのズレが少ないという意味では，分立の方が効率性をもたらしうる。公共サービスの種類ごとに，共同消費がなされる地理的範囲は異なる。その点を考えると，分立的である方が，すなわち政策領域ごとに分割されたサービス供給の方が，供給量の設定を適切に行うことができ，効率的になる。総合的に複数の公共サービスを地方政府が供給する場合，あるサービスに関しては他の地方政府の領域に便益が及び，他のサービスに関しては他の地方政府が提供しているサービスの便益を受けている，ということが生じるだろう。こうしたスピルオーバー（区域外への波及）の発生は，過剰な需要や過少な供給といった問題を招きやすい。

以上のことから，地方政府の規模と効率性の関係を考えると，両方向の可能性があり，単純な関係は見出しがたい。確かに規模の経済からすると，小規模な地方政府が複数存在するより，合併を進めた方が，費用を削減できる可能性がある。単純に地方政府の人口規模と住民1人当たりの財政歳出の関係を見れば，人口が少なくとも10万人になるくらいまでは，規模の経済が働いているといえる（図**12-2**）。歳出の多さは非効率性だけを原因とするわけではないかもしれないが，日本の市町村の公共サービスの量や質にそれほど大きな違いはないと考えれば，やはり人口1000人以下の小規模町村が非効率であることは明確だろう。他方で，それ以上の市町村については規模と効率性の明確な関係は不明である。

足による投票

地方政府が提供する公共サービスは，住民の側に反応を引き起こし，それがまた公共サービスの効率性を変化させる。私たちは，地方政府に対しては，自分が好む政策を提供している地方政府への移動，すなわち「足による投票」を通じて，その政策を選ぶことができる。これは，中央政府に対しては投票により，すなわち政治家を選出することを通じ

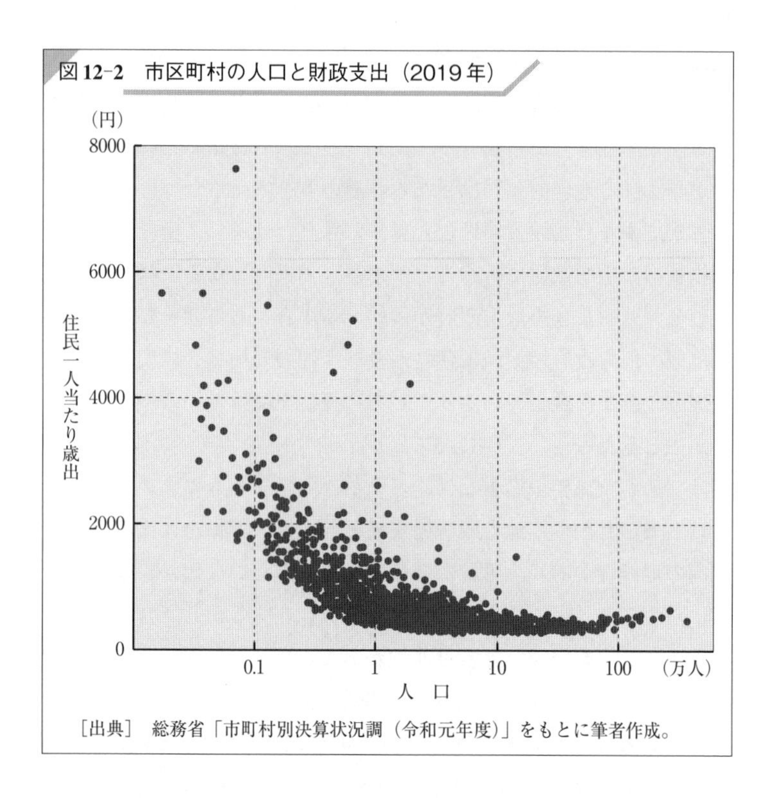

図 12-2　市区町村の人口と財政支出（2019 年）

［出典］ 総務省「市町村別決算状況調（令和元年度）」をもとに筆者作成。

て政策を選ぶことしかできないこととの大きな違いである。

近代国民国家とは，国家が人々を管理する単位となるしくみであり，第一次世界大戦の頃までは，パスポート（旅券）をもたない移動が普通だったが，それ以降，旅券やビザの管理が強化されていく。難民という概念が生まれるのも，この頃である。他方で，国内での移動は自由に認められる。私たちは，他の国の国民になることは難しいが，どの地方政府の住民になるかは選ぶことができる。

この結果，長期的には，各地方政府が提供する公共サービスを好む住民の割合が高まる。高い税負担と高福祉を提供する地方政府 A と，双方とも低い地方政府 B があるとき，B に住んでいるが，負担を負ってでも高福祉を受けたいと考える住民は，Aへの転居を考えるだろう。逆もまた然りである。こうした移動を通じて，公共サービスと負担の組み合わせに対する住民の選好は同質化していく。

ここから，アメリカの経済学者であるティブーは，分権化によって，市場と同様の効率性を，地域公共財でも達成できると主張した（Tiebout 1956）。地方政府が多く存在し，それぞれが異なる公共サービスを提供しているほど，住民から見た選択肢の数は増える。地方政府の規模が小さく，異質性が強いほど，足による投票にもとづく効率化は生じやすいのである。

福祉の磁石

地方分権，とりわけ財政面での分権は，地方政府が再分配政策を実施することを困難にする。これが，アメリカの政治学者であるピーターソンが唱えた「都市の限界（city limits）」である（Peterson 1981）。これも「足による投票」のひとつの帰結である。地方政府が再分配政策を実施すると，負担は重いが便益を受けない高所得者は，そうした負担の少ない他の地域への退出を図る。他方で，再分配を実施している地方政府には，そこでの便益を求めて低所得者が流入してくる。福祉政策はいわば磁石のように，低所得者を引き寄せ，高所得者を遠ざける。

この「福祉の磁石（welfare magnet）」現象が生じるため，地方政府による再分配政策の実施は，財政的に持続困難である。歳出は拡大を続けるが，歳入は先細っていくからである。実際にアメリカのように財政的な分権性が強い国で，大幅に福祉政策を拡充したニューヨーク市は，1970年代半ばに財政破綻（はたん）に陥った。こうした福祉の磁石現象を回避しようとして，周辺の地方政府よりも福祉の給付水準を引き下げようとする動きも見られる。トップではなく最下位をめざす「底辺への競争（race to the bottom）」が生じるのである。

地方政府に再分配政策の実施を委ねつつ，それを財政的に持続可能にするためには，福祉の給付水準を中央政府の側で一定に保つか，財源を中央政府が負担するか，どちらかが必要となる。したがって，中央・地方関係の集権性が，地方政府による再分配政策の実施には必要となり，逆に中央・地方関係を分権的にすれば，地方政府が再分配政策を実施することは難しくなる。その意味で，地方政府には2つの制約，すなわち住民の地域間移動に伴う制約と中央政府から加えられる制約のどちらからも自由になることはできない。「2つの自律性のトレードオフ」である（曽我 2001)。

ただし，人々が地方政府の政策に応答して移動する程度には限界があるので，一定程度の分権性と，地方政府による再分配政策の実施は両立しうる。また，福祉政策の中には，所得再分配以外にも，すべての人を対象として保険機能を与える面も大きい。そこには，福祉の磁石の議論は当てはまらない。

さまざまな移動

さらに，居住地を選ぶこと以外の移動について考えよう。具体的には，住民が一時的に移動することと，住民以外の企業の移動を取り上げる。

私たちは通勤・通学や買い物などで日常的に地方政府の境界線を越えて移動している。その際，無意識のうちに，地方政府の政策を選択していることが多い。たとえば，ある地方政府Aは既存の小規模小売店を守るために大規模小売店の立地を制限しているが，地方政府Bには規制がなく大規模小売店が出店している。ここで，Aの住民が価格の安さを求めてBにある大規模小売店に買い物に行くことは，地方政府の流通政策に対する選択を行っているのである。つまり，地方政府から受ける公共政策の中には，住民でなくとも，一時的にその地域に移動することで受け手となるものも多い。そうした公共政策に関しては，私たちは移動を通じた選択を容易に行える。逆に地方政府の側は，こうした移動を意識しながら，政策の提供を行う。どのような人々を流入・流出させたいのかといった戦略的考慮がなされる。

次に，企業もまた工場，事務所，本社の立地を通じて，地方政府の政策を選択する存在である。したがって，地方政府の側は，インフラストラクチャー（社会基盤）の整備や土地利用規制の緩和，税制の優遇措置などを通じて，企業の立地を促進しようとする。企業の側も地方政府を競わせて，より有利な条件を引き出そうとする。

しかし，この競争の結果は地方政府にとって好ましくはない。インフラ整備を行ったが，誘致に失敗した事例や，企業が進出しても，税収が上がらない事例などが散見される。「囚人のジレンマ（個々の主体の合理的行動が，どの主体にとっても望ましくない結果を生むこと）」の状態に地方政府は置かれており，競争の帰結はどの地方政府にとっても望ましくない。逆に，中央政府が制約を加え，地方政府間の競争を抑制すれば，企業の利益は損なわれる。地方政府間の競争が功罪両面をもたらすことは，競争一般の性質と共通である。

最後に，人々の中でも，また企業の中でも移動の程度には違いがある。第1に，移動には費用がかかることから，そうした費用が低い人や企業ほど移動しやすい。第2に，たとえ移動費用が同じでも，現在の居住・立地地域から他の地域では得られない何かを得ている人や企業は，移動を選ばない傾向がある。

この点を考えるために，ハーシュマンの「退出・告発・愛着」という枠組みを用いよう（ハーシュマン 2005）。現状に不満がある場合，2つの解決策がある。現状に対する不満点を相手に伝えることで改善を図るか，それとも，黙ってそこから立ち去り，よりよい提供主体の下に移るかである。たとえば，恋人に対して不満を覚えたとき，今の恋人に不満を伝えることもできれば，次の恋人を探すこともできる。このとき，退出ではなく告発を選ぶ規準となるのは，ひとつには，次の相手を探す容易さの程度である。他への移動が容易でなければ，退出という選択肢はとりにくい。もうひとつは，現在の相手に対する愛着の程度である。不満をもちつつも，現在の相手にそれを改善してもらいたいと思うときには退出はしない。

この枠組みに従えば，地方政府には，一方では，退出という選択肢を行使する人々や企業のうちの望ましい部分をより多く引き寄せ，望ましくない部分を放出するという戦略がある。しかし他方では，愛着があるがゆえに退出を選ばない人々や企業を育て，それらからの告発に耳を傾けるという戦略もある。企業であれば，大企業の一工場は退出という選択肢を容易に行使するだろうが，中小の工場が特定地域に隣接して立地し，協力しながら製造を行っているような場合はそうではない。日本の大田区や東大阪市のような機械工業が集積する地域，イタリア北部の服飾業界が集積する地域，さらにはアメリカのシリコン・バレーのような情報技術（IT）産業が集積する地域は，その例である（フリードマン 1992）。住民の場合も，多くの知人が地域に住んでおり，地域への愛着を感じる住民が多い場合には，退出は選ばれにくい。そうした住民からの告発に丁寧に対応するというのも，地方政府がとりうるひとつの戦略である。

3 財政と経済に与える影響

分散・融合の帰結としての財政赤字

住民が退出する可能性があることは，中央政府とは異なる意味で，地方政府を財政的に規律することを難しくする。中央政府の場合は，貨幣発行権を握ることが財政規律を守ることを困難にする。増刷による貨幣価値の下落（インフレ）という手段を最後にもっているからである。地方政府は貨幣発行権がないので，こうした問題は発生しない。他方で，放漫財政の結果，財政破綻が起こっても，最終的には他の地方政府に退出すれば住民は財政破綻の費用を支払わなくてもよい。この点で，地方政府による財政規律の維持には困難が伴う。

さらに，地方政府が財政破綻した場合に，中央政府が救済してくれること（ベイルアウト：bailout）を期待するならば，地方政府の財政規律はますます弱くなる。中央政府が，放漫財政の結果による破綻なのか，やむをえない社会経済環境の変化に伴う破綻なのかを識別できず，破綻しても結局は中央政府が救済してくれると地方政府が予期すれば，地方政府は拡張的な財政政策をとるだろう。救済の可能性は，中央政府が地方政府の財政に対して一定の責任を保有している場合，つまり融合的な財政関係が成立している場合に高まる。したがって，融合的な財政関係をもちつつ，地方政府による債券発行が自由になっている場合には，地方政府の財政赤字は拡大しやすく，それは翻（ひるがえ）って中央政府の財政の悪化も招きやすい。

こうした予測が実際に成立することを，計量分析による各国の比較を通じて明らかにしたのが，アメリカの政治学者であるロッデンである。まず，アメリカ，カナダ，スイスなど州政府の財政的自律性が高い国では，財政悪化の程度は低い。他方，ドイツやブラジルのように州政府への財政移転の程度が大きく，財政赤字が大きい国の中でも，さらに詳細を見ていくと，政党制のあり方にもとづく違いが見出される。地方選挙でも国政への評価に連動した投票が行われやすいドイツでは，とりわけ主要な都市を抱える州政府で，財政規律が維持されている。自分たちの放漫財政を中央政府が救ってくれたところで，そうした失政の結果は，自分たちの落選に結び付くことを，地方政治家たちはよく理解しているからである。これに対してブラジルでは，地方選挙と国政選挙は切り離されている。したがって，中央政府による救済の結果，国民経済全体がダメージを受けても，地方政治家の集票には無関係である。このため，主要都市であり，中央政府が見捨てる可能性が少ないと予測される地方政府ほど，放漫な財政政策を選ぶことが多いという（Rodden 2006）。

日本でも，かつては地方債の発行には厳しい統制が課せられていたので，こうした問題は発生しなかった。しかし地方交付税を通じて，中央政府は地方政府の財源確保に責任を負っている。地方政府の財政が破綻しても，結局は救済されると地方政府が期待しても不思議ではない。したがって交付税を維持したまま，地方債発行の条件を緩めれば，地方政府の財政規律は弱まりかねない。

現在の全市区町村における公債費比率を縦軸に，人口を横軸にとって示したのが，図 **12-3** である。これを見ると，同じ人口でも公債費比率には大きな違いがあり，財政運営の姿勢にはさまざまな違いがあることがうかがえる。人口 10 万人以上の都市の中にはほとんど公債発行を行わずに財政運営ができているところも多い。そのうえで全体的な傾向として，人口 1 万人以下の町村で極端に公債費比率が高い町村がいくらか見受けられる。交付税制度において受給者となってきた小規模自治体において，公債への依存度が高くなる可能性が示されている。なお，人口 100 万人を超える政令市も，公債費比率が高いが，これは政令市特有の行政需要が発生することに起因する部分が大きい。

経済発展の促進要因としての分権

地方分権と中央集権が経済発展に与える影響については，大きく 2 つの議論がある。市場における自由競争が経済発展の要因であると考える論者は，地方分権が経済発展を促進すると考えることが多い。他方，政府主導の経済発展が可能であると考える論者は，中央集権体制の方が経済発展には有利であると考える傾向にある。

前者の代表例が市場保全的連邦制といった考え方である。これは，アメリカの政治学者であるワインガストらが唱えているものである（Weingast 1995）。市場経済を通じた経済発展において必要な条件は，政府が民間企業の経営努力を損ねるようなインセンティブ（誘因）を与えないことである。具体的には，企業の利潤を事後的に収奪し

図 12-3　市区町村の人口規模と公債依存度（2019 年）

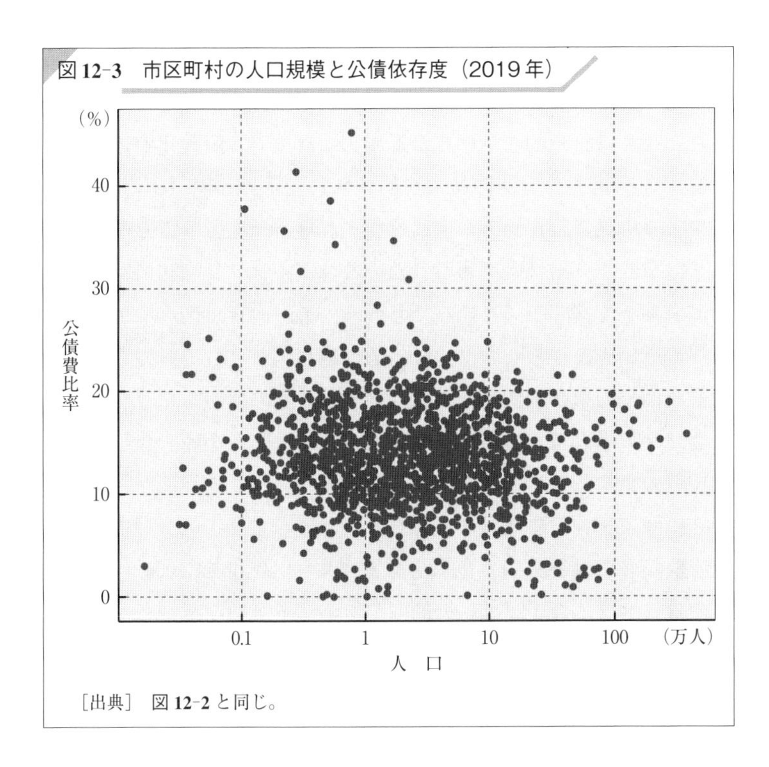

［出典］ 図 12-2 と同じ。

ないこと，そして企業が損失を出しても事後的に救済しないこと，という 2 つを政府が守ることが重要になる。どちらについても，地方政府への分権は機能しうる。前者については，中央政府と財政が分離されている場合の地方政府は，財政規律が働きやすく，政府規模が過剰に拡大することを防ぐ有効な手段となる。他方，後者については，地方政府間に競争があるため，非効率的な企業の救済に資金を投入することは困難である。

州による憲法制定権や主権譲渡にもとづく政治的な連邦制の定義とは別に，経済発展のために重要なのは財政の分離と課税権の分権であるという点に注目して，この 2 点を備えている場合を，市場保全的連邦制と呼ぶ。そして，1990年代後半以降の中国は，この条件を満たしているという。そもそも徴税権が地方政府に与えられており，さらに行政的な分権化が進展したうえで，民営化が進んだことにより，地方政府間の競争が開始された。95年の中国人民銀行法により中央銀行が地方政府に対して直接借款を行うことが禁じられ，財政的な分離性が高められた。これがインフレ抑制に寄与し，経済成長を支える条件になったという（Qian & Weingast 1997）。

別の言い方をするならば，政治的に連邦制をとっていても，それは財政面での融合的関係などとも両立するものであるだけに，通常の連邦制の場合は，経済発展に寄与するとは限らない。むしろ，各国比較の計量分析によると，連邦制の方が，マクロ経済パフォーマンスに問題を抱える傾向が見られる。財政赤字，インフレの昂進（こうしん），政府負債の蓄積といった危機を抱えやすい（Wibbles 2005）。鍵となるのは，ソフトな予算制約の問題である。予算制約を厳しくするためには，中央政府と地方政府が政党を通じて連結されつつ，地方レベルで地方政治家が一定のアカウンタビリティを問われなければならないというのが，こうした研究から得られる教訓である。

4 国際行政の帰結

民主主義の赤字

国際行政の帰結としても，中央・地方関係の帰結と同様に，政治的帰結，政策的帰結，足による投票の影響，そして財政への影響を考えることができる。

国際行政の役割が大きくなること，すなわち国際レベルの行政への集中・分離が進むことは，民主主義の観点からは好ましくない。なぜなら，超国家レベルの政府は存在せず，人々が直接，国際行政に対する本人の立場となることはないからである。私たちが選出できるのは，国家レベルの政治家にとどまり，国際行政については，直接には関与できない。このように国際レベルにおいては，民主主義が十分に制度的に保障されないことを，民主主義の赤字（democracy/democratic deficit）と呼ぶ。中央・地方関係で述べたように，政府の規模と参加の間にトレードオフがあることからも，国際機関は民主主義の赤字が大きい。

国際レベルへの集権化が民主主義の赤字を拡大することから，現在，この問題が最も顕著なのは欧州連合（EU）である。だからこそ，EU 議会を 1979 年以降は直接公選として，その政策形成上の役割を徐々に強化している。とはいえ，EU 議会が立法権を独占しているわけでも，また執政権については，直接公選なり議会との信任関係なりが用意されているわけではない。したがって，近代民主主義国家の基準からすると，EU は制度的にも民主主義を保障するしくみが不十分であると評価される。

しかし，一方では，民主主義の赤字とは，代表民主制という制度の不十分さのみを指すものではなく，人々の心情や意識とブリュッセルの EU 官僚との乖離をも含みうる。他方，民主主義の赤字を解消していく方策は，議会の権限強化に限られるわけではない。透明性を高めていくことや，市民の政策形成過程への参加の拡大なども考えられるだろう。

国際機関において，こうした批判に応える方策として伝統的にとられてきたのは，出身国の割当制である。行政機構を構成する構成員を，できるだけ多くの国を代表するよう，人口や醸出金にもとづいて割り当てや目標を定めることは，国際連合（国連）をはじめとする多くの国際公務員制度で採用されてきた（☞第 10 章）。これは，一国内の公務員制度において性別や民族などによって是正措置をとるアファーマティブ・アクション（積極的差別是正措置）と類似のものである。しかし，単純に能力にもとづく採用・昇進と，こうした是正措置は両立させがたく，そのバランスをとることは難しい。

公共サービスの効率性

政策的な帰結としては，国際行政の構造が集権化するほど，各国の政策の同質性が高まりそうに思える。しかし，国際行政の組織形態を強化すれば，各国間の利害対立があっても，それを乗り越えられるとは限らない。

たとえば，関税及び貿易に関する一般協定（GATT）から世界貿易機関（WTO）への移行は，そのことをよく示している。ブレトンウッズ体制においては，国際貿易機関の設立が構想されつつも，アメリカの離脱などもあり，多国間協定という形をとった。これに対して1995年に設立されたWTOは国際機関として，事務局や閣僚会議，一般理事会といった意思決定機構を備える。GATTの対象が物品についての貿易であったのに対し，WTOでは知的所有権やサービスに関する貿易も対象となる。さらに，協定違反国に対する裁定についても異なっている。GATTでは，パネル（紛争処理委員会）報告に対して全会一致での採択を必要とするというコンセンサス方式をとった。これに対し，WTOでは，全会一致で反対がない限りパネル報告にもとづき罰則を科せるネガティブ・コンセンサス方式をとることで，権限の強化が行われた。

しかしWTOにおける多国間交渉，2001年からのいわゆるドーハ・ラウンドは10年の年月を経て，失敗に終わっている。参加国が拡大する中で，先進国と途上国の対立が強まったにもかかわらず，協定を遵守（じゅんしゅ）させる権限が強化されたことで，協定を締結する際の妥協は難しくなっている。ルール執行権限が強化されたことが，かえってルール成立への合意を難しくしたのである。その結果，各国は，2カ国ないし少数国による自由貿易協定（FTA）や経済連携協定（EPA）の締結に向かうことになった（進藤 2010）。

国境を越えた移動の管理

中央政府と地方政府の大きな違いのひとつに，地方政府がその境界線を越えた人，情報，金の移動を管理することができないのに対し，中央政府はそれが可能であると述べた。しかし，こういった対比は，1980年代以降のグローバル化の進展の中で消え去りつつある。中央政府もまた，国境を越えた，情報と金の移動を管理することはできず，人の移動についての制約が残っているにすぎないが，それも次第に自由化が進んでいる。情報と金の移動については，ITの進展がその大きな基盤となっている。

こうして，今や国家もまた，かつての地方政府と同様に，再分配政策を行う能力を失っていくという議論もある（ストレンジ 2011）。他方で，グローバル化が進展しても，中央政府（国家）による再分配政策の提供は続いており，各国の違いは残るという議論もある（Garrett 1998）。国家による国境管理の機能が全く失われているわけではなく，再分配政策を企業や高所得者が常に回避するわけではないからである。

そして中央・地方関係の2つの自律性の議論と同様に，集権的な国際機関が各国の政策に制約をかけられるのであれば，再分配政策を維持することも可能になる。たとえば，最古の国際機関のひとつである国際労働機関（ILO）とは，労働条件の切り下げによる各国の低価格競争といった「底辺への競争」を回避するためのしくみともいえる。ただし，このILOについては，各国が国内政策をなかなか準拠させていないことも事実である（☞第11章）。

財政赤字の抑制と促進

政府の財政赤字の大きな要因のひとつは，財政再建という目標を堅持することが民主制の下では難しいというところにある。歳出抑制も増税も，有権者に人気のある政策とはいえず，再選をめざす政治家にとって歳出抑制も増税もできれば避けたい政策である。ここから民主制における財政赤字（deficit in democracy）の不可避性が主張されることもある。

仮に選挙で財政再建が支持を得ても，中長期的に財政再建策を堅守することは難しい。すぐには財政再建の成果は出ず，負担はすぐに感じ取られる。景気循環によって不況もやってくる。高まる見直しの要求に屈しないために，ルール化するという方法もあるが，結局は，ルールそのものを見直してしまえば同じである。

財政再建にかかわるルールを中央政府ではなく，それ以外が所管すれば，このようなルール変更の可能性は避けられる。国際機関が財政再建ルールを課すことによって，財政再建を達成しようとする試みが，EU では繰り返されている。

単一通貨ユーロの導入に際し，段階を踏んで条件を整備する工程表が定められた。経済収斂（しゅうれん）条件は 4 つあり，インフレ率，為替レート，金利と並んで，政府の財政赤字についても条件が課せられた。1999 年 1 月の通貨統合時点での単年度赤字を国内総生産（GDP）の 3%，累積債務残高を同 60% 以内とすることとされた。90 年代にかけて通貨統合をめざした欧州諸国はいずれも国債残高の縮減を行っている（図 **12-4** 参照）。しかし，ドイツやフランスはルールを緩和し，結局は十分な規律とはならなかった（遠藤 2016）。

2008 年 9 月のリーマン・ショック以降，EU 各国の財政赤字は大幅に拡大し，中でもギリシャの財政危機は，ヨーロッパの金融市場の混乱を招き，アイルランド，ポルトガルにも波及した。通貨統合後も，財政政策は各国に委ねている以上，各国の財政規律が失われれば，長期金利の上昇などを通じて他国にも影響が及ぶ。それゆえ，EU は安定・成長協定という形で，経済通貨同盟加盟時の収斂基準と同じ基準を課し，欧州委員会および理事会が加盟国の財政を監視し，違反国に対する制裁措置の発動を定めた。しかし，この制裁措置が実際に発動されることはなかった。

ギリシャ危機の直接の引き金は，2009 年 10 月の政権交代に伴い，

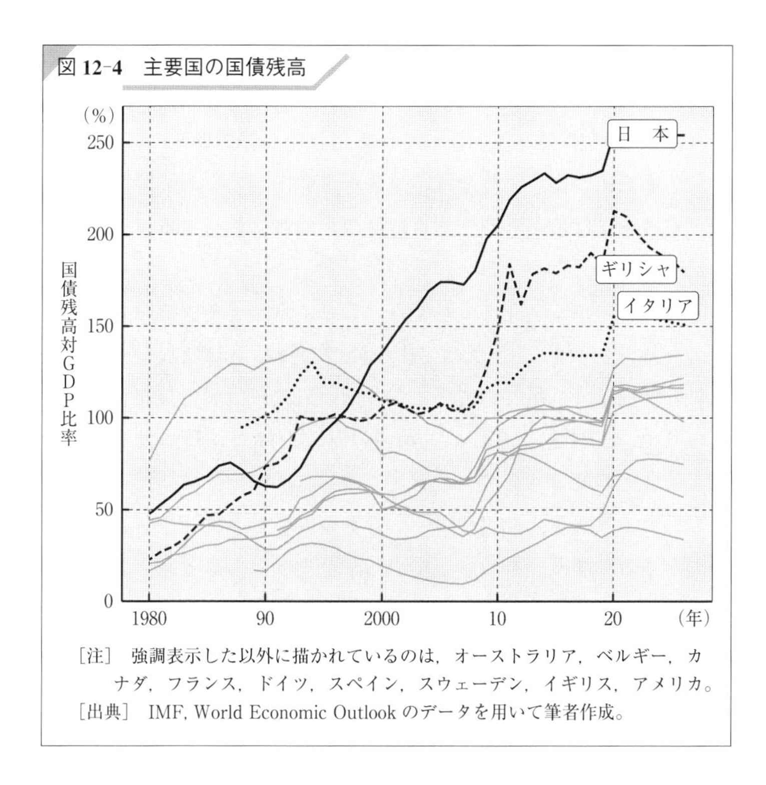

［注］ 強調表示した以外に描かれているのは，オーストラリア，ベルギー，カナダ，フランス，ドイツ，スペイン，スウェーデン，イギリス，アメリカ。
［出典］ IMF, World Economic Outlook のデータを用いて筆者作成。

前政権が隠蔽（いんぺい）してきた財政赤字の実情が明るみに出されたことにある。しかし，過剰な年金制度と肥大化した公務員組織による歳出の大きさ，ならびに政府腐敗の結果としての徴税能力の低さといった構造的問題が原因であった。EU は，こうした構造を転換させることができなかった。

EU 加盟国に対して財政支援を可能とする条項は存在せず，各国が発行した国債を欧州中央銀行（ECB）や他の加盟国政府および中央銀行が引き受けることも，救済禁止（No Bailout）条項により禁じられていた。もっとも，「自然災害や制御不能な例外的な出来事による困難な状況」では，EU による財政支援が可能とされていた。

しかし，ギリシャを救済する決定には時間がかかった。ドイツなど救済を行う側の有権者は救済に反対し，ドイツやECBが対応をとったのは2010年5月になってからだった。緊縮財政や構造改革，民営化を求めつつ，不良債権の処理をEUとして進めていった。他方，支援を受けるギリシャでも，財政再建策に反対するデモやストライキが頻発した。

その後，欧州安定化メカニズムのもと，ドイツやフランスが債務国の支援を実質的に担い，ECBも最後の貸し手の役割を担い，ユーロの信用は取り戻されていく。各国の財政政策への規律強化も進められた。2011年1月には，各国の財政やマクロ経済改革への監視が強化されるようになった。その後，同年12月には制裁措置などの強化を図ったシックスパック（6つの法制）が，13年5月には各国が予算案を欧州委員会に提出し承認を受けることや，財政赤字に対する是正措置を定めたツーパック（2つの法制）が定められている。各国の財政政策に対して制約を加えることも民主主義の赤字といえるので，各国有権者の不満が強まる危険もある。それでも，危ういバランスをとりながら，共通利益の実現としてのユーロと各国の財政を両立させていく試みが続いている。

演習問題

〔1〕 あなたが住んでいる市町村の，投票率，議会の政党勢力の状況，公務員数，財政状況を調べ，この章で述べた中央・地方関係の効果についての議論が，どの程度妥当しているかを検討してみよう。

〔2〕 図12-3で用いた公債費についてのデータを入手し，公債への依存度が高い市区町村の特徴を検討してみよう。

〔3〕 民主主義の赤字が，中央・地方関係と国際関係それぞれにおいて，何をもたらすのかについて整理しよう。そのうえで，両者には違いがあるかを検討してみよう。

第Ⅳ部

ガバナンスと行政

第13章
ガバナンスの様態

第14章
日本におけるガバナンスの変化

第15章
ガバナンスの様態を規定する要因

第16章
ガバナンスの様態の帰結

◎第Ⅳ部の概要◎

行政の活動は，公共政策という形で，私たちの社会や経済に作用する。公共政策が誰の手によって，どのような形で実施され，それは最終的に私たちの社会や経済をどのように変えていくのか。第Ⅳ部の課題は，そのメカニズムを理解することである。

公共政策を考える際の出発点は，行政の活動がどれだけの範囲に及ぶのかということである。すなわち，政府部門がどれだけの大きさとなるのか，その大小を決める要因やその帰結は何なのかを考えていくということである。政府部門の大きさは，政府部門と民間部門の間の線引きによって決まる。つまり，両部門の間でどのように分業をするのかがここでは問われる。

公共政策を考えるもうひとつの視点は，一方では，行政の活動だけが私たちの社会が抱える公共問題の解決を担っているのかという問いであり，他方では，行政の活動は，本当に公共問題の解決を目的としているのかという問いである。前者の問いからは，政府部門以外に公共問題に取り組む主体の姿が浮かび上がる。NPO に代表されるサードセクターと総称される主体である。後者の問いからは，政府部門の腐敗といった望ましからざる姿が現れる。

ガバナンスとは，これらを総合的に見る視座である。基本となる 2 つの部門である政府部門と民間部門，両者の混合である第 3 のサードセクター，そして第 4 に腐敗という政府が陥る望ましからざる形態という合計 4 つの形態を通じて，現代社会における統合のあり方を明らかにしようというのが，ガバナンスの概念である。ガバナンスの形態がいかにして定まり，それが何を生むのかとあわせて，現在の行政を理解する視点を手に入れてほしい。

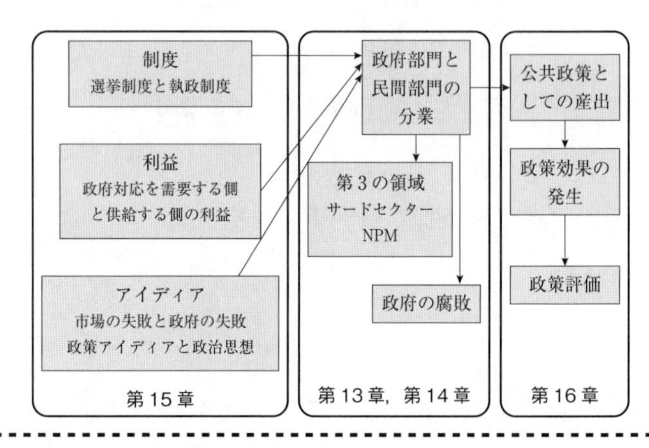

第13章 ガバナンスの様態

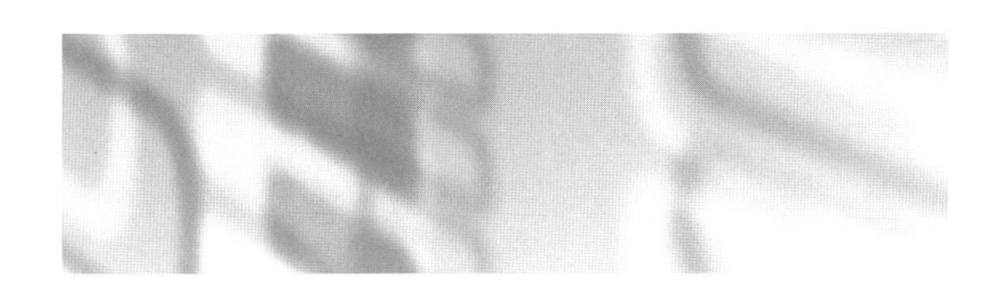

この章では，政府部門と民間部門の間でいかなる分業がなされているのかを考えていく。まず政府部門と民間部門の違いを目的と手段の2点から理解しよう。そうすれば，NPOなどのサードセクターの位置づけや，NPMとは何かということも明確に理解できる。そして，これらを総合してとらえようというのがガバナンスの視点である。これらの基本的な視座を理解したうえで，各国のガバナンスの実態をデータにもとづいて眺めていこう。

1 ガバナンスとは何か

民間部門と政府部門

私たちの活動のほとんどすべてが，政府とのかかわりをもつ。1日の始まりから考えてみよう。顔を洗う水道水は，市町村（あるいは事務組合や事業団）が供給している。歯磨剤には薬事法の規制がかかっており，配合可能成分を指定することで安全性の確保に努めている。朝食で口にするパンや果物がどこの原産であるかは，農地造成や農作物補助金などの農業政策の結果であるとともに，関税設定などの外交交渉の産物でもある。……この調子で１日の終わりまで考えていけば，この本はそれだけで終わってしまう。しかし他方で，行政がしかるべき行動をとっていないと感じることもあるだろう。公害や感染症の蔓延から近所の交通事故まで，行政の不作為が原因と考えられることも多い。私たちの生活は，作為と不作為の双方を含めて行政活動によって大きく規定されている。

行政活動と私たちの生活との関係を理解するために，私たちの社会を民間部門（private sector），政府部門（public sector），そしてサードセクター（third sector）の３つに大きく分けて考えてみよう。こうした見方は，市場と政府の関係，あるいは社会と国家の関係として，これまで論じられてきたことと重なりつつ，現在の行政のあり方を広くとらえるために，それらを拡張したものである。

まず，民間部門とは，私たち個人や企業のことを指す。私たち個人は各自の幸福を求め，企業は利潤を追求する。つまり，自分のことをまずは考えるという意味で，これらは「私的（private）」な存在なのである。そして，個人や企業それぞれの関係は対等であり，他人や他の企業に何かを強制はできない。他者との関係は同意にもとづく。「自由」が民間部門の基盤なのである。こうした領域は国家との対比で市場とも呼ばれるが，本書では，経済活動以外の私的領域も含んで考えるために，民間部門という用語を用いる。

これに対して政府部門とは，中央政府，地方政府の他に，国営・公営企業や政府関連法人を包括してとらえたものである。政府は公益を追求することが求められている。つまり，「みんな」のためのものという意味で，これらは「公的（public）」な存在である。公的な問題あるいは公共問題（public issue）を解決するために，政府は存在するのである。それゆえに，政府は人々や企業に対して正当な強制力をもつ。強制される側が，個々の内容に対して同意せずとも，その内容を強制できるとされている。たとえば，私たちは進んでいくらでも税金を払いたいとは考えてはいない。課税対象や課税額については納得していないことも多い。そうであっても，政府による課税をすべて否定しているわけではないし，脱税が正当な行為であるとも思っていないであろう。政府部門は，国家（state）や単に政府（government）と呼ばれることも多い。しかし，地方政府や国営企業を含めて考えるために，本書では政府部門という用語を用いる。

民間部門・政府部門の概念と実態

民間部門も政府部門も，あくまで行為主体としての区別であり，実際にいかなる機能を果たしているかは別問題である。民間部門は，強制力をもたず，公的な問題の解決に従事することを求められていない。それに対して，政府部門は，公的な問題の解決を期待されているがゆえに，強制力を備えている。しかしそのことは，民間部門は公的な問題の解決を行わないということを意味しないし，政府部門は公的な問題の解決だけを行っているということを意味しない。実際に，「公共」交通機関の多くは民間企業によって担われており，「公益」事業の多くも民間企業が担っている。

民間部門と政府部門を対照的な存在として二分法的に見るのは，私たちにとって政治や行政とはいかなる意味をもつのかを考えるための概念モデルである。こうした二分法をとることで，政府部門がいかなる役割を果たすべきかを考えることができる。加えて，この二分法は，1970年代までならば，先進国の実態にかなり近いものでもあった。近代産業社会は，私的領域と公的領域の峻別（しゅんべつ）を相当程度，現実化する形で成立していた。そこでは，私的な活動と公的な問題解決を民間部門と政府部門で分業していたのである。

これを，プリンシパル（本人）とエージェント（代理人）の視点で考えると，民間部門は公的な問題の解決を政府部門に委任していたととらえられる。本人としての人々や企業は，公的な問題が解決された状態を受け取る存在である。委任がうまく機能している限り，人々や企業は自分たちの私的活動に専念する時間と資源をもつことができる。ただし，白紙委任してはエージェンシー・スラックが拡大するので，コントロールは必要である。

サードセクターと政府の腐敗

ここまで見たように，公一私の軸と自由一強制の軸を組み合わせることで，政府部門と民間部門を位置づけることができる。しかし2つの軸を組み合わせると，論理的にはさらに2つの類型が残る。**表 13-1** を見てみよう。残る類型のひとつは，公的な目標を追求する主体だが，強制力が備わっていない主体である。別の言い方をすれば，一般の人々やその組織が公的な目標を追求するということである。これを政府，企業と並ぶ第3の部門ということから，サードセクターと名づける。さらに人々がボランティア活動を行うことや，企業がCSR（社会的責任）を果たそうとすることなども含めて，非政府部門でありながら公的な問題の解消にかかわる主体やその活動を市民社会（civil society）と呼ぶことも多い。なお，日本の第3セクターとは，官民共同出資の法人を指すが，これはサードセクターではなく，政府部門の一部を構成する。

サードセクターと民間部門は，政府部門ではない点で共通する。それゆえ，民間部門に，サードセクターを含めて考える場合もある。しかし，このように理解してしまうと，政府部門と民間部門の大小関係と公共問題の解決の程度の間のずれが見逃されてしまう。たとえば，アメリカは「小さな政府」だが，サードセクターは世界最大規模であり，公共問題の解決の程度が低いわけではない。両者を区別しなければ，こうした事実を見逃してしまう。

もうひとつの類型は，私的な目標の追求に強制力を行使することである。こうした主体の存在が正当化されることはないので，この類型のみに位置する主体は存在しない。しかし，一方では，政府部

表 13-1　民間部門，政府部門，サードセクター

		手段	
		自由	強制
目標	私的	民間部門	腐敗／レントシーキング
	公的	サードセクター／市民社会	政府部門

門がその強制力を自分の利益のために使うことはある。政府部門がこうした行為に手を染めるとき，それを腐敗（corruption）と呼ぶ。汚職や収賄は腐敗の代表例である。他方で，民間部門が政府部門への働きかけを通じて，自分たちの利益のために政府部門のもつ強制力を利用しようとすることもある。こうした活動のことを，レントシーキング（rent seeking）と呼ぶ（フィスマン＝ゴールデン 2019）。

この 2 つの類型は，論理的に存在するのみならず，古来実在もしてきた。たとえば，地域共同体の自治組織は古典的なサードセクターの例といえる。宗教団体も同じである。他方，政府の腐敗も政府の歴史と同じくらい古くからある。アリストテレスの政治体制論では，君主政治，貴族政治，立憲政治という 3 つの体制を，いかに腐敗させないようにするかが中心的に論じられた。

しかし，これらに再び注目が集まるようになったのは，1970 年代であった。一方では，非営利団体（NPO）や非政府組織（NGO）といった新しい主体が多く誕生した。民間部門であるにもかかわらず利潤を目標としない組織（Non Profit Organizations），政府ではないにもかかわらず公的目標を追求する組織（Non Governmental Organizations）という名称自体が，これらがサードセクターに位置することをよく示している。また，市民のボランティア活動も盛んになった。近代社会の民間部門と政府部門の二分法の前に，その存在根拠を失っていた中間団体が，再び勃興するのである。こうした変化

の背景には，先進国の市民の価値観が脱物質主義へと変化したことが挙げられよう（イングルハート 1978）。

他方では，政府の腐敗が問題視されるようになった。アメリカにおけるウォーターゲート事件（ニクソン政権による野党本部の盗聴事件）をはじめとするスキャンダルの頻発や，政府活動の非効率性と財政赤字の拡大を前にして，市民や企業は，政府が公的な問題を解決する存在であるという位置づけに疑問を抱くようになった。こうして，1970 年代以降，サードセクターの拡大と腐敗やレントシーキングへの注目が表裏をなしながら進行していく。

ガバナンスが意味するもの

ガバナンス（governance）という概念は，こうした 1970 年代以降の変化をとらえるうえで有効である。すなわち，政府部門と民間部門の関係という基本的な部分に加えて，政府部門とサードセクターの関係，さらに政府部門が腐敗しないための統制のあり方という 2 つを加え，これらを総体としてとらえる概念が，ガバナンスなのである。

ガバナンスはガバメント（government）と対比される。どちらも動詞の「統治する（govern）」から派生する。これを名詞化すれば，統治する者と統治する行為の 2 つとなる。前者に重点を置くのがガバメント，後者に重点を置くのがガバナンスだと考えればよい。すなわち，ガバメントは，統治する者としての政府という主体を指しつつ，それが行う行為としての統治行為を意味するときもある。これに対してガバナンスとは，広く方向づけを与える行為を指す。したがって，ガバナンスは，方向づけを与えようとする主体と，その客体との関係性を含み込む概念となる。ガバメントが主体としての政府を指すのに対して，ガバナンスは，企業におけるガバナンス，すなわちコーポレート・ガバナンスや，国際レベルにおけるガバナンス，すなわちグローバル・ガバナンスといった用いられ方をする。

政府部門と民間部門には，どのような関係があるのか。サードセクターの勃興を受けて，政府はそれらといかなる関係を築きながら，公共問題の解決を図るのか。そして，公共問題の解決に専念するという建前を維持できず，私的利益の追求を往々にして行う政府をいかにして本来の目標に立ち向かわせるのか。こうした3つの問いを全体として考えるための視座が，ガバナンスなのである。

本人・代理人関係の枠組みから言い換えると，ガバナンスとは民間部門と政府部門による理念的な本人・代理人関係「以外」の部分に目を向けるものである。理想から外れた代理人が腐敗してしまうことをいかに抑えるか，あるいは，本人が委任を行うことなく，自ら公共問題の解決に取り組むことをどのように後押しするか。これらに目を向けるのが，ガバナンスの視点である。

現代の行政学とは，こうしたガバナンスの実態を記述し，分析することが求められる。近代の学としての行政学が，脱近代の時代の行政をとらえていくためには，あらためてガバナンスの視点から行政を位置づけなければならないのである。

2 政府部門と民間部門の関係

公共政策と公共サービス

前節では，ガバナンスを構成する3つの問いを設定した。この中で依然として基本をなすのは，政府部門と民間部門の関係である。まず，近代国家において，両者にいかなる関係が成立していたのかを理解して初めて，現在における変容やサードセクターとの関係など，他の側面との違いも理解できる。

政府部門は，「みんな」のことにかかわる，つまり公共問題を解決するからこそ，強制力をもつことが正当化される。言い換えれば，近代国家における政府とは，社会契約説のいうように，私たちが私たちのために作り出した装置として位置づけられる。歴史的に必ずしも市民が国家に先行したわけではないとしても，近代国家において政府は市民が作り出した存在だと仮構（かこう）されるのである。別の言い方をすれば，市民という本人が代理人としての政府を用いる関係として位置づけられる。

したがって，政府部門は民間部門なくしてはありえない。政府が抱える権限，金銭，人的資源，情報はいずれも，もともとは社会が生み出した，あるいは社会に存在する自由，財，人材，情報である。その中の一部を政府が「収奪」することにより政府部門は成立する。「収奪」された金銭や人員は，最終的に民間部門へと還元されることが予定されている。もちろん，右手から左手へと同じものが還ってくるわけではなく，さまざまな変換が加えられる。税金は，道路になったりごみの焼却に使われたり，また一部は給付金などになったりして私たちの財布に還ってくることもある。公務員の給与となり，その公務員が公共サービスを提供することにも使われる。しかし，すべてが還元される保証は残念ながらなく，華美な庁舎などの公務員たちの「浪費」に費されてしまうこともある。

どのように，どの程度，民間部門から政府部門へと資源の移転を行うのか。そして民間部門に対してどのような形で政府が働きかけていくのか。こうした政府部門と民間部門の間の相互作用の総体を，広い意味での公共政策（public policy）あるいは単に政策と呼ぶ（**図13-1**）。一般的には，道路の建設や公務員による福祉サービスの提供など，政府による民間部門への働きかけが政府の政策として認識されるだろう。しかしたとえば，税の項目と税率の設定をどうするかを租税政策と呼ぶように，民間部門から政府部門への調達も，政府の政策なのである。政府部門から民間部門への働きかけに特に限定するときには，公共サービスという用語を用いる。

図 13-1　政府部門と民間部門の関係――4つの資源と政策

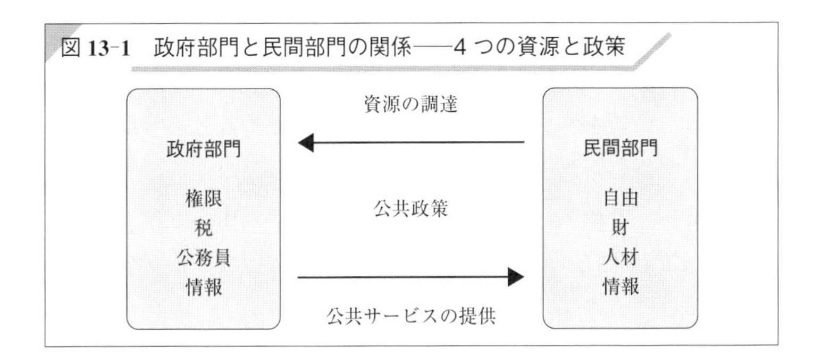

政府部門の活動は1回で終わるものではなく，継続性をもつ。たとえば，公共サービスを通じて経済の成長が生じれば，次の段階で政府が調達する資源のプールそのものが大きくなる。また，ある時点での政府の活動に人々がどの程度満足するかは，次の段階での政府部門による資源の調達を，人々がどの程度，受け入れるかを左右する。人々の満足の程度は，公共サービスの質と量によって大きく変わるほか，政府部門のあり方そのものを人々がどうとらえるかによっても変わる。政府部門による情報の提供により透明性が確保され，腐敗が生じていないと信じることができれば，政府部門の活動の正当性は高まるだろう。情報公開や政策評価は，このような政府部門による情報提供の例である。

4つの資源

このように，政府部門と民間部門の関係，言い換えるならば公共政策のあり方とは，権限，金銭，人的資源，情報といった4つのリソース（資源）を民間部門から政府部門にいかに移転し，それをどのように変換し，政府部門から民間部門への働きかけとして用いるかという視点からとらえると理解しやすい（Hood 1983）。

資源ごとに，民間部門への働きかけ方から考えよう。権限とは，人々に行動を義務づけたり，禁止したりすることを指す。違反に対して強い罰則を設けるほど，社会に対する強制性は強くなる。自動車を運転する際の速度規制が身近な例として思い浮かぶだろう。

金銭は，政策を実施する際に，補助金や事務委託といった，さまざまな形で用いられる。税制を通じた行動の誘導なども該当する。

人員を用いた政策活動とは，行政職員の活動によるものである。公立学校での教育は政府が雇用している教員の手で，治安を維持することは警察官の手で担われている。

政府は，さまざまな情報を提供し，人々の行動を変える。天気予報や，それにもとづき災害への警報を出すことで，人々の避難を促す。その他，広報から行政指導まで広い範囲の情報提供を行っている。また，私たち自身についての情報の信用性は政府が担保している。行政が発行する戸籍や住民票の謄本（とうほん）・抄本（しょうほん）がなければ，私たちは自分がどこの何者であるかを証明できない。

次に，資源を調達する側を見てみよう。権限を調達する際は，政府が国民の自由を抑制することに対して，正当性を与えられるかどうかが問題となる。政府は強制力を独占しているとはいえ，無制限に権限を行使できるわけではない。国民が政府の権限行使を受け入れるよう，決定に至る手続きを整備し，内容を説明し，同意を取り付けるといった手順が必要となる。

金銭の調達とは，税，料金，公債を通じて国庫を膨らませることである。公債は民間部門からの借り入れであり，料金とは民間市場での取引同様，政府が提供する個々の行政サービスの対価を徴収することである。これに対して税とは，政府が提供するさまざまな行政サービスの総合料金といえる。ここでは，個々人の支払額と受け取るサービスの質や量との一対一の関係は切断されている。税はこの点で強制性を強く発揮する形で調達されるものである。

人員の調達にも，強制性を伴わない場合と伴う場合がある。公務員の採用は応募にもとづいており，強制性を伴わない。しかし徴兵のように強制的に人的資源を調達することもある。大量に，必ずしも自発的に選択されない業務を遂行するためには，こうした強制的な調達がとられることになる。有為な人材には限りがあり，政府部門が調達してしまえば，民間部門の人材は枯渇する。

情報を収集するとは，戸籍や住民基本台帳のように国民，住民を把握するところから始まり，企業や個人の経済・社会活動の把握，さまざまな統計データの収集などを意味する。これらも社会の側が必ずしも自発的に情報を提供するとは期待できない以上，税務調査や警察の捜査のように，行政の側から能動的に情報を収集することになる。さらには，防犯カメラの映像やスマートフォンでの通信内容を監視することも行われうる。

政府が保有し政策に用いる情報には，この他にも政府自身が研究や調査などを通じ収集した情報もある。たとえば，他国の情勢やさまざまな技術に関する情報である。近年ではデジタル技術の発達に伴い，映像，位置情報などを含む多様，大量，即時に収集される，いわゆるビッグ・データも利用される。人々の行動を詳細に把握することは，保健・医療や治安に関する施策に用いられつつある。

政策・施策・事業とプログラム

公共政策は，これら4つの資源の調達とそれを用いた働きかけを通じて，社会や経済のあり方を変えていくことを指す。したがって，それは社会や経済のどの部分を変えようとするのかという形で定義づけられる。たとえば，失業者を対象として，その雇用を図ることや雇用における不公正さを低下させる政府の活動は，雇用政策と呼ばれる。

雇用政策はさらに，労働者側，雇用者側のどの部分に，どのように働きかけるかによって，いくつもの対策に段階的に分割（ブレークダウン）される。これを施策と呼ぶ。現在の厚労省の雇用に関する施策としては，若年者雇用対策，障害者雇用対策，非正規雇用対策，地域雇用対策などが並んでいる。そして施策はさらに，具体的な事業として実施される。逆に事業の束が施策ともいえる。若年者雇用対策であれば，ジョブカフェにおけるカウンセリング事業や，事業者に対する若年者等正規雇用化特別奨励金によって企業の側に若年者の正規雇用を拡大する誘因を与える事業が実施されている。

このように，政策は，政策・施策・事業という形で階層をなしている。もちろん，区切り方によってこうした階層を何層にもすることができる。他方，雇用政策は労働政策の一部をなしているように，同じ政策という用語の中でも複数の階層が存在することもある。

政策・施策・事業は政府部門の活動範囲や規模に注目する。他方，活動の目標と実現の手段の組み合わせに注目するのが，プログラムの概念である。目標と手段の関連性だけではなく，その手段を行使するために必要な資源は何か，手段を行使していく順序やスケジュールをどうするかなどをまとめあげたものが，プログラムである。施策をプログラム，事業をプロジェクトと呼ぶこともあるが，政策分析におけるプログラム概念は施策とは異なる（山谷 2012）。

資源の組み合わせ
――政策の提供方法

政府は，権限，金銭，人員，情報といった4つの資源を組み合わせ，多様な側面から社会に働きかけながら，政策を提供する。たとえば，ごみの適切な処理は，衛生状態を保つためにも，美化の観点からも必要である。政府は，シンガポールのようにごみのポイ捨てを禁じるという権限を用いることもあれば，清掃職員を雇用しごみの収集を行うこともある。収集を民間業者に委託する場合は金銭資源が用いられている。再利用可能なものを買い取ったり，デポジット（預かり金）をかけて払い戻したりするのも金銭を用いた政策実施である。そして，ごみの減量，ライフスタイルの見直しを求める広報などは情報資源の利用といえる。

教育の例を考えてみよう。政府が学校の建設と教員の雇用を行い，義務教育制度をとり，通学する学校の指定を行えば，政府がサービスの供給をすべて担い，教育を受ける児童・生徒は指定された学校での教育を受けることとなる。権限，金銭，人的資源が用いられている。ここで，私立学校が存在するのならば，一部の児童・生徒は政府が供給する教育の受け手からは外れる。しかし，私立学校における教育の内容にも，政府による規制がかけられうる。また，政府は金銭的な補助を私立学校や，その児童・生徒に出すこともある。こうした場合，政府の提供する教育政策はやはり私立学校やその児童・生徒にも及ぶ。教員という人的資源は用いられないが，権限や金銭資源が用いられているのである。

民営化，民間委託，PFI，PPP

同じ政策課題を追求するために，用いる資源を変更することも多い。1980 年代以降，頻繁に見られるようになった民営化，民間委託，PFI，PPPの導入は，そういった例である。民営化（privatization）とは，国営企業を民間企業へ転換することを指す。しかしこの場合に，政府が完全にその領域から手を引くことは少ない。多くの場合は，新しく創設される民間企業に，政府が規制をかける。たとえば，日本国有鉄道（国鉄）が民営化されたのちも，いわゆるJR会社法によって，新株発行や事業計画変更に際しては大臣認可が必要であった（その後，本州3社については，2001年の法改正により完全民営化された）。つまり，民営化とは，人的資源を利用した政策提供から権限を利用したそれへの転換だといえる。

これに対し，民間委託とは，民間部門との契約によって公共サービスを供給することを意味する。言い換えれば，政府部門によるアウトソーシング（外部委託）を指す。この場合は，人的資源から金銭資源による政策提供への転換といえる。これをさらに進めるとPFI（Private Finance Initiative）となる。民間資金による公共施設整備のように，契約を通じてリスク分担を官民で明確に行いつつ，民間部門による公共サービスの実施を政府部門が購入することを指す。民間委託やPFIにおいてはいずれも，政府部門が財やサービスを購入することとなる。これを公共調達（public procurement）と総称する。公共調達は現在，経済協力開発機構（OECD）諸国の平均で，国内総生産（GDP）の12％を占めている。

最後に，PPP（Public Private Partnership）は，政府部門と民間部門の協働を広く指す。したがってPPPは，民間委託やPFIの他に，民間部門やサードセクターによる公的な問題の解決を，契約によって実現する活動を含むものである。さらに，規制分野でも技術基準の設定などを民間企業や当該分野にかかわる国際機関など多様な主体との協調で進めていく傾向が強まっている（村上 2016）。これも，広義のPPPに含まれる。

これらのいずれの場合でも，政府の役割は小さくなるわけではなく，その役割が転換するのである。たとえば，ごみの収集員を市の職員として雇用せず，民間の処理業者に委託する場合を考えてみよう。これは一見したところ「政府の大きさ」の縮減を意味しそうである。しかし，ごみを何回収集するかは市が決めており，委託契約でそれを盛り込んでいる。収集されていなければ，市民から苦情があるだろうが，そのとき市民が苦情をいう先は市役所だろう。苦情を受ければ，市は委託業者に改善を申し入れ，場合によっては，違約金を求め，契約を打ち切る。民間委託や民営化は，事業者との契約とモニタリングといった新たな業務を生むのである。

公共サービスにおける「消費者主権」

政府が市場に道を譲ったように見えるが，実際には政府の機能が転換したにすぎないことは，公共サービスの受け手に選択の余地を与えるといった「準市場化」改革にも当てはまる。こうした動きは，公共サービスにおける顧客志向，消費者主権，エンパワーメントなどと呼ばれる。複数の供給者が存在するという意味では市場と同じだが，サービスの負担は政府によって担われるという点で市場とは異なるものである（ルグラン 2010）。

たとえば，公立学校を維持しつつ，どの学校に通うかの選択権を児童・生徒や保護者に与える学校選択制がある。これは，生産者としての政府の役割を縮小するものではないが，消費者としての児童・生徒や保護者の役割は拡大している。あるいは，介護サービスを受けるにあたって，どういったサービスを受けるかを行政側が指定するのではなく，介護を受ける側が決めることも，この例である。

政府の大きさと市場の大きさは，必ずしも二律背反ではない。学校選択制や介護サービスの場合，受け手が実質的に選択を行えるように，行政は情報の提供に努める必要が出てくる。各学校が参観の機会を設け，退学率やクラス規模など学校間比較を可能とする情報を行政が提供しなければ，児童・生徒やその保護者は実質的な選択を行えない（安田編 2010）。準市場化もやはり政府の役割を縮減するのではなく，その役割を変化させるのである。

NPMとは何か

NPM（新しい公共管理）とは，民営化からPPPや消費者主権に至る動きの総称である。政府部門による政策提供方法の転換をNPMと呼ぶのである。つまり，人的資源を用いた公務員による直接の公共サービスの実施から，それ以外の資源を用いた政策提供への転換を指す。さらに，そうした転換を可能とするために，公共サービスの目標や内容を明確化・可視化し，サービス提供主体との契約を行うという動きがNPMの根底にはある。公務員による公共サービスの提供が続いているとしても，一度その内容を可視化したうえで，公務員の現業組織と契約することも，NPMの範疇（はんちゅう）に入る。NPMとは，公共サービスの実施部分を括り出し，それを公共政策の決定部分から切り離す変革ということができる（ボベール＝ラフラー編 2008）。

表13-1を用いて整理すると，NPMとは，政府部門が，公共問

題の解決を目的としながら，強制ではなく生産者との契約や消費者の選択など，「自由」度の高い手段を用いる活動のことである。その意味では，目標と手段の位置づけとしては，サードセクターと同じ「公的・自由」の領域となる。民間部門でありながら，この領域に位置するものをサードセクターと呼ぶのに対し，政府部門でありながら，この領域に位置することをNPMと呼ぶのである。公私二分論を二方向から崩す動きとして，サードセクターとNPMを理解することができる（表**13-2**）。

しかし同時に，公私二分論を崩し，政府部門と民間部門の垣根を低くすることは，表の右上の領域に陥る危険性も大きくなる。公共調達が増えることは民間企業から見れば，新たな市場の登場でありビジネスチャンスの拡大であるが，そこに腐敗やレントシーキングの種も生まれる。制度を整備して，どこからどのような条件で購入するかの透明性を確保し，参入する企業間の競争を促進することができなければ，公共調達は腐敗の温床となる。NPM自体が新たなガバナンスの課題を増やすことにもなりかねないのである。

政府の大きさ，強さ，透明性

これまで見てきたように，民営化の例であれ消費者主権の例であれ，政府の役割が全面的に縮減しているわけではない。政府の役割がいかに転換されているのかに注目すべきである。また，4つの資源のいずれかだけに注目して，政府の役割の大小を論じることも浅薄である。重要なのは，政府が4つの資源をどのように用いながら，公共サービスを展開しているのかという全体像である。

人々や企業に対して正当な強制力をもつ主体という政府の定義からして，政府部門特有の資源であり，その活動の中核となるのは，権限である。人々や企業の自由を制約する規制をかけるのは，政府の代表的な行動である。こうした権限の行使は正当性を認められる必要がある。また，規制を実行するためには，違反者への罰則を科

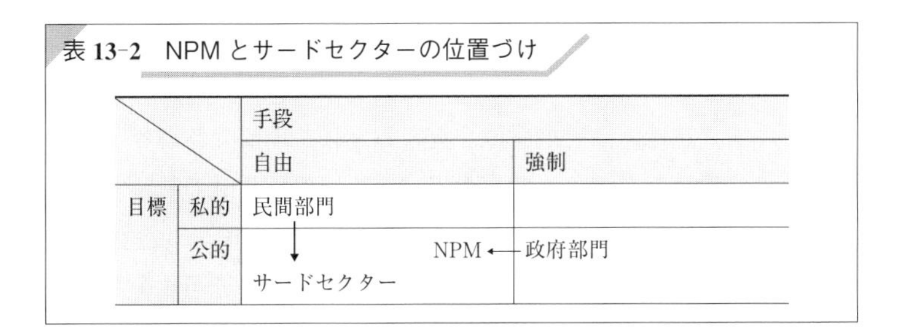
表 13-2　NPM とサードセクターの位置づけ

		手段	
		自由	強制
目標	私的	民間部門	
	公的	↓ サードセクター　NPM ←	政府部門

すだけの物理的な強制力や執行力による担保も必要となる。したがって，政府部門がどの程度規制を設け，実質的なものとすることができるかは，国により，時代により，大きな違いがある。こうした権限の行使の程度を「政府の強さ」と呼ぶ。権限行使の程度を緩めることを，規制緩和（deregulation）と呼ぶ。

これに対して，政府部門が金銭資源と人的資源をどれだけ保有するかは，「政府の大きさ」を示す。具体的には政府予算の規模や，公務員数によって表される。税負担や社会保険料の負担が大きく，多くの公務員が雇用され，さまざまな行政サービスが提供されるのは，大きな政府である。逆に，民間部門にできるだけ多くの財を残し，行政サービスの質や量は限定的であるのが小さな政府である。政府の大きさとは，私たちが，私たちの生み出した経済的な成果を何に使うのか，それを誰が決めるのかということに深くかかわる。

情報資源の重要性は 2000 年代以降，大きく高まっている。社会全体が情報化していくことに加え，公的問題の解決も民間部門との協働によることが増大したことで，情報資源は公共サービスの中心的な役割を果たすようになってきた。情報化社会では，ICT（情報通信技術）の導入など基盤整備に始まり，業務や手続きの電子化，種々のデータの創出，提供，利用の促進が必要となる。これらを統合して電子政府化（e-government）と呼ぶ。

情報資源で見るべきもうひとつの側面は，政府自身に関する情報がどこまで提供されているか，つまり政府の透明性・公開性の度合いである。これは，政府の腐敗を抑えるうえで重要であるとともに，政府への信頼を左右する。政府が保有する情報を政府の判断で提供する広報活動（PR：Public Relations）ではなく，市民や社会の側が求める情報を政府がどの程度開示するかが，政府の透明性を左右する。そのためには，情報の作成，保存をルール化する公文書管理制度や，政府が市民からの要求に応答する義務を明確化する情報公開制度を整備することが不可欠である。

3 政府部門と民間部門の関係の実態

政府の大きさの国際比較

政府の大きさ，すなわち政府部門が民間部門から調達した金銭資源と人的資源の量を，具体的なデータにもとづいて把握していこう。図 **13-2** は，第二次世界大戦の直後から現在（2021 年以降は推定）までの 8 カ国の政府部門の支出の総計が GDP に占める割合（%）を縦軸にとり，横軸には時系列をとったものである。

この図から次の諸点を理解できよう。第 1 に，先進国についていうならば，概ね，1980 年代に入る頃までは，集計項目の不安定さで急増するものもあるが，政府支出が GDP に占める割合は安定的に上昇している。一転して，90 年代以降，多くの国で政府支出の伸びは GDP の成長率以下に抑制されている。ただし，2008 年のリーマン・ショックや 20 年の新型コロナウイルス感染症の世界的拡大の際には，経済縮小と歳出拡大によって，10% ポイントほどの上昇が 1 年で生じることが増えており，不安定性が拡大している。

第 2 に，各国の相対的な位置づけは 1980 年代を境に変化する国

図 13-2　OECD 各国において政府部門支出が GDP に占める割合

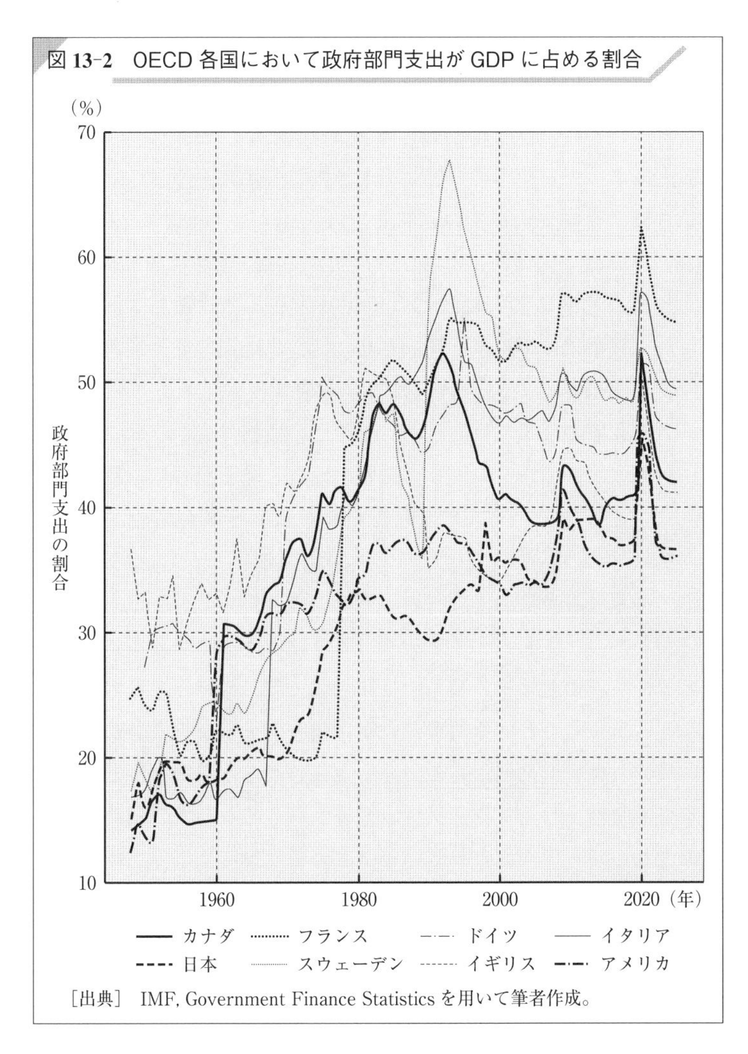

［出典］ IMF, Government Finance Statistics を用いて筆者作成。

とそうでない国がある。イギリスはその代表例である。第二次世界大戦後，福祉国家化を進めた結果，対象国の中では最大の政府支出比率となっていたが，1980 年代のサッチャーによる新自由主義改革は 15% ポイントも，その規模を下げることにつながった。同様に，カナダも 90 年代に大規模な政府規模の縮減を行っている。これに対して，福祉国家の典型例と称されるスウェーデンは最初からそうだったわけではなく，1960 年代から 80 年代半ばまでの持続的な拡大によって福祉国家の建設を進めたことがわかる。

第 3 に，日本については次のような特徴が見られる。1970 年代に入るまでは，圧倒的に小さな政府であった。しかし 70 年代には政府規模が急激に拡大した。80 年代に入るとその動きは止まり，とりわけ後半にはやや値を減少させ，再び先進国の中で最も小さな政府支出となった。90 年代には再び政府規模が拡大し，依然として小さな政府の部類ではあるが，ややその性格は失われつつある。

政府の大きさの時代による変化

より長期間の変化を見るために，最も古く 18 世紀終わりからデータが集められているアメリカと明治維新以来の日本を対象として，政府支出が GDP に占める割合を図 **13-3** に示した。アメリカについて，まず目につくのは，3 つの鋭いピークが存在していることである。南北戦争，第一次世界大戦，第二次世界大戦の影響を示す。戦争，とりわけ総力戦がいかに政府の役割を拡大させるか，言い換えれば民間部門からの調達を激化させるかが明らかであろう。日本でも日清，日露，第一次世界大戦という戦争のたびに政府規模は拡大し，データが得られていないものの，第二次世界大戦も同様である。第 2 に，戦争による一時的な政府支出の拡大は，戦争終結後も元に戻っていない。このことをラチェット（一方向への回転のみを許す歯車）効果という。第 3 に，戦争とは無関係に大規模な政府支出の拡大が生じたのは，1930 年代が初めてである。そして政府規模の拡大傾向は，戦後の 70 年代まで続いている。

このような変化は，日米に特異なものではない。19 世紀以降，およそ半世紀を区切りに，欧米各国の大まかな傾向を述べておこう。まず，19 世紀の前半までに成立した近代国家においては，王制を

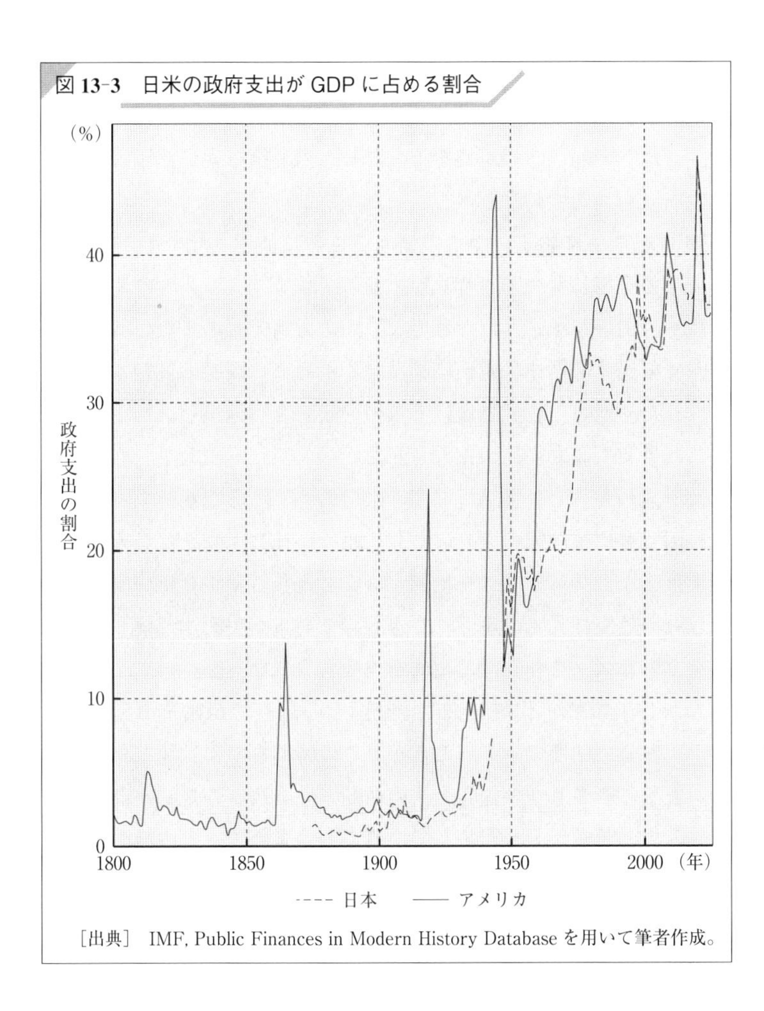

図 13-3　日米の政府支出が GDP に占める割合

［出典］ IMF, Public Finances in Modern History Database を用いて筆者作成。

打破した新興ブルジョアジー（資本家）たちの利益に沿う形で，政府の役割は限定的なものとされた。外交，警察，司法といった秩序維持機能に注力する小さな政府，あるいは安上がりの政府が，この時期の政府運営の基本的な方向となった。

産業革命の進展に伴う社会・経済の変化が，この傾向を転換させた。産業革命によって農村から都市への大規模な人口移動が生じる。ここから，種々の都市問題，社会問題，労働問題が発生する。政府は，これらの問題への対処を迫られる。選挙権拡大に伴う大衆民主制の成立も，この動きを後押しした。

19 世紀後半に始まったこの傾向をさらに加速させたのが，20 世紀前半の 2 度にわたる世界大戦と世界恐慌である。2 度の世界大戦は多くの国を巻き込んだだけでなく，総力戦でもあった。戦争遂行に向けて民間部門を大規模に動員するために，政府の役割は大きく拡大した。他方，世界恐慌は大量の失業者を生み出し，対応策として公共事業や政府雇用が拡大された。

政府規模が大きく拡大する傾向は 1970 年代まで継続する。資本主義国でも福祉国家の成立により，政府が社会保障をはじめとするさまざまな公共サービスを提供することとなる。生存権の概念が唱えられ，政府は人々の生活につきものであった失業，疾病，心身障害などのリスクを和らげる役割を担うようになった。

しかし，1970 年代後半には福祉国家の見直しが始まる。政府部門が，多くの問題を抱えることが，この時期までには顕在化してきた。競争に晒（さら）されない国営企業の非効率性，政府の規制が既得権益を生み出し新規参入を阻害していること，また多くの汚職や組織の腐敗が，その例である。こうして，70 年代後半には小さな政府を取り戻そうとする新自由主義が喧伝され，規制緩和や民営化などの自由主義改革が進められるようになった。

1980 年代終わりには，この動きをさらに深化させる形で，NPM が登場してくる。民営化や規制緩和を進めたとしても，それでも残る政府による行政サービスをいかに改善するかが，ここでの問題関心であった。これらの動きは，イギリスやニュージーランドをはじめとするアングロサクソン諸国で始まり，日本にもやや遅れる形で導入されていった。

公務員の規模

政府の大きさのもうひとつの側面は，政府がどれだけの人員を雇用しているかである。こちらの側面で見ると，財政支出でとらえた政府の大きさとは，やや異なる姿が浮かび上がってくる。

図 13-4 は，横軸に先ほども用いた GDP 比の政府部門全支出をとり，労働力人口中の公務員数を縦軸に示したものである。一見，右肩上がりの関係，すなわち金銭資源と人的資源の規模は比例するように見える。しかし，労働者人口の 4 分の 1 以上を公務員が占めるノルウェー，スウェーデン，デンマーク，フィンランドといった北欧諸国と，この比率が 5% 程度しかなく，極端に値の低い日本を除くと，公務員比率と財政規模の正の関係は消える。残る諸国は，公務員比率は 10% から 20% 強であるが，財政規模に比して公務員の雇用規模が小さいのは，ドイツ，イタリア，ベルギー，オランダ，オーストリアなど欧州大陸諸国に多い。これに対して，アングロサクソン諸国は公務員の数の方が，財政規模に比してやや多い。日本は，6700 万人ほどの労働力人口の約 5%，すなわち約 332 万人が公務員であり，世界最小規模である。そのうち国家公務員（自衛隊員を含む）が 58 万人，地方公務員が約 274 万人である。

政府の強さ

各国の政府の強さ，すなわち政府が民間部門に対してかけている規制の程度を把握することは，政府の大きさを把握することよりも難しい。財政や公務員数に比べて，規制の強さというのは数量化が難しい。加えて，不必要に多くの規制が存在することは，腐敗の温床となるだけであり，政府の強さを示すものとは必ずしもいえない。

そこでここでは，経済活動に対する規制を対象として，世界経済フォーラムが作成した指標にもとづき，2 つの側面を見ておきたい。ひとつは，企業活動の監査や会計報告基準の厳しさの程度である。民間市場における透明性を高めるために，政府が規制権限をどの程

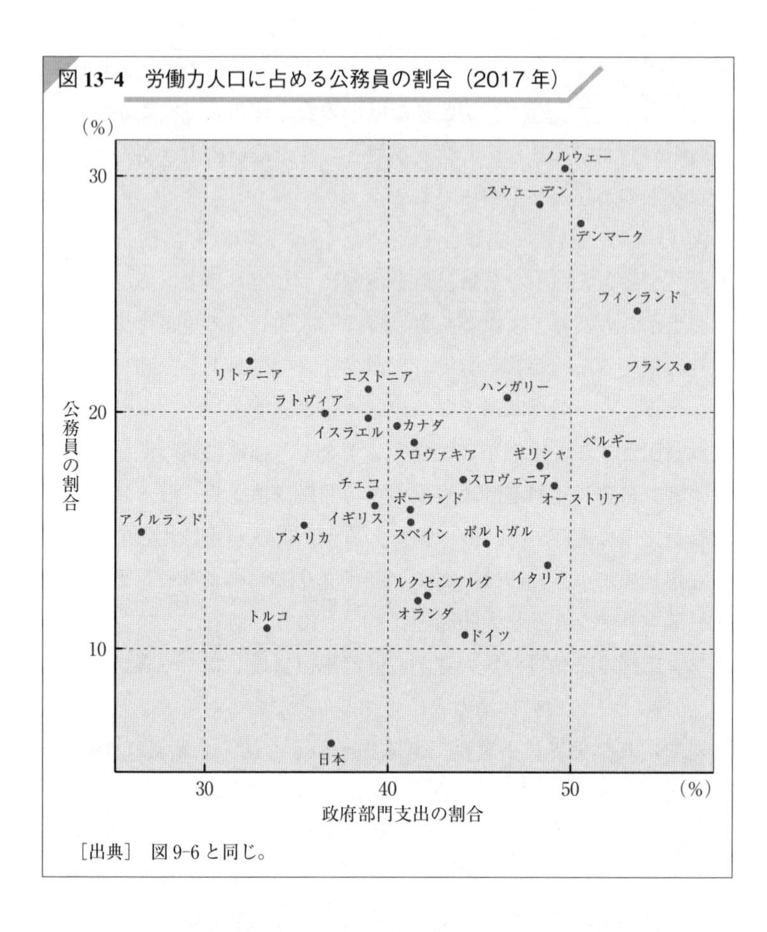

図 13-4　労働力人口に占める公務員の割合（2017 年）

［出典］　図 9-6 と同じ。

度用いているかを示す指標である。もうひとつは，行政の規制の鬱陶しさである。経済活動を行う際，許認可などがどれだけ活動の妨げになるかをとらえる指標である。前者を横軸にとっており，値が大きいほど，強い規制が敷かれている。後者は縦軸に示されており，値が大きいほど，不要な規制が少ないことを意味する（図 **13-5**）。

世界 140 カ国の傾向を見ると，概ね，厳しい規制をとることと，不要な規制を置かないことは両立可能である。逆にいえば，途上国

図 13-5　OECD 各国の経済的規制の程度

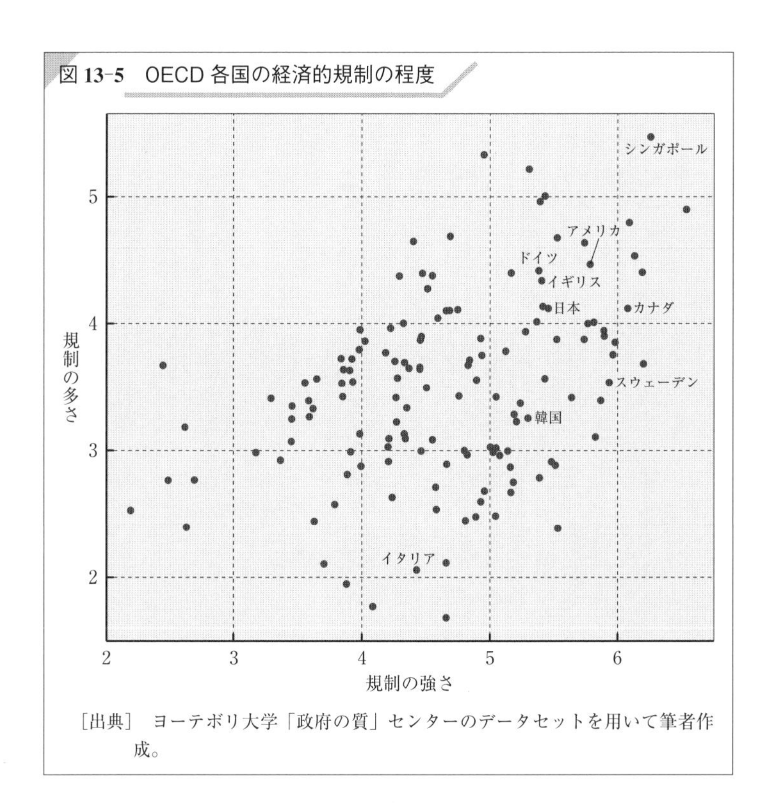

［出典］　ヨーテボリ大学「政府の質」センターのデータセットを用いて筆者作成。

の多くは双方で問題を抱える。先進国の中でも，アメリカの規制は強く質もよい。ドイツ，イギリス，日本，カナダなどはそれに続くところに位置する。もっとも，シンガポールのように双方にさらに優れた国も存在している。先進国の中でもイタリアなどは不要な規制の多さという問題を解消できていない。

電子政府化の進展　現在の政府部門の情報資源の利用においては，どこまでデジタル情報によって政府と人々が結び付けられるかが鍵となる。単に政府の業務処理においてICT 技術が使われていることは，ガバナンスのあり方の変化には

図 13-6　先進諸国の電子政府化の程度

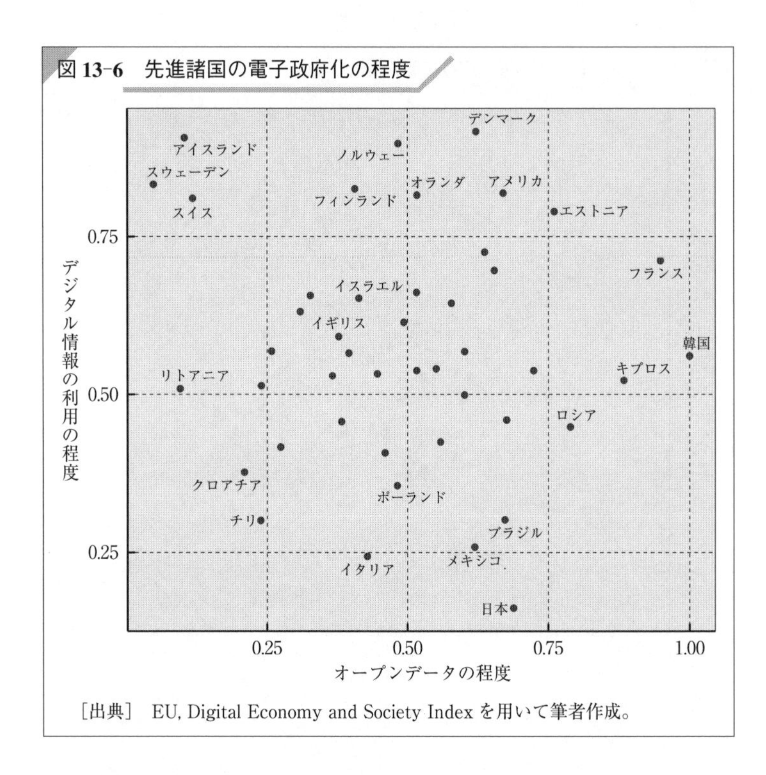

［出典］ EU, Digital Economy and Society Index を用いて筆者作成。

結び付かない。私たちが政府の保有する情報を容易に入手し，利用できるとともに，さまざまな手続きをオンラインで行えること，政府も人々の活動に関する種々のデジタル化された情報を集め，活用することができることが重要である。そうした指標として，欧州連合（EU）が作成しているデジタル情報の利用の程度とオープンデータの程度を用いて，各国の状態を見ておこう（図 **13-6**）。

これを見ると，スウェーデン，ノルウェー，デンマーク，フィンランドなど北欧諸国やアメリカ，オランダなどは，電子政府の利用率が非常に高い。エストニア，フランス，韓国は，電子政府の利用率も高いが，オープンデータ化も大きく進んでいるところに特徴がある。これに対して，日本は電子政府の利用率の極端な低さが目立つ。OECD の電子政府指標や国連経済社会局の電子政府開発指標では日本の値は先進諸国と遜色ない。しかし，それらは必ずしも実態を表しておらず，実際の利用の程度で見ると，日本の行政におけるデジタル化の遅れは深刻なものであることが明らかとなる。

政府の透明性 政府の透明性の実質を測定することは難しい。情報公開の法制度的な整備だけでは実態はわからないからである。そこで，ここでは「デモクラシーの多様性」プロジェクトによる政府部門の腐敗に関する指標を用いよう。専門家によるコーディングにもとづく指標であり，政府部門による横領などの公金の不適切支出と，贈収賄の2つをベイズ因子分析で合成した指標である（図 **13-7**）。これを横軸にとったうえで，縦軸には一般の人々の行政への信頼をとった。世界価値観調査によるさまざまな政治アクターへの信頼の程度の質問を用いたが，そもそも国によってどの程度の信頼を与えるかの基準が違う。そこで，ここでは，行政への信頼の程度を政府全体への信頼の程度で割った値を用いることとした。

これを見ると，概ね腐敗の程度が下がるほど，行政への相対的な信頼の程度は緩やかに上昇することが見てとれる。先進国の多くは，腐敗の程度が低く，行政への信頼の程度も高い。オーストラリア，ドイツなどでその傾向は強く，アメリカもそれほど大差はない。日本やニュージーランドは腐敗の程度の小ささに比して，行政への信頼がそこまで高くない。その他の中進国，発展途上国になるほど，腐敗の程度と信頼のなさが強まっていく。ただし，ギリシャやブラジルのように，腐敗の割には国民の信頼は非常に高い国などの逸脱事例も存在する。

各国の違いのまとめ ここまで見てきた，各国の特徴をまとめておこう。北欧諸国は大きな政府で，歳出規

図 **13-7**　行政の腐敗の程度（2017 年）と行政への信頼（2017-21 年）

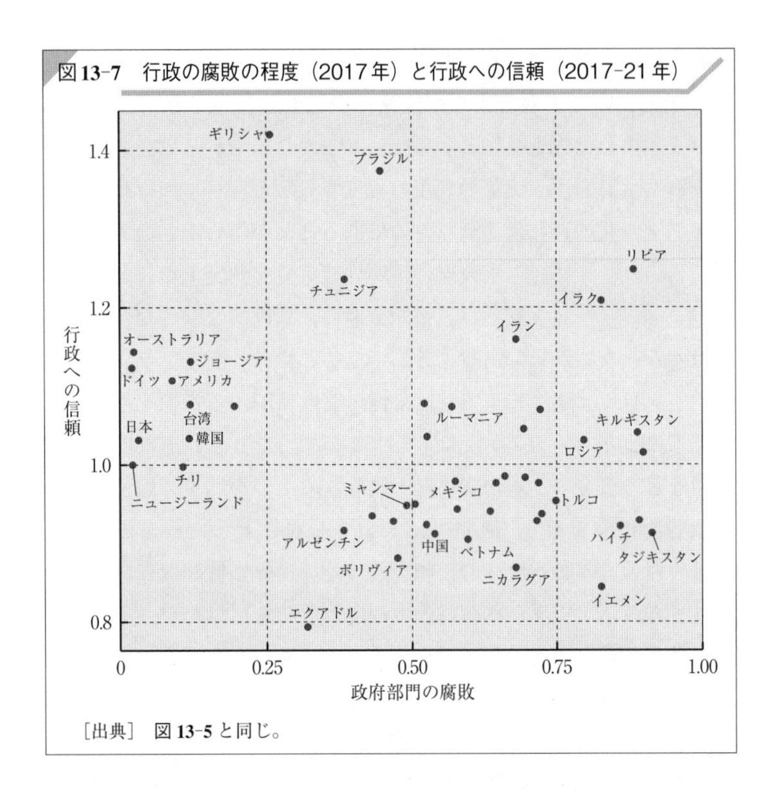

［出典］　図 **13-5** と同じ。

模が大きいだけでなく，大きな人的資源も抱えているが，権限はあまり行使していない。総じて，大きく弱い政府といえる。次に，ドイツやオランダなどは中規模の政府であり，人的資源はあまり大きくなく，規制はそれなりに残しているといえる。小さく強い政府といえる。これに対してアングロサクソン諸国は，歳出規模が小さく権限も小さいが，公務員はそれなりにいる。小さく弱い政府といえる。残る類型としては，大きく強い政府があるが，これは先進国の中ではあまり見当たらない。強いていえばフランスということになろう。日本については，歳出規模の小ささという点では，アングロサクソン諸国に類似しているが，規制の程度と人的資源の観点では欧州大陸諸国と類似しているともいえる。

これらの位置づけは，エスピン-アンデルセンの福祉レジーム論における各国の位置づけと近似している（エスピン-アンデルセン 2001）。普遍主義的な社会保障給付を政府が行うことで，生活保障の程度が高く，分立性が低いのが北欧に見られる社会民主主義レジームである。欧州大陸諸国が採用する保守主義レジームでは，補完性原理から，社会保障は家族，宗教団体，労働組合といった中間団体に委ねられる。高い分立化によって，ある程度の保障が与えられる。最後に，アングロサクソン諸国に見られる自由主義レジームでは，基本的には市場に社会保障を委ね，残余部分だけを政府が担うので，分立化と生活保障の程度はともに低い。

歴史的な変化の記述でも述べたように，福祉国家の成立とその見直しは，政府部門のあり方そのものに大きく影響している。したがって，いかなる福祉国家の形態が成立するかは，どのような存在として，その国の行政が位置づけられるかと深く結び付くのである。この点は，第15章で再度検討しよう。

4 市民社会の意味とその実態

市民社会とサードセクターの意味

ここまで政府部門と民間部門の関係を見てきた。次にもうひとつの部門，すなわち市民社会およびサードセクターとそれらとの関係に目を転じよう。まず，これらの概念について整理しておこう。市民社会という概念は多義的であるが，ここでは，公共政策の主体としての政府と客体としての社会・経済の枠の外にある存在を，広く市民社会としてとらえる。公私二分論が想定する民間部門から外れる民間部門のあり方を市民社会というのである（坂本編 2017）。

こうした領域は，大きく分けると2つある。ひとつは民間組織や個人が公共問題の解決に従事する活動，またそういった活動のためにつくられた組織である。ボランティア活動やNPO・NGOがそこでの対象である。もうひとつは，個人や組織が，政府部門の公共政策に関与する側面である。市民の行政への参画やシンクタンクによる政策アイディアの提供などが，ここには含まれる。第I部の議論でいえば，本人としての市民が代理人としての政府に権限を完全に委任せず，自身で政策形成に携わる形態といえる。

他面で，市民社会の中には，日常は私的な活動に従事し，時として公共問題の解決に携わる主体と，公共問題の解決を主たる目的として形成された主体の2種類がある。これらの2軸を組み合わせると，**表13-3**ができあがる。市民社会とは，これら4つの領域を包括するものである。この中で，狭義のサードセクターとは，公共問題の解決を目的として組織化されており，政府の活動とは別に，問題解決に取り組む主体を指すのだと理解することができる。

市民参加

近代社会の成立において，人々は政治の主体となることから解放された（☞第1章）。しかしこうした二分論は原則にすぎず，市民の参加欲求を抑制することはできない。このとき，市民は公共政策の客体から主体に転化する。主体としての市民という点では，社会運動などが重要だが，本書では扱わない。間接民主制においては選挙が，すなわち「政治」が参加の経路になるが，人々の直接的な参加に関しては，「行政」もまたその経路になりうる。

行政への市民参加や市民参画は，市民のどの部分が参加するのかという軸と，公共政策の形成から実施に至るどの段階で参加するのかという軸の2つから整理できる。まず，市民のうちの不特定多数が参加できるのか，それとも，市民の中から一部の市民が参加するのかという点である。次に，政策を形成していく初期段階で参加す

表 13-3　市民社会の４つの領域

		公共問題の解決の位置づけ	
		兼業	専業
活動の領域	政府への関与	市民参加	シンクタンク
	政府と独立	ボランティア	サードセクター（NPO，NGO）

るのか，それとも行政による政策実施の見直しのために参加するのかという違いがある。この２つの軸から構成される４類型と，それを制度化した代表例を掲げたものが，**表 13-4** である。

旧来からあるのは，行政の政策実施に対して事後的な対応を行うタイプの行政参加である。行政苦情相談は，利用しやすく柔軟な行政への改善要求の手段を用意するものである。しかしこれでは，苦情の受付，処理が行政側に委ねられたままである。そこで，オンブズマンと呼ばれる特定の市民に，行政活動に関する苦情を受け付け，行政に対応を求める役割が与えられる。

政策形成の段階における市民の参加は，1970 年代以降，多く見られるようになってきた。審議会の委員に民間部門の有識者や利益集団の代表を選出することはあったが，近年は市民から公募形式で審議会委員を選ぶことも増えている。こうした形態で政策形成に参画できる市民の数は限られているが，さらに広く意見聴取を行うパブリック・コメントの手法では，利害関係者でなくとも，意見を提出できる。他方，行政側も応答を行うものの，意見を取り入れることは必須ではない。この方向の先には，熟議民主主義が位置する。熟議民主主義とは，人々が討議を通じて選好を変容させながら合意形成を行うことによって政策を決定するというものである。これは，人々の政策選好を所与として，選挙を通じて，その分布を測定することで政策形成を行う集計型の民主主義と対比される。

表 13-4　行政への市民参加の 4 類型

		参加の段階	
		事前	事後
参加の形態	不特定	パブリック・コメント 熟議民主主義	行政苦情相談
	特定	審議会の市民委員	オンブズマン

サードセクターの成立

古くから，私的部門は自ら公共問題を解決してきた。その代表的な存在が，地域共同体である。村落での共同作業や秩序の維持を，政府の手を借りることなく，地域共同体が担うことは，近代以前には広く見られた。近代国家において，国家と個人との間に存在する中間団体が原理的に否定されたとしても，実際には地域共同体が消え去ることはなく，その機能は受け継がれてきたのである（サラモン 2007）。

こうした活動を地域的な枠を越えて，継続的，組織的に行う過程で，NPO や NGO といった組織が生まれてきた。アメリカでは早くも 1940 年代には，大学や病院が NPO として成立しており，政府もまたこうした組織に助成を行っている。特に増加したのは，公民権運動が盛んになった 60 年代であった。この時期には，社会福祉団体などへの政府助成も拡大している。その後，80 年代には助成金削減などもあり，活動を停止する NPO が多かったが，マネジメントや資金調達手法の革新が進むことにもつながり，90 年代以降の再活発化につながっている。サードセクターは金銭の面でも，雇用の面でも，アメリカ経済の 1 割に近い規模に達している。政府の助成と並んで，寄付金控除の税制に支えられた個人の寄付金（20 兆円を超える額になる）が，これらを支えている。

図 **13-8**　サードセクターの大きさ（2000 年）

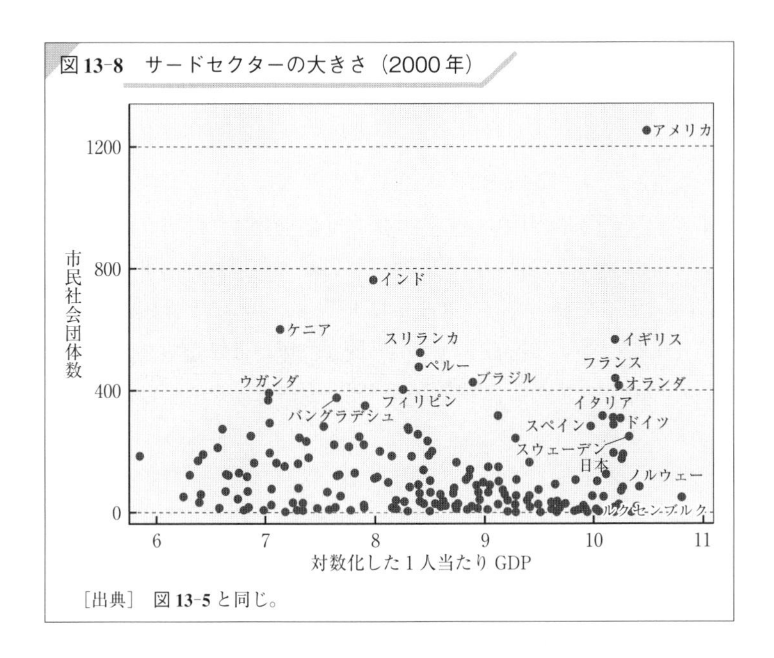

［出典］ 図 **13-5** と同じ。

サードセクターのデータによる国際比較

サードセクター，あるいは市民社会の大きさを測定する試みとして，ここでは，市民社会組織の国際ネットワークである CIVICUS に登録されている 2000 年時点の各国の経済・社会発展のための市民社会団体数を見てみよう。横軸には，対数化した国民 1 人当たり GDP をとっている。

図 **13-8** からは，次の 2 点が読み取れよう。第 1 に，市民社会の大きさは，経済成長の程度とは無関係である。アメリカが世界最大のサードセクターを誇る国であるが，先進国の中にも，サードセクターが小さな国は多い。他方で，インド，ケニア，ブラジル，フィリピンのように大きなサードセクターを抱える新興諸国も多い。第 2 に，先進国の中では，英米においてサードセクターが大きく発展しており，欧州大陸諸国はそれに続く位置にある。これに対して，

スウェーデンやノルウェーといった北欧諸国は低い位置にある。そして日本も，これらの国と同じ位置にあることがわかる。

市民社会の外延は広く，ここで測定した指標では，ヨーロッパのアソシエーション組織や協同組合を十分にとらえられていない。しかし総じて，政府部門による福祉が大きい場合に，サードセクターが育ちにくいこと，その逆に，政府部門が小さく，自由主義型の福祉国家においてサードセクターが拡大傾向にあることは確かであろう。そして，ここでも日本は，例外的な位置づけになることがわかる。小さな政府であるにもかかわらず，サードセクターの規模も小さいのである。

演習問題

〔1〕 政府部門，民間部門，サードセクターの3つの定義を述べて，それぞれの関係について説明してみよう。

〔2〕 次の公共政策において，4つの資源を使った政策手段を考えたうえで，それらの手段が実際に用いられているかを調べてみよう。
①温暖化ガスの抑制，②少子化対策，③工場の誘致，
④ペットボトルのリサイクル，⑤感染症対応

〔3〕 日本のガバナンスについて，国際比較データの結果を整理して，それと福祉国家の類型論との関係を考えてみよう。

第14章 日本におけるガバナンスの変化

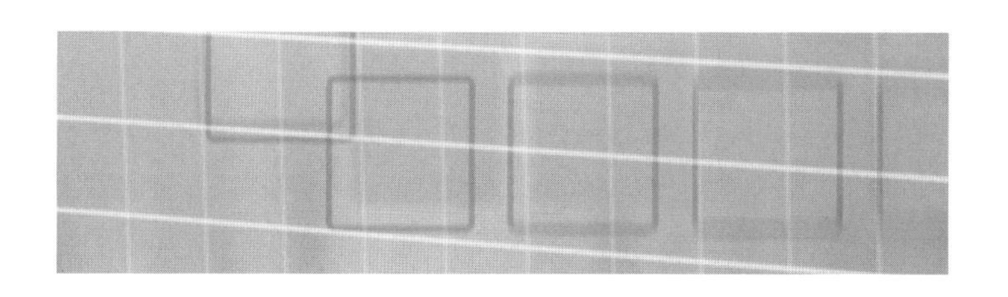

財政規模と公務員数，どちらの点でも，戦後日本の政府は小さな政府であったが，なぜそれが可能だったのか。半官半民のグレーゾーン組織の大きさと，民間部門での雇用の吸収を前提として普遍的な福祉国家化を回避したことが，その答えである。それにより，1980年代まではうまく機能した日本のガバナンスが，なぜ90年代には，大きな財政赤字，人々の安心感の喪失，そして強い公務員批判を生み出すようになったのかも理解できるだろう。

1 政府・民間関係の歴史的変容(1)

● 明治から高度経済成長期まで

明治国家の建設と政府の規模

日本が，近代産業社会へ本格的に転換していくのは，19世紀後半，明治政府が成立した後のことである。この時代，明治政府は殖産興業を旗印に掲げ，官営工場や国営企業の設立などを進めた。ここからは政府自身が積極的に近代化を進めようとした姿が浮かぶ。しかし，この時期に日本の政府規模が大きく拡大したとはいえない。

官営工場の多くは早期に民間に払い下げられていき，電気，鉄道などの公益事業も多くは民間企業によって営まれた。義務教育の導入に際しても，小学校の敷地や校舎を供出に頼ることが多く，政府自身が直接的に社会・経済活動に介入していったのではない。

政府の規模が拡大し始めるのは，1930 年代以降である。前章で見た図 **13-3** にも，そのことはよく示されている。1930 年からの昭和恐慌への対応として高橋是清（たかはしこれきよ）蔵相による積極的な財政政策がとられ，時局匡救事業（じきょくきょうきゅうじぎょう）と称された公共事業や軍備の増強などが実施された。また，疲弊（ひへい）した農村経済を救うために，地域間再分配のしくみが導入される。さらに，太平洋戦争に向かう中で，国家総動員体制がとられ，統制会を通じて政府が業界ごとに市場を掌握することが試みられる。その試みが企図通りに実現したわけではないが，この時期に形成された市場への関与のしくみや官民関係の一部は，戦後にも持ち越された。商工官僚のトップとして満洲国建設に力を注いだ岸信介（きしのぶすけ）が，戦後に首相となった際，積極的な国土建設と国家主義的な福祉政策に取り組んだのは，その例である。

占領改革

他方で，一直線に戦前と戦後がつながっているわけでもない。占領軍による改革の試みもあり，戦前の政府による統制のしくみは放棄された。基本的には，敗戦後から高度経済成長期において，政府の規模は抑制されてきた（樋渡 1991）。戦後直後の急激なインフレーションを抑制するためにドッジラインが導入され，予算規模は縮小された。現業職員の多くは，日本国有鉄道（国鉄）のように公社として切り離され，人員整理が進められた。さらに，防衛をアメリカに依存したために，防衛費と人員を増大させずにすんだ。

物資の圧倒的不足は，企業活動に対する政府による一定程度の介入を可能にした。当初は経済安定本部による傾斜生産方式がとられた。その後も貿易自由化が 1960 年代に入るまで認められず外資と資源が不足している中，その割り当てを行う通産省が産業発展のスポンサー役となった。ここから通産省を日本経済の司令塔ととらえ，高度経済成長の主たる要因と見る論者もいる。アメリカの政治学者であるジョンソンは，こうした日本の政府・市場関係を開発型国家と呼び，政府の役割を市場のルール整備にとどめる欧米などの規制型国家と対比させた（ジョンソン 2018）。

しかし，通産省は司令塔には程遠かったと，アメリカの政治学者であるサミュエルスは主張する。政府規制が正当化されやすいエネルギー産業においてすら，業界利益や合意に沿わなければ通産省の介入は成功していない。石炭産業に対する統制は失敗に終わり，戦後の石油へのエネルギー政策の転換にも主導権をとれなかった。電気についても，戦時期に発送電分離と送電会社の地域会社への統合がようやく行われたが，戦後，通産省の意向に反して，地域独占の送電会社が発電機能も吸収していった。業界と通産省の間には，水平的な調整を行う相互了承の関係が，1950 年代から 60 年代に築かれたのである（サミュエルス 1999）。

こうした２つの見方は，日本の政府が占領期を通じて，異なる路線の間で揺れ動いていたことを反映している。しかし最終的に池田勇人政権の頃には，輸出主導の自由化と国内での衰退産業の保護が併存する体制が成立する。農業，建設，運輸，流通などの政治化された分野では，市場が競争的ならば失業して福祉政策の顧客となったような人々が，競争を抑制することで，生産活動に従事することを可能とした。日本版の埋め込まれた自由主義，すなわち国際的自由主義と国内的介入主義の併存が成立していく（久米 1994）。

高度成長期のインフラ整備

1960 年代には，協調的労使関係と農村の保守化の双方が確立されていく。戦後直後の時期には，労働組合の組織化と労働者と農民の連携が発展し，社会民主主義が定着する可能性があった。しかし，逆コースにおける労働運動の抑制，社会党の革命路線という路線選択の失敗，ドッジラインによるインフレ収束と雇用整理によって，その可能性は潰(つい)えた。農業運動も分裂し，農業協同組合（農協）の組織化が進み，保守勢力に組み込まれていった（新川 1993）。労働者たちは企業に特化した技能を蓄積することで，企業別組合の下でも賃金上昇を得るようになった（久米 1998）。

小さな政府の傾向は，1960 年代を通じて保たれる。この時期には経済発展に伴って公共サービスへの需要が高まり，一定程度の対応がなされていく。つまり政府は拡大しているのだが，民間経済の発展速度はそれ以上であった。経済が成長していく中で，税収を確保しつつ，減税を行えたのである。自民党を支持した大衆の多くは，戦争の体験からも政府の膨張は支持していなかった（大嶽 1996）。さらに，経済成長に伴い貿易自由化が進められていくことで，民間企業への政府の介入は次第に難しくなっていった。医療のような領域でも，民間の医療機関を中心とし，設備投資を補助する形で新たなニーズに対応していく形がとられた（宗前 2020）。

この時期に政府部門が担った主たる役割は，インフラ整備であり，高速道路の建設を行う日本道路公団，鉄道建設を行う日本鉄道建設公団，宅地造成を行う日本住宅公団，農地開発を行う農地開発機械公団などが，いずれも 1950 年代から 60 年代にかけて創設されていく。この時期に，特別会計（特定財源），5 カ年計画，公団という 3 点セットが成立した。

こうした傾向は，公務員数の増減によく現れている。国家公務員数は 1960 年代前半までは増大し，ほぼ 90 万人に達するが，その後は 2000 年代に入るまで，ほぼ一貫して抑制され続ける（図 **14-1**）。この間，労働力人口は増え続けたので，労働力人口に占める国家公務員の割合は，およそ 1.7% をピークとして下がり続け，2000 年代には 1.2% 程度にすぎなくなった。国家公務員数の厳しい抑制と，その結果として公務員という存在が労働者の中で少数派であることは，戦後日本の大きな特徴となった（前田 2014）。

グレーゾーン組織の拡大

歳出規模の拡大と，国家公務員数の抑制のギャップを埋めたのは，ひとつは，図 **14-1** に示されているように地方公務員，特に市町村職員であった。1960 年代から 80 年代までに 100 万人以上，職員数を増やしている（☞第 10 章）。

もうひとつは，政府の外郭団体や民間の業界団体といったグレーゾーン組織であった。具体的には，まず特殊法人が挙げられる。特殊法人とは，民間企業では実施できない事業を実施するために，特別の法律により設置された法人を指す。公社，公団，営団，事業団，公庫，特殊銀行といった公共体形態以外に，特殊会社と呼ばれる会社形態のものも含まれる。地方政府においても同様の外郭団体は多く，公共体形態をとるものとしては，地方公社や地方開発事業団がある。会社形態をとるものを第 3 セクターと呼ぶ。これら中央および地方政府が何らかの出資関係をもつ，公共性を備えた事業を実施する法人を公企業と呼ぶ。

具体例を掲げておくと，公社としては日本電信電話公社（電電公社），日本専売公社，国鉄が代表例である。公団は，日本道路公団や新東京国際空港公団が挙げられる。事業団には国際協力事業団や宇宙開発事業団がある。営団には帝都高速度交通営団，公庫には国民金融公庫や中小企業金融公庫があった。この他にも，日本興業銀行や日本貿易振興会，日本育英会なども特殊法人に含まれる。特殊会社では，日本航空や国際電信電話（KDD）がよく知られていた。

料金制をとりうるインフラ整備，独占性の高いネットワーク事業，リスクの大きな金融機能の 3 つが，特殊法人の主たる機能だった。これらは戦時期の統制経済の産物であると位置づけられることが多いが，名称が連続していても実質的な連続性はなく，一部は戦後改

図 **14-1**　公務員数の増減

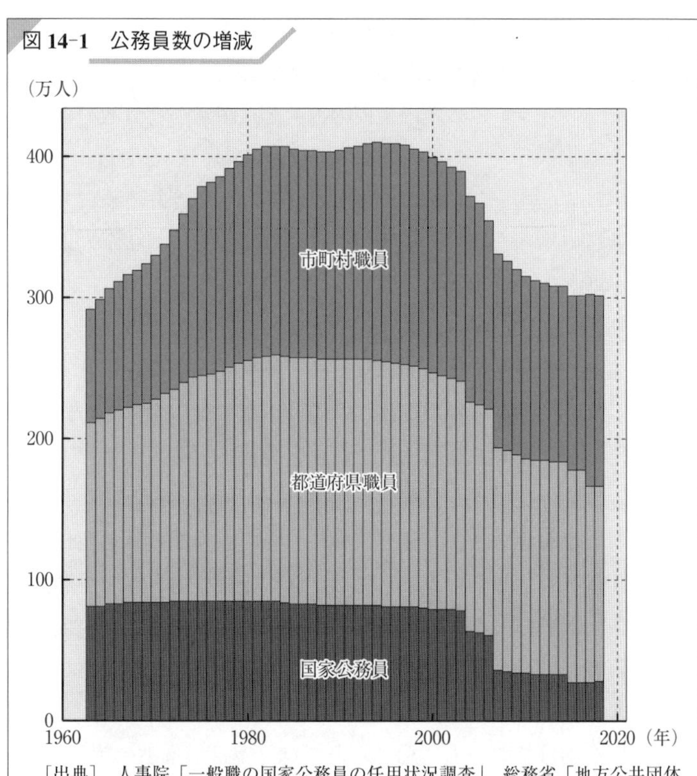

［出典］　人事院「一般職の国家公務員の任用状況調査」，総務省「地方公共団体定員管理調査」から筆者作成。

革の産物であり，多くは高度経済成長期に創設されたものである（真住 2009）。このことは，特殊法人数の推移を描いた図 **14-2** からも理解できるだろう。

特殊法人への資金供給を可能としたしくみが，財政投融資である。これは，政府があたかも銀行のように長期の資金を投融資するものである。しくみとしては，明治以来存在するものだが，1951 年に大蔵省資金運用部が発足し，郵便貯金と年金の資金が原資として確

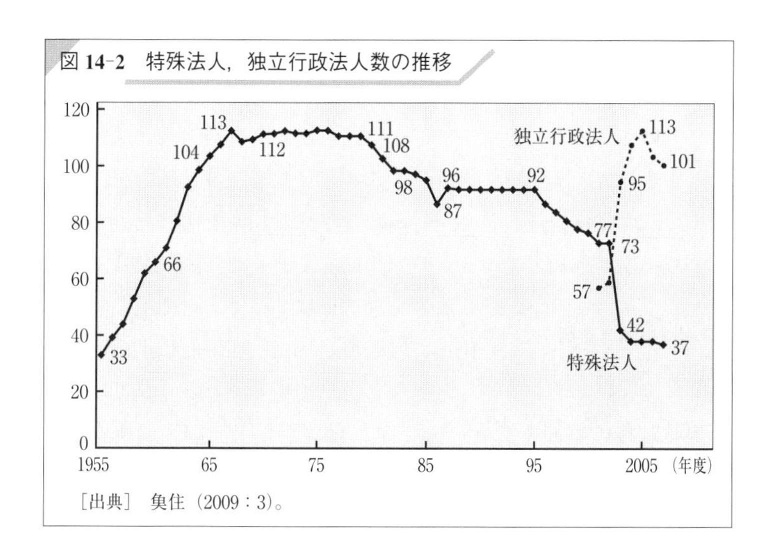

図 **14-2**　特殊法人，独立行政法人数の推移

［出典］ 曳住（2009：3）。

保されることで，急激に拡大し，ピーク時には一般会計の5割程度の規模に上った（新藤 2006）。

グレーゾーン組織として行政活動の一端を担った，もうひとつの主体が公益法人である。公益法人とは，民法第34条の規定にもとづいて，官庁が設立を許可した公益に関する社団法人や財団法人のことである。日本経営者団体連盟（日経連）や日本経済団体連合会（経団連），経済同友会，日本商工会議所といった経済団体の他に，日本民間放送連盟（民放連），日本自動車連盟，日本パン工業会のような業界団体，日本医師会のような職業団体，警察協会や鉄道弘済会などの互助組織，日本サッカー協会や日本棋院のような文化・スポーツ団体などが例である。

これらの公益法人は，次のような役割を果たしている。第1に，業界の要望をとりまとめ，政府との協議の窓口となる。行政からの指導や情報提供も，ここを通じて行われる。第2に，行政活動の一部を分担する。試験の実施や基準の設定などを行うことが代表例である。たとえば，社会保険労務士の試験は社会保険労務士センター，電気工事士や電気主任技術者の試験は電気技術者試験センターが実施している。こうしたグレーゾーン組織が，高度経済成長期以降，増大する行政の業務を引き受けたことで，政府の職員数を維持したまま，政府歳出を増大させ，行政が関与する範囲を広げたのである。村松岐夫がいう最大動員システムの成立であった（村松 1994）。

皆保険・皆年金のスタート

政府・市場関係について，自由主義的な吉田茂に対して，鳩山一郎・石橋湛山（いしばしたんざん）・岸信介は異なる志向を見せた。とりわけ岸は社会保障制度の整備を進め，1961 年には国民年金と国民健康保険の実施によって，皆年金・皆保険を成立させた。国民全員を同じ制度の下に統合するのではなく，既存の年金や保険に組み込まれていない人々を，新たな公的年金・保険の制度で拾い上げていったのである。この分立的なしくみは，転職を不利にすることを通じて，安定的な雇用関係を基軸とする日本型雇用システムを補強した。こうして，職域ごとに「仕切られた生活保障」が日本の福祉の特徴として確立していく（宮本 2008）。

住居という生活の基盤についても，政府部門が直接，供給することはなく，人々は自ら住居を確保することを求められた。政府部門は，宅地造成やインフラ整備と，長期固定金利の資金貸し出しを行うにとどまった。社宅の提供に見られるように，住居もまた仕切られた生活保障の一部であった（平山 2009；砂原 2018）。

他方，公共の福祉を理由として個人の権利に制限を加えること，すなわち広く一般市民の利益を増進するために，特定の人々の権利を規制することは少なかった。特に土地保有者は，自民党の支持基盤であったので，農地の転用規制や，都市部の用途地域規制における利用制限は，緩やかなものにとどまった。公共事業の際に土地収用を行うことは例外的であり，任意買収が 9 割以上を占めた。政府の強制性に対する革新派の拒絶反応と，土地所有者の利害を優先する保守派の連合を前にして，行政が強い規制をかけることは不可能だったのである。

マスメディアの利用と情報資源の不足

公共サービスの対象が国民生活のさまざまな部分に及ぶようになり，新聞に加えてテレビが普及していく中で，マスメディアを通じた情報のやりとりが増えていく。国，地方を問わず，役所で新聞記事を点検することは日常的な光景である。同時にマスメディアは，行政が発信する情報の主要な媒体ともなっていく。定期的な記者会見を通じ，行政はさまざまな政策情報を提供し，それを通じて政策の実現を図る。NHK のニュースは他国のニュースに比べ，官庁を取り上げる頻度が高く，国民生活全般に対処する主体としての行政イメージの形成に寄与してきたともいわれる（クラウス 2006）。

他方で，行政が直接的に国民の情報を掌握することが次第に難しくなっていく。明治政府が住民把握から始めたように（☞第 10 章），日本の行政は住民情報の収集と管理に長じていたが，公共サービスの対象者が拡大していくことで，次第に国民情報を掌握することに困難を覚えるようになる。佐藤栄作政権期に各省統一個人コード，いわゆる国民番号制の導入が検討され，その後，幾度も提案されたが，頓挫を繰り返した。

2 政府・民間関係の歴史的変容（2）

● 低成長からバブルの時代

高度経済成長の終焉と政府の対応

1970 年代には，石油危機，ニクソン・ショックを経て，高度経済成長は終わりを迎えた。他方で，地方政治では革新自治体の簇生（そうせい），中央政治でも保革伯仲を迎えて，自民党政権は集票のために，福祉政策を拡充していく（カルダー 1989）。73年には年金に物価スライド制（物価に応じた支給額の調整）が導入され，高齢者医療費の無料化も開始される。公共事業が景気悪化時に拡大される傾向も強まっていく。当然，財政は悪化する。75年には赤字国債が発行され（それ以前は65年補正予算のみ），その後も継続した。この結果として，70年代を境に，政府規模の拡大が加速していった（図**13-2**）。

不況と物価上昇が同時進行するスタグフレーションのもとで，衰退産業への所得保障を行ったことも，政府支出を拡大させた。米価は1960年代に農協と族議員の強い影響を受けるようになり，70年代にも大幅に引き上げられた。これが生み出す過剰供給に対しては，生産調整，いわゆる減反を行う。奨励金を交付しつつ，農協を通じて行政指導によって減反は実施された（橋本 1994）。金銭資源と情報資源を用いて，ネットワークを通じた政策実施を行うという日本の行政の特徴が，ここにも見られる。

さらに，大規模な経済危機に対応するために，政府の市場に対する介入を強めることも試みられる。田中角栄首相の意向もあり，価格および需給規制といった強い介入手段を備えた国民生活安定緊急措置法が1973年に制定される。しかしその後，独占禁止法が改正され，競争促進的な方向も見られた。このように，規制のあり方をめぐっては，70年代にかけて政策の方向性は揺れ続ける（内山 1998）。政府の積極的な介入を認め，国土計画を強力に遂行しようとする田中に対し，吉田以来の軽軍備経済主義を受け継ぎつつ田園都市構想を掲げた大平正芳，その間にあって政府の市場介入に肯定的でありながらも現実主義的であった福田赳夫と，政府と市場のあり方について考えを異にする指導者たちの路線対立を反映してもいた（下村 2011；福永 2008）。

春闘での労使協調の採用や，貿易摩擦の増大に対する「自主規制」による対応など，この時期には1930年代以降の官民関係とは異なる形での，官民および労使の協調が新たに成立した。日本企業は不況期にも，解雇による生産縮小を行わず「過当競争」に陥る。過剰な生産物を国内販売価格以下で輸出に回すことが貿易摩擦を生むと，輸出「自主」規制によって対処された。こうした業界の調整には，通産省を中心として形成されたネットワークが機能した（Reed 1993）。さらに，大規模投資が必要とされる革新的な産業において，通産省は共同開発の旗振り役を務めた（沖本 1991）。

日本の行政と保守主義的福祉レジーム

政府の人的資源が拡大せず，政策実施をグレーゾーン組織に委ねたために，日本の政府は，困窮者に直接的なサービスを給付することはなかった。日本の政府が小さな政府であったことは，日本が社会民主主義型の福祉国家ではなかったことと対（つい）になっている。

日本型福祉レジームは，典型的な男性稼ぎ主モデルであった。成人男性の雇用を確保し，妻子を扶養できる賃金を与えることによって，政府による福祉サービスへの負荷を減らした。雇用の維持は，民間企業によって担われ，政府が雇用を支えることはなかった。むしろ高度経済成長期には，中学・高校卒業者が「金の卵」と呼ばれたように，労働者は不足気味であり，公務員を増やさないことは稀少な人的資源を民間部門から奪わない効果があった。民間企業における雇用の確保は，1970 年代の不況期にも引き継がれ，労働者側も賃金調整を受け入れつつ，雇用の確保を求めた。

政府の役割は，企業の倒産を防ぐための競争管理に置かれた。業界間の垣根を維持し，業界内での生産調整などを下支えする役割を政府が担うのである。競争管理以外の面では，政府の規制が弱いことが多い。雇用維持や倒産防止を重視して，規制を強くかけられないのである。たとえば，建設業界は 50 万以上の業者が 600 万人以上の雇用を抱えていたが，零細業者が生き残れたのは，談合を許容していたからである。政府は公共事業への予算配分という金銭面と同時に，談合を摘発しないという権限面での運用を合わせることで，建設業界を保護した。衰退産業従事者への雇用提供や兼業農家の所得保障といった多面的な機能を「土建国家」が支えた（Woodall 1996）。

同様の構図は，安全保障政策やエネルギー政策にも見られる。米軍基地の立地を通じ安全保障のコストを大きく背負う沖縄や，事故の危険というエネルギー供給に伴うコストを引き受けた原発立地地域に金銭面での手当てを行うことは，政府部門が引き受ける。しかし，地権者との交渉など面倒な紛争が生じる場からは，中央省庁は遠ざかる。そうした実施過程を担うのは，地元の地方政府や電力会社であった（アルドリッチ 2012；上川 2018）。

第二臨調改革

1980 年代は，70 年代の動きを一面では受け継ぎ，他面では修正した時期となる。石油危機後の不況から先進国の中でいち早く回復したこと，また新中間層からの支持によって保守回帰の傾向が見えてきたことを背景に，福祉国家化の動きは抑制される。日本型福祉が唱えられ，家族の役割を強調することで，財政負担の抑制が図られる。これらを背景に行政改革が進展する（大嶽 1994）。

1980 年 7 月に発足した鈴木善幸（すずきぜんこう）内閣の下，行政管理庁長官となった中曽根康弘は，経団連会長であった土光敏夫（どこうとしお）を会長に迎え，臨時行政調査会（臨調）を設置する。この調査会は，60 年代の臨調との対比から，第二臨調と称される。増税なき財政再建を掲げ，81 年から 2 年間の審議を経て，3 公社の民営化，規制緩和などの新自由主義的改革を提言した。中曽根は 82 年 11 月に鈴木の後を受けて首相に就任し，改革を実施していく。経済的自由主義と伝統的保守主義の双方を背景としつつ，土光をはじめとする財界と大蔵省，そして首相が連動する形で，業界，族議員，個別の官庁といった政策共同体に対し改革を試みた。

まず，国際化の進展と喫煙人口減少を背景に，公社制度が足かせとなっていた専売公社の民営化に着手する。しかし，たばこ農家，小売業者，たばこ族議員の抵抗を前に，専売公社民営化法案が提出されたのは1984年8月であった（西村 2010）。まして電電公社は30万人，国鉄は40万人の職員を抱える大規模組織であり，その改革はさらに困難であった。しかし，これらの巨大労働組合の抵抗が広い支持を集めることはなかった。70年代後半の不況や石油危機に対応して合理化を進め，労使協調を達成していた民間労働組合は，公社における非生産性や官公労の政治的な運動方針に距離を置いた。そして，戦闘的な国鉄の労働組合が解体されたことで，労働界の再編がその後に続くことになる（飯尾 1993）。

1984年12月には電電公社改革3法案が可決され，翌年4月に日本電信電話株式会社（NTT）が誕生した。株式は順次，市場に放出され，参入規制の緩和に伴い誕生した第二電電，日本テレコムなどとの競争が開始された。企業形態については5年以内の見直しが附則に定められていたが，89年には先送りがなされ，最終的に97年6月の純粋持ち株会社の解禁と合わせて，東西2つの地域に分割された。国鉄については，分割方式や37兆円に上った債務の整理方法をめぐって検討にさらに時間を要し，85年7月に，6つの地域に分割された旅客会社とひとつの貨物会社，清算事業団といった分割形態がようやく決まり，87年4月にJR新会社が発足した。

規制緩和の緩慢な進展

分野別に見たとき，規制緩和の必要性が最も早くから生じたのは，金融分野である。1970年代のニクソン・ショックにより，ブレトンウッズ体制は終焉に向かう。変動為替によるレート（交換比率）調整が貿易収支を均衡させるというメカニズムが期待通りに機能しない中，アメリカから金融市場の自由化を求められる。自由化で先行する英米の金融業に対抗するためにも，競争抑制的な護送船団方式からの転換が課題となった。こうした中，79年の外為管理法改正により国際的資本移動への制約は，ほぼ撤廃された。しかし，国内預金金利規制については，85年から94年にかけて，ゆっくりとしか自由化は進まない。証券会社の反対もあり，銀行，証券，信託の3業態の子会社を通じた相互乗り入れの開始も，93年4月までずれ込んだ。

企業が間接金融を離れ自己資金調達を進める一方，家計は高い貯蓄率を維持しており，銀行は貸出先を見つけることに困難を覚えていた。財政再建路線がとられたので，国債がその資金を吸収することもなく，証券や信託も担うユニバーサル・バンクへの移行も閉ざされた。そこで融資は不動産へ流れた。円高不況を懸念しての財政出動に，資産インフレを見逃した日本銀行の利上げの遅れが伴い，景気は過熱した（上川 2005）。そのバブルが崩壊し，地価が下落したことで，銀行に残されたのは大量の不良債権であった。

土地投機の背景には，土地開発の規制緩和もあった。財政規模の縮小が図られる中で，公共事業の発注主体という役割からの転換を模索する建設省は，1983年頃から規制緩和に取り組む。「民活」と称して民間企業の企画や資金を，公共部門が担っていた都市開発などに投入しようという動きが進んだ。農水省なども同様にリゾート法を1987年に制定し，農村部でのリゾート開発を促進した。

この他に，たとえば航空輸送の分野でも，アメリカにならって，競争促進のための規制緩和が模索された。しかし，市場の制度設計を行う専門家に欠け，国内既存業者の利害調整の産物としての漸進的な規制緩和に終わった。1987年11月に日本航空が完全民営化され，全日空等の国際線就航も始まる。国内線のダブルトラッキング（同一路線に複数社が就航すること）も段階的に認められる。しかし新規参入規制の緩和は遅れ，実際に新規参入が実現したのは98年であった。需給調整規制の撤廃，料金の届け出制への変更は，2000年2月の航空法改正で，ようやく成立した（秋吉 2007）。

日本型福祉レジームの完成

第二臨調の目標のひとつは，増税なき財政再建であった。言い換えれば，間接税導入を遅らせつつ，歳出抑制に努めるということであった。歳出抑制の手段として用いられたのは，福祉政策の見直しであり，政府の歳出に頼らない日本型福祉レジームを完成させることであった。たとえば，1982年には老人保健法を成立させることで，制度間の財政調整を導入するとともに，自己負担を復活させた。この方向性は，少なくとも80年代前半には一定の効果を上げた。図**13-1**に見られるように，この時期には政府歳出の拡大は抑制されている。しかし80年代後半のバブル景気を迎えると，歳出抑制の気運は薄れ，政府歳出は再び拡大し始めた。

こうした中，1980年代前半は一般間接税の導入を凍結せざるをえなかった。88年12月，消費税法がようやく成立し，89年4月から施行された。60年代後半から70年代前半に導入が進んだ欧州諸国よりも周回遅れでの導入となった（加藤 1997；Kato 2003）。好況期にもかかわらず，福祉財源の拡充に踏み込めず，小さな政府が強調されたことで，高齢社会を迎える前に社会保障制度を十分に整えることは難しくなった。

日本型福祉レジームとしては，男性稼ぎ主モデルの完成がめざされる。1984年に配偶者控除の限度額が引き上げられ，翌年には配偶者特別控除が新設される。86年の年金法改正により国民年金の第3号被保険者制度が導入され，それまで任意加入であった専業主婦に老齢年金を保障するしくみが導入された。その裏返しに，家族形成や子育てに関する公的支援は低水準に止められた。

公社の民営化によって，戦闘的な左派労働組合の勢力は大きくそがれた。この結果，労働勢力の統一が進む。1987年に民間労働組合が統一され，89年に官公労も加わる日本労働組合総連合会（連合）に最終的に統合される。しかし統合による勢力拡大と同時に，異なる利害を内包するようになったことで，連合は90年代の規制緩和の動きに即応できなかった（久米 2005）。行政改革が旗印として掲げられる中で，公的福祉の拡充は達成されず，企業内福祉を与えられる層と，それ以外の層との乖離(かいり)というデュアリズム（二重構造）の性格が強まる（新川 1993）。この帰結は，2000年代になると「格差」として表面化するようになる。

3 政府・民間関係の歴史的変容（3）

●平成の30年

橋本行革と独立行政法人

長引く経済不況の下，政界再編を繰り返す不安定な政権運営が1990年代の基調となった。そうした中で，政府の規模や役割についても定見は失われていく。従来型の公共事業を通じた景気刺激策を実施しても，期待通りに景気が回復せず財政悪化を招く状況下，さらなる景気刺激か財政再建かをめぐって，政権の方向性は揺れ続けた。橋本龍太郎首相が消費税を5% に引き上げ，景気の悪化を招くと，続く小渕恵三(おぶちけいぞう)首相は「世界の借金王」として大規模な財政出動を行うという振幅を見せた。しかし基調としては景気刺激策がとられた結果，急速に進む高齢社会の到来とあわせ，90年代の日本は政府の大きさを拡大させていく。にもかかわらず，政府規模の拡大は，社会保障の普遍化には向かわず，格差の拡大や人々の安心感の喪失をもたらした。

こうした中で進められた橋本六大改革は，それまでの行政改革とは異なり，政府規模の変革のみならず，統治機構の改革へと踏み出した。政治と行政の関係に対する見直しの視点に加え，NPM（新しい公共管理）の視点を導入することも試みられたのである。ただし導入に際しては，日本の事情に合わせた修正が加えられた。イギリスのエージェンシーでは，企画部門と実施部門の切り離し，契約化，競争原理の導入が重視される。これに対して日本では，すでに実施の大半を外部に委ねており，新たに法人化できる部分は少ないにもかかわらず，公務員の削減のために独立行政法人（独法）が導入された。このため独法は，幅広い組織形態を許容するものとなり，その性格は曖昧になった。職員を国家公務員とする特定独立行政法人と，国家公務員としない非特定独立行政法人の双方が置かれていることは，その一例である（田中・岡田編 2000）。

1999 年 7 月に独立行政法人通則法が制定され，政府が直接実施する必要はないが，民間部門では実施困難か，独占主体による実施が望ましい場合に，独立行政法人を設置することとされた。組織管理の原則は，事前の中期計画の策定，中間段階における裁量の付与，事後的な第三者評価である。実際の開始は 2001 年 4 月となり，9 府省の 57 法人が設立された。たとえば，国立公文書館，経済産業研究所，大学入試センター，青年の家などである。このように当初は，研究，教育，文化施設が多く，特定型が 52 法人であった。その後，徐々に数を増やし，2005 年には 113 法人を数えるに至った。そこで，2007 年には整理合理化計画が策定され，08 年には，首相官邸による統制を強化した（西山 2019）。

2014 年には，組織形態に改革が加えられた。独立行政法人の性格に合わせ，中期目標管理法人，研究開発法人，単年度管理型行政執行法人という 3 つに大きく分類し，それぞれの組織目標に応じた組織ガバナンスや評価制度の導入を進めることとした。その後，個々の法人の改革や整理を進め，現在では，87 法人，うち中期目標管理法人が 53，研究開発法人が 27 となっている（2022 年 3 月時点）。残る 7 が公務員身分を有する役職員のいる行政執行法人であり，発足当初から大きく減った。他方で，研究開発法人は第 2 次安倍政権における科学技術イノベーション総合戦略（2013 年）にも位置づけられており，16年の特定国立研究開発法人制度にも見られるよう，総合科学技術・イノベーション会議の関与を強く受けるようになっている。

特殊法人改革と小泉政権での民営化

同じ頃，特殊法人がその非効率性や天下り先としての批判を受け，改革された。2001年6月に特殊法人等改革基本法が成立し，同年12月に163の特殊法人および認可法人に関する整理合理計画を閣議決定した。その後，統合や組織形態の転換が進められる。特に2003年以降は，特殊法人の独立行政法人への移行が多く，03年10月に設立された国際協力機構（JICA），04年7月の都市再生機構などがその例である。同時に，資金供給の機能を果たしてきた財政投融資の改革も行われた。資金運用部は廃止され，郵便貯金や年金の資金が自動的に流れ込むしくみもなくなった。財政投融資債という形で，市場から資金調達を行う形に切り替えられたのである。

中でも最大の改革は，小泉政権期における道路公団と郵政公社の民営化であった。規模の大きさと政治家の利害との深い関係から，改革は困難と考えられていた公団・公社の民営化を実現したのである。ただし，2つの改革に対する小泉首相の取り組み方は，大きく違っていた。

道路公団の民営化については元々，小泉の関心は高くなかった。しかし道路公団は，ファミリー企業も含めると6万人を抱える大規模な組織であり，そのことから特殊法人改革の流れの中で議題にのぼってきた。2002年6月に道路関係四公団民営化推進委員会設置法が制定され，同月には推進委員会が発足した。同時に，利用度のきわめて低い農村部の路線が取り上げられることで，無駄な公共事業の代表という批判も強まった。2つの流れが合流したことから，組織形態の問題と新規建設の問題が混交し，議論は錯綜（さくそう）した。

小泉が積極的に改革の方向性を指示しなかったこともあり，最終的に道路公団民営化推進委員会は分裂し，最終決着は政権与党の手に委ねられた。2003年12月の与党申し合わせでは，通行料を1割下げつつ，償還の45年延長と建設コストの低下を組み合わせ，直轄方式も入れることで，すでに路線指定がされていた9324kmすべての建設を行うことと，上下分離（所有権と運営権の分割）を行うことが決定された。この案を原案として，高速道路株式会社法など関係4法案が04年6月に成立した（武藤 2008）。

郵政事業については，まず橋本行革の中間報告において，郵政民営化が盛り込まれた。郵便業務に加えて，郵便貯金，簡易保険を所管する，すなわち物流業，銀行業，保険業を一体として運営し，350兆円もの資金を保有していること，それが財政投融資の原資として特殊法人を金銭的に支えていたことが問題視された。しかし最終的には，公務員身分を維持した公社形式による運営に変えるという変革にとどまり，改革への抵抗の強さを示す結果となった。省庁再編では，郵政省は総務省内の一局および郵政事業庁となり，2003年4月には職員数28万人を抱える日本郵政公社へと転換した。

小泉は元来，郵政民営化を主張しており，これを行政改革の本丸と位置づけた。2003年9月には竹中平蔵経済財政政策担当相が検討を始め，1年後には基本方針を閣議決定した。内閣改造で竹中は郵政民営化担当相を兼ねることとなる。法案では，持ち株会社，窓口会社，3事業会社，郵便貯金と簡易保険を承継する独立行政法人の管理機構といった6組織への分割，郵便事業についてはユニバーサル・サービスの維持，貯金と保険会社の完全民営化，すなわち17年9月までにすべての株式を売却することを盛り込んだ。しかし，野党民主党に加え与党議員の反発も強く，05年8月の参議院での否決を経て，衆議院の解散総選挙が行われた。その選挙を自民党が圧勝し，同年10月に関連法案が成立した（竹中 2006）。

その後，民主党政権においては，郵政民営化に反対してきた国民新党が連立与党だったこともあり，再び見直しが行われる。2010年4月には，郵政改革関連3法案が提出され，廃案に終わったものの，12年4月，窓口会社と郵便事業会社を合併し，金融2社の完全民営化を努力目標に転換する郵政民営化見直し法案が成立した。

金銭資源への傾倒——官民ファンドの例

このように紆余曲折はありつつも，特殊法人改革を進めた結果，特殊法人は，現在では，33法人のみとなっている。しかもその多くは，日本電信電話株式会社，日本郵政株式会社，6つの地域別高速道路株式会社など民営化改革の結果，生まれたものである。このように政府による政策実施からの撤退が2000年代には一層進んだ。図**14-1**が示すように，00年代の公務員数の減少は激しいものであった。04年に国立大学が国立大学法人に移行することに伴い教職員約13万人が，07年10月には郵政民営化が実施されたことで職員約28万人が，国家公務員から切り離された。

人的資源が削られる一方で，金銭資源は維持され，両者の差は広がっていく。図**14-3**では，国家公務員の労働者人口に占める比率と，中央政府の歳出（一般会計と特別会計の純計）が実質GDPに占める比率を示した。国家公務員比率が2000年代には1%を割るようになっているのに対して，歳出比率は00年代前半に上昇した分は07年に低下したものの，その後再び増加し，2000年初頭と同様の40%以上を維持している。

したがって，グレーゾーン組織の改革以降も，形を変えて，金銭は中央省庁から流れ続けている。代表例は官民ファンドである。政府と民間企業の共同出資による株式会社などを設立し，投資を行う。2021年3月末で政府から1兆5956億円の出資，5兆5213億円の政府保証がなされている。これまで1341件，4兆円あまりの支援を行い，これに誘発された民間投資は10兆円を超えるという。産業革新投資機構や日本政策投資銀行の他に，とりわけ増えたのは第2

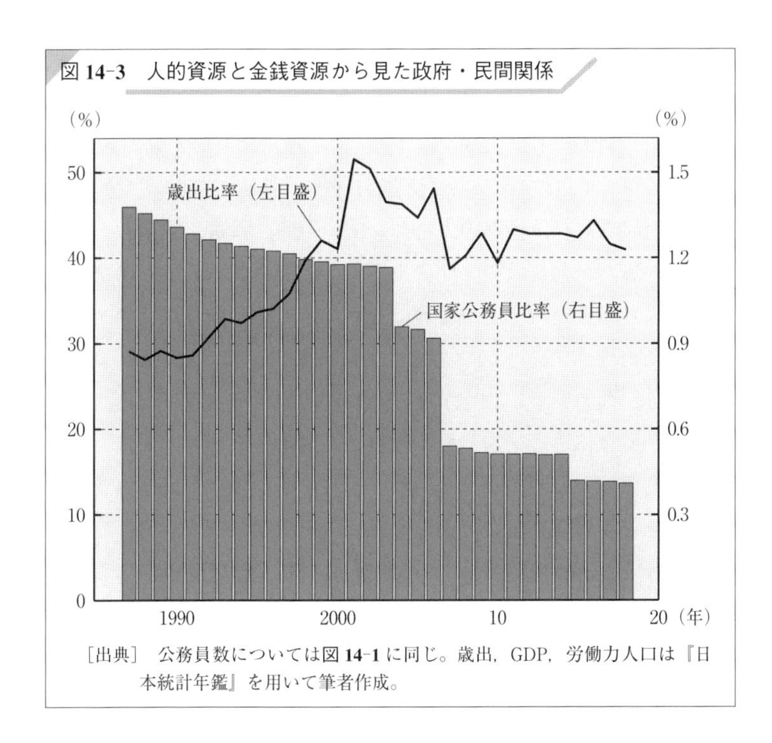

［出典］公務員数については図 **14-1** に同じ。歳出，GDP，労働力人口は『日本統計年鑑』を用いて筆者作成。

次安倍政権期であり，中小企業基盤整備機構，海外需要開拓支援機構（いわゆるクールジャパン・ファンド）など経産省所管のものが多い。現在は，文科省の科学技術振興機構，農水省の農林漁業成長産業化支援機構など 13 のファンドが存在している（2021 年 3 月時点）。一般会計からの出資もあるが，多くは財政投融資によっている。

民間ではできない投資を行うという目的からすれば，短期的な投資成果が上がらないことなどを責めるべきではないだろう。しかし，投資案件の不透明性は，安易な官製事業や特定企業との癒着の温床となりかねない（マスダ 2020）。国民の負担を原資とする資金であることからも透明性の確保は欠かせない。

PFIと指定管理者制度

2000年代には，独立行政法人と民営化以外にも，行政と民間の新たな協働が進む。PFIと指定管理者制度である。1999年7月には，いわゆるPFI法（民間資金等の活用による公共施設等の整備等の促進に関する法律）が制定された。これは，国と地方を問わず，道路，鉄道，空港，公園，水道といった公共施設や，庁舎や宿舎，廃棄物処理施設，医療施設，観光施設などの建設と維持管理について，できる限り民間事業者に委ねることを求めるものである。さらに2011年の法改正により，運営権を民間事業者に設定する，いわゆるコンセッション方式をとることができるようになった。所有権と運営権を分離することで，政府部門側は財政負担なく公共サービスを提供でき，民間事業者側は運営権を担保として資金調達を行い，自由度の高い運営ができるようになる。2020年3月までに累計818の事業が行われており，うちコンセッション方式は35件である。国の事業は約1割の86件であり，大半は地方政府による事業である。

PFI事業は，工夫次第で新たな公共サービスを提供する可能性を拡大する。建設費を含めて20年間の事業費を均すことで毎年一定金額の支払いで新設の刑務所を設置し，民間事業者の手により多様な職業訓練を可能にしたのは，その例である（西田 2012）。別の例としては，岩手県紫波町によるオガールプロジェクトと呼ばれる，まちづくり事業が挙げられる。コンセッション方式で収益施設を併設した図書館や庁舎を建設することで，人々が集（つど）う工夫を引き出し，維持管理コストを抑えた施設建設に成功している（猪谷 2016）。

民間委託についても，2003年9月の地方自治法改正によって指定管理者制度が導入された。これにより，地方政府の保有する施設の委託先は，それまで自治体出資が50%を超える外郭団体に限定されていたが，民間企業やNPO法人など各種団体へと拡大された。現在では，7万6000以上の施設で社会福祉法人や自治会，株式会社などに対して管理が委託されている。民間企業やNPOによる管理は4割ほどに及ぶ。対象となるのは，スポーツ・レクリエーション施設，公園や駐車場，図書館や博物館など文教施設，病院，保育園，児童クラブなどの社会福祉施設などである。

指定管理者制度の多くは，職員の削減を進める自治体の対応策として導入されているが，中には，公共サービスの中身を変えることにつながるものもある。佐賀県武雄市などに導入されたいわゆるツタヤ図書館は，図書館施設や蔵書について従来とは異なるものとなっており，賛否両論を呼んだ。また，施設の許可などは公権力の行使であり，たとえば，美術館の利用許可は表現の自由ともかかわる。これを行政の手から離すこともまた，是非が分かれる。

政府調達改革

政府調達に関する改革も進む。政府調達，すなわち政府部門による財やサービスの購入については，その範囲と事業者の選択方法がポイントとなる。政府調達の範囲を広げるための改革が市場化テストの導入である。2006年6月に成立した公共サービス改革法によって，原則すべての公共サービスについて，その存廃の是非，民営化の是非を検討したうえで，残るものについて官民競争入札を行うこととなった。毎年度，内閣府が中心となって対象事業を選定し，官民競争入札等監理委員会の審議を経て，実施されている。政府が落札することを否定はしておらず，テストを通じて，政府部門での政策実施を効率化させることが期待されている。21年7月までに410事業がテストの対象となり，国民年金の保険料収納，登記所での証明書交付，刑事施設の運営業務などで民間業者の参入が生じた。

事業者選択の方法については，主に公共事業における入札の方法に関心が集中してきた。談合が問題視されたことで，1990年代には一般競争入札が原則とされるようになっていたが，さらに，透明性の高い入札手続きが2001年の適正化法で導入された。しかし，ダンピングの問題には対応できないので，品質を確保するための総合評価方式の導入が，05年の公共工事の品質確保の促進に関する法律により進められてきた。

情報の非対称性を前提として，適切な事業者を選出するには，質を維持しつつ価格を下げるように評価方式を工夫するとともに，透明性を高めることが必要である。また，公共調達とは土木事業だけが対象ではなく，サービスの購入も含む。世界的にはこれらを包括的に対象として制度化が行われ，かつ，政府調達も公共政策の一種として，それを通じた技術革新の促進なども重視されている。しかし，日本ではこれらは会計法および地方自治法に規定されたままであり，公共政策として明確な位置づけがなされていない。

規制改革の進展

前節で見たように，1980年代には，規制改革はさほどの進展を見せなかった。これに対して，90年代後半以降，規制改革が継続的に進められた。流通，運輸，エネルギー，情報通信といった分野において，財界や貿易相手国からの圧力を受けての緩和が進んだ。バス事業，電力自由化（95年から発電事業参入が可能に），酒類販売業免許，酒類製造免許（ビールの最低製造量），通信事業，農業への株式会社の参入，郵便事業の民間開放，建築基準検査の民間開放などが，その例である。

たとえばタクシーについては，参入，台数，賃金に関してすべて規制がかけられていたが，97年に賃金規制が，2002年に参入，台数の規制が緩和された。また，労働規制の分野では，労働者派遣法が緩和され，1999年にポジティブ・リストからネガティブ・リストへと変更された。審議会における労使合意を基盤とした調整型の立法プロセスが，放棄されたためだという（三浦 2002）。都市計画分野でも小泉政権は都市再生特別措置法を成立させ，地区指定を行ったうえで大規模な再開発事業を容易に行えるようにした。東京都心部・臨海部を中心に高層ビル群が立ち並ぶ姿は，この産物である。

こうした改革の結果，規制によって業界の障壁を築き，競争抑制的な管理を行うという選択肢は消えた。流通，サービス面などの高コストを嫌う製造業が海外へと拠点を移していく中で，その選択肢は維持されなくなった。国際競争の激化の中で，事後チェック型に転換した点では，金融も同様である。前節で見たように，1980年代にも金融自由化は緩慢に進められていたが，改革は不十分だと考えられた。バブル経済が崩壊した後の不良債権問題が，従来の護送船団方式への批判を生んでいたこともあり，金融ビッグバン（大規模な金融制度改革）が求められた。大蔵省内部でも，世論の大蔵省批判の強さからして，組織の存続を図るためには改革推進が必要だという判断が強まる。参入規制や商品規制の撤廃，手数料自由化，情報開示制度の導入，国際標準の会計制度導入などが行われた（戸矢 2003）。大蔵省から分離された金融庁は，弁護士，会計士，情報技術職など外部の人材を大量に用いながら，創設当初は厳格な規制を，その後は規制基準の透明化と業界との共有化を進めていった。

再現制と岩盤規制

他方で，あらゆる面での規制が減っているわけではない。環境に関する規制（たとえば容器リサイクル法）や，消費者保護に関する規制（たとえば製造物責任法：PL法）など，これまでの生産者に対する規制とは異なる側面での政府の介入は，かえって強化されている面もある。規制緩和を進めても，その後の市場で期待されたような競争が生じない場合には，再規制の必要が生まれる（深谷 2012）。市場構造に応じた規制のあり方を用意する必要から，規制緩和ではなく規制改革と称することが増えている。

さらに，こうした改革にもかかわらず，依然として多くの規制が残っている。たとえば，厚労省が理容師と美容師の混在を認めないことの背景には，カット専門店に対する既存業者の抵抗があるといわれている。福祉や教育分野での参入規制も根強い。介護保険は，在宅サービスでは株式会社やNPOの参入を認めているが，施設サービスには強い参入規制がかけられ，社会福祉法人，医療法人，地方政府に限定されている。全国老人福祉施設協議会，全国老人保健施設協会などは強い政治的影響力をもち，施設の建設にあたって高額の補助金を得ている。保育所も同様であり，潜在的な待機児童は数十万人にのぼるといわれながら，株式会社の参入を実質的に禁じ，既存の社会福祉法人に供給を委ねている（鈴木 2010）。

規制改革の試みを跳ね返す規制は「岩盤規制」と称される。2000年代から現在の規制改革推進会議まで継続して改革の提案がなされ，担当大臣も置かれている。それでも残る規制は，教育，保育，医療，運輸，通信放送，観光，外国人労働者の排除など多い。

そこで，第2次安倍政権では，国家戦略特別区域，いわゆる特区による改革を試みた。首相も加わる国家戦略特別区域会議を，経済財政諮問会議などと同様の重要政策に関する会議として内閣府に設置し，特区指定により岩盤の一部から崩すことを試みた。家事代行への外国人労働者の利用や，医学部，獣医学部の新設，公園内保育所設置や特区民泊などの例がある。地方創生と結び付けられて，多面的な改革となり，特に地方政府の政治構造から維持されている保育などの規制改革に効果を上げている（鈴木 2018）。他方で，日本経済全体を見通しての改革たりえているのかという問題も残る。

福祉レジームの変容と行政

1990年代の不況は，それまでの日本型福祉レジームの前提を崩した。雇用の維持がついに破綻したのである。雇用維持を前提としてセーフティーネット（安全網）を張ってこなかったために，雇用の喪失によって一気に社会的に排除される人々が増えた（岩田 2008）。加えて少子高齢化は急速に年金と医療財政を悪化させた。しかし，90年代の対応は，さまざまな対策の寄せ集めによる弥縫（びほう）策となり方向性を失った。公共事業は雇用政策の色を濃くしながら拡大され，財政悪化の一因となった。細川護熙政権における国民福祉税構想の挫折後，2010年代の税と社会保障の一体改革まで，福祉財源全体の見直しは進まなかった。

唯一明確なのは，公務員の雇用拡大によって雇用の吸収を行うという社会民主主義型の福祉国家の否定である。2000年代に入って公務員の削減はさらに進んだ。失業率が高まる中で，公務員の雇用を拡大するという選択肢は，検討の俎上にも上らなかった。

国民年金については，第1号被保険者の4割以上が全額免除・猶予となるが，残るうちの未納率は30%（2019年度），国民健康保険の滞納率は19年度で約14%であることからも，国民皆年金，国民皆保険は大きく綻んでいる。厚生年金の加入者が1990年代後半からの10年間で約150万人も減るなど，企業は福祉の負担を回避する傾向を強めている。財政悪化を前にして，年金と医療保険はいずれも給付水準抑制と自己負担の引き上げを繰り返した。同様の流れとして，生活保護における自立支援の強調も進んだ。これらの新自由主義的改革は，国民のさまざまなリスクへの警戒心を高めることになったといえる。

分立的な制度の統合も進まない。このため，市民の間での連帯感にもとづく再分配の実施は難しい。むしろ他の制度下にある者との間の相互不信が高まっている（宮本2008）。年金はその典型例である。形式的な皆年金を実現したものの，国民年金は財政的に脆弱であり続けた。そこで早くも1985年に，基礎年金制度に変更が加えられた。各種制度共通の一階部分と称して，財政調整のしくみを導入したのである。同時に，国庫負担の割合を高めたことで，税の投入が増えた。しかし，公的年金では不十分であるといった人々の認識は強い。そのうえ，給付額の違いと財政調整が加わることで，自分たちが割を食っているといった意識が，どの集団にも生まれやすい状態となっている。

とはいえ，新しい方向がないわけではない。男女共同参画の動きや介護保険は，その例である。男女共同参画は1995年の社会保障制度審議会の勧告において明確な提言となり，その後，種々の方策が実施されていく。男性稼ぎ主モデルを根底においた日本型福祉レジームからの脱却の一歩を示している。介護保険については，消費税が高齢者問題と結び付けられたことでサービス拡充が進められ，国民福祉税構想の挫折後，介護保険制度に切り替えられた。これまでの分立的な制度とは別個に，普遍的な制度を導入した点で，日本型福祉レジームの枠外に踏み出すものである。

情報資源の不足

ICTの発達に伴う情報社会化の進展に対し，日本の行政の対応は進まなかった。まず，個人識別番号を通じた国民管理の導入に失敗した。明治以来，戸籍を通じて国民の把握に努めてきており，その後，社会保険，年金，運転免許，税務など，それぞれに番号制度を導入したまま，統合することができていない（羅 2019）。個人番号，いわゆるマイナンバー制度が2016年から使用されるようになったが，社会保障，税，災害対策といった限定した用途に用いられるにとどまっている。新型コロナウイルス感染症への対応では，国民全体を対象とした金銭給付やワクチン接種などの事業があったが，そこでも紙ベースの処理が行われたことは，日本の行政の現状をよく示すものだった。

また，それまで人々の自発的な情報提供に頼ってきたものが，社会経済の変化に伴い，うまく機能しなくなったものも多い。土地に関する情報などは典型例である。登記簿，固定資産税課税台帳，農地台帳，国土利用法にもとづく売買届出などが併存し，政府は全国すべての土地について地図情報と権利情報を網羅的に把握できていない。これは空き家問題などの原因ともなっている（吉原 2017）。

デジタル・トランスフォーメーション（DX）と呼ばれる情報技術を用いることによる政府部門のあり方自体の変化には程遠い。

人々が利便性を感じ，さらなるデジタル化を支持していくこと，行政の側でも効率化が可能となり，労働時間や環境が改善するといったことが，まだ見られない。政府が情報を集め，容易に利用できることへの警戒心や，新たなテクノロジーに対応できない人々の抵抗が見られる。

4 市民社会の発展

市民の行政参加

中央省庁における市民の行政参加について，1990年代まで用意されているものは少なかった。行政不服審査法という司法救済のしくみと並んで，行政相談課や相談所，そして行政相談員からなる行政相談のしくみがあるにすぎなかった。これが90年代には，制度的な整備が進められていく。93年には行政手続法が制定された。財界と並んで欧米諸国からも規制の複雑さや曖昧さに対して批判が強まる中，総務庁と法学者が中心となって80年代半ばから制度設計が進められたものである。また，99年に情報公開法が制定され，市民が行政に関する情報を入手しやすくなった（伊藤 2002b）。

市民の行政参加に関しては，地方政府における取り組みが先行している。たとえば情報公開については，1982年の神奈川県をはじめとして，80年代には多くの都道府県が条例を制定していた。また，オンブズマンについては，90年に川崎市が初めて設置をしており，審議会への市民委員の公募なども地方政府では2000年代に広がりを見せている。しかし中央政府では，これらは導入には至っていない。他方で，行政手続きの整備に関しては，むしろ中央政府の方が先行した。中央政府での導入後は，地方政府でも導入が進んだが，行政指導を多用しており，それとの関係を調整する難しさがあった（伊藤 2002a）。

サードセクターの勃興　サードセクターは1980年代まで発展を見なかった。町内会・自治会が根強く存在しており，それを通じた地域における公共問題の解決や行政包摂型の政治・行政への参画がなされてきたことが，その背景にはある（ペッカネン 2008）。公益法人の許可制度に見られるように，営利企業以外の結社形態を認めず，公の官による独占という発想も強かった。

1995年に発生した阪神・淡路大震災の際，さまざまな形態での共助活動が見られたことが，サードセクターの重要性を認知させる契機となった。98年3月に特定非営利活動促進法（NPO法）が成立する。その後，NPOは急速に数を増やしたが，2017年度に5万1867を記録したのちは減少に転じ，21年7月時点では5万841となっている（図**14-4**）。また，アメリカのように，税金の代わりにNPOに寄付することを通じ，サードセクターによる公共問題の解決を市民が支援することは定着していない。寄付金控除など税制上の優遇措置を受けるには，別途，認定を受ける必要がある。12年4月施行のNPO法改正では，認証・認定を一元化して地方政府が担うようにしたことで，11年度の244から増えたものの，現在でも1209にとどまる（2021年12月時点）。

NPO法に引き続き，営利企業以外の法人設立において公益認定を官庁が独占するという考えも変化し，公益法人改革に結実した。行政改革大綱（2000年12月閣議決定）において公益法人への行政関与の改革が掲げられ，改革が進んだ。2006年5月に法案が可決され，08年12月から施行された。公益認定と法人格付与を一体として官庁が行っていたことを改め，法人格付与を容易に行えるようにしたうえで，公益認定等委員会が公益認定を行う。公益認定を受けた場合，公益目的事業は非課税となり，また個人寄付金は所得の4割まで，ほぼ全額を所得から控除できる。既存の公益法人は，5年以内

図 14-4　NPO 法人および公益法人数の推移

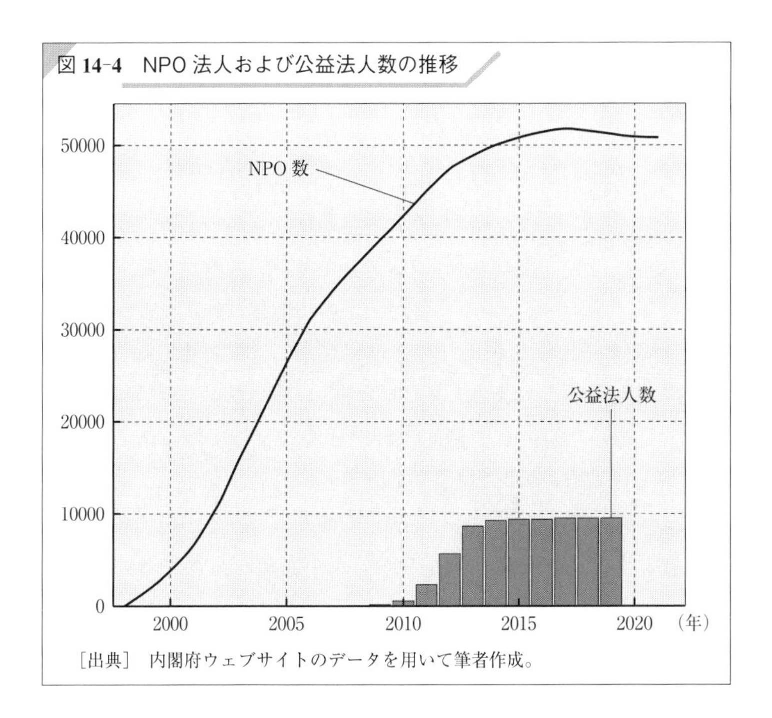

［出典］ 内閣府ウェブサイトのデータを用いて筆者作成。

の移行が求められた。移行が終わったのちは若干の増加にとどまり，現在は 9500 強となっている（図 **14-4**）。

民主党政権においては，2009 年に鳩山由紀夫首相が所信表明演説で「新しい公共」を掲げ，特命担当大臣も設けるなど，サードセクターの役割を強化しようとする方向性を示した。しかし，ここまで述べてきたように，こうした動きは 1990 年代以降，綿々と続いてきたものであり，民主党政権になって突然登場したものではない。そして少なくとも法人数で見る限り，2010 年代半ば以降，サードセクターの拡大は止まっている。

5 日本における政府の腐敗とレントシーキング

公務員の汚職

日本の公務員の腐敗については，かつてはいわゆるノンキャリアの職員や地方公務員の収賄や着服が中心であった。刑法上の汚職犯は戦争直後が多く，1950年には8000人を超えたが，50年代半ばには急速に低下した。汚職検挙数は60年代を通じて2000件弱であったが，その後，さらに低下を続け，90年代以降，数百件程度となっている。これらの大半は，中央省庁の出先機関や地方政府において発生している。

ところが，こうしたノンキャリアや地方における汚職の低下と相反するように，1980年代後半を境に，事務次官や局長といった上層部における不祥事が頻繁に見られるようになった。まず，政官財全体を巻き込み，ロッキード事件と並ぶ戦後最大の疑獄ともいわれる88年のリクルート事件である。就職情報企業であるリクルートの創業者江副浩正（えぞえひろまさ）は，子会社であるリクルートコスモスの店頭登録前の株を，政治家，官僚，マスメディア，金融機関の幹部など70名以上に譲渡した。文部事務次官，労働事務次官，電電公社総裁・NTT社長がいずれも起訴され，執行猶予付き懲役の有罪判決が言い渡されている。

金融不安が続く中，1998年には大蔵省の金融機関への検査の甘さが指摘されたが，その背景には，金融機関からの接待があるのではないかという疑惑が持ち上がる。東京地方検察庁特捜部は，第一勧業銀行の総会屋への利益供与事件の捜査の中から，こうした実態を明らかにし，7名の官僚を起訴した。大蔵省も内部調査を行い，証券局長を減給とするほか100名以上に処分を行った。各銀行がMOF担と呼ばれる接待担当者を置いていることや，性風俗店を用いた接待内容が報道されたことで，官僚への不信は大きく高まった。その後も98年の防衛庁調達実施本部背任事件，2006年の防衛施設庁談合事件など，調達や公共事業をめぐる談合が発覚した。いずれも官庁と関連する業界や天下り先団体が関与していた。

さらに，この時期には官僚トップによる2つの大きな汚職事件が起こる。1996年の岡光厚生省事務次官の収賄事件と2008年の守屋防衛省事務次官の収賄事件の2つである。岡光序治（おかみつのぶはる）は96年7月に厚生事務次官となったが，その4カ月後，老人保健福祉部長だった当時，社会福祉法人から金銭を受け取り，特別養護老人ホームの補助金交付への便宜を図ったことが報じられ辞任した。2003年に懲役2年，追徴金約6300万円の実刑が確定した。

守屋武昌（もりやたけまさ）は，2003年8月に防衛事務次官に昇任し，異例にも4年以上次官にとどまった。退任後，防衛関係の専門商社である山田洋行から，1990年頃から2005年頃までにわたり接待を受け，調達の便宜を図ったと報道された。収賄罪および偽証罪で起訴され，懲役2年6カ月，追徴金約1250万円の実刑を受けた。

岡光の事件は事務次官経験者初の実刑となった。その後の守屋の事件とあわせ，官僚がもつ利権は幅広く，贈収賄の可能性が遍在していることを示している。同時に，岡光は介護保険法の成立，守屋は普天間基地移設問題などで大きな役割を果たした人物でもある。つまり，業界とのさまざまな関係を築くという第Ⅰ部で扱った「調整型官僚」の功罪両面が，よく示されている。業界と官庁の間の密接な関係が生み出す問題，すなわち民間企業のレントシーキングが汚職事件を引き起こす構造が，その根底にはある。

天下りとは何か

政府の腐敗の問題として特に非難が集まるのが，いわゆる天下りである。天下りについては，公務員の人事管理の問題でもあるが，その点は第Ⅱ部で論じた。ここでは，政府と市場の関係の視点から検討を行う。

天下りとは俗称であり，その意味するところは曖昧であるが，限定的にいえば，国家公務員が退職後，官庁の外郭団体や公益法人，民間企業の上級の役職へ，官庁の斡旋(あっせん)によって再就職をすることを指す。その際，高位の役職でありながら職務実態に乏しく，さらに数年ごとに他の団体や企業へと渡り歩く度(たび)に，多額の退職金を得ていく。なお，より広義には，天下りとは，地方公務員による同様の再就職や，国家公務員が地方政府へ移ること，さらに民間企業における本社幹部の系列会社などへの再就職にも使われることがある。

天下りは，戦前にも例がなかったわけではない。しかし規模が大きくなったのは，1960 年代以降である。90 年代以降，社会的な批判が強まるまでは，必ずしも否定的にとらえられてきたわけではない。規制としては，戦後の国家公務員法において服務規程の一環として，つまり職務上知りえた情報の漏洩を防ぐために，再就職に関する規定が置かれていた。何度かの変更があるが，2007 年に改正するまでの規定は，退職以前の 5 年間の業務と密接な関係のある民間企業への再就職は，人事院の承認がない限り，退職後 2 年間禁ずるというものであった。つまり，業務と無関係であれば民間企業でもかまわず，また民間企業以外の特殊法人などへの再就職には特段の規制がかけられていなかったのである。

2007 年の国家公務員法改正により，省庁別の斡旋を禁じ，内閣府に設置する再就職等監視委員会と官民人材交流センターによる一元的管理を行うことになった。また，事前承認制度を廃止して，再就職後，出身官庁への働きかけ行為を禁ずる規制へと変更された。天下り斡旋の全面禁止をマニフェストに掲げて政権に就いた民主党は，新たなセンターや監視委員会の設置を盛り込んだ法案を 2 度にわたって国会に提出したが，いずれも審議未了に終わった。その結果，官民人材交流センターによる斡旋は現在も続いているが，独立行政法人の役員については民主党政権が発足して以来，公募に切り替わり，現在もそれが続いている。

天下りの問題点　優秀な人材が再就職の機会を得ることや，官民での人材交流それ自体が即座に問題を生むわけではない。天下りを公務員の特権ととらえ問題視する意見もあるが，民間部門でも優秀な人材が組織的な斡旋を受けて再就職を行うことは頻繁に見られることである。

しかし，ガバナンスの問題として天下りをとらえると，天下りは政府の腐敗・レントシーキングに含まれうる。問題となるのは，次の2つの形態である。第1に，特殊法人などのグレーゾーン組織が，天下りのポストを確保するためにつくられることである。そうした外郭団体に国費が投入されるのだから，これは税金により私腹を肥やす政府の腐敗形態となる。第2に，民間企業が天下りを受け入れるかどうかは民間企業の判断なので，かまわないともいえない。民間企業が天下りを受け入れるのは，その見返りを期待しているからである。つまり天下りはレントシーキングを助長しうる。

第1の，天下りを維持するための外郭団体について見てみよう。中野雅至（なかのまさし）の調査によれば，外郭団体は天下りの主たる受け入れ先であり，かつての特殊法人であれば役員の8割が中央省庁の退職者，2000年代においても，独立行政法人の役員の4割，特殊法人の3割が中央省庁の出身者であるという（中野 2009）。すでに述べたように，日本の場合は，国家公務員数を抑制的に運用してきた代わりに，広く外郭団体や関連業界と連携しながら業務を行ってきた。したがって，外郭団体のすべてが天下りのために設置されているわけではない。しかし，明らかにそうとしか思えない団体も多い。職員数に比して理事など役職者数が多く，業務の多くを丸投げしているような場合である（野口 2010）。

第2の天下りがレントシーキングを助長する可能性については，どのような民間企業への再就職が行われているのかが参考になる。

近年の課長級以上の退職者は毎年1500人程度であり，ほとんどが再就労している。そのうち，民間企業への再就職が35%程度，公益法人，社団法人，財団法人が3割程度，自営が15%，残りが政府や独法となる。省庁別では，経産省（製造業，エネルギー産業，商社へ），旧運輸省（陸海空の運輸業へ），旧郵政省（情報通信産業へ），財務省（金融業へ）といったところが民間企業への再就職が多い。

こうした実態から推測するに，民間企業の側が受け入れを要請しないのに府省の側が押しつける力をもっているわけではない。早期退職の慣行も崩れつつあり，府省が丸抱えで再就労の面倒を見てくれることもなくなった。しかし同時に，民間企業への再就職は，規制が強く残る産業分野ほど多いことからは，規制と天下りの一定のつながりを推測することは可能であろう。

演習問題

〔1〕 1960年代から2010年代まで，概ね10年ごとの，日本の政府の規模の変化と公共政策の特徴を，簡潔にまとめてみよう。

〔2〕 現存する独立行政法人として，どのようなものがあるのかを調べ，そのいくつかについて，なぜ独立行政法人に移行されたのかを調べてみよう。その組織が独立行政法人という組織形態をとることが適切かどうかについても，考察してみよう。

〔3〕 省庁による業界の規制や補助，調整型官僚，汚職，天下りの間にどのような結び付きがあるのかを考えよう。それは行政の側が作り出したものなのか，民間の側も荷担したものなのか，そしてその答えの根拠は何かを考えてみよう。

第15章 ガバナンスの様態を規定する要因

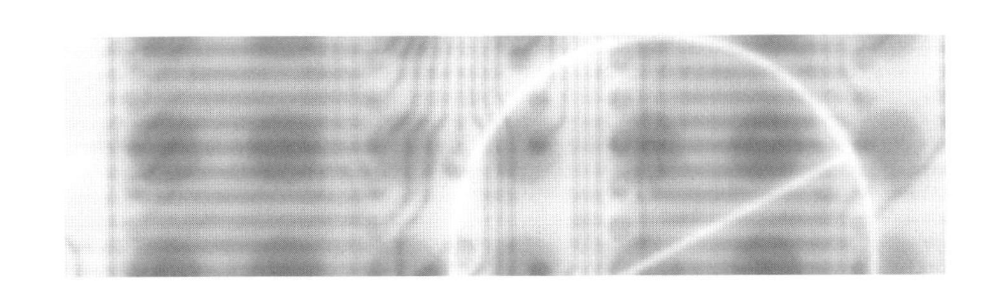

政府が公共政策として対応すべき問題とは，いかなるものだろうか。実際には，どういう問題に対応しているのだろうか。この2つの問いを，本章では追究する。第1の問いに対する経済学の解答を見た後，第2の問いについての政治学の解答を整理する。①対応すべきか否かという理念の影響。②対応を要求する側とそれに応える側それぞれの利益。③政治制度による応答されやすさの違い，といった3つの議論である。さらに，政策対応をとる場合に，どの資源を用いるかを決める要因についても考えていこう。

1 政府・民間関係を規定する理念

● 市場の失敗・政府の失敗

行政に対する需要と供給

さまざまな問題が社会に存在する中で，政府が解決に乗り出すのは，どのような問題だろう。「政府に何とかしてもらいたい」という私たちの要求は，いかなる場合に聞き入れられ，政策対応がとられるのか。言い換えれば，公共問題として政府が解決に責任を負う問題と民間部門の手に残す問題は，どのような理由で線引きされるのか。政府と民間部門の間には，いかなる分業が成立するのか。これらが，政府と民間部門の関係を規定する要因についての基本的な問いである（フッド 2000）。

この問題を考える出発点として，まず，ある公共問題に対して，人々が政府による対応を求めているか否か，政府の側が政策課題として対応すると認定したか否かを組み合わせてみよう。これは，公共サービスに対する需要（行政需要）と行政による供給の関係ということもできる。さらに，実際に対応がなされているか否かとは独立して，それを政府の責任領域とすべきか否かを考えることができる。すると，2×2×2 の合計 8 つの類型が生まれる（図 **15-1**）。

市場における生産者であれば，必ず需要に応えると想定できる。需要とはすなわち利潤獲得の機会なので，利潤追求を目標とする生産者が，それを逃がすことはない。しかし行政需要に対して政府が常に応えるとは限らない。政治家や官僚の目標が行政需要の充足である保証はない。また，行政に対する需要のすべてを満たすことが正当とされるわけでもない。私的利益の確保のために，政府の活動を要請するレントシーキングに対しては，それに応えないことが正当な行為となる。

理想的な姿を示しているのは図 **15-1** の②と⑧である。それ以外は，そこからの何らかの逸脱を示す。①はいわゆる「政治的決定」であろう。③は政府の怠慢ということになる。④は過剰な要求に対し政府が正当に拒絶をしたということになる。⑤は政府の自己利益追求である可能性が高い。⑦は政治的非決定である。評価が難しいのは，⑥の場合である。要求が上がっていないことは民主制として問題を抱えているという考え方があるだろう。しかし，要求を出したくても出せない人々の声を酌み取ることにこそ，間接民主制における政治家の役割があるという考え方もある。さらに，行

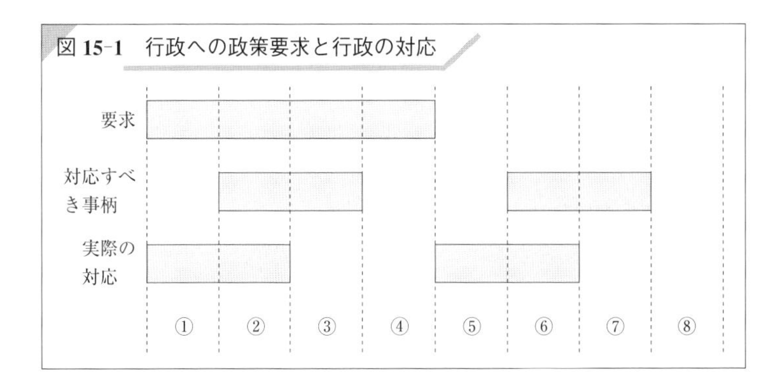

図 15-1　行政への政策要求と行政の対応

政にもそうした役割を求める考え方もある（☞第Ⅰ部）。

政府の政策の是非を考えるうえでは，この8つのどれに該当するのかを丁寧に考えなければならない。たとえば人々の要求に政府が応えないというだけで，即座にそれを非難するのは間違っている。それが③なのか④なのかによって評価は変わってくる。あるいは人々が要求も出さず，政策対応がなされない場合は，人々の目にとまりにくい。それが⑧の場合ならばよいが，⑦の場合は大きな問題を抱えているのである。

経済学の視点と政治学の視点

このうち，②，③，⑥，⑦とそれ以外との境界線を提示するうえで，経済学が果たす役割は大きい。政府と市場が対であるため，経済学は市場を主たる分析対象としつつ，政府の責任領域についても反射的に議論を展開してきた。そして，効率性という明確な評価基準から規範的な議論を提示してきた。

これに対して政治学では，自由や平等などさまざまな価値基準が提唱され，それが政府の活動といかなる関係にあるかを一義的に論じることができず，経済学ほど強い規範的議論を提示できていない。政治学がむしろ強みをもつのは，人々がいかなるときに要求を出すのか（①から④とそれ以外の区別），実際に政府が対応を行うのはいかなるときか（①，②，⑤，⑥とそれ以外の区別），それはなぜなのかという実証的な議論である。

以下ではまず，経済学において政府が果たすべき役割は，どのように議論されているのかを見る。そのうえで，実際に政府が政策対応を行うか否かは，いかなる政治過程によって決まるのかについて，政治学の知見を紹介していこう。

市場の失敗とは何か

経済学では，完全市場は効率的な資源配分を達成することを前提とし，市場の失敗が生じる場合に政府がそれを補完することを求める。

広い意味で市場の失敗といわれているものの中には，2種類の問題が混在している。

第1は，そもそも市場が達成するとは想定されていないこと，つまり所得分配の是正である。市場における価格メカニズムを利用した需給調整は，パレート効率的な資源配分，つまり，そこから誰かの状態を向上させると他の誰かの状態は悪化するという意味で，それ以上の改善が不可能な配分を達成する。しかしそれは，結果としての所得の分配状態とは無関係である。所得の格差の拡大は，平等の理念に反するという考えがあるだろう。また，そもそも心身の障害などの問題から市場での参加が不可能な場合にも，所得を保障する必要がある。

第2は，市場が最適な資源配分を行うことを阻害する要因である。こちらが狭義の市場の失敗と呼ばれるものである。この狭義の市場の失敗が生じる条件は，4つにまとめられる。①生産費用の逓減（ていげん）による独占の発生，②外部性の存在，③公共財の供給，④情報の不足である。以下，順に説明していこう。

通常の生産においては，生産量が増大するにつれて限界費用は増加する。しかし中には，それが低下する生産物も存在する。大きな初期投資を必要とし，ある程度の投資なくしては収益が上がらないネットワーク構築型の産業が該当する。交通，電気，水道，電話などが該当する。この場合は，ある企業が一度成立すれば，他の企業が参入することは難しく，独占が成立しやすい。独占企業は競争がないために価格をつりあげられる。したがって，社会的に効率的な規模よりも過少供給となる。

外部性とは，ある主体の活動が他者に便益なり費用なりをもたらしているにもかかわらず，それに価格がつけられていないこと，つまり市場で取引されていないことを意味する。便益を与える場合は外部経済，費用をかける場合は外部不経済という。外部経済を発生させても対価を要求できないので，供給のインセンティブはそがれる。逆に外部不経済については，他者に与えた損失を補償しなくてよいので，過剰供給がなされやすい。外部経済の例としては，借景（自己が所有しない風景から得られる景観）が挙げられる。外部不経済の例は，汚染物質の排出である。

公共財とは，非排除性と非競合性という2つの性質を備えた財である。非排除性とは，対価を支払わない者による消費を排除できないことである。非競合性とは，その財を消費する者の数が増えても，すでに消費している者の消費を妨げないことを指す。非排除性ゆえ，公共財の消費を特定の者に限ることはできないし，非競合性ゆえ，特定の者に限定する理由もない。しかし，これでは消費者が対価を払う動機がないので，生産者は十分な対価を得られず，供給がなされない。たとえば，他国からの軍事侵略から生命を守るというサービスを民間企業が供給しようとしても，契約者だけを守るようミサイルを打ち落とすのは不可能であり，非契約者の命が助かることも悪いとはいえない。したがって，こうしたサービスを契約しようという人はおらず，この商売は成り立たない。

最後に，消費者は自分の財やサービスへの需要を知っており，生産者も自らが生産にどのくらいの費用がかかるかを知っているという前提は，情報が不足していれば成り立たなくなる。消費者から見て，生産者の質やその行動を知ることはできないので，財やサービスの質，たとえば安全性などを判断できないことは多い。建築物，交通機関，食品などは，その例である。また，消費者は通常，工業製品の製造プロセスを知ることはできない。これらについては，生産者の側に安全性の確保などを義務づける必要が生じる。他方，生産者が自らの生産費用を知っており，価格に応じて生産量を調整するという前提も，実際には成立しがたい。将来の需要予測は難しく，今後どのような技術革新があるかもわからない。このため，長期間使われる設備への投資や長期にわたる人材育成を最適な規模で行うことは困難である。

政府の失敗とは何か　これまで概観してきた所得再分配と4種類の市場の失敗という問題は，確かに市場では解決できない。しかし，それらを政府ならば解決できるという保証があるわけではない。政府もまた種々の失敗を犯す存在である。政府の失敗についての経済学の視点からの研究は，公共選択論によって進められた（ブキャナン＝タロック 1979）。

第1に，政府は往々にして，民間部門のレントシーキングの対象となる。また，政府を動かす人間自身が自己利益の追求に走る腐敗（ふはい）も起こる（☞第13章）。

第2に，政府部門の活動は非効率になりやすい。非効率な経営であっても淘汰されるということがなく，効率的な運営を行うインセンティブに欠ける。ソフトな予算制約の問題とも呼ばれる。

第3に，たとえ政府が公益を目標とし，効率的な運営のインセンティブをもつとしても，市場の失敗を解決する能力をもつとは限らない。たとえば，外部性の解消には，外部経済・不経済がどれだけの量になるかを算定し，どのような形で発生側と受け手側に費用と便益を割り当てるかを決めなければならない。本当に必要な公共財を提供するには，公共財に対する人々の需要を掌握し，費用に対する便益を正確に予測することが求められる。

民間部門での技術革新が進めば，規制などをかけようにも，その基準設定を行う知識が政府部門の側にはないことも増える。第Ⅰ部で論じたように，政治との関係では行政は専門性が高いとみなされてきたが，民間部門との関係では行政の専門性が低いことも多い。情報技術の発展は，そうした傾向を強める最たるものである。

政府の失敗と市場の大きさの比較

市場の失敗と政府の失敗の大きさは，社会や経済の変化によって左右される。第1に，技術の発展の影響がある。たとえば自動車という便利だが危険な交通手段が発明され，人々に利用されるようになると，規制の制定，免許制度の運用，道路整備など政府の活動が求められる領域は大きく拡大する。別の例として，固定電話は物理的な電話線を網羅的に引く必要から，初期の生産費用がきわめて大きい。しかし携帯電話の場合は，基地局の設置などに必要な初期投資の額は固定電話に比べれば低く，電波もある程度の数に分割可能である。したがって携帯電話事業は複数企業での競争が可能となる。このように技術の進展は市場の失敗を変化させると同時に，技術革新が政府部門の理解を超えたものになっていくことで，政府の失敗の大きさにも影響する。

第2に，市場の失敗と政府の失敗の大きさは，経済成長の程度に影響される。経済活動を支えるための社会基盤を整備する必要などが発生し，再分配できるだけの所得が生まれると，政府の役割は大きくなりやすい。また，経済構造の変化の影響も大きい。主要な産業の転換が進む時期には，それまで主流であったセクターの所得が相対的に低下するので，所得再分配の必要性が高まる。グローバル化は，市場と政府の双方が担う役割に多面的な影響を与える。たとえば，変動為替相場制の下で資金の国際的な移動が進めば，財政政策の効果は打ち消されてしまう。国内で独占企業が存在していても，他国の企業が参入可能になれば，企業間競争が生まれうる。

第3に，社会の人口構造（デモグラフィック）の変化も，市場と政府が果たす役割に影響を与える。たとえば高齢者は，生産活動から退くことによって所得が低下するとともに，心身能力の低下から医療サービスへの需要を高める。自分の寿命はわからず，また，健康を損ねる可能性もわからないので，こうしたリスクに対応するための保険が必要になる。このように高齢層特有の，市場では供給されにくい財やサービスへの需要は，政府の役割の拡大に結び付きうる。

2 アイディアの政治

アイディアの政治とは何か

政府が解決すべき問題に対する経済学からの回答は実際にも強い影響力をもってきた。ケインズがかつていったように「知的影響から自由なつもりの実務家も，二流の経済学者の奴隷」なのである。しかし，学問的知見がいつでも自動的に影響力をもつわけではない。また，経済学が追求する効率性だけが，政府と民間部門の分業を考える際の唯一の基準ではない。では，どのような考え方が，いかにして公共政策に反映されていくのだろうか。

こうした問いに解答を与えようとするのが，アイディアの政治と呼ばれる実証政治学の一潮流である。たとえば，政府の失敗という新たな概念が実際の小さな政府につながるためには，まず，政府が失敗しているという状況が多くの人に認知されることが重要である。そして，その問題状況に対して，政府を立て直すのでは不十分であり，政府自体を縮小しなければ，抜本的な解決は図れないという言説が力を得ることが必要になる。

利益ではなく理念やアイディアが公共政策に影響を与えるという場合には，特定のアクターがもつアイディアが強く政策を動かすことよりも，アイディアがさまざまな人々の間に共有されることで力をもつことが多い。したがって，アイディアの政治は，政策ネットワークにおけるアイディアの広がりを描くことが多い。

政府の役割と価値理念

理念やアイディアが具体的にどのように政策に結び付くかについては，大きく3つの議論がある。第1は，政府の役割が何かという価値観のレベルで考える議論である。第2は，政策や政府のあり方として，どのような選択肢があるのかという議論である。第3は，ある政策や政府のあり方が何をもたらすのかという帰結に関する知識や情報のレベルで考える議論である。

第1の価値観に関しては，まず，何を権利とみなすかという法的な考え方によって，市場の役割と政府の役割は変化する。一方では，世界人権宣言（1948年）に見られるような生存権の保障は，政府による所得再分配を後押しした。

個別の問題への対応が政府の責任とされるか否かにも，アイディアは大きく影響する。時に，複数の政策領域を横断する形で価値理念が影響を与えることもある。環境の持続可能性という理念は，既存の政策領域を横断するような観念の代表例である。国連が設定した持続可能な開発目標（SDGs）などは，その具体化である。

もうひとつの代表例は，ジェンダー（社会的に形成される性別）意識のあり方である。たとえば，戦後になって核家族と専業主婦に特徴づけられる「近代家族」が成立したが，ジェンダー革命によって1970年代以降，性別役割分業の見直しが進む。こうした理念の変化は，雇用機会などに関する労働政策，ケアの担い手に関する福祉政策，再生産に関する教育政策などに，広く影響を及ぼす。この他にも，言葉を作り出すことで，政府の責任領域が拡張する例としては，「セクハラ」をはじめとする各種のハラスメント行為やストーカー，DV（家庭内暴力）など，従来は私人間の関係とされて政府が介入しなかった課題が多い。

選択肢の提示

第2の政策や政府のあり方についての選択肢を提示するアイディアに移る。

ひとつの例は，排出権取引のような考え方の提示である。環境を汚染する排出物に対しては，規制という政策手段しか考えられてこなかった。しかしここで，排出権という権利を割り当てれば，排出権取引という形で当事者間の調整が可能となる（コース 2020）。

別の例として，人的資源を使った直接供給か，そうでないかという選択肢は，公私の二分論を前提とする限り自明視される。PFIやPPPといった新たな手法は，この二分論を前提としないところから生まれる。公私二分論を離れることで，民間部門やサードセクターによる公共問題の解決を促進することが進む。あるいは，独立の執行機関の利用や契約化は，もともとは1980年代に実践が先行したものであった。これにNPM（新しい公共管理）のラベルを貼ることにより，それについての理解が進み，アングロサクソン諸国から他国へも広がりやすくなった。

市場と政府の活動の帰結についての認識

第3は，市場や政府の活動がいかなる帰結をもつのか，言い換えれば，市場の失敗や政府の能力についての認識である。これは，具体的な政府や市場の活動の観察や大きな事件などにもとづきながら，時代ごとに変化する。1930年代には市場の限界が強く認識されるようになった。それまで景気悪化に伴う失業は，景気循環の副産物であり自然に解消するものとされてきたが，ケインズの議論は市場の調整能力の限界を人々に認識させた。

しかし1970年代以降は，政府の失敗を大きくとらえる見方が強まった。その背景には，科学技術や社会の制御などに関する人間の能力に対する評価の低下があった。宇宙への進出や戦後の好景気を謳歌(おうか)していた時代には，政府の能力への信頼も高かったが，公害，ヴェトナム戦争，管理社会への抗議運動などが頻発し，スタグフレーションに見舞われ，ウォーターゲート事件が起こるという中で，政府の能力への信頼もまた失われていった。

さらに1980年代後半に共産圏が崩壊したことは，政府の能力への懐疑を深めた。共産圏諸国における消費財の不足や腐敗した官僚制の実態が明らかになり，政府の失敗の大きさを見せつけられた。そこから，計画経済に代表される大きな政府の時代は終わったと多くの人が感じるようになったのである（フクヤマ 1992）。

政治思想と政府の役割

政治思想とは，ここまで見てきた3つの側面をまとめたものといえる。つまり政治思想は，自由や平等などの価値理念，政治がなしうることといった行動の帰結，そして民営化などの選択肢の提示，といったアイディアの政治の3つの側面をパッケージ化したものといえる。多面的な要素を包括することで，思想としての力は強まる。

たとえば，19世紀までの古典的な自由主義に対して，20世紀の前半には，自由放任主義を批判し，個人が個人として真に存在できる条件を政府が整えることを求める「新」自由主義が生まれてくる。これが，環境や性といった非物質的な争点が浮上してくる1970年代に力を落とすと，自由放任主義が再び「新」自由主義として提唱される。こうした新自由主義が，80年代の規制緩和や民営化改革をもたらした要因であるという主張も多い。日英それぞれの行政改革を対象とする研究は，その例である（大嶽 1994；豊永 2010）。

さらに2000年代については，自己責任論の強調が，市場重視の改革の背景にあるという考えもある。1980年代の一億総中流化のような行き過ぎた平等主義が経済の活力を失わせしめ，結局はその経済停滞が格差社会を生んでいるという形で，平等主義と経済停滞と格差社会を結び付ける言説が力をもった。ここに，2000 年代の市場志向の改革の源泉を見るのである（森 2008）。

政策の窓モデルと非決定権力

ここまで見てきたように，新たなアイディアが政策転換を生み出すとしても，常にそうだというわけではない。むしろ消え去っていくアイディアの方がはるかに多い。この両者の違いを明らかにするためには，アイディアがアジェンダ（政策課題）にのぼっていくプロセスを見る必要がある（笠 1989-90）。

政府の責任領域外とされてきたことについて，政策対応が求められるうえで，重大な事故や災害の発生が契機となることは多い。逆に，そうした事件が起こらない限り，政策対応がとられないままに放置されていることも多い。あるいは，争点の特徴が大衆の関与の程度を変え，紛争の拡大につながる。社会的意義があり，広く将来に影響が及び，わかりやすく斬新な争点ほど，紛争は拡大しやすい（シャットシュナイダー 1972）。また，マスメディアの働きも重要になる。どのような言説が現象に対して与えられるかによって，争点化の成否が分かれることもある。

逆に，争点化を抑制するような権力，すなわち非決定権力や，争点化を抑制する前決定過程が存在する場合は，新規のアイディアは葬り去られやすい。非決定権力とは，通常の権力が何か行為を行わせる力であるのに対し，行為を行わせない力を指す。権力の所在や作用を感じ取ることすらできないような権力形態も，その一種である。アメリカの地方政府における大気汚染問題への対応を比較した研究では，US スチールの企業城下町では，明示的な影響力行使がないままに厳しい環境規制が回避されたことが明らかになった（Crenson 1971）。

こうした前決定過程についての研究を取り入れて，政策形成過程についてのモデルを提示したのが，キングダンの政策の窓モデルである（キングダン 2017）。政策形成過程は，政策課題の認識，解決策の模索，最終的な承認という直列的な流れではなく，実際には並列的な流れであり，これらが契機を得て合流することで政策が実現する。課題の認識と政策案の時間的順序を固定しないことと，合流を引き起こす事件の存在を重視することが，このモデルの特徴である。

例として食の安全を取り上げよう。食の安全は生存にとって重要な問題だが，公共政策における対応は不十分だった。食品衛生法（厚労省），JAS 法（農水省），景品表示法（公正取引委員会）が食品にかかわる法制度として存在してきたが，人々の健康はどの法律の直接的な目的でもなかったのである。たとえば食品衛生法は，食品というモノとそれにかかわる業者を規制する法律であり，人々の健康はその反射利益にすぎない。また，飼育されている牛それ自体は，これらの法律のどの対象にもならない。「肉」になって初めて法律の対象物となるのである。こうした状況が改善されたのは，1990 年代後半から頻発する O157 食中毒，2000 年の雪印集団食中毒事件，01 年の BSE 問題，そして 02 年の牛肉の産地偽装事件といった一連の食品安全関係の事件を受けてであった（☞第 6 章）。

3 利益による説明と政治過程論

公共サービスにおける需給調整

アイディアが政策に反映されるか否かの分かれ目は，人々の受容にあることをここまで見てきた。しかし，人々の利益も公共サービスに大きく影響する。人々は，公共サービスの受け手であるだけでなく，政府部門への資源の供出者でもある。負担と便益がそこには生じる。そこで，自分の利益への考慮が生じる。

市場においては，消費をするか否かは消費者の自由であり，消費しないならば負担もない。消費者はいくらの負担で，どれだけの財やサービスを得るかをセットで決められる。生産者はやはりどれだけのコストでどれだけの売り上げを得るかをセットで決める。これは，個別の財やサービスごとに価格を設定できるからである。

これに対して公共サービスの場合には，財やサービスごとに価格は設定されない。政府が提供する財やサービスは包括的に扱われ，その全体に対して税を負担する。税を受け取ったら，政府がどのサービスをどれだけのコストをかけて提供するかを決定する。つまり，公共サービスに関しては，複数のサービスに対して事前に支払いをするが，具体的なサービス内容は事前には確定していない。他方で，前払い方式であることは，一度支払えば期間中はサービスを受け取れることから，不必要な消費を引き起こしやすい。

税の中には目的税のように，特定の公共サービスに対して負担するものもある。しかしこの場合でも，各人からすると，負担の大きさと受け取るサービスの量には関係がない。つまりこれは，単一サービスの前払い方式ということになる。また，公共サービスの場合でも，交通機関や水道事業のように料金制をとる場合もある。この場合，消費者側は自らの負担と受益を考慮して，消費量を決定する。しかし，生産価格の決定は政治的な決定によるので，市場と全く同じではない（表**15-1**）。

たとえば日本の医療，介護，保育サービスは，いずれも利用者が一部を負担する料金制になっている。加えて，医療と介護の場合はリスクを共有するために保険が導入されている。この料金や保険料は政府が決定する。供給する主体は主に民間事業者であるが，そこに支払う報酬も政府が決定する。ここで料金の設定が低すぎれば，過剰な需要を引き起こし，生産者に支払う費用が低すぎれば供給不足を引き起こす。現在の日本の医療，介護，保育が抱えるのは，こうした問題である。たとえば医療の場合には，保険料での独立採算

表 15-1　公共サービスと民間市場での取引

		負担と便益	
		比例しない	比例する
生産者による価格設定	複数のサービス	税によるサービス供給	（不成立）
	単数のサービス	目的税によるサービス供給	料金制によるサービス供給
需給バランスによる価格設定		（不成立）	民間市場での取引

ではなく税から補塡することで，消費者側の負担を下げている。自己負担の３割という額は国際的には高いが，高齢者や乳幼児医療の無料化などが過剰な需要を発生させている。逆に生産者側では，診療報酬が開業医に有利な歪(ゆが)みをもつため，勤務医，とりわけ小児科医などが不足する事態を招いている。介護や保育についても，需要者負担と供給者への報酬の双方が低いため，需要過多と供給不足，そして財源不足が生じている（鈴木 2010）。

可視性と過剰な需要，過剰な調達

このように，公共サービスにおける需給メカニズムは，費用と便益や利潤との結び付きがないために，過剰な需要と無駄な生産を生み出しやすい。しかし，金銭資源はそれでもまだ可視性が高い。他の資源に関しては，社会や経済の側がどれだけの資源を提供しているのかが見えにくい。私たちは規制のためにどれだけの自由を手放しているのか。限られた優秀な人材の中のどれだけを政府部門が吸収し，どれだけが民間部門に残るのか。世の中の情報のどれだけを政府は把握しているのか。このように考えていくと，量的な把握が難しい資源ほど，どれだけの負担をして，どれだけの公共サービスを受け取っているのかも，理解しにくいことがわかるだろう。

可視性が高いほど負担感は強まり，それに向けられる目も厳しくなる。そのことは負担を下げようとする圧力を高めやすい。このため，可視性が高い財源や権限は不足がちになる。財政赤字や規制権限の不足が，そこから生まれる。逆に可視性が低い場合には，負担感が低いので，政府による資源の吸い上げに目が届きにくい。このために過剰な資源移転が行われ，政府の側に余剰が生じやすい。公務員が過剰な雇用を抱えることや，多大な情報を収集することが起こりがちである。もっとも，負担感は社会における稀少性によって変わるので，農業社会などで人手の重要性が明らかな場合などは，人的資源を調達されることの負担感は大きくなる。

他方で，資源の消耗性にも違いがある。資源が減耗する程度，言い換えれば，利用後の再調達が必要になるかには違いがある。権限と情報という資源は耐久性が高い。ルールを策定し，人々がそれに従うという行動をとる，あるいは情報を提供し，人々がその情報にもとづいて行動をとることによって，その権限や情報が消えてなくなるわけではない。これに対して，金銭や人的資源は使えば減衰していく。補助金を社会の側に渡せば，その金銭は政府の手からは失われるし，政府職員を政策実施に用いれば，それに見合った金銭を職員に与える必要がある。最も苛烈（かれつ）な政策実施である戦争の遂行の場合には，文字通り，人的資源が失われていく。

調達の負担感が強く，消耗性が高いために頻繁に資源を調達しようとすれば，政府の側に社会の抵抗を押し切るだけの力が必要となる。戦争中に徴兵を行い戦地へ投入することは，その意味で強い政府だけが行いうる。権限という資源も政府の強い力がなければ行使し難い。逆に，情報は強制力の弱い政府でも用いうる資源である。

安上がりという観点からすると，消耗性の高い金銭や人的資源は不利になる。先に見たような，民営化，民間委託，PFI の利用といった傾向が進んでいるのは，安上がりの政府を求める傾向の反映でもある。こうした2つの動きが重なると，政府が情報資源に依存する割合が高まることになるだろう。

多元主義とエリート主義

ここまでは，人々を一枚岩でとらえ，その利益に注目してきたが，当然，人々の中でも利害が異なるさまざまな人々がいる。さらに政府を動かすのは政治家や官僚であり，それぞれ自己利益を有する。利益の衝突の中で，どのようにして政策は決まるのか。そのとき，アクターとして主に社会の側に注目するのか，政治家や官僚に注目するのかによって2種類の議論がある。前者は多元主義やエリート主義と呼ばれる議論であり，後者は国家論と呼ばれる。

社会の中で本当のところは誰が政策を左右する力をもつのか，公共政策に誰の利害が反映されるのかという問いは，戦後の行動論以降の政治学の主たる関心であった。(ダール 1988)。そうした力をもつ者の数が少ないのか多いのか，力をもつ者は固定的なのか否かが，そこでの注目点であった。3つの形態がそこから導かれる。多数の人々が入れ替わり立ち替わり影響力を行使する流動的形態，少数の固定的な人々が影響力を保有する一元的形態，そして，多数の人々が一定のパターンをもって影響力を行使する形態である。なお，影響力を行使する者が少数であれば，それが入れ替わる可能性はないので，少数かつ流動的という形態は存在しない。

実際の政治過程でよく観察されるのは，流動的な形態であると主張したのが集団理論（group theory），一元的な形態であることを主張したのがエリート主義（elitism），多数者ではあるがそこにパターンがあることを主張したのが多元主義（pluralism）と呼ばれる議論である。すなわち，さまざまな社会集団が参加し，それらの圧力の合成として政策が決まっていくという理解が集団理論である。これに対して，実際にはその中で影響力をもちえているのは，きわめて少数であることを説くのが，エリート主義である。政官財の三者の結合を強調する鉄の三角形論，その中でも財界の力を強調するマルクス主義が含まれる。多元主義はこの両極の間に位置し，争点ごとに影響力を行使するアクターは少数で限定的だが，あらゆる争点を通じて影響力を行使するアクターは存在しないと理解する。

集団理論，エリート主義，多元主義の境界線は相対的なものにすぎない。たとえば，労働者の制度的な参加に注目するネオ・コーポラティズムといった議論は，エリート主義と多元主義の連続線上に位置づけることができる。あるいは多元主義であっても，争点ごとの影響力構造の違いが固定化されていると考えれば，その安定性が強調される。日本の政治過程について主張された「仕切られた」多元主義は，その例である。他方，争点の移動や拡大に注目すれば，そのダイナミクスが強調されることになる。

これらの議論は現実の描写としてだけではなく，規範的な主張でもあった。人々にとって政治は人生の余興であり，それに恒常的に関与することなく済ませられることは好ましいがゆえに，多元主義は肯定される。また，集団理論のように多方面からの圧力の均衡として政策が帰結するとき，政策の変化は漸進的になる。これは，人々の知識や情報処理の限界ゆえに，漸進的な政策変化が望ましいというインクリメンタリズム（☞第8章）と親和的である。

福祉政策の事例

利益の衝突が政策内容を決める代表例が，再分配政策である。

失業保障や疾病保障などを求める労働者と，そうした負担を嫌う資本家層が対立した結果，前者が勝つことで福祉政策が拡充されるというのが，その最もシンプルな考え方である。その代表である権力資源動員論は，労働者の組織化の程度や他の集団との連携がその鍵になると考える。資本の国際移動が容易になると，資本が退出の脅しをかけることによってその発言力が増すので，福祉政策は従来よりも低位へ収斂（しゅうれん）するという議論も，その裏返しといえる。

エスピン‐アンデルセンの福祉国家の類型論（☞第13章）でも，類型の違いは労働組合の戦略の違いという観点から説明されており，この系譜の議論だといえる。労働者階級が20世紀前半には農家との連携，いわゆる赤と緑の連合を組み，のちには普遍主義的給付による給与所得者との連携，いわゆる赤と白の連合を組むことができれば，社会民主主義政党が政権をとれる。すると，普遍的福祉政策，公務員数の増大による雇用の確保といった社会民主主義型の福祉国家が実現する。これに対し，社会が宗教や家族といった中間団体に規定されており，労働者も産業別に組織化されている場合は，キリスト教民主主義政党が強力になり，保守主義型の福祉国家が成立する。ここでは政府による福祉は補完的で，公務員の規模も小さい。また，社会を仕切る枠を崩さないように規制が多い。最後に，労働者の組織化が進まず，労働市場が普遍的な場合は，保守政党が政権をとることが多く，自由主義型の福祉国家が成立する。福祉サービスは抑制され，規制が少なくなる（エスピン‐アンデルセン 2001）。

こうした議論に対して，企業・資本家は福祉国家を否定しているとは限らないという見方が最近では強い。労働者の組織化が衰え，グローバル化が進む現在でも，福祉国家は消滅せず，各国の違いも根強く残っている。そうした現象を，労働者に注目する議論は説明できない。実際には，企業・資本家にとっても福祉が必要な理由がある。それは，労働力の向上（技能の形成）を社会保障政策が支えるからである。業界特殊，あるいは企業特殊な技能形成を促進するためには，技能取得への投資が無駄にならないよう，雇用を保障する必要がある。そうした雇用保障の機能を福祉国家が担っているのである。自由主義型市場経済と呼ばれるアングロサクソン諸国に対し，調整型市場経済と呼ばれる欧州大陸諸国では，企業や資本家が，政府による福祉か，職能別の福祉を通じて，労働者の技能形成を促進しようとしてきたのだととらえられる（ホール＝ソスキス編 2007）。

国家論とネットワーク論

エリート主義であれ多元主義であれ，政治家や官僚といった政府のアクターは基本的には受け身の存在と想定しているが，彼らもまた自身の利害をもち，それを政策に反映させようとする。この点に注目するのが，国家論（statism）である。さらに，ここまで取り上げた社会の側に注目する議論と国家論が結び付くことで，政策ネットワーク論が生まれる。

政治家や官僚の利益が政府の責任領域や政策手段の選択に影響する例を見ていこう。第1に，政治家にとって官職は重要な利益配分の道具であったが，それがメリット・システムの導入によって困難になると，国営企業やグレーゾーン組織をその代わりに利用するという議論がある。これらの組織は官僚の天下り先として使われることから，官僚の利益にも合致する（☞第14章）。

第2に，政治家の利益の観点から，民営化などの説明を行う議論が挙げられる（Boix 1998）。たとえば，第二臨調改革を中曽根康弘首相の政治的野心から，あるいは官公労対策として説明する見方がある。サッチャーによる民営化は，資産を所有させることで有権者を保守党支持に転換させる戦略であったという見方も，この例である。

第3に，官僚の利益が政府の所管を左右することから，政府の責任領域の変化を説明する議論もある。電電公社の民営化は，情報技術分野に進出しようとする通産省と，この領域を保持し，政策官庁に転換しようとする郵政省の所管争いの結果であり，そこに収入増をもくろむ大蔵省が乗ることで成立したという見方がある（ヴォーゲル 1997）。他方で，官僚にとっては組織を維持することが最終目標といえる。所管する業界の利益を守ることが通常の選択であっても，業界利益のための規制に対して批判が高まっており，さらに自己の組織への批判も強まっているならば，そうした規制を放棄することはありうる。1990年代に大蔵省が金融制度改革を行ったのは，その例である（戸矢 2003）。また，組織の中核部分を維持するために周縁部分を切り捨てるという選択がとられることもある（Dunleavy 1991）。民営化や独立行政法人化が，そうした観点から説明されることもある。たとえば，社会保険庁の日本年金機構への改組などは，その例として挙げられよう。

政策提供の方法と行政官の利益

どの資源を使ってどのように政策を提供するかの決定も，行政官の裁量が働くところであり，それゆえ，彼らの利益が，そこに反映される。こうした実態を描くのが政策実施研究である（Pressman & Wildavsky 1973）。森田朗（もり たあきら）は，自動車運送業に対する許認可事業を題材として，免許の出し方には，一定基準を満たした全員に対して免許を出す資格試験型と，一定の定員を定め上位の者から免許を出す採用試験型があることを明らかにした。ある行為が他者に危険を及ぼすため，一定の知識や技能を証明しない限り，その行為を禁止するのであれば，免許は資格試験型であるべきだろう。しかしこの場合，免許をもつ者の数は制御できない。免許を得ることが営業機会を得ることにつながる場合，免許数はその業界の競争の程度を左右する。既存業者の倒産を防ぐという他の目標を行政がもつようになると，採用試験型をとるようになる（森田 1988）。

政策実施における他の例としては，規制の取り締まりの際，どの程度の目標を設定するかというものがある。ひとつは目標志向の基準であり，もうひとつは費用志向の基準である。前者の場合，達成すべき水準をまず設定し，それを達成するように資源を投入していく。後者の場合は，投入できる資源の量を決めたうえで，それに応じてできるだけの結果を得ようとする。たとえば自動車の速度規制取り締まりで，違反者撲滅をめざして日夜取り締まりをするのが前者であり，1日1時間と時間を決めてできるだけの取り締まりをするのが後者である。行政官の選好が理想とする社会の実現にあれば，前者の目標設定がとられるかもしれない。他方，できるだけ少ない労力で，できるだけ多くの賃金を得るところに行政官の選好があるならば，後者の目標設定を行うだろう（フッド 2000）。

規制の取り締まりに際しては，どの程度強く取り締まるかという問題に加えて，取り締まりの手段も選択可能なことが多い。たとえば，屋外広告物については，設置許可の判断を行い，違反に対しては指導，助言・勧告が可能である。しかし実際には，申請時には事前相談にのるとともに，違反に対しては指導により対処する。職員が業者との紛争を回避しようとするからである。ただし，議会や首長からの強い要請があれば，それに応えていく。担当職員たちは，規制実施に伴うさまざまな費用を計算し，低い費用で抑えられる選択を行っている（伊藤 2020）。

ごみ収集の回数や時間帯は，清掃工場の搬入時間が決まっている中で，残業を発生させないことから逆算して時間帯と作業量を決めている（藤井 2018）。それは，収集員の利益の反映である。同時に，住民の利益からすると，分別は面倒だし，家の近くに清掃工場は建設してほしくない。しかし，分別ルールを守らないごみ出しは，作業員の作業時間を増やしたり，時には焼却装置などを壊したりする。また，清掃工場建設への反対は，遠くの清掃工場までごみをもっていかざるをえない状態を作り出してもいる。あらゆる政策実施には，関係するアクターの利益が反映されている。

4 制度による説明

ゲームのルールとしての制度

なぜある争点が政府の公共サービスの対象となり，そこでなぜある政策手段が選ばれるのかを考えるうえで，ここまでの利益やアイディアによる説明は一定の答えを与えてくれる。しかしもう少し掘り下げて考えてみると，新たな疑問が浮かんでくる。たとえば，なぜある政治アクターは決定に参加でき，他のアクターは参加できないのだろうか。政治アクターたちの自己利益が何になるかは，どのように決まってくるのだろうか。これらの問いに答えるには，政治的な決定を行っていくゲームのルールがいかなるものなのかに注目する必要がある。こうしたルールのことを制度と呼ぶ。

政府の責任領域や公共サービスの提供手段を制度の観点から説明する方法としては，大きく分けて2つのものがある。ひとつは，制度によって誰がそもそも公共サービスへの要求を伝えることができるかが変わることに注目するものである。もうひとつは，選挙制度や執政制度などの政治制度のあり方によって，政治家が社会のどの部分の声に応えようとするのかが変わることに注目するものである。このことは，政治と行政の関係を規定する要因としての制度についての議論と深く関係する（☞第3章）。

人々の参加の制度

最も基本的な参加の制度は，選挙権・被選挙権の与え方である。選挙権の拡大や女性参政権は，政府の規模を拡大させる効果をもつ。

次に，人々が直接的にどの程度政策形成にかかわることができるかも，政府の大きさや公共サービスのあり方に影響を与える。たとえば，国民（住民）投票のしくみがあることは，公共サービスを拡大するのだろうか。実証的な研究のほとんどは，アメリカとスイスにおけるレファレンダム（国民投票）やイニシアティブ（国民発案）の効果を測定したものである。それらによると，歳入・歳出を抑制する効果が大きいという。要求が伝達されやすくなる効果よりも，政治的関心や理解が高まることで，要求と負担の結び付きを理解できるようになるという効果の方が上回るからだと考えられる（Frey & Stutzer 2006）。

選挙制度・執政制度と政策選好

選挙制度は，2つの経路を通じて，政権を担う政治家が追求しようとする政策に影響を与える。第1の経路は，政党の数を規定し，それを通じ，政権が連立政権となる確率を変更する。第2の経路は，議員の集票や有権者の投票基準が議員個人となるか政党となるかを変える。これは議員の追求する政策が個別利益を志向するものか，集合利益を志向するものかに影響する。

選挙区定数は実質的な候補者数を規定し，ひいては政党数を規定する。そして政党数に違いが出れば，政権構成も違ってくる。連立政権の場合は，連立与党を構成する各党の主張や選挙基盤に応えようとするので，政府の規模は大きくなりがちである。このことは計量データにもとづく国際比較でも確かめられる。

政権を構成する勢力を規定するという意味で，執政制度が政府規模に与える影響も大きい。大統領制では，必然的に行政府を構成する勢力はひとつに絞られるので，その点では，政府の規模を縮小させることに寄与する。ただし大統領制の場合は，大統領が所属する政党と議会の多数党が食い違う分割政府が発生しうる。両者が同じ政党である統一政府の場合に比べて，分割政府の場合に政府規模が拡大することも，実証研究による支持が与えられている。また，議院内閣制では，多数派を形成するためには票の交換を行う必要が出てくる。それが，委員会制度や政党を通じて制度化されていく。こうした制度化が進むほど，予算規模は大きくなりやすい（Persson & Tabellini 2000，2003）。

次に，選挙における投票が議員個人を基準としたものか，政党を基準としたものかは，投票の方法に規定される。候補者基準の投票であれば，議員の政党に対する自律性は高く，個別利益を政策に反映させようという志向が強まる。政党基準の投票の場合は，その逆が生じる。前者の場合には，政府の規模は拡張しがちである。

福祉国家類型の選挙制度による説明

福祉国家の類型に対しては，労働者と企業それぞれの利益による説明，生存権や連帯といった概念による説明を紹介してきたが，選挙制度による説明も提示されている。1960年代まで，北欧諸国とアメリカの福祉支出の差は大きくはなかった。その後に差が拡大するが，この時期に労働組合の力はどこも弱体化している。そこで注目されるのが選挙制度である。日本やイタリアのように，個別利益志向の強い選挙制度の下では，福祉国家も分立的なものになりがちである。小選挙区制だと右派に有利になり，比例代表制は左派に有利になる傾向がある。中間層は再分配を好まず，二大政党しかないならば保守政党を選びがちだが，比例代表制では第三党として社会民主主義の政党と連立を組みうるからである（Iversen 2005）。

日本における福祉国家の変容も，選挙制度の変化によって説明できるという議論がある（Estévez-Abe 2008）。日本型福祉レジームの特徴である，公共事業や競争抑制的な規制を通じての雇用保護，そして分立性の強い社会保障制度は，中選挙区における自民党議員の再選戦略に沿ったものだった。企業別年金や福利厚生に対する税制の優遇に見られるように，企業を対象として利益が配分された。これが連立政権と小選挙区中心の選挙制度に移行することで，議員の再選戦略を組織化されていない利益に重点を置くものに変えていった。育児休暇や介護休暇，エンゼルプランと呼ばれた子育て支援，介護保険制度の導入など，個人を対象とする福祉サービスが次第に拡充されたのである。

代表的官僚制

政治制度とは別に，行政に関する制度が公共サービスのあり方や腐敗の抑制などガバナンスのあり方に影響するという議論もある。そうした制度の例が代表的官僚制である。第1章でも述べたように，官僚が社会の構成を反映することを求めるのが代表的官僚制の考え方だが，この実現の程度はマイノリティの積極的採用などの制度によって大きく異なる。このことは規範的な主張であるにとどまらず，実際に公共サービスの状態に影響することが，多くの研究で示されている。このうち，女性の代表性がもたらす影響については，第4章で述べた。

人種による違いは，とりわけ公共サービスの対象者の人種との組み合わせによって，大きな違いを生むことが，近年では，フィールド実験などによって明らかにされてきている（White et al. 2015）。政策領域として，代表性の影響が特に大きいのが，警察である。日々，大量の執行業務が行われる領域であるとともに，どのような人々がいかなる理由で犯罪を行うのかについての認識が業務遂行に影響を与える。したがって，警察官の性別や人種の違いは，執行状況を変え，治安サービス全体の質にも影響する。たとえば，女性の警察官は，人々の警察への信頼感や公正性を向上させている（Riccucci et al. 2014）。

演習問題

〔1〕 新聞記事などを参考にして，図15-1の①から⑧に当てはまる具体的なケースを探してみよう。どのような経緯の結果として，その位置づけとなったのかについても調査してみよう。

〔2〕 次に掲げる政策において，誰がどのような利益（および不利益）を受けうるだろうか。また実際に，その政策分野において改革が行われた場合にはその帰結や経緯を調べてみよう。

①放送と通信の融合（テレビのインターネット配信など），②司法制度改革による弁護士の増員，③食品規制の強化，④宅配便による信書の取り扱い

〔3〕 アイディア，利益，制度といった説明方法を使って，第14章で叙述した日本の政府・市場関係の特徴や変化を説明しよう。

第16章 ガバナンスの様態の帰結

政府による公共政策は，私たちの社会や経済に何をもたらすのだろうか。行政による資源の投入と産出は，どのように調整されているのかという点から説き起こしていこう。その産出物が政策の受け手となる人々や企業の応答を引き起こし，その相互作用によって社会が変わることが政策効果となる。こうした一連のプロセスを理解したうえで，それをどのように評価できるのかを考えよう。そこから，行政が失敗するとはどういうことかまでを理解してほしい。

1 政策活動の投入と産出

政策の
投入・産出・効果

政府による政策活動がどのような帰結をもたらすのか，政策活動の結果として何が生まれるのかを考えるにあたっては，まず，リソース（資源）の投入（インプット：input），政策産出（アウトプット：output）そして政策効果（アウトカム：outcome）の3段階からなる流れを理解することが重要である。インプットは，社会から権限，金銭，人員，情報の4つの資源を調達し，政策活動に投入すること

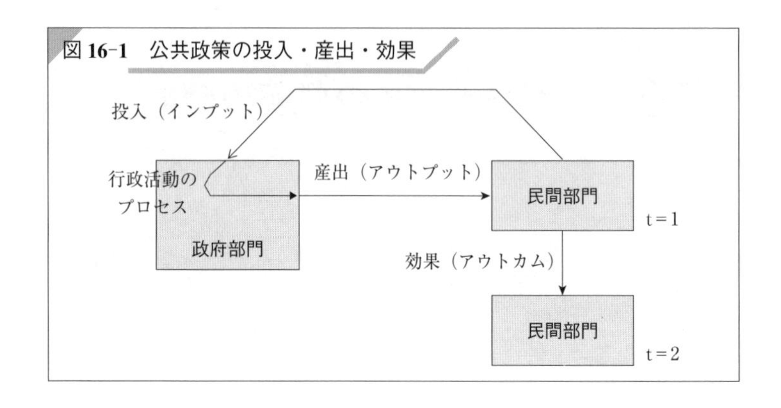

図 **16-1**　公共政策の投入・産出・効果

である。政策のアウトプットとは，行政活動の直接的生産物であり政策出力とも呼ぶ。アウトカムとは，政策活動が社会・経済に与えた影響を意味する（図 **16-1**）。

ごみの収集を例として考えてみよう。収集に当たる職員といった人的資源が投入され，収集が実施されるという産出が生まれる。その効果は，街の美しさ，衛生状態，人々の健康状態である。収集がなされずごみが散乱すれば，悪臭があふれ美観も損ねる。それにとどまらず衛生状態の悪化を招き，人々の健康状態をも損なう。そもそも廃棄物処理が行政の責務となったのは，都市の非衛生が 19 世紀に多くの伝染病を蔓延させたことへの対応としてであった。

資源の選択と政策産出

次に，資源がどのように政策実施に用いられ，政策産出に結び付くのかを考えよう（Hood 1983）。産出への結び付き方に注目すると，2 つの軸から整理できる。第 1 は，産出が直接，社会や経済に働きかけるか，間接的な形をとるかという軸である。第 2 は，人々の行動に対する働きかけなのか，物理的な側面への働きかけなのかというものである。

直接的な資源の使い方とは，政府の働きかけに対して，どのように行動するか，民間部門の側が裁量をもたないということである。

人的資源を用いる場合は，政府職員自体が政策実施を担うので，民間部門側に裁量の余地はない。権限は民間部門の活動を求め，あるいは禁じ，それへの罰則をかけうるという強制性をもつ。だからといって違反する者は皆無ではないが，正面からそれが肯定されているわけではない。これに対して，金銭資源や情報資源を用いた働きかけは，あくまで人々や企業のインセンティブ（誘因）や判断の材料を変えることで，その行動を一定の方向に誘導するにとどまる。この間接性のゆえに，政府の政策目標の実現の程度は，政府が民間のアクター（行為主体）の行動原理をどこまでよく理解し，適切な誘因や情報を与えることができるかにかかってくる。

もうひとつの軸として，権限と情報とは，実体をもつ存在ではないので，対象者の行動を変容させることが政策のアウトプットとなる。人々の特定の行動を活発化させる，あるいは抑制することが，これらの資源のアウトプットである。他方で，人的資源と金銭資源は，物理的な存在であり，働きかけの対象も人々だけではなく，自然環境などを含む。

取引費用の経済学

では，どの資源を用いるかによって，どのようなメリット・デメリットが生じるだろうか。参考になるのが，市場か企業かという問いに対して，効率性の観点から解答を与える「取引費用（transaction cost）の経済学」の視点である。これにより，直営か民間委託かという問い，言い換えれば，人的資源と金銭資源のどちらを用いるべきかという問いを考えることができる。そのことは，権限と情報資源にも援用できる。

まず，取引費用という概念を説明しよう。経済活動において，最終的な財やサービスを提供するための生産過程は，いくつもの段階に細分化できる。このとき，すべてのプロセスを市場で購入したり外注したりしないのは，市場での取引には取引費用がかかるからである。複数の生産者の中から生産物の質や価格についての情報を収集する費用，契約条件の取り決めや交渉にかかる費用，契約履行を確認し，違背があった場合に再履行や損害賠償を求めるのにかかる費用が，取引費用である。これらは，いずれも情報の非対称性が生み出す費用である。この費用が大きいとき，外部調達ではなく内部での生産が選択されるべきなのである（コース 2020）。

取引費用を左右する条件を解明したのが，ウィリアムソンによる企業の生産形態とその帰結に関する議論である。内部生産のメリットは，モニタリング（監視）の費用が低く，仕様の変更などにも柔軟に対応できる点である。外部調達のメリットは，複数主体間での競争を導入できること，外部主体の自発性と創意工夫が期待できることである。逆に，それぞれのデメリットはその裏返しとなる。内部生産の場合は，競争の不在に伴う非効率性を抱え込みやすく，外部調達の場合は，モニタリング費用の増大を招きやすい。したがって，外部に供給主体が多く存在し，業務が定型化されており変更の可能性が小さく，成果物の観察が容易ならば，外部調達を行うべきである。これらの条件が欠けているならば，内部生産の方が効率的である（ウィリアムソン 1980）。

モニタリングの問題は，事業の不確実性が大きい場合に，特に困難になる。事業失敗の原因が，事業主体の努力不足などに起因するものなのか，事業主体には回避できない外部の要因によるものなのかを区別しがたいからである。外部の要因によって結果が左右されるリスクが存在する限り，そのリスクを誰がどのように分担するかを決める必要がある。政府と民間事業者のうち，リスクを受容できる側がより多くのリスクを分担する形で合意がなされなければ，外部調達は難しくなる（Hood 1976）。

これらの議論を援用しつつ，働きかけの対象が人々の行動なのか，物理的環境なのかという軸も組み合わせると，次のようにいえる。人的資源を用いた政策産出は，多様な業務を確実に遂行し，さまざまな対象への働きかけが可能である。しかしこれは，最も高くつく政策実施形態でもある。金銭資源も同様に，さまざまな対象への働きかけが可能である。使い方にもいろいろな可能性がある。他方で，金銭を渡す相手に対する事前，事後の統制をうまく行わなければ，無駄になる可能性が高い。

この逆に，最も安上がりといえるのが情報資源を用いた政策産出である。しかしこれは，人々の行動原則などを理解していない限り，的外れなものに終わる可能性も大きい。同様に安上がりな方法でありつつ，より確実性があるのが権限という資源の特徴であるが，これは人々の強い反発を生む可能性もある。

2 政策効果の発生

政策の執行を容易／困難にする要因

政策効果は，政府部門と民間部門の合同作品である。政府部門の政策活動を受けて民間部門がどのように変化するかによって，政策効果が決まる。政策の対象者はいつも素直に公共サービスの受け手になるとは限らない。それが対象者に負担をかけるものであれば回避しようとし，それが便益を与えるものであれば，本来の対象者以外もそれを求めることがあるだろう。こうした条件の下で行われる執行の容易さを左右する要因としては，次の4つを挙げることができる。①対象者の確定が容易であること，②対象となる行為を補足するポイント，いわば関所が存在すること，③違反に対する不利益を課すことができること，④社会・経済の側の受け入れがあることである（フッド 2000）。

4つのポイントを敷衍（ふえん）していこう。①たとえば禁酒法を制定したところで，容易な酒造方法が一般に知れ渡っているならば，取り締まり対象者を確定することは難しい。これに対して，たとえば自動車の製造にあたって使用できる金属に規制をかける場合には，対象となる自動車メーカーは確定しやすい。

②自動車保有者に対する強制保険（自賠責保険）は，それを納付している証明がなければ車検に通らないので，未加入者はほぼ皆無である（逆に車検制度のない原付バイクの場合，加入率は7割程度といわれる）。質屋を警察が所管することで盗難に対する取り締まりを容易にしようとすることや，農産物の流通に対する規制が緩まったことで農作物泥棒が多発するようになったことは，換金化できるポイント（場所）を政府が押さえることの重要性をよく示している。

③規制をかけても罰則がなければ，違反の抑制は難しい。「お酒は20歳から」ではあるが，飲酒した未成年者への罰則はない（販売者や親権者は処罰対象）。他方で，違反した場合の不利益は処罰だけではない。たとえば出生届を出さないことは，戸籍法の罰則以上に，その後の教育や社会保障，選挙権などを失うことが，遵守の誘因となる。

④工場が騒音規制法に違反する行為をすれば，周辺住民からの通報があるだろうが，自動車が制限速度を多少上回っているからといって通報があることは稀（まれ）であろう。その規制の意義が社会的に受容されているほど，違反者に対する社会の目も厳しく，行政による取り締まりをサポートしてくれる。住民間の相互監視が厳しい社会では，行政の政策実施は容易である。

違反者の類型と対応戦略

規制政策が効果を発揮するかどうかは，規制に対する違反行為をどの程度抑制できるかにかかってくる。それには，違反者が違反をする理由に応じた対応をとる必要がある。この点を整理したフッドの研究にもとづいて，違反者の類型と適切な対応をまとめたのが表 **16-1** である（フッド 2000）。

表 16-1　違反者の類型と対応の選択肢

違反者の類型	周知（情報）	物理的制止（金銭）	制裁（権限）	適応（人員）
善意	有効	有効	場合により副作用	効果なし
機会主義	効果なし	有効	有効	効果なし
異議申し立て	効果なし	効果なし	場合により逆効果	場合により有効

［出典］フッド 2000：第3章から筆者作成。

ルールの存在や内容を知らない違反者に対しては，まずはルールを知ってもらうことが適切な対応となろう。いきなり制裁を加えることは，場合によっては行政や政府への反発を強めかねない。これに対して摘発されるならば遵守するが，摘発されないならば違反しようという機会主義者は，ルールの存在を知ったうえで違反をしているのだから，周知戦略は効果をもたない。確実に制裁を加えていくことが有効である。

これら二者については，物理的に違反が困難な状態をつくれば，たとえば，通行禁止の道路に柵を置けば，わざわざ違反をしないだろう。しかし，ルールの正当性自体を否定している違反者であれば，柵をどけてでも通行をするだろう。こうした異議申し立てに対しては，ルールに違背する理由を尋ねる適応戦略が必要な場合もある。政府の決定や行政の活動が無謬（むびゅう）ではない以上，人々の側に政策の執行を問い直す機会を設ける方が，ルールはルールなので有無をいわせず従わせるというよりも適切な戦略でありうる。

このように違反を犯す理由に応じて，適切な行政の対応は異なる。たとえば，労働基準法や労働安全衛生法で設けられている規制に関して，日本の労働基準監督署は，そもそも刑事処分も可能な権限を有していたが，1990年代頃まで違反を摘発しても勧告などにとどめることが多かった。しかし近年では，処罰に踏み切るケースが増えている。これは過労死の増大などを受けて，サービス残業などが社会的に問題視されるようになったこともあり，使用者側の違反理由を機会主義的理由と考えざるをえなくなってきたためだといえる。

規制対象者の数や性質によって，違反者の性格はかなりの程度規定される。対象者が限定的であり，長期的に対象者であり続けるという場合は，違反を犯した者が善意であるとは考えがたいが，規制が複雑ならば，その可能性はゼロではない。たとえば環境規制の場合など，規制対象物質を排出する事業者が明確であり，また，それらは廃業しない限り対象者であり続けることから，自発的な規制の遵守へと誘導することを行政は好む。とりわけ日本の行政機関は，規制対象者との長期的関係を重視して，違反を摘発した場合も適応戦略をとることが多い（平田 2009）。これに対して，所得税法違反のいわゆる脱税行為の場合，対象者の数がきわめて多く，違反行為をした者の中にも，あらゆる理由で違反を犯した者が含まれている。こうした場合には，適切な対処をとることは難しい。

つまり，違反者には複数のタイプが存在するが，そのどれであるかは行政の側にはわからないという情報の非対称性が，執行問題の根底にはある。そして，違反者の側は意図的に自らのタイプを偽りうる。実際には機会主義者である者が，善意の違反者を装ったり，異議申し立てタイプであるかのように振る舞ったりする。したがって，確かに人々による政策執行への異議申し立てにも意義はあり，時としてルールを見直すことは有効だが，それを逆手にとられる可能性も考慮しなければならない。情報の非対称性を解消できない場合には，適応戦略は一切とらない方が望ましい結果を生むこともある。違反者のタイプの分布とその選別の可能性に応じて，どの対応をとるべきかという戦略は異なってくる。

政策効果の確定の難しさ

このように政策効果は，政府と民間部門の相互作用から生み出される。このため，政策効果が何であるかを確定するのは難しい。その難しさを生み出す要因を整理しておこう。第1は，政策を実施することの直接的な効果以外に，間接効果も存在することである。第2は，政策の受け手となる人々や企業が，政府の活動に対して反応・対応し，それによって政策の効果が変動することである。第3は，社会や経済の状態は，当該政策以外にさまざまな要因の影響を受けていることである。

間接的な政策効果について，ごみ処理の例で考えてみよう。政策産出は，埋め立てや焼却による処分，資源ごみに対するリサイクルなどである。そしてその効果は，地域の衛生状態の他に，処分場周辺の環境の変化や焼却に伴う大気の変化を含む。都市沿岸の埋め立て地も政策効果の一部といえる。他方，リサイクルの程度は全体的な環境負荷の程度を変化させるだろう。廃棄物処理行政全体を見るとき，その産出の範囲は広がり，効果に至ってはその外延を確定することすら困難である。

政策効果には，人々の考えや感覚も含まれうる。しかも，人々は明示的に意識していない場合も含めて，産出を感じ取り，評価し，それに応じた対応をとる。そのことがますます，政策効果を確定しがたくする。たとえば，警察サービスの政策効果は，客観的な安全の程度に加えて，人々の安心感でもある。2000年代の日本では，客観的データとしての犯罪率や犯罪件数は低下しているにもかかわらず，人々の体感治安は悪化した。そのことは110番通報を増加させ，交番の不在時間を増やすことで人々の安心感を損なう。しかし，人々は自らがその状況を作り出したとはなかなか考えない。

この他にも，政策そのものが企業や人々の側の反応を引き出し，それが政策の効果を打ち消してしまうことは多い。たとえば渋滞を解消するために道路を建設すると，一時的に渋滞は解消されるが，渋滞を嫌って電車に乗っていた人たちが自動車の利用に切り替えるので，再び道路は混雑し始めるといったことはよく見られる。さらに間接効果については，それが発生するまでに時間がかかることも多い。このタイムラグ（時間のずれ）の存在ゆえ，短期的効果と長期的効果には食い違いが生じる。

最後に，社会や経済の変化を引き起こす要因は，政策活動だけではない。むしろ社会や経済の自律的な要因による変化も大きい。たとえば，火災発生件数の減少という結果は，一方では消防署による建築物確認の徹底の効果かもしれないが，他方では好況に伴い放火が減少した影響なのかもしれない。

政策効果の不確定さの帰結

このように政策効果の確定は難しいので，何をその範疇（はんちゅう）に含めるのかを明確にしなければ議論は混乱するばかりである。自分が想定する政策効果と同じことを他者が想定するとは限らず，政府が政策効果として想定しているものも私たちの想定と異なることが多い。逆にいえば，当事者である政府やその政策の対象者が想定している以外にも，政策の効果は及びうる。それゆえ，当事者が設定する政策目標やその評価活動とは独立して，第三者が政策効果を観察することは意味をもつ。

実際に，1980 年代以降の行政の変化は，政策効果として何を期待するのか，それはどのようにとらえることができるのかという点にも現れている。住みやすさ指標や生活の質といったさまざまな社会指標が作成されることが増えた（レーン 2017）。客観的にとらえがたい部分を含めるために，市民満足度のように，政策の受け手の主観的評価を用いることも増えている（野田 2013）。

こうした政策効果および政策目標の多義性こそが，政府部門の特徴である。これは，利潤の獲得が絶対的な目標となる企業との違いである。企業が利潤獲得しか目標にしていないというわけではないが，利潤を長期にわたってあげられない企業は市場から淘汰される。しかし，政府の場合は，その目標の達成が存続条件となるような単一の目標は存在しない。それゆえ，その政策に対する賛否の立場が，政策効果として何を想定するかにも影響する。政策の帰結をとらえる作業も，ある種の政治的営みなのである。

3 政策評価

政策評価とは何か

政策の帰結を考えることは，政策を評価する第一歩である。そして政策の評価は，政策の見直しや政府活動の改善の基礎となる。公共サービスにおいては，需給を自動的に調整する価格メカニズムはないので，政策評価を行い，政府活動の投入・産出・効果を不断に見直す必要性は高い。

政策評価とは，広く政府によるガバナンスの現況とその帰結について，何らかの基準にもとづいて，その価値を判断することである。判断するためには判断の基礎となる情報が必要であり，そうした情報を収集する作業も政策評価という活動には含まれる。以下では，政策評価について，誰が，いつ，何を，どのように評価するのかという4つの視点を用いて，その要素や制度設計のポイントを明らかにしていこう（山谷 2006）。

誰が誰のための評価をするのか

第1の視点は，誰が誰のための評価をするのかという点である。この点を考えるうえで重要なのは，次の2つである。ひとつは情報の非対称性である。評価の基礎には，投入・産出・効果に関する情報が必要である。政策実施主体だけが，この情報を保有していることは多い。もうひとつは評価視点の外部性である。当該政策を通じて何を目標とするかによって，評価結果も変わる。実施担当者にとっては業務の円滑な終了が目標かもしれないが，外部から見ると，政策効果がどうなるかに関心が集まるだろう。

これらの2点を考慮しながら，制度的な選択肢としては，内部か外部かがポイントとなる。政策を実施する主体に近いほど内部性が強く，そこから離れるほど外部性が強くなる。情報収集の容易さと評価視点の外部性にはトレードオフの関係があり，内部性が強いほど，情報収集は容易だが，評価視点を外部に置くことは難しくなる。まとめると，**表16-2**に掲げた政策評価の諸形態が生じる。

同様の観点から行政統制の4類型を提示したのが，ギルバートの議論である。評価主体の内在性と外在性という軸に加え，その統制が制度化されているか否かという軸から生まれる4つの類型に注目する。ここでいう内部とは行政組織の内部なので，制度化された内部統制の例が政策評価や監査となり，実施機関の自己点検が非制度的な内部統制の例となる。制度化された外部統制は政治家による決算が例となる。市民オンブズマンは非制度化された外部統制の例となろう（Gilbert 1959）。

内部性の強い評価は，情報収集の費用も安く，結果の見直しも容易であるというメリットがあるが，それを行うインセンティブは弱い。不断に組織のあり方を見直すことは手間のかかることであり，実施組織が自発的にそれを行う保証はない。これに対して，外部性の強い評価は，内部の評価では見逃されがちな別の視点からの評価ができるというメリットがあるが，行政の改善につながらない他の目的に流れがちである。政治家や政党による評価は，自身の政策決定についての責任を回避し，行政にその責任を負わせるために行われることもある。市民による政策評価は，行政組織を改善するためではなく，批判すること自体が自己目的化していることもある。

それゆえ，政策評価の中心となるのは，評価のための専門組織を

表 16-2　政策評価の主体

	内部	混合	外部
利点・欠点	情報入手容易・視点が外部に立てない		情報入手困難・外部の視点
具体例	実施機関による政策評価	評価機関による政策評価 会計検査	市民オンブズマン

置くことで，内部性と外部性の中間的な形態を選択することになる。情報の非対称性の解消と視点の外部性の確保の両方を，それなりに満たすためには，政府の内部に，実施機関とは別個の独立性をもった評価専門機関を設置するのが適切な選択なのである。

政策評価，施策評価，事務事業評価

第2に，政策のどの部分を評価するのかという問題を考えよう。広い意味での政策は，政策，施策，事業といった形で細分化・具体化されつつ，また全体がひとつの体系をなすよう構成されている（☞第15章）。したがって評価する際にも，どの段階を評価の単位とするかについては，選択肢は3つある。事業レベルで評価する方が，投入と産出の測定は容易になるが，事業単体での効果を測定することは難しい。逆に政策レベルでの評価は，効果を測定するには必要だが，その投入と産出を測定することは難しい。

たとえば消防政策では，施策として，現場での消火と予防の2つが主要なものとなる。前者の事業には，消防署や消防車など設備の整備，消防隊員を雇用し訓練すること，消防団の整備と連携など，後者の事業には，防火のための建築物の基準設定，防火・消防設備の設置状況の検査，火災原因調査，放火抑制のための地域への情報提供などがある。政策から事業へと具体化するほど，投入と産出の測定は容易になるが，政策効果としての火災件数は，複数事業の結果としてしかとらえられないことがわかるだろう。

したがって，政策評価，施策評価，事務事業評価の使い分けは，評価の目的による。行政の効率化を図るために，無駄な部分を洗い出すには，事務事業評価が適切である。これに対して，行政のあり方を大きく変えようとする場合は，政策評価が有効になる。たとえば，日本の政策評価法では，規制の事前評価が求められるようになった。こうした省庁横断的な評価の枠組みを設けることによって，安易な規制の新設を抑制する効果が発揮できたのである。

評価の基準

第3は，評価の基準である。政策活動を構成する投入，活動プロセス，産出，効果という要素のうち，どれを対象として評価するべきか。答えは簡単で，投入と政策効果の比率を見るべきであると思われるかもしれない。政策が最終的にどれだけ私たちの社会や経済によい効果をもたらしたのかが重要である。そして，政府部門が社会・経済から調達する資源は少ない方が望ましい。確かに，もし可能ならば，投入物と政策効果の比率を見ることが望ましい政策評価の基準となる。

しかし，投入と政策効果の比率を複数の政策手段についてとらえることは，実際には不可能に近い。ある政策活動の影響を受けて生じた社会や経済の変化の原因を確定することは難しい。それが確定できたとしても，具体的にいかなる指標でとらえるのかという問題も残る。たとえば，どのようにすれば，図書館行政の効果としての人々の教養・知識の向上を適切にとらえられるだろうか。

投入についても，確かにすでに実施された政策活動について，資源の消費量を測定することは比較的容易である。しかし，実際に実施されていないやり方で実施した場合に，どれだけの資源が必要になるかを推測することは難しい作業である。

こうした困難さがあるので，実際に政策評価で用いられる評価対象は，投入と効果の比率の比較ではなく，次の4種類となる。第1は，投入の量そのものである。これをできるだけ少なくすることを経済性（economy）の基準と呼ぶ。第2は，投入と産出の比率である。これをできるだけ高めることを効率性（efficiency）の基準と呼ぶ。第3は，効果そのものを対象とすることである。一定の基準を設定し，それ以上の効果が生まれているかどうかを判断することを有効性（effectiveness）の基準と呼ぶ。第4は，投入から産出への転換プロセスを評価対象とするものである。これは，上の3つの基準と異なり，量的な評価ではなく質的な評価を行うものであり，手続き的基準と呼ぶ。これら4つの基準は，相互に必ずしも排他的ではなく，また相互に整合するとも限らない。したがって，評価の目的に沿って基準を選択することが大事である。

経済性，効率性，有効性

投入の量を比較するには，実施されていない政策手法についての推測が必要となる。それに専念するのが経済性の基準にもとづく評価である。達成物を固定して，それをより少ない資源で生み出す方法がないかを考えることにより，現状の改善を図る実効性の高い方法である。財政赤字の増大などを前にして，資源節約がともかく必要な場合には，この基準にもとづく評価が意味をもつ。

効率性の基準は，政策効果ではなく産出を対象とすることで，測定の困難さを減らしつつ，複数の政策手法を比較するものである。これにより，現実的に可能な範囲で，できるだけ多くの要素を評価に組み込むことができる。わずかな投入の追加で大きな産出の増大が望める場合を，経済性の基準はうまく評価できないが，効率性の基準ではそれが可能となる。いわば「安物買いの銭失い」のような状況を避けるためには，効率性基準が必要になる。

政策効果を対象としながら，実質的な評価ができる方法で評価しようというのが有効性の基準である。複数の投入に対する比較を断念し，あらかじめ設定した目標値を満たしているか否かによって評価するのが，その方法である。ひとつの代表例は，費用・便益分析（cost benefit analysis）である。費用対効果分析と呼ばれることも多い。これは，投入と効果をすべて金銭に換算したうえで，その比率を見るものである。たとえば道路建設の場合は，短縮される時間に平均賃金を掛け合わせたもの，それによる燃料費の節約分，そして交通事故の減少で救われる命を金銭評価したものなどを合計し，それが建設費を上回るか否かを判断するのである。

費用・便益分析以外に，具体的な社会・経済の状態に関する目標を設定し，それを基準とする方法もある。たとえば，年間自殺者を3万人以下にするという目標を設定し，それを達成できるか否かによって有効性を評価するのである。こうした目標設定を定量的な形で明示的に行うことをベンチマークと呼ぶ。さらに他の自治体や政府との比較を取り入れることを，ベンチマーキングと呼んで区別することもある。ただし，政策効果ではなく産出を対象としても，定量的で明確な目標を設定するならば，ベンチマークやベンチマーキングという用語を用いることも多い。

これら3つの基準によって量的な評価を行えるならば，それに越したことはない。しかし，そこに難しさがあることも見てきた通りである。そこで，行政に対する最小の要請として，投入から産出に至る部分，つまり行政活動を定まった手続きで行っているのかを評価基準とすることが考えられる。これが手続き的基準である。合法性，合規性がそこでは求められる。たとえば会計検査などでは，定まった手続きに沿って支出が行われているのかを確認することが第1の作業となる。

評価の時点

政策評価を見る第4のポイントは，いつ評価を行うのかである。政策の実施前に行うのか，実施後に行うのかという2つに分けることができる。前者を事前評価，後者を事後評価と呼ぶ。環境アセスメントは前者の例であり，後者の例としては事務事業評価を挙げることができる。

事前評価は，政策を一度開始してしまうと原状回復が困難な場合や，多くの資源が必要であり，中断すると無駄が大きい場合に，その必要性が増す。しかし産出物や政策効果を予測することは，事後的な測定よりもずっと難しい。さらに，事前評価と資源配分が結び付けられており，しかも予測が外れることに対して処罰がない場合，事前評価は歪んだものになる。過剰な需要予測にもとづく公共事業の正当化が，その例である。

これに対して事後評価は，すでに実際に産出物や効果が発生しているので，測定は事前評価よりも容易になる。しかし，当該事業は終了しているので，それを以後の行政運営に生かさないと，評価は無駄になる。PDCA（plan-do-check-action）サイクルと呼ばれるように，政策評価の結果をフィードバックして，次の行動に結び付けることが重要である。具体的には，次の時点での資源の配分，特に次年度予算への反映が考えられる。行政のあり方を見直す作業と結び付け，より広い行政評価に拡張していくこともありうる。

難しいのは，評価と資源配分を連結すると，行政機関は評価結果を高めようとするが，そのための手段は望ましいものとは限らないことである。事前の目標設定を低く設定したり，産出物や効果の水増しなどに始まり，果てはさまざまな行政活動のうち，評価の対象となる部分にだけエネルギーと時間を集中したりする。こうした「戦略的対応」による歪みを抑えつつ，評価の結果を行政の改善につなげるには，評価結果を短期で懲罰的に用いず，中長期的な見直し期間を確保するといった制度設計が必要である（ミュラー 2019）。

NPM と政策評価

ここまで4つのポイントに分けて，政策評価について眺めてきた。ここからわかるように，本来，政策評価とは，事前／事後，事業／施策／政策，量的

／質的にまたがる幅広い概念である。しかし1980年代以降に政策評価の導入が進んだのは，財政悪化などの政府の失敗が顕在化したことを背景としている。行政の無駄がどこにあるのかを洗い出す手法として，事務事業評価などの事後評価のしくみに関心が集まるようになった。このため，事業レベルの事後的，計量的評価が80年代以降の政策評価の中心的な存在になっている。60年代の政策評価が事前評価を中心としたのとは，対照をなしている。

政策評価は，NPM（新しい公共管理）の重要な一部を構成している。NPMの中心には，政策の達成目標を明確にすることで，外部あるいは行政の実施機関との間で契約を行い，実施に裁量を与えながら，事後的に目標の充足を確認し，必要に応じて処罰を与えるというモデルがある。これは，事後的な有効性評価が実施できることを前提としている。

NPM以降の事後評価を通じた外部評価の重視は，行政の責任としてアカウンタビリティの強調にもつながる。そこでは，カウントできる，つまり測定できることが重視される。裏を返せば，測定できないものを通じて行政自身が見直すことが重視されないのは，行政にレスポンシビリティを求めない姿勢ともつながる。

4 政策評価の実際

会計検査と行政監察

1990年代までの日本の中央省庁における政策評価は，会計検査と行政監察を二本柱としてきた。会計検査院は1880年3月に設置され，明治憲法下でも天皇直属の機関として独立性が規定されていた。日本国憲法にも三権からの独立が明記されている。検査対象は行政機構のみならず国会，最高裁判所，特殊法人や認可法人にも及び，総数は3万を超える。意思決定機関は，国会同意を要する3名の検査官が構成する検査官会議である。加えて事務総局があり，職員定員は1250名（2022年1月現在），大半はノンキャリアの調査官である（西川 2003）。

会計検査院は，書面検査と実地検査を行っている。全対象機関の数%が実地検査の対象になる。調査対象機関には，関係書類の提出義務はあるが，罰則規定はないので，検査対象の協力は重要である。検査基準は元来，手続き的基準に従ってきた。正確性・合規性を問うてきたのである。しかし近年では，3Eと呼ばれる，経済性，効率性，有効性基準も導入されている。検査報告は，たとえば2020年度決算において210件，約2100億円の指摘事項を掲げている。これが国会に送られ，国会による決算審査の参考とされる。

他方，行政監察とは，事業の実施状況に関し，行政が内部での点検，評価を行うことを意味する。戦後の中央省庁では，行政管理庁，総務庁，そして総務省行政監察局がこれを管轄し，各省の業務実施について改善勧告を出してきた。

地方政府における事務事業評価の隆盛

1990年代に入ると，政策評価の本格的な導入が地方政府で先行して始まった。財政の縮減期を迎えて，初めて政策評価への注目が集まったといえる。財政縮減への対応として開始されたこともあり，事務事業レベルでの事後評価が中心となった。三重県の事務事業評価，北海道の時のアセスメントなどは，その代表例である。後者については，通常は事前評価に用いられるアセスメントという用語を用いているが，苫小牧工業用水道事業など具体的な事業の見直しを行うためのものであり，事務事業レベルの事後評価である。

それ以降，評価の対象や手法は次第に拡張された。地方政府の場合は，顧客に直接的に公共サービスを提供するという性格が強いことから，コスト意識や顧客満足度が強調され，数値目標を設定し予算編成と連動させる動きが強い。具体的には，バランスシート（貸借対照表）や発生主義会計，あるいはベンチマークの導入といった動きが見られる。たとえば，静岡県の業務棚卸しは，政策効果を出発点として，それを生み出す事業のまとまりをとらえつつ，数値目標の設定と業績評価を行っている。往々にして，行政への不信から網羅的に，かつ数値に拠（よ）る評価を毎年行うことで，行政の裁量を減らした形での事務事業評価が用いられる。財政削減期に導入されたことで，無駄を削るための手段として用いられがちなのである。また，行政の財務や意思決定手法を見直しており，政策評価といいつつ，行政のあり方に結び付ける行政評価の発想が強い。裏返すならば，政策を単位として，単年度を超えてその実現手段を行政自身が見直していくといったプログラム評価の発想には遠い（山谷 1997, 2006, 2012）。

中央政府における政策評価の導入

中央政府においても，1990 年代が終わりを迎える頃には政策評価の導入がアジェンダに上る。橋本龍太郎首相は，1997 年に公共事業の費用対効果分析を求める指示を出し，同年 12 月の行政改革会議最終報告には，政策評価の導入が盛り込まれる。99 年からは総務庁行政監察局を中心に準備が進められ，2001 年には政策評価法が制定された。総務庁が自治省と統合され総務省となる中で，行政監察局を行政評価局へと再編し，そこが政策評価法を通して他の省庁への事後的統制をかけることは，総務省にとっての組織利益の拡大でもあった（新藤 2004）。

政策評価法では，原則として各府省を評価主体と位置づけ，基本方針に従って定量的に必要性，効率性，有効性といった観点から評価することを求めている。総務省は，評価の統一性や客観性を確保するための評価を行うこととされ，資料提出要求や調査，勧告の権限が与えられた。予算が 10 億円を超える公共事業，政府開発援助（ODA）事業，研究開発事業の 3 分野については事前の費用便益予測が義務づけられた。規制に関しては義務づけが見送られたが，2004年から規制影響評価が試行され，07年10月から規制の新設改廃に際しては事前評価が義務づけられるようになった。

中央政府の場合は，事後評価を中心とする地方政府とは異なり，事前評価が相当の割合を占めている。これに行政監察を衣替えし，評価基準を有効性などにも拡大した事後評価が加わっている。さらに，プログラム評価の側面をもった総合評価方式も導入されており，3つのタイプの評価が並存している（南島 2020）。

これにさらに，政治の側からの動きが加わる。民主党政権では，事業仕分けと称される事務事業評価が導入された。これは，行政事業レビューと名前を変え，毎年，実施されるものとなった。事業を単位に，予算要求の段階でこれまでの成果をとらえ，実施部局の見直しを促進しようというものである。しかし，これらすべてにおいて，結局は実施部局が自らを評価する以上，「お手盛り」の評価であるとの批判もある（西出 2020）。

5 政策の失敗と政府の縮小

政府の失敗と人々の反応

最後に，政策の失敗とはどのような人々の反応を引き起こすのか，それが何をもたらすのかという問題を考えよう。

失敗の例をいくつか取り上げよう。日本銀行は1970年代前半のインフレを抑制できなかったという経験から，消費者物価の高騰を注視することで，70年代後半の第2次石油危機には速やかな対応をとることができた。しかし，こうした消費者物価の重視は他の指標の看過につながる。それが，1980年代後半以降のバブル経済期の資産インフレの発生を軽視する結果となった（上川 2005）。あるいは，長らく郵便事業を中心的な業務としてきた郵政省にとって，通信は80年代にようやく対応できる分野となり，第二臨調による民営化を受けて，公社形態を改め規制をかける方向に転換した。しかし，そこで十分に競争的な市場を整備することはできなかった。このことは結果として，日本が情報技術（IT）革命に乗り遅れた要因のひとつになったとされる（高橋 2009）。

これらはいずれも，その後の日本社会に大きな影響を与え，その意味で行政の責任は重い。しかし単純な能力不足というよりも，過去の経験，とりわけ成功経験に縛られたがゆえの失敗ともいえる。こうした傾向は，政府が不確実性を回避しようとすると，さらに強まる。そして，政府がどの程度リスクを回避しようとするかは，政府の失敗に対してどのような罰が加えられるかに規定される。自身が左右できない要因による政策の失敗であっても，その責任を問われるのであれば，政府のリスク回避志向はますます強まる。

政府がリスクをとることを人々が承知していたとしても，結果として失敗した場合に，政府を非難せずにいることは難しい。しかし，失敗という結果だけが見え，その原因がわからない場合に，どのように責任をとらせるのかは難しい。あらゆる失敗の原因を行政の努力不足だとするならば，行政は努力するインセンティブを失うだろう。あるいは失敗したときには，それを隠蔽（いんぺい）しようとするだろう。しかし確かに，行政の能力不足や努力不足が失敗の原因という場合もある。情報の非対称性を理解したうえで，適正な賞罰を与えることが，政府の失敗を減らしていくためには不可欠なのである。

作為と不作為の非対称性

政府への非難がもたらす問題をさらに悪化させるのが，作為と不作為の非対称性である。政策対応をとった場合（作為）の失敗は見えやすいのに対し，政策対応をとらない場合（不作為）に生じる問題は見えにくい。このため，作為の結果が失敗に終わることに対する事後的な罰則を重く科すと，作為のあり方を変えるのではなく，不作為へと転換しやすい。

たとえば，医薬品は人々の心身を病気や怪我から回復させるために用いられるが，それは同時に副作用を伴う。医薬品がどのような薬効と副作用をもつのかは，専門的知識がなければわからない。このため，何を医薬品として使用できるかを政府は事細かに規制している。この規制の目的は人々の生命を守ることにあり，その政策効果は救われた命の数で測定できる。逆に，認可した医薬品の副作用で命を落とす人がいれば，それは政策の失敗として把握される。

このとき，「政策の失敗」としての薬害事件が起これば，政府が糾弾されることは当然だと思うかもしれない。しかし，こうした薬害事件を極小化することは望ましいのだろうか。極小化するためには，できるだけ制限的に認可を与えることになる。副作用がきわめて少なく制御可能な医薬品だけを認可すれば，薬害事件を抑制できる。けれどもそれは，認可されなかった医薬品を投与すれば助かった多くの患者を見殺しにすることにつながる。医療技術に限界があることは広く承知されているので，政府が認可しないことによって助からなかった命については，事件として報道されることは少ない。

ここでは，副作用の大きな医薬品を認定するという失敗と，治療効果がある医薬品を認定しないという失敗の2種類の失敗の可能性に，政府は常にさらされている。そして，この2つの失敗にはトレードオフの関係がある。しかし，2つの失敗の可視性に差があるので，政府が非難を回避しようとすれば，認可水準は最適点よりもずっと消極的なものとなる。マスメディアや人々が目につきやすい薬害事件は強く非難するが，行政の不作為の結果には目を向けないために，その傾向はますます強くなる。

実際に日本の予防接種施策において，不作為過誤を避けることから作為過誤を回避する方向への転換がなされたことを示したのが，手塚洋輔である。予防接種に副反応はつきものであるが，接種せずに病気が蔓延すれば皆の不利益になる。こうした考えから児童への強制予防接種を日本政府は実施してきた。しかし，副反応にもとづく死亡事故に対する社会の批判が高まり，さらに司法がそうした事故に対する行政の責任を認定するようになったことで，1980年代には任意での接種に舵を切っていく。そのひとつの帰結は，先進国で唯一の結核輸出国であるといった事態である（手塚 2010）。

目につきやすい失敗を強く非難することは，確かにその失敗を抑制することにつながるかもしれない。しかし同時に，2種類の失敗にトレードオフの関係がある以上，目につきにくい方の失敗を増大させる可能性に留意すべきである。行政が失敗をした場合に，溜飲を下げるためにその失敗を詰る行為に社会が手を染めることは，結局，自分たちの首を絞めることになる。失敗の全体構造を理解し，その発生原因を突き止め，失敗の発生確率を低下させるように行政を向かわせることが肝要である。

政府の縮小の帰結

さらに，政府への不信は負のスパイラルを生み出しやすいことも大きな問題である。政府を信用しない人々は，政府がリソースを調達することに同意せず，そのことは政府のアウトプットを減少させる。十分な政策効果を生み出せていないことを見て，再び，人々は政府への不信を強める。不信と政府の失敗のスパイラルが生じるのである。

2000年代半ば，とりわけ第1次安倍政権を揺るがした年金問題は，その例である。杜撰な記録管理による「消えた年金」，意図的な記録改竄は大きく年金制度への信用を失わせ，07年6月には，社会保険庁を解体し，日本年金機構へと移行する改革法が成立した。記録の問題は，国民番号制を導入していないという先進国では例がない条件の下，分立性の高い制度を抱えていたことにも原因がある。しかし，人々の信頼を失ったことで，制度を改正することには困難を抱え，年金制度の基本は変わらないままである。

これ以外にもさまざまな分野で，現在の日本の行政はそうした状態に陥っている。公務員数は人口比で見て世界最少となり，人々の情報をもたないことから，必要なときに働きかけを行うこともできない（羅 2019）。新型コロナウィルス感染症への対応において，給付金・助成金の給付やワクチン接種対象者の把握や予約などに時間がかかり，混乱が生じたことも，その例である。

行政に対する不信は，いわば自己実現する形で負のスパイラルをもたらす。これはこれでひとつの均衡であるだけに，そこから抜け出すことは容易ではない。しかし，それは唯一の均衡ではなく，人々は行政を信頼し，行政はそれに応えるといった均衡も存在する。人々の行政に対する期待をいかにして変えるか。日本のガバナンスが強化され，日本の社会・経済の強化へとつながる鍵はそこにある。

演習問題

〔1〕 調達されていると人々が気づきにくい資源について，具体的にひとつを取り上げ，どのような形でどの程度政府がそれを獲得しているかを調べてみよう。

〔2〕 あなたが解決したいと考えている公共問題について，具体的な施策を考え，①その執行体制をどのように整えればよいか，②産出と政策効果はどのようなものになるかを考えてみよう。

〔3〕 次の政策や施策は，何を目標としており，実際にどのような効果があったのかを調べよう。そして，それは用いられた資源に見合ったものだったのかも検討してみよう。

①観光立国，②レジ袋の有料化，③キャッシュレス決済の促進，④GOTO トラベルや GOTO イート

あとがき

教科書を通じて，研究成果を学生をはじめ幅広い読者にまとまった形で伝えることは，私にとっては「学者の社会貢献」の最たるものである。自分が30年近く研究を続けてきた分野の教科書を更新することができ，肩の荷を少し下ろせた。しかし，行政学の裾野は広く，多岐にわたる議論を一人でカバーすることは難しい。体系的に，かつ論理的に行政学の全体を見渡すという目標が実現できたのかは，心許ない。読者の皆さんの忌憚（きたん）のないご批判やご意見を心よりお待ちしている。

9年前に刊行した初版のあとがきでも同趣旨のことを述べており，版を改めるに際しての心情にほぼ違いはない。そのうえで，この10年近くの間の行政の変化をとらえ，この間に公表された研究成果を盛り込むことが，改訂のねらいである。しかしそれを，全体の分量をあまり増やさない形で実現することは，想像以上に難事であった。

初版に対して，多くの方が口頭で，また文章でさまざまな反応をくださった。中でも，稲継裕昭，北山俊哉，京俊介，坂本治也，篠原舟吾，宗前清貞，武智秀之，手塚洋輔，中村悦大，橋本信之，原田久，前田健太郎，松井望，水口憲人，森裕城といった諸先生のご言及を意識した。学会や研究会の休憩時間，あるいは飲み屋での一言などもあり，ご本人もお忘れのケースも多いだろうが，記して感謝申し上げたい（そして，感染症で失われたものの大きさをあらためて感じる）。また，ある意味で誰よりも厳しい反応をくれたのは，本書を用いた講義の受講生である。神戸大学法学部，京都大学法学部，同公共政策大学院での講義において，学生のノートをとるペンの進みやスマートフォンに伸びる手は，何よりのフィードバックであった。

有斐閣の岩田拓也氏には，初版に引き続き，編集をご担当いただいた。行き届いた編集作業やさまざまなご助言に心から感謝申し上げる。さらに，建林正彦，待鳥聡史，砂原庸介の3先生には，日頃のご厚誼への感謝を述べたい。建林先生，待鳥先生は同僚として，砂原先生は最も関心の近い研究者として，さまざまな場を通じて与えてくれているものは計り知れない。

行政学という学問を最初に授けてくださったのは，西尾勝先生である。行政学の研究のあり方について多くを教えてくださったのは，村松岐夫先生である。両先生の影響が本書の随所に及んでいることを，改訂作業を通じて再認識した。

妻と2人の息子への感謝は尽きない。息子たちの成長する姿は頼もしく，妻と年齢を重ねていけることは最大の喜びである。

今後の日本において行政はいかなる役割を果たすべきなのか，そのあり方はいかにあるべきなのか。読者のみなさんが本書を片手に，こうした問題に取り組んでくれることを切に願っている。

2022年1月

曽我 謙悟

読書ガイド

◆ 序章および本書全体に関する書籍

行政のさまざまな側面について分析枠組みを整備し，体系化を図る試みとして，**西尾（1990）**がある。行政に対する改革提言に注目することで実践的な行政学と学問的なそれとの結合を図ろうというのが，**牧原（2009）**である。いずれも骨太の研究書だが，行政学の学問のあり方に関心をもたれた読者にお勧めしたい。さらに，日本の行政の特徴を「最大動員」というキーワードから紐解いた**村松（1994）**も，実証的基盤に立って包括的な視点を提供しようという試みであり，今でも一読に値する。

本書の議論全体を，ゲーム理論を用いて，より厳密に述べたものが，**曽我（2005）**である。やさしい本ではないが，本書の発想の根底にどのような思考が据えられているのかに興味をもった読者に取り組んでもらいたい。

近代社会における民主制，法の支配，官僚制の関係については，**フクヤマ（2018）**が見取り図とさまざまな実例を示している。本格的な研究書だが，日本社会と近代を考えるうえで**佐藤（1993）**は刺激的な論考である。

◆ 第Ⅰ部　政治と行政

第1章で説明した本人・代理人関係の連鎖として現代民主制をとらえる視点は，**建林・曽我・待鳥（2008）**において，より詳しく説明した。本書の説明では簡素に過ぎてわかりにくい場合は，そちらを参考にしてほしい。

アメリカの政治任用の実態については，**ルイス（2009）**が詳しい。この他に，政治家によるコントロールの実態についての実証分析は，アメリカにおける研究が圧倒的に進んでいる。**Epstein and O'Halloran（1999）**と**Huber and Shipan（2002）**はその代表作であり，アメリカ政治学らしい，理論とデータ分析をしっかりと組み合わせた素晴らしい研究である。

他方，日本の政治と行政については，政治史の分野からまとまった研究成果が続けて生み出されている。**清水（2007）**や**若月（2014）**は，その代表例である。政官関係をめぐる古典としての**辻**（1969）と**村松**（1981）の2冊は，今でも読む価値が十分にある書物である。辻がどのような議論を実際には述べていたのか，村松がそれにどう挑んだのかを確認し，学問的な論争の意義についても考えてみてほしい。戦後日本の政治と行政の関係についての優れた実証分析としては，**牧原**（2003）と**加藤**（1997）がある。組織編制のコントロールに関する**伊藤**（2003）も一流の研究書である。

政治と行政の関係を，計量的に測定して客観的に分析することは，データ収集ひとつをとっても難しい。筆者自身の試みとして，**曽我**（2016）がある。こうした試みがどこまで成功しているかを確かめてみてほしい。他方，歴史的記述から制度構想を解き明かすのが**出雲**（2014）であり，アクターの言語分析から制度理念を考察するのが**嶋田**（2020）である。それぞれ，第2次安倍政権期の官邸主導や官邸官僚を考えるうえでも示唆に富む。

◆ 第Ⅱ部　行政組織

情報共有型組織と機能特化型組織に関する議論は**青木**（2003，2008）にもとづいている。組織内部の分析にとどまらないスケールの大きな研究であり，多くの刺激を与えてくれる。他方，現在の行政組織の実態を各国比較の観点からとらえるには，**OECD の報告書**（2006，2009）が有益である。理論と実証の双方から現在の行政組織をとらえる視点を養ってほしい。

日本の行政組織の実態については，省やその内部部局の編制についての理解を深めるために，**今村**（2006）と**大森**（2006）を勧める。概説書だが，それぞれ著者の長年の研究成果が反映された読み甲斐のある書物である。法案作成の実態については，**田丸**（2000）と**中島**（2020）が詳しい。人事管理の実態についての記念碑的な業績が，**稲継**（1996）である。実態を描くとともに，その背景にある論理を見事に解明している。地方政府における人事管理の多様性を描く**林**（2020）は，迫力ある実態解明の書である。さらに，一つの省に絞ることで，さまざまな論点を包括的に扱っているのが，**青木**（2021）である。

社会学の組織に関する研究の古典としては，まずは**ウェーバー**（1960，1962）と**マートン**（1961）を読んでほしい。あわせて，**佐藤**（2011）による両者についての解説を読むと一層理解が深まるだろう。組織論の研究はさまざまあるので，本文の紹介から興味を惹かれたものを読むとよいが，ひとつ挙げるならば，**バーナード**（1968）をお勧めする。社会全体を見渡す見取り図を提示する構想力を味わってほしい。

◆ 第Ⅲ部　マルチレベルの行政

中央・地方関係のみならず地方政府に関する全体像を示したうえで，日本のそれの現状を簡潔に解説したのが，**曽我**（2019）である。集権・分権や分立・総合といった概念をめぐっては，**西尾**（1990）が深く検討を加えている。日本の中央・地方関係について，制度的な側面に注目したのが**金井**（2007），財政的な側面に注目したのが**北村**（2009）である。地方政府間の関係に注目するのは，**村松**（1988）と**伊藤**（2002a，2006）である。前者は政治的競争，後者は政策波及という異なる側面について，中央からの統制とは異なる側面を描いた代表作である。個別政策領域の例としては，教育政策を扱った**青木**（2004）を挙げておこう。地方における政治的選択の帰結を解明したのが，**曽我・待鳥**（2007）と**砂原**（2011）である。地方分権改革については，**西尾**（2007）が研究者かつ当事者としての立場を昇華させた稀有な分析である。

他方で，中央・地方関係を規定する要因やその効果についての日本の政治学の分析は少ない。**Diaz-Cayeros**（2006）は南米を，**Scheiner**（2006）は日本を題材にしながらも，中央・地方関係の原因や帰結について，一般化可能な議論を提示している。中央・地方関係の効果について，さまざまな研究の成果を網羅したものが，**Treisman**（2007）である。これまでの研究の蓄積を知るためのよい出発点となる。

国際行政についての教科書としては**城山**（2013）がまとまっている。国際行政に関する理論，組織，管理について包括的に記述しており，活動の実態などについても詳しい。国連とEUに絞って，より詳細に実態を伝えてくれるのが，**福田・坂根**（2020）である。

◆ 第Ⅳ部　ガバナンスと行政

政府の大きさや強さについて，各国の違いを考える際には，古典的な計量分析である**ウィレンスキー**（2004），福祉国家の類型論の代表作である**エスピン-アンデルセン**（2001），資本主義の類型論の代表作である**ホール＝ソスキス**（2007）を読むと，理解がより深まるだろう。ガバナンスやNPMについては多くの研究があるが，**レーン**（2017）が教科書として網羅的である。市民社会については，**坂本編**（2017）がこの分野の論点を広くカバーし，近年の研究成果も踏まえた優れた概説書である。

戦後日本の市場と政府の関係についての代表的な業績が，**ジョンソン**（2018）と**サミュエルス**（1999）である。対立する2つの見方を読み取ってほしい。労働と福祉を軸に，戦後日本の政治経済を描き出したのが，**久米**（1998）と**新川**（1993）である。1990年代以降の日本の福祉レジームの変化については，**宮本**（2008）が，簡潔な見通しを与えてくれる。公務員の少なさについての**前田**（2014），国民番号制の導入の遅れについての**羅**（2019）はいずれも，日本の行政の特徴がいかに生まれたのかを歴史的に遡って解明していく。

民営化や規制緩和については，1980年代の一連の改革をその改革理念の立場から明らかにした**大嶽**（1994），航空という一分野に絞って，政策アイディアに注目した**秋吉**（2007），金融ビッグバンに対する大蔵省の自己利益に注目した**戸矢**（2003），小泉の構造改革における小泉首相のリーダーシップに注目した**上川**（2010）といったところが，代表的な研究であり，いずれも読み応えがある。

政策の実施にかかわる考え方については，**フッド**（2000）が明快である。日本の実態についての実証研究としては，**森田**（1988）が代表的研究である。経済学の視点からの政府・民間関係については，**コース**（2020）と**ウィリアムソン**（1980）の2人のノーベル経済学賞受賞者の議論が，取引費用の概念をはじめとして，今でも多くの示唆を与えてくれる。評価については，**山谷**（2012）の研究が代表的なものであり，よくまとまっている。政策の失敗についての議論は，**手塚**（2010）を参考にした。行政史としても優れた研究であり，一読をお勧めする。

参考文献

＊入手のしやすさを考え，文庫版などがある場合は文庫版を，翻訳がある場合は翻訳書を掲げた。
＊翻訳書については，原著の情報は初版の発行年のみ［　］で示し，その他は省略した。

◆日本語文献

青木栄一 2004『教育行政の政府間関係』多賀出版。
―― 2013『地方分権と教育行政――少人数学級編制の政策過程』勁草書房。
―― 2021『文部科学省――揺らぐ日本の教育と学術』中公新書。
青木昌彦（瀧澤弘和・谷口和弘訳）2003『比較制度分析に向けて〔新装版〕』NTT出版。
―― 2008［1995］『比較制度分析序説――経済システムの進化と多元性』講談社学術文庫。
青木昌彦・奥野正寛・岡崎哲二編 1999『市場の役割 国家の役割』東洋経済新報社。
秋月謙吾 2001『行政・地方自治』（社会科学の理論とモデル 9）東京大学出版会。
秋吉貴雄 2007『公共政策の変容と政策科学――日米航空輸送産業における２つの規制改革』有斐閣。
秋吉貴雄・伊藤修一郎・北山俊哉 2020『公共政策学の基礎〔第３版〕』有斐閣。
天川晃 2017『戦後自治制度の形成――天川晃最終講義』左右社。
アリソン，グレアム＝フィリップ・ゼリコウ（漆島稔訳）2016［1971］『決定の本質――キューバ・ミサイル危機の分析〔第２版〕』日経 BP。
有馬学 2013［1999］『「国際化」の中の帝国日本――1905-1924』（日本の近代 4）中公文庫。
アルドリッチ，ダニエル（湯浅陽一監訳，リングマン香織・大門信也訳）2012［2008］『誰が負を引きうけるのか――原発・ダム・空港立地をめぐる紛争と市民社会』世界思想社。
アーレント，ハンナ（大久保和郎訳）1994［1963］『イェルサレムのアイヒマン――悪の陳腐さについての報告〔新装版〕』みすず書房。
飯尾潤 1993『民営化の政治過程――臨調型改革の成果と限界』東京大学出版会。
―― 2007『日本の統治構造――官僚内閣制から議院内閣制へ』中公新書。
猪谷千香 2016『町の未来をこの手でつくる――紫波町オガールプロジェクト』幻冬舎。
出雲明子 2014『公務員制度改革と政治主導――戦後日本の政治任用制』東海大学出版部。
礒崎初仁・金井利之・伊藤正次 2020『ホーンブック地方自治〔新版〕』北樹出版。
市川喜崇 2012『日本の中央－地方関係――現代型集権体制の起源と福祉国家』法律

文化社。
伊藤修一郎 2002a『自治体政策過程の動態――政策イノベーションと波及』慶應義塾大学出版会。
―― 2002b「行政統制――情報公開・行政手続規制の対比」樋渡展洋・三浦まり編『流動期の日本政治――「失われた十年」の政治学的検証』東京大学出版会。
―― 2006『自治体発の政策革新――景観条例から景観法へ』木鐸社。
―― 2020『政策実施の組織とガバナンス――広告景観規制をめぐる政策リサーチ』東京大学出版会。
伊藤大一 1980『現代日本官僚制の分析』東京大学出版会。
伊藤正次 2003『日本型行政委員会制度の形成――組織と制度の行政史』東京大学出版会。
伊藤正次・出雲明子・手塚洋輔 2016『はじめての行政学』有斐閣。
伊藤正次編 2019『多機関連携の行政学――事例研究によるアプローチ』有斐閣。
稲継裕昭 1996『日本の官僚人事システム』東洋経済新報社。
―― 2000『人事・給与と地方自治』東洋経済新報社。
―― 2006『自治体の人事システム改革――ひとは「自学」で育つ』ぎょうせい。
―― 2011『地方自治入門』有斐閣。
猪口孝 1983『現代日本政治経済の構図――政府と市場』東洋経済新報社。
今村都南雄 2006『官庁セクショナリズム』(行政学叢書 1) 東京大学出版会。
今村都南雄・武藤博己・沼田良・佐藤克廣 2009『ホーンブック基礎行政学〔改訂版〕』北樹出版。
入江容子 2020『自治体組織の多元的分析――機構改革をめぐる公共性と多様性の模索』晃洋書房。
入江容子・京俊介編 2020『地方自治入門』ミネルヴァ書房。
岩田正美 2008『社会的排除――参加の欠如・不確かな帰属』有斐閣 insight。
岩永理恵 2011『生活保護は最低生活をどう構想したか――保護基準と実施要領の歴史分析』(現代社会政策のフロンティア 1) ミネルヴァ書房。
イングルハート, R. (三宅一郎訳) 1978 [1977]『静かなる革命――政治意識と行動様式の変化』東洋経済新報社。
ウィリアムソン, O. E. (浅沼萬里・岩崎晃訳) 1980 [1975]『市場と企業組織』日本評論社。
ウィレンスキー, ハロルド・L. (下平好博訳) 2004 [1975]『福祉国家と平等――公共支出の構造的・イデオロギー的起源』木鐸社。
ウェード, ロバート (長尾伸一・畑島宏之・藤縄徹・藤縄純子訳) 2000 [1990]『東アジア資本主義の政治経済学――輸出立国と市場誘動政策』同文舘出版。
ウェーバー, マックス (世良晃志郎訳) 1960, 1962 [1921-22]『支配の社会学 I, II』創文社。
―― 1974 [1921-22]『支配の諸類型』創文社。
ヴォーゲル, スティーブ (岡部曜子訳) 1997 [1996]『規制大国日本のジレンマ――改革はいかになされるか』東洋経済新報社。
奥住弘久 2009『公企業の成立と展開――戦時期・戦後復興期の営団・公団・公社』岩波書店。

内山融 1998『現代日本の国家と市場――石油危機以降の市場の脱「公的領域」化』東京大学出版会。
ウッドワード，ジョン（矢島釣次・中村寿雄訳）1970［1965］『新しい企業組織――原点回帰の経営学』日本能率協会。
エスピン-アンデルセン，G.（岡沢憲芙・宮本太郎監訳）2001［1990］『福祉資本主義の三つの世界――比較福祉国家の理論と動態』ミネルヴァ書房。
遠藤乾 2016『欧州複合危機――苦悶するEU，揺れる世界』中公新書。
大嶽秀夫 1994『自由主義的改革の時代――1980年代前期の日本政治』中公叢書。
―― 1996『戦後日本のイデオロギー対立』三一書房。
大谷基道・河合晃一編 2019『現代日本の公務員人事――政治・行政改革は人事システムをどう変えたか』第一法規。
大西裕 1997「住民把握行政の形成」日本行政学会編『年報行政研究』32。
大森政輔 2005『二〇世紀末期の霞ヶ関・永田町――法制の軌跡を巡って』日本加除出版。
大森彌 1987『自治体行政学入門』良書普及会。
―― 2006『官のシステム』（行政学叢書4）東京大学出版会。
大山耕輔編 2011『比較ガバナンス』おうふう。
大山礼子 2011『日本の国会――審議する立法府へ』岩波新書。
岡田彰 1994『現代日本官僚制の成立――戦後占領期における行政制度の再編成』法政大学出版局。
沖本，ダニエル（渡辺敏訳）1991［1989］『通産省とハイテク産業――日本の競争力を生むメカニズム』サイマル出版会。
小田勇樹 2019『国家公務員の中途採用――日英韓の人的資源管理システム』慶應義塾大学出版会。
オルソン，マンサー（依田博・森脇俊雅訳）1983［1965］『集合行為論――公共財と集団理論』ミネルヴァ書房。
カウフマン，ハーバート（今村都南雄訳）2015［1977］『官僚はなぜ規制したがるのか――レッド・テープの理由と実態』勁草書房。
笠原英彦編 2010『日本行政史』慶應義塾大学出版会。
風間規男編 2018『行政学の基礎〔新版〕』一藝社。
加藤淳子 1997『税制改革と官僚制』東京大学出版会。
金井利之 2007『自治制度』（行政学叢書3）東京大学出版会。
―― 2020『行政学概説』放送大学教育振興会。
上川龍之進 2005『経済政策の政治学――90年代経済危機をもたらした「制度配置」の解明』東洋経済新報社。
―― 2010『小泉改革の政治学――小泉純一郎は本当に「強い首相」だったのか』東洋経済新報社。
―― 2018『電力と政治――日本の原子力政策全史』上・下，勁草書房。
カルダー，ケント・E.（カルダー淑子訳）1989［1988］『自民党長期政権の研究――危機と補助金』文藝春秋。
河合晃一 2019『政治権力と行政組織――中央省庁の日本型制度設計』勁草書房。
川手摂 2005『戦後日本の公務員制度史――「キャリア」システムの成立と展開』岩

波書店。
川人貞史 2005『日本の国会制度と政党政治』東京大学出版会。
菅直人 2009『大臣〔増補版〕』岩波新書。
上林陽治 2015『非正規公務員の現在——深化する拡差』日本評論社。
北岡伸一 2012『官僚制としての日本陸軍』筑摩書房。
北村亘 2009『地方財政の行政学的分析』有斐閣。
—— 2013『政令指定都市——百万都市から都構想へ』中公新書。
——編 2022『現代官僚制の解剖——意識調査からみた省庁再編20年後の行政』有斐閣。
北村亘・青木栄一・平野淳一 2017『地方自治論——2つの自律性のはざまで』有斐閣。
北山俊哉 2011『福祉国家の制度発展と地方政府——国民健康保険の政治学』有斐閣。
——・稲継裕昭編 2021『テキストブック地方自治〔第3版〕』東洋経済新報社。
木寺元 2012『地方分権改革の政治学——制度・アイディア・官僚制』有斐閣。
キャンベル，ジョン・C（真渕勝訳）2014［1977］『自民党政権の予算編成』勁草書房。
京俊介 2011『著作権法改正の政治学——戦略的相互作用と政策帰結』木鐸社。
キングダン，ジョン（笠京子訳）2017［1984］『アジェンダ・選択肢・公共政策——政策はどのように決まるのか』勁草書房。
久米郁男 1994「政治経済環境の変化と行政システム」西尾勝・村松岐夫編『政策と行政』（講座行政学 第3巻）有斐閣。
—— 1998『日本型労使関係の成功——戦後和解の政治経済学』有斐閣。
—— 2005『労働政治——戦後政治のなかの労働組合』中公新書。
クラウス，エリス（村松岐夫監訳，後藤潤平訳）2006［2000］『NHK vs 日本政治』東洋経済新報社。
グレーバー，デヴィッド（酒井隆史訳）2017［2015］『官僚制のユートピア——テクノロジー，構造的愚かさ，リベラリズムの鉄則』以文社。
——（酒井隆史・芳賀達彦・森田和樹訳）2020［2018］『ブルシット・ジョブ——クソどうでもいい仕事の理論』岩波書店。
経済協力開発機構（OECD）編（平井文三訳）2006［2005］『世界の行政改革——21世紀型政府のグローバル・スタンダード』明石書店。
——（平井文夫監訳） 2009［2008］『公務員制度改革の国際比較——公共雇用マネジメントの潮流』明石書店。
小出輝章 2019『軍人と自衛官——日本のシビリアン・コントロール論の特質と問題』彩流社。
コース，ロナルド・H.（宮沢健一・後藤晃・藤垣芳文訳）2020［1988］『企業・市場・法』ちくま学芸文庫。
小林悠太 2021『分散化時代の政策調整——内閣府構想の展開と転回』大阪大学出版会。
ゴールドナー，A.（岡本秀昭・塩原勉訳）1963［1954］『産業における官僚制——組織過程と緊張の研究』ダイヤモンド社。
サイモン，ハーバート・A.（桑田耕太郎・西脇暢子・高柳美香・高尾義明・二村敏子訳）2009［1947］『経営行動――経営組織における意思決定過程の研究〔新版〕』ダイヤモンド社。
坂口貴弘 2016『アーカイブズと文書管理――米国型記録管理システムの形成と日本』勉誠出版。
坂本治也 2010『ソーシャル・キャピタルと活動する市民――新時代日本の市民政治』有斐閣。
――編 2017『市民社会論――理論と実証の最前線』法律文化社。
サスカインド，ローレンス・E.＝ジェフリー・L.クルックシャンク（城山英明・松浦正浩訳）2008［2006］『コンセンサス・ビルディング入門――公共政策の交渉と合意形成の進め方』有斐閣。
佐竹五六 1998『体験的官僚論――55年体制を内側からみつめて』有斐閣。
佐藤健太郎 2014『「平等」理念と政治――大正・昭和戦前期の税制改正と地域主義』吉田書店。
佐藤誠三郎・松崎哲久 1986『自民党政権』中央公論社。
佐藤俊一 2002『地方自治要論』成文堂。
佐藤俊樹 1993『近代・組織・資本主義――日本と西欧における近代の地平』ミネルヴァ書房。
―― 2011『社会学の方法――その歴史と構造』（叢書・現代社会学5）ミネルヴァ書房。
佐藤靖 2014『NASA――宇宙開発の60年』中公新書。
サミュエルス，リチャード・J.（廣松毅監訳）1999［1987］『日本における国家と企業――エネルギー産業の歴史と国際比較』多賀出版。
サラモン，L. M.（江上哲監訳）2007［1995］『NPOと公共サービス――政府と民間のパートナーシップ』ミネルヴァ書房。
柴田晃芳 2011『冷戦後日本の防衛政策――日米同盟深化の起源』北海道大学出版会。
嶋田暁文 2014『みんなが幸せになるための公務員の働き方』学芸出版社。
嶋田博子 2020『政治主導下の官僚の中立性――言説の変遷と役割担保の条件』慈学社。
清水真人 2015『財務省と政治――「最強官庁」の虚像と実像』中公新書。
清水唯一朗 2007『政党と官僚の近代――日本における立憲統治構造の相克』藤原書店。
―― 2013『近代日本の官僚――維新官僚から学歴エリートへ』中公新書。
下村太一 2011『田中角栄と自民党政治――列島改造への道』有志舎。
シャットシュナイダー，E. E.（内山秀夫訳）1972［1960］『半主権人民』而立書房。
ジョンソン，チャルマーズ（佐々田博教訳）2018［1982］『通産省と日本の奇跡――産業政策の発展 1925-1975』勁草書房。
シルバーマン，B. S.（武藤博己・小池治・辻隆夫・新川達郎・西尾隆訳）1999［1993］『比較官僚制成立史――フランス，日本，アメリカ，イギリスにおける政治と官僚制』三嶺書房。
城山英明 1997『国際行政の構造』東京大学出版会。
―― 2013『国際行政論』有斐閣。
城山英明・鈴木寛・細野助博編 1999『中央省庁の政策形成過程――日本官僚制の解

剖』中央大学出版部。
城山英明・細野助博編 2002『続・中央省庁の政策形成過程——その持続と変容』中央大学出版部。
新川敏光 1993『日本型福祉の政治経済学』三一書房。
進藤榮一 2010『国際公共政策——「新しい社会」へ』(国際公共政策叢書 2) 日本経済評論社。
新藤宗幸 2002『技術官僚——その権力と病理』岩波新書。
—— 2004『概説 日本の公共政策』東京大学出版会。
—— 2006『財政投融資』(行政学叢書 2) 東京大学出版会。
鈴木亘 2010『財政危機と社会保障』講談社現代新書。
—— 2018『経済学者, 待機児童ゼロに挑む』新潮社。
ストレンジ, スーザン (櫻井公人訳) 2011 [1996]『国家の退場——グローバル経済の新しい主役たち』(岩波人文書セレクション) 岩波書店。
砂原庸介 2011『地方政府の民主主義——財政資源の制約と地方政府の政策選択』有斐閣。
—— 2012『大阪——大都市は国家を超えるか』中公新書。
—— 2017『分裂と統合の日本政治——統治機構改革と政党システムの変容』千倉書房。
—— 2018『新築がお好きですか？——日本における住宅と政治』ミネルヴァ書房。
千正康裕 2020『ブラック霞が関』新潮社。
宗前清貞 2020『日本医療の近代史——制度形成の歴史分析』ミネルヴァ書房。
曽我謙悟 2001「地方政府と社会経済環境——日本の地方政府の政策選択」『レヴァイアサン』28。
—— 2002「行政再編——自民党と地方分権改革」樋渡展洋・三浦まり編『流動期の日本政治——「失われた十年」の政治学的検証』東京大学出版会。
—— 2005『ゲームとしての官僚制』東京大学出版会。
—— 2006a「政権党・官僚制・審議会——ゲーム理論と計量分析を用いて」『レヴァイアサン』39。
—— 2006b「中央省庁の政策形成スタイル」村松岐夫・久米郁男編『日本政治変動の 30 年——政治家・官僚・団体調査に見る構造変容』東洋経済新報社。
—— 2008a「官僚制人事の実証分析——政権党による介入と官僚制の防御」『季刊行政管理研究』122。
—— 2008b「首相・自民党議員・官僚制のネットワーク構造——日本のコア・エグゼクティヴ」伊藤光利編『政治的エグゼクティヴの比較研究』早稲田大学出版部。
—— 2012「官僚制と民主制——数理モデルと計量分析による多数国比較を通じて」日本比較政治学会編『現代民主主義の再検討』ミネルヴァ書房。
—— 2016『現代日本の官僚制』東京大学出版会。
—— 2019『日本の地方政府——1700 自治体の実態と課題』中公新書。
曽我謙悟・待鳥聡史 2007『日本の地方政治——二元代表制政府の政策選択』名古屋大学出版会。
ダウンズ, アンソニー (渡辺保男訳) 1975 [1967]『官僚制の解剖——官僚と官僚機構の行動様式』サイマル出版会。

高橋洋 2009『イノベーションと政治学——情報通信革命〈日本の遅れ〉の政治過程』勁草書房。
武智秀之 1996『行政過程の制度分析——戦後日本における福祉政策の展開』中央大学出版部。
—— 2021『行政学』中央大学出版部。
竹中治堅 2006『首相支配——日本政治の変貌』中公新書。
—— 2010『参議院とは何か 1947〜2010』中公叢書。
建林正彦 2004『議員行動の政治経済学——自民党支配の制度分析』有斐閣。
—— 2005「官僚の政治的コントロールに関する数量分析の試み」『年報政治学』2005-I。
建林正彦・曽我謙悟・待鳥聡史 2008『比較政治制度論』有斐閣。
田中一昭・岡田彰編 2000『中央省庁改革——橋本行革が目指した「この国のかたち」』日本評論社。
田中秀明 2011『財政規律と予算制度改革——なぜ日本は財政再建に失敗しているか』日本評論社。
田辺国昭 1991-1992「行政学の諸問題 (1)〜(4) ——西尾勝著『行政学の基礎概念』によせて」『自治研究』67(12), 68(4), (5), (8)。
谷本有美子 2019『「地方自治の責任部局」の研究——その存続メカニズムと軌跡「1947-2000」』公人の友社。
田丸大 2000『法案作成と省庁官僚制』信山社出版。
ダール, ロバート・A. (河村望・高橋和宏監訳) 1988［1961］『統治するのはだれか——アメリカの一都市における民主主義と権力』行人社。
ツェベリス, ジョージ (眞柄秀子・井戸正伸監訳) 2009［2002］『拒否権プレイヤー——政治制度はいかに作動するか』早稲田大学出版部。
辻清明 1969『日本官僚制の研究〔新版〕』東京大学出版会。
辻中豊・伊藤修一郎編 2010『ローカル・ガバナンス——地方政府と市民社会』木鐸社 (現代市民社会叢書 3)。
辻中豊・森裕城編 2010『現代社会集団の政治機能——利益団体と市民社会』(現代市民社会叢書 2) 木鐸社。
テイラー, フレデリック・W. (有賀裕子訳) 2009［1911］『新訳科学的管理法——マネジメントの原点』ダイヤモンド社。
手塚洋輔 2010『戦後行政の構造とディレンマ——予防接種行政の変遷』藤原書店。
戸部良一 2017『自壊の病理——日本陸軍の組織分析』日本経済新聞出版社。
戸矢哲朗 (青木昌彦監訳・戸矢理衣奈訳) 2003［2000］『金融ビッグバンの政治経済学——金融と公共政策策定における制度変化』東洋経済新報社。
豊永郁子 2010［1998］『サッチャリズムの世紀——作用の政治学へ〔新版〕』勁草書房。
ドラッカー, P. F. (上田惇生訳) 2006［1954］『現代の経営』上・下, ダイヤモンド社。
トンプソン, J. D. (高宮晋監訳) 1987［1967］『オーガニゼーション・イン・アクション——管理理論の社会科学的基礎』同文舘。
羅芝賢 2019『番号を創る権力——日本における番号制度の成立と展開』東京大学出

版会。
永澤義嗣 2018『気象予報と防災――予報官の道』中公新書。
中島誠 2020『立法学――序論・立法過程論〔第4版〕』法律文化社。
中野雅至 2009『天下りの研究――その実態とメカニズムの解明』明石書店。
南島和久 2020『政策評価の行政学――制度運用の理論と分析』(ガバナンスと評価5) 晃洋書房。
西尾隆 2018『公務員制』(行政学叢書11) 東京大学出版会。
――編 2012『現代行政学』放送大学教育振興会。
西尾勝 1990『行政学の基礎概念』東京大学出版会。
―― 2000『行政の活動』有斐閣。
―― 2001『行政学〔新版〕』有斐閣。
―― 2007『地方分権改革』(行政学叢書5) 東京大学出版会。
西川伸一 2000『立法の中枢 知られざる官庁・内閣法制局』五月書房。
―― 2003『この国の政治を変える会計検査院の潜在力』五月書房。
西田博 2012『新しい刑務所のかたち――未来を切り拓くPFI刑務所の挑戦』小学館集英社プロダクション。
西出順郎 2020『政策はなぜ検証できないのか――政策評価制度の研究』勁草書房。
西村美香 1999『日本の公務員給与政策』東京大学出版会。
西村弥 2010『行政改革と議題設定――民営化にみる公共政策の変容』敬文堂。
西山慶司 2019『公共サービスの外部化と「独立行政法人」制度』晃洋書房。
日経コンピュータ 2021『なぜデジタル政府は失敗し続けるのか――消えた年金からコロナ対策まで』日経BP。
野口雅弘 2011『官僚制批判の論理と心理――デモクラシーの友と敵』中公新書。
―― 2018『忖度と官僚制の政治学』青土社。
野口陽 2010『天下り“ゾンビ”法人――「事業仕分け」でも生き残る利権のからくり』朝日新聞出版。
野田遊 2013『市民満足度の研究』日本評論社。
野中尚人 1995『自民党政権下の政治エリート――新制度論による日仏比較』東京大学出版会。
野中尚人・青木遥 2016『政策会議と討論なき国会――官邸主導体制の成立と後退する熟議』朝日選書。
橋本信之 1994「農業政策と政策過程」西尾勝・村松岐夫編『政策と行政』(講座行政学 第3巻) 有斐閣。
―― 2005『サイモン理論と日本の行政――行政組織と意思決定』関西学院大学出版会。
ハーシュマン, A. O.(矢野修一訳) 2005 [1970]『離脱・発言・忠誠――企業・組織・国家における衰退への反応』ミネルヴァ書房。
蓮生郁代 2012『国連行政とアカウンタビリティーの概念――国連再生への道標』東信堂。
畠山弘文 1989『官僚制支配の日常構造――善意による支配とは何か』三一書房。
パットナム, ロバート・D.(河田潤一訳) 2001 [1993]『哲学する民主主義――伝統と改革の市民的構造』NTT出版。

バーナード，C. I.（山本安次郎・田杉競・飯野春樹訳）1968［1938］『経営者の役割〔新訳版〕』ダイヤモンド社。
バーナム，ジューン＝ロバート・パイパー（稲継裕昭監訳・浅尾久美子訳）2010［2008］『イギリスの行政改革――「現代化」する公務』ミネルヴァ書房。
林嶺那 2020『学歴・試験・平等――自治体人事行政の3モデル』東京大学出版会。
原田久 2011『広範囲応答型の官僚制――パブリック・コメント手続の研究』信山社。
―― 2022『行政学〔第2版〕』法律文化社。
ハンチントン，サミュエル（市川良一訳）2008［1957］『軍人と国家［新装版］』（上・下）原書房。
ピオリ，マイケル・J.＝チャールズ・F. セーブル（山之内靖・永易浩一・石田あつみ訳）1993［1984］『第二の産業分水嶺』筑摩書房。
平田彩子 2009『行政法の実施過程――環境規制の動態と理論』木鐸社。
―― 2017『自治体現場の法適用――あいまいな法はいかに実施されるか』東京大学出版会。
平野孝 1990『内務省解体史論』法律文化社。
平山洋介 2009『住宅政策のどこが問題か――〈持家社会〉の次を展望する』光文社新書。
廣瀬克哉 1989『官僚と軍人――文民統制の限界』岩波書店。
広瀬道貞 1993『補助金と政権党』朝日文庫。
樋渡展洋 1991『戦後日本の市場と政治』東京大学出版会。
ピンカー，スティーブン（橘明美・坂田雪子訳）2019［2018］『21世紀の啓蒙――理性，科学，ヒューマニズム，進歩』上・下，草思社。
フィスマン，レイ＝ミリアム・A・ゴールデン（山形浩生・守岡桜訳）2019［2017］『コラプション――なぜ汚職は起こるのか』慶應義塾大学出版会。
深谷健 2012『規制緩和と市場構造の変化――航空・石油・通信セクターにおける均衡経路の比較分析』日本評論社。
ブキャナン，J. M.＝G. タロック（宇田川璋仁監訳・米原淳七郎・田中清和・黒川和美訳）1979［1962］『公共選択の理論――合意の経済論理』東洋経済新報社。
福田耕治 2012『国際行政学――国際公益と国際公共政策〔新版〕』有斐閣。
福田耕治・坂根徹 2020『国際行政の新展開――国連・EUとSDGsのグローバル・ガバナンス』法律文化社。
福永文夫 2008『大平正芳――「戦後保守」とは何か』中公新書。
フクヤマ，フランシス（渡部昇一訳）1992［1992］『歴史の終わり』（上・中・下）知的生きかた文庫。
――（会田弘継訳）2018［2014］『政治の衰退――フランス革命から民主主義の未来へ』上・下，講談社。
藤井誠一郎 2018『ごみ収集という仕事――清掃車に乗って考えた地方自治』コモンズ。
藤田由紀子 2008『公務員制度と専門性――技術系行政官の日英比較』専修大学出版局。
フッド，クリストファー（森田朗訳）2000［1986］『行政活動の理論』岩波書店。
フリードマン，D.（丸山恵也監訳）1992［1988］『誤解された日本の奇跡――フレキシブル生産の展開』ミネルヴァ書房。
ペッカネン，ロバート（佐々田博教訳）2008［2006］『日本における市民社会の二重構造――政策提言なきメンバー達』木鐸社。
ボベール，トニー＝エルク・ラフラー編（みえガバナンス研究会訳・稲澤克祐・紀平美智子監修）2008［2003］『公共経営入門――公共領域のマネジメントとガバナンス』公人の友社。
ホール，ピーター・A.＝デヴィッド・ソスキス編（遠山弘徳・安孫子誠男・山田鋭夫・宇仁宏幸・藤田菜々子訳）2007［2001］『資本主義の多様性――比較優位の制度的基礎』ナカニシヤ出版。
前田健太郎 2014『市民を雇わない国家――日本が公務員の少ない国へと至った道』東京大学出版会。
―― 2019『女性のいない民主主義』岩波新書。
前田亮介 2016『全国政治の始動――帝国議会開設後の明治国家』東京大学出版会。
牧原出 2003『内閣政治と「大蔵省支配」――政治主導の条件』中公叢書。
―― 2009『行政改革と調整のシステム』（行政学叢書 8）東京大学出版会。
マグレガー，ダグラス（高橋達男訳）1970［1960］『企業の人間的側面――統合と自己統制による経営〔新版〕』産業能率短期大学出版部。
益田直子 2010『アメリカ行政活動検査院――統治機構における評価機能の誕生』木鐸社。
マスダヒロ 2020『日本の映画産業を殺すクールジャパンマネー――経産官僚の暴走と歪められる公文書管理』光文社新書。
増山幹高 2003『議会制度と日本政治――議事運営の計量政治学』木鐸社。
マズロー，A. H.（小口忠彦訳）1987［1954］『人間性の心理学――モチベーションとパーソナリティ』産業能率大学出版部。
待鳥聡史 2012『首相政治の制度分析――現代日本政治の権力基盤形成』千倉書房。
―― 2020『政治改革再考――変貌を遂げた国家の軌跡』新潮社。
マーチ，ジェームズ・G.＝ハーバート・A. サイモン（高橋伸夫訳）2014［1958］『オーガニゼーションズ――現代組織論の原典〔第 2 版〕』ダイヤモンド社。
マーチ，J. G.＝J. P. オルセン（遠田雄志・アリソン・ユング訳）1986［1976］『組織におけるあいまいさと決定』有斐閣。
――（遠田雄志訳）1994［1989］『やわらかな制度――あいまい理論からの提言』日刊工業新聞社。
松沢裕作 2013『町村合併から生まれた日本近代――明治の経験』講談社選書メチエ。
マートン，ロバート・K.（森東吾・森好夫・金沢実・中島竜太郎訳）1961［1949］『社会理論と社会構造』みすず書房。
真渕勝 1994『大蔵省統制の政治経済学』中公叢書。
―― 1997『大蔵省はなぜ追いつめられたのか――政官関係の変貌』中公新書。
―― 1999「変化なき改革，改革なき変化――行政改革研究の新アプローチ」『レヴァイアサン』24。
―― 2006「官僚制の変容――萎縮する官僚」村松岐夫・久米郁男編『日本政治 変動の 30 年――政治家・官僚・団体調査に見る構造変容』東洋経済新報社。
―― 2010『官僚』（社会科学の理論とモデル 8）東京大学出版会。

―― 2020『行政学〔新版〕』有斐閣。
三浦まり 2002「労働規制――新しい労働政治と拒否権」樋渡展洋・三浦まり編『流動期の日本政治――「失われた十年」の政治学的検証』東京大学出版会。
御厨貴 1996『政策の総合と権力――日本政治の戦前と戦後』東京大学出版会。
水谷三公 2004［1992］『江戸は夢か』ちくま学芸文庫。
―― 2013［1999］『官僚の風貌』（シリーズ日本の近代）中公文庫。
宮本太郎 2008『福祉政治――日本の生活保障とデモクラシー』有斐閣 insight。
ミュラー，ジェリー・Z.（松本裕訳）2019［2018］『測りすぎ――なぜパフォーマンス評価は失敗するのか？』みすず書房。
ミルグラム，スタンレー（山形浩生訳）2012［1974］『服従の心理』河出文庫。
武藤博己 2008『道路行政』（行政学叢書 10）東京大学出版会。
村井哲也 2008『戦後政治体制の起源――吉田茂の「官邸主導」』藤原書店。
村上弘・佐藤満編 2016『よくわかる行政学〔第 2 版〕』ミネルヴァ書房。
村上裕一 2016『技術基準と官僚制――変容する規制空間の中で』岩波書店。
村木厚子 2018『日本型組織の病を考える』角川新書。
―― 2020『公務員という仕事』ちくまプリマー新書。
村松岐夫 1981『戦後日本の官僚制』東洋経済新報社。
―― 1988『地方自治』（現代政治学叢書 15）東京大学出版会。
―― 1994『日本の行政――活動型官僚制の変貌』中公新書。
―― 2001『行政学教科書――現代行政の政治分析〔第 2 版〕』有斐閣。
―― 2010『政官スクラム型リーダーシップの崩壊』東洋経済新報社。
――編 2008『公務員制度改革――米・英・独・仏の動向を踏まえて』学陽書房。
村松岐夫・伊藤光利・辻中豊 1986『戦後日本の圧力団体』東洋経済新報社。
村松岐夫・稲継裕昭編 2003『包括的地方自治ガバナンス改革』東洋経済新報社。
村松岐夫・稲継裕昭・日本都市センター編 2009『分権改革は都市行政機構を変えたか』第一法規。
森政稔 2008『変貌する民主主義』ちくま新書。
森田朗 1988『許認可行政と官僚制』岩波書店。
―― 2016『会議の政治学Ⅲ――中医協の実像』慈学社出版。
―― 2022『新版 現代の行政〔第 2 版〕』第一法規。
安田洋祐編 2010『学校選択制のデザイン――ゲーム理論アプローチ』NTT 出版。
山口二郎 1987『大蔵官僚支配の終焉』岩波書店。
―― 2007『内閣制度』（行政学叢書 6）東京大学出版会。
山崎幹根 2011『「領域」をめぐる分権と統合――スコットランドから考える』岩波書店。
山谷清志 1997『政策評価の理論とその展開――政府のアカウンタビリティ』晃洋書房。
―― 2006『政策評価の実践とその課題――アカウンタビリティのジレンマ』萌書房。
―― 2012『政策評価』（BASIC 公共政策学 9）ミネルヴァ書房。
吉原祥子 2017『人口減少時代の土地問題――「所有者不明化」と相続，空き家，制度のゆくえ』中公新書。
寄本勝美 1998『政策の形成と市民――容器包装リサイクル法の制定過程』有斐閣。

ラムザイヤー，M.＝F.ローゼンブルース（加藤寛監訳，川野辺裕幸・細野助博訳）1995［1993］『日本政治の経済学――政権政党の合理的選択』弘文堂。
リプスキー，マイケル（田尾雅夫・北大路信郷訳）1986［1980］『行政サービスのディレンマ――ストリート・レベルの官僚制』木鐸社。
ルイス，デイヴィッド（稲継裕昭監訳・浅尾久美子訳）2009［2008］『大統領任命の政治学――政治任用の実態と行政への影響』ミネルヴァ書房。
ルグラン，ジュリアン（後房雄訳）2010［2007］『準市場 もう一つの見えざる手――選択と競争による公共サービス』法律文化社。
笠京子 1989-1990「政策過程における“前決定”概念（1）（2・完）」『法学論叢』123(4)，124(1)。
レイプハルト，アレンド（粕谷祐子・菊池啓一訳）2014［1999］『民主主義対民主主義――多数決型とコンセンサス型の36ヶ国比較研究〔原著第2版〕』勁草書房。
レーン，ヤン＝エリック（稲継裕昭訳）2017［2009］『テキストブック　政府経営論』勁草書房。
ロスリング，ハンス＝オーラ・ロスリング＝アンナ・ロスリング・ロンランド（上杉周作・関美和訳）2019［2018］『FACTFULNESS（ファクトフルネス）――10の思い込みを乗り越え，データを基に世界を正しく見る習慣』日経BP社。
ローレンス，ポール・R.＝ジェイ・W.ローシュ（吉田博訳）1977［1967］『組織の条件適応理論――コンティンジェンシーセオリー』産業能率短期大学出版部。
ワイク，カール・E.（遠田雄志訳）1997［1969］『組織化の社会心理学』文眞堂。
――（遠田雄志・西本直人訳）2001［1995］『センスメーキング・イン・オーガニゼーションズ』文眞堂。
若月剛史 2014『戦前日本の政党内閣と官僚制』東京大学出版会。
若林悠 2019『日本気象行政史の研究――天気予報における官僚制と社会』東京大学出版会。
ワルドー，D.（山崎克明訳）1986［1948］『行政国家』九州大学出版会。

◆外国語文献

Aberbach, Joel D., Robert D. Putnam, and Bert A. Rockman 1981, *Bureaucrats and Politicians in Western Democracies*, Harvard University Press.
Ansell, Chris, and Alison Gash 2008, “Collaborative Governance in Theory and Practice,” *Journal of Public Administration Research and Theory*, 18: 543-571.
Ashford, Douglas E. 1982, *British Dogmatism and French Pragmatism: Central-Local Policymaking in the Welfare State*, G. Allen & Unwin.
Blau, Peter M. 1963, *The Dynamics of Bureaucracy: A Study of Interpersonal Relations in Two Government Agencies*, Revised ed., University of Chicago Press.
Boix, Charles 1998, *Political Parties, Growth and Equality: Conservative and Social Democratic Economic Strategies in the World Economy*, Cambridge University Press.
Brehm, John, and Scott Gates 1997, *Working, Shirking, and Sabotage: Bureaucratic Response to a Democratic Public*, University of Michigan Press.
Bueno de Mesquita, Ethan, and Matthew C. Stephenson 2007, “Regulatory Quality

under Imperfect Oversight," *American Political Science Review,* 101: 605-620.
Callander, Steven, and Keith Krehbiel 2014, "Gridlock and Delegation in a Changing World," *American Journal of Political Science,* 58: 819-834.
Carpenter, Daniel P. 2001, *The Forging of Bureaucratic Autonomy: Reputations, Networks, and Policy Innovation in Executive Agencies, 1862-1928,* Princeton University Press.
—— 2010, *Reputation and Power: Organizational Image and Pharmaceutical Regulation at the FDA,* Princeton University Press.
Chhibber, Pradeep and Ken Kollman 2004, *The Formation of National Party Systems: Federalism and Party Competition in Canada, Great Britain, India, and the United States,* Princeton University Press.
Clinton, Joshua D., David E. Lewis, and Jennifer L. Selin 2014, "Influencing the Bureaucracy: The Irony of Congressional Oversight," *American Journal of Political Science,* 58: 387-401.
Cornell, Agnes, Carl Henrik Knutsen, and Jan Teorell 2020, "Bureaucracy and Growth," *Comparative Political Studies,* 53: 2246-2282.
Crenson, Matthew A. 1971, *The Un-Politics of Air Pollution: A Study of Non-Decision Making in the Cities,* Johns Hopkins Press.
Dahlström, Carl, and Victor Lapuente 2017, *Organizing Leviathan: Politicians, Bureaucrats and the Making of Good Government,* Cambridge University Press.
Dahlström, Carl and Victor Lapuente and Jan Teorell 2012, "The Merit of Meritocratization: Politics, Bureaucracy, and the Institutional Deterrents of Corruption," *Political Research Quarterly,* 65: 656-668.
Diaz-Cayeros, Alberto 2006, *Federalism, Fiscal Authority, and Centralization in Latin America,* Cambridge University Press.
Dunleavy, Patrick 1991, *Democracy, Bureaucracy, and Public Choice: Economic Explanations in Political Science,* Prentice Hall.
Dunsire, Andrew 1978, *Control in a Bureaucracy,* St. Martin's Press.
Epstein, David, and Sharyn O'Halloran 1999, *Delegating Powers: A Transaction Cost Politics Approach to Policy Making under Separate Powers,* Cambridge University Press.
Estévez-Abe, Margarita 2008, *Welfare and Capitalism in Postwar Japan: Party, Bureaucracy, and Business,* Cambridge University Press.
Evans, Peter B., and James E. Rauch 1999, "Bureaucracy and Growth: A Cross-National Analysis of the Effects of "Weberian" State Structures on Economic Growth," *American Sociological Review,* 64: 748-765.
Filippov, Mikhail, Peter C. Ordeshook, and Olga Shvetsova 2004, *Designing Federalism: A Theory of Self-Sustainable Federal Institutions,* Cambridge University Press.
Finer, Herman 1941, "Administrative Responsibility in Democratic Government", *Public Administration Review,* 1: 335-350.
Finer, Samuel E. 1962, *The Man on Horseback: The Role of the Military in Politics,*

Pall Mall Press.

Frey, Bruno S., and Alois Stutzer 2006, "Direct Democracy: Designing a Living Constitution," in Roger D. Congleton and Birgitta Swedenborg eds., *Democratic Constitutional Design and Public Policy: Analysis and Evidence*, MIT Press.

Friedrich, Carl J. 1940, "Public Policy and the Nature of Administrative Responsibility," C. J. Friedrich and Edward S. Mason eds. *Public Policy: A Yearbook of the Graduate School of Public Administration, Harvard University, 1940*, Harvard University Press.

Gailmard, Sean 2010, "Politics, Principal-Agent Problems, and Public Service Motivation," *International Public Management Journal*, 13: 35-45.

Gailmard, Sean and John W. Patty 2007, "Slackers and Zealots: Civil Service, Policy Discretion, and Bureaucratic Expertise," *American Journal of Political Science*, 51: 873-889.

—— 2013, *Learning While Governing: Expertise and Accountability in the Executive Branch*, The University of Chicago Press.

Garrett, Geoffrey 1998, *Partisan Politics in the Global Economy*, Cambridge University Press.

Gilbert, Charles E. 1959, "The Framework of Administrative Responsibility," *Journal of Politics* 21: 373-407.

Haas, Ernst B. 1964, *Beyond the Nation-State: Functionalism and International Organization*, Stanford University Press.

Haas, Peter M. 1992, "Introduction: Epistemic Communities and International Policy Coordination," *International Organization*, 46: 1-35.

Hood, Christopher C. 1976, *The Limits of Administration*, Wiley.

—— 1983, *The Tools of Government*, Macmillan.

Huber, Gregory A. 2007, *The Craft of Bureaucratic Neutrality*, Cambridge University Press.

Huber, John D. and Charles R. Shipan 2002, *Deliberate Discretion?: The Institutional Foundations of Bureaucratic Autonomy*, Cambridge University Press.

Iversen, Torben 2005, *Capitalism, Democracy, and Welfare*, Cambridge University Press.

Johnson, Tana 2013, "Institutional Design and Bureaucrats' Impact on Political Control," *Journal of Politics*, 75: 183-197.

Kato, Junko 2003, *Regressive Taxation and the Welfare State: Path Dependence and Policy Diffusion*, Cambridge University Press.

Krause, George A., and Kenneth J. Meier, eds. 2003, *Politics, Policy, and Organizations: Frontiers in the Scientific Study of Bureaucracy*, University of Michigan Press.

Krause, George A., David E. Lewis, and James W. Douglas 2006, "Political Appointments, Civil Service Systems, and Bureaucratic Competence: Organizational Balancing and Executive Branch Revenue Forecasts in the American States," *American Journal of Political Science*, 50: 770-787.

Lewis, David E. 2003, *Presidents and the Politics of Agency Design: Political Insulation in the United States Government Bureaucracy, 1946–1997*, Stanford University Press.

Lowi, Theodore J. 1972, "Four Systems of Policy, Politics, and Choice," *Public Administration Review*, 32: 298–310.

McDonnell, Joshua 2020, "Municipality Size, Political Efficacy and Political Participation: A Systematic Review," *Local Government Studies*, 46: 331–350.

Mitrany, David 1933, *The Progress of International Government*, Yale University Press.

Mortensen, Peter B, and Christoffer Green-Pedersen 2015, "Institutional Effects of Changes in Political Attention: Explaining Organizational Changes in the Top Bureaucracy," *Journal of Public Administration Research and Theory*, 25: 165–189.

Niskanen, William A., Jr. 1971, *Bureaucracy and Representative Government*, Aldine-Atherton.

Oliveros, Virginia, and Christian Schuster 2018, "Merit, Tenure, and Bureaucratic Behavior: Evidence from a Conjoint Experiment in the Dominican Republic," *Comparative Political Studies*, 51: 759–792.

Persson, Torsten, and Guido Tabellini 2000, *Political Economics: Explaining Economic Policy*, MIT Press.

—— 2003, *The Economic Effects of Constitutions*, MIT Press.

Peterson, Paul E. 1981, *City Limits*, University of Chicago Press.

Pollitt, Christopher and Geert Bouckaert 2017, *Public Management Reform: A Comparative Analysis -Into the Age of Austerity*, 4th ed., Oxford University Press.

Powell, Walter W. and Paul J. DiMaggio, eds. 1991, *The New Institutionalism in Organizational Analysis*, University of Chicago Press.

Pressman, Jeffrey L. and Aaron Wildavsky 1973, *Implementation: How Great Expectations in Washington are Dashed in Oakland*, University of California Press.

Qian, Yingyi, and Barry R. Weingast 1997, "Federalism as a Commitment to Preserving Market Incentives," *Journal of Economic Perspectives*, 11: 83–92.

Rauch, James E., and Peter B. Evans 2000, "Bureaucratic Structure and Bureaucratic Performance in Less Developed Countries," *Journal of Public Economics*, 75: 49–71.

Reed, Steven R. 1993, *Making Common Sense of Japan*, University of Pittsburgh Press.

Rhodes, R. A. W. 1988, *Beyond Westminster and Whitehall: The Sub-Central Governments of Britain*, Unwin Hyman.

Riccucci, Norma M., Gregg G. Van Ryzin, and Cecilia F. Lavena 2014, "Representative Bureaucracy in Policing: Does It Increase Perceived Legitimacy?" *Journal of Public Administration Research and Theory*, 24: 537–551.

Rodden, Jonathan A. 2006, *Hamilton's Paradox: The Promise and Peril of Fiscal Federalism*, Cambridge University Press.

Scheiner, Ethan 2006, *Democracy Without Competition in Japan: Opposition Failure in a One-Party Dominant State*, Cambridge University Press.
Selznick, Phillip 1949, *TVA and the Grass Roots*, University of California Press.
Tiebout Charles M. 1956, "A Pure Theory of Local Expenditures," *Journal of Political Economy*, 64: 416–424.
Ting, Michael M., J. M. Snyder, S. Hirano, and O. Folke 2013, "Elections and Reform: The Adoption of Civil Service Systems in the US States," *Journal of Theoretical Politics*, 25: 363–387.
Treisman, Daniel 2007, *The Architecture of Government: Rethinking Political Decentralization*, Cambridge University Press.
Vaubel, Roland, Axel Dreher, and Uğurlu Soylu 2007, "Staff Growth in International Organizations: A Principal-Agent Problem? An Empirical Analysis," *Public Choice*, 133(3/4): 275–295.
Volden, Craig 2002, "A Formal Model of the Politics of Delegation in a Separation of Powers System," *American Journal of Political Science*, 46: 111–133.
Weingast, Barry R. 1995, "The Economic Role of Political Institutions: Market-Preserving Federalism and Economic Development," *Journal of Law, Economics, & Organization* 11(1): 1–31.
Weiss, Linda 1998, *The Myth of the Powerless State*, Cornell University Press.
White, Anne, and Patrick Dunleavy 2010, *Making and Breaking Whitehall Departments: A Guide to Machinery of Government Changes*, Institute for Government; LSE Public Policy Group.
White, Ariel R., Noah L. Nathan, and Julie K. Faller 2015, "What Do I Need to Vote? Bureaucratic Discretion and Discrimination by Local Election Officials," *American Political Science Review*, 109: 129–142.
Wibbels, Erik 2005, *Federalism and the Market: Intergovernmental Conflict and Economic Reform in the Developing World*, Cambridge University Press.
Wilson, Woodrow 1887, "The Study of Administration," *Political Science Quarterly*, 2: 197–222.
Wood, B. Dan, and Richard W. Waterman 1994, *Bureaucratic Dynamics: The Role of Bureaucracy in a Democracy*, Westview Press.
Wood, B. Dan, and John Bohte 2004, "Political Transaction Costs and the Politics of Administrative Design," *Journal of Politics*, 66: 176–202.
Woodall, Brian 1996, *Japan under Construction: Corruption, Politics, and Public Works*, University of California Press.
Woolf, Leonard S. 1916, *International Government: Two Reports*, Brentano.
Ziblatt, Daniel 2006, *Structuring the State: The Formation of Italy and Germany and the Puzzle of Federalism*, Princeton University Press.

事 項 索 引

＊ 以下の索引項目に関して，記述が数頁にわたっている部分については，その最初の頁のみを示している。
＊ 府省の名称は正式名称を項目とする。

◆サ　行

◆タ　行

◆マ　行

◆ヤ　行

◆ラ　行

◆ワ　行

◆B

◆E

◆F

◆G

人名索引

◆ア　行

◆カ　行

◆サ　行

◆タ　行

◆ナ　行

◆ハ　行

◆マ　行

◆ヤ　行

◆ラ　行

◆ワ　行

〈著者紹介〉

曽我 謙悟（そが けんご）

1971年，兵庫県に生まれる。

1994年，東京大学法学部卒業。東京大学大学院法学政治学研究科助手，大阪大学大学院法学研究科助教授，神戸大学大学院法学研究科教授などを経て，

現　在，京都大学大学院法学研究科教授（行政学）。

著作に，『ゲームとしての官僚制』（東京大学出版会，2005年），『日本の地方政治――二元代表制政府の政策選択』（共著，名古屋大学出版会，2007年，日本公共政策学会賞著作賞受賞），『比較政治制度論』（共著，有斐閣，2008年），『現代日本の官僚制』（東京大学出版会，2016年，日本公共政策学会賞著作賞受賞），『日本の地方政府――1700自治体の実態と課題』（中公新書，2019年），ほか。

行政学〔新版〕（ぎょうせいがく）

Public Administration, 2nd edition

ARMA 有斐閣アルマ

2013年1月30日　初版第1刷発行
2022年5月15日　新版第1刷発行

著　者　曽　我　謙　悟

発行者　江　草　貞　治

発行所　株式会社　有　斐　閣

郵便番号 101-0051
東京都千代田区神田神保町 2-17
http://www.yuhikaku.co.jp/

印刷・大日本法令印刷株式会社／製本・牧製本印刷株式会社

ISBN 978-4-641-22190-1